U0165848

老人傳播
理論、研究與教學實例

Aging and communication:
Theory, research, and teaching applications

蔡　琰、臧國仁　著

五南圖書出版公司 印行

謹以此書紀念兩位作者之「珍珠婚」慶

（1981, 08, 31～2011, 08, 31）

目　錄

第二篇：研究篇

第三篇：教學實例篇

表目錄

圖目錄

-- 到了生命中年之後，我們會瞭解生命是一連串的過程，同時開
始瞭解轉變所含藏的精神意義。我們的年長父母正處於轉變的
過程。他們的身體不再能抗拒時光和重力而鬆弛。……經過四
年幾乎每天照顧父親的日子，當父親去世，我對照護父母這段
時間的思憶超過我所預期。……如同我的父母在我還是嬰兒時
幫助我學習走路，並且在我們同是成人時，幫助我超越許多生
命視野的限制，他們晚年同樣在照護中為我的生命帶來深厚的
影響。這是他們留給我的最好的禮物。……如今我瞭解，父母
帶給子女的是終生的資源。[1]

-- 家具、美酒、老人如果都能維持的夠久，就有機會「愈陳愈
香」，成為古董或是「十方全壽」（octogenarian）。[2]

前言：從生命體驗到老人傳播研究

在講述本書各章有關老人傳播之概念與故事之前，似應追溯兩位作者
如何從照護家中至親的生命體驗中不斷自省的心路歷程，其情其景或與上
引（註1）最後一句「終生的資源」觀點極為接近，也當是每個人無可避免
的人生經驗。

嚴格來說，本書之旨並非僅在傳達或說明「老年／齡」為何（畢竟兩
位作者尚未有第一手經驗），而是希望藉由幾個主題探索老年與人生（生
命）的關係，尤其關心年輕人如何與老人溝通、如何聆聽老人講故事、如
何從與其溝通及講故事過程裡反思自己的年齡位置，進而知道未來當自己
也已老齡時如何與他人溝通、如何向他人講述（自己的）故事、如何面對
自己與他人的未來。

---

1 陳瑞樺譯（1999）。《心的禮物：年老父母照護的沉思》。台北縣三重市：新路出
版。（原書：Goldberg, B., & Kendall, G. [1997]. *Gifts from the heart meditations on
caring for aging parents*. New York, NY: McGraw-Hill（引句出自頁268, 276-7）。.

2 Williams, A & Nussbaum, J. F. (2001). *Intergenerational Communication Across the Life
Span*. Mahwah, NJ: Lawrence Erlbaum Associates, p. 3.

　　***　　　　***　　　　***　　　　***

　　國仁曾於1995年9月蟄居香港浸會大學傳播學院半年，講學兼做研究。[3]12月下旬突接家中來電，方知年近90的老父因患俗稱「皮蛇」（閩南語）或「蛇纏腰」的帶狀皰疹而住進醫院。耶誕節前一天結束了教學任務返抵台北，卸下行李隨即前往林口長庚醫院陪侍老父兩個月直至痊癒出院。

　　在此之前父親身體一向硬朗，每週兩次自行乘坐公車從木柵家中前往台北車站附近學習英文而無倦態。大病初癒後身體卻日益衰退無法出門，10月初再次住進長庚，兩個月後溘然與世長辭。

　　兩次住院期間我們親睹老人如何因重病而漸老化（或反之？），尤以第二次住院為然，曾因病情嚴重兩次進出加護病房，經歷電擊治療一次、插管一次、醫院發出病重通知紅單多回，親人惶惶終日不知如何是好。期間卻少有任何值班醫生告知醫診進度，對病情嚴重程度也多未獲解釋，一切都在迷霧中度過直至最後。幸有老友郭啓泰醫師常來探望並解說方能稍解疑惑，盛情至今感恩在心。

　　就在父親第一次送入加護病房接受插管治療期間，我們注意到病房裡擺有裝滿血水的桶子，猜想必是醫護人員急救時動作過劇導致父親喉管破裂，頓時決定不宜再讓高齡老父受此折磨。返家後即與家人商議共同簽立「同意書」，懇請院方除必要人道急救程序外，避免再施以電擊、插管及氣切或任何積極性處置。

　　其時「安寧照護」觀念在台灣尚未普及（見本書第一篇第七章），[4]此類同意書僅是醫院與病人家屬間的默契而無法律效力。因而兄長一時間難以立下決定，直至目睹父親再次送進加護病房受盡折磨方才首肯同意簽署，或也免去了老父再受苦難。

　　此時回想當年仍然心有所感，畢竟其時我們既無安寧照護專業知識也

3　成果已發表於：臧國仁、鍾蔚文、黃懿慧（1997）。〈新聞媒體與公共關係（消息來源）的互動〉。陳韜文等主編，《大眾傳播與市場經濟》（頁141-184）。香港：鑪峰學會。

4　如第七章所示，立法院已於民國89年6月始正式通過「安寧緩和醫療條例」。

乏一般醫療常識，以致父親臨終前諸管纏身直至最後。猶記得當時父親因鼻胃管極不舒服而每每自行拔出，只能屢次央求護士幫忙置回，幾次來回後卻得將父親兩手綁住，此事引得父親怒目相視。

他的眼神多年來無法忘懷，每憶及此總有無限愧意，念及其時如能早有些基本臨終溝通知識啓蒙或能讓老父走得順利些。但若非父親以其肉身之痛帶來教訓，我等恐也無法在其後歲月裡深有所悟而開始試以不同視野關注生命（lifespan）過程與道理（如本章之初所引）。

無論如何，兩位作者因親眼所見老人臨終前之苦難而起了念頭想要瞭解老化過程，以及如何得能透過善意溝通減低其所可能帶來之痛苦。其後略有所悟，面對其他親人臨終處理時方能逕與醫生互動多方配合，如2001年琰母因癌末住院後即已早早懇請院方注射嗎啡減緩疼痛，2004年琰父故世前亦然，走前僅有尿管、點滴、呼吸面罩，堪稱圓滿。[5]

這些經驗讓兩位作者早在1990年末即已初步接觸了老人傳播議題，十年內協助處理五位至親的臨終歷程更讓時屆中年的我們心有戚戚，[6]從而決定調整研究內涵以能與日常生活更加緊密結合。[7]

2001年初我們召集研究生助理開始閱讀文獻，首篇內容即涉及了老人如何從觀賞電視節目（無論電視劇或其他類型節目）學習當下新知。經討論後決定可再細分兩個方向，其一從「刻板印象」、「社會眞實」與「主觀眞實」、「新聞眞實」的關係及涵化理論著手（參閱本書第三章），另則討論老人媒介素養（見本書第四章），觀察其如何受到「媒介再現」影響。[8]

5　可參閱穆景南先生將其父親離世前的經過所撰短文，名爲「流轉不息的愛——正視生命的最後一堂課」（見：http://www.amituofohouse.org/viewthread.php?tid=868；上網時間：2011/5/16）。

6　第一作者兩位兄長分於2000年與2007年均以方屆耳順之年遽然病逝，令人欷歔矣。

7　某種程度，此種思維受到了「俗民方法論」（ethnomethodology）的啓迪，參見：Garfinkel, H. (1967). *Studies in Ethnomethodology*. Englewood Cliffs, NJ: Prentice-Hall.

8　首篇閱讀文獻爲：Nussbaum, J. F., Hummert, M. L., Williams, A., and Harwood, J. (1996). Communication and Older Adults. In B. R. Burleson (Ed.), *Communication Yearbook 19* (pp. 1-48). Thousand Oaks, CA: Sage.

回顧其時，琰剛完成所撰電視劇專書，[9]而國仁亦甫結束有關新聞框架之十年探索，上述兩個方向（即「新聞與老人再現」及「老人如何收看電視」）恰正延續了兩人原有研究志趣卻又能激發新意，因而成為持續討論重心所在。此些想法隨即成為國科會專題研究案之核心議題，分從上述兩個軸線進入了「老人傳播」這個在台灣其時尚屬荒蕪之研究領域，[10]其後又因緣際會地透過閱讀相關文獻而深受「敘事理論」感召（見本書第五章），從而開始了對「如何說／聽故事」的一段漫長學習過程，多年來之成果也就成為本書主要內容。

其後歷程大約就與本書〈附錄一〉所述接近，此處無須重複。總之，本書兩位作者接觸老人傳播研究議題並非一蹴即及，而是在親身與家中老人互動過程中逐漸萌發想法，進而閱讀相關文獻並與助理研商多時才能漸次釐清並隨之轉寫成研究論文，累積相關知識。

2005年前後研究群成立專屬網站，在研究助理李威儀努力不懈下網站不僅具有一般文字功能且能與Flickr相簿網站連結，因而擴充了其與學術社群互動之可能。其後研究助理宋育泰接手，按時將每週討論大綱與記錄上網登錄周知四方網友，相互交流。2010年前後，網站維護工作改由研究生楊癸齡負責，也隨新科技潮流結合臉書，自此與外界聯繫更為方便快速。

約也在2005年前後，兩位作者決定應將研究心得廣與在校同學分享，因而主動申請開設校通識課程（課名：「老人（生命）與傳播」），籌備多時後首度於2008年下學期授課，並於2010年再度開授（參見第三篇第十二章）。

兩次教學經驗收穫甚多，主因可能在於此一主題尚屬新穎，又與年輕朋友日常家庭生活相關，撰寫作業或討論時即可隨時與家中老人交換經驗，復能增進與其互動，期末評量時所得成績不惡。因而本書撰寫時大約

---

9 蔡琰（2000）。《電視劇：戲劇傳播的敘事理論》。台北：三民。
10 最早執行的國科會專題計畫是：「老人與大眾傳播情境」（2001-2003；NSC 91-2412-H-004-002）、「情感作用於電視劇解讀的方式：從老人觀眾詮釋故事意義中尋找『好看』的線索」（2003-2004；NSC 92-2412-H-004-018）及「新聞敘事與時間報導（II）——以老人新聞為例（2003-2005；NSC 92-2412-H-004-015）。前兩者主持人均為本書第一作者，第三案則為第二作者。參見本書〈附錄一〉。

就依上課大綱為底，按各週進度稍加整理並增註相關文獻以符合學術慣例；又為能讓本書閱讀流暢起見，引文出處改置註腳，參考文獻則移往書末。

同年第一作者開授多年之「表演學」課首次與「喜臨門」老人劇團合作期末公演（見第三篇第十一章），修習同學經一學期密集演練後均已練就深厚革命情感。期末老人與年輕人合作在政大傳院劇場演出時全場爆滿，其情也真、其意也切，不少觀眾皆因劇情感人而熱淚盈眶。

本書初稿早在2008年夏即已開始，由琰利用「教授休假」機會如上述依「老人（生命）與傳播」第一次上課大綱改寫後（因此列名第一作者）交付國仁。唯因諸事繁雜延誤，此稿無緣細究長達兩年餘直至2011年春適逢國仁「教授休假」方得調整。修正時先依原先規劃將全書分為三個部分，包括理論篇（共六章）、研究篇（共四章）、教學實例篇（共兩章），次則剔除過於艱深部分，每章盡量包含實例說明以利閱讀。二稿完成後復又委託小女信芝校對閱讀，以其方從大學畢業之年輕學習者角度批評指正，再依其意見進行第三次調整。全書耗時幾近三年，長度約在20萬字上下（含附錄與參考書目），每章撰寫長度則控制在15,000字左右（第一章稍長），當能符合現代大學生不復適應長篇大論之閱讀習慣。

此時完成「老人傳播」專書回想來時路不免心有所感。尤以歷經十餘年之持續探索老人相關議題後，兩位作者亦已華髮叢生、齒牙動搖即將邁入花甲之年並晉身「前老年期」。此時人情洞察與世事連結本領雖較年輕時為強，但體力大不如前，既無法久坐，眼力與記憶力亦不復當年，逐漸實際體會老之將屆，此是幸耶抑或不幸耶？

其次，2001年研究群（見〈附錄一〉說明）成立時國內幾無任何「老人傳播」相關參考文獻，因而只能借鏡國外資料從零開始。十年後此次領

域已廣爲人知，風氣漸開，碩博士論文[11]與國科會專題研究均有多件，[12]未來發展可期。

本書得能完成首要感謝歷次協助兩位作者進行研究的老人前輩，彼此素昧平生卻常一見如故，在不同研究計畫中或參與指認新聞或使用電腦以便兩位作者觀察其如何面對較新科技媒介，此乃本書寫就的主要推手。其次也要感謝曾經修習兩位作者不同課程的同學們，他們來自不同學院，多能積極參與討論且不吝與教師互動，相關教材與新世代互動之輪廓方能清晰。最後當然也要向歷年來持續參與政大傳播學院「老人傳播研究群」的老師與同學們致謝，成員們的無私奉獻與意見交流始是老人與傳播研究歷久彌新的最大助力。

2009年前後，五南圖書出版公司陳念祖副總編輯曾來函洽詢 *Understanding communication and aging* 一書譯爲中文之可能，當時即以「我們正在撰書」回覆。未料世事多舛，此一豪語延至2011年方得履行成案，其間念祖兄從未催促，感謝他的耐心與信任。

　　***　　　　　***　　　　　***　　　　　***

本書書名迭經討論，如「老人（生命）與傳播」、「老人與（生命）傳播」、「老人與傳播」、「老人溝通」、「老人傳播學」皆曾納入考量。前二者是原開設通識課之課名，但因長度只能割愛。「老人『與』傳播」與「老人傳播」意涵有異，前者或可顯示此二領域之連結，但如此一來卻難反映正在成形之「老人傳播」研究領域，多方思量後決定放棄。[13]

11　例如：周傳久（2007）。〈由高齡學習看老人電視節目製播之跨國比較研究〉。高雄師範大學成人教育研究所博士論文；凃嘉新（2005）。〈幼兒與安養機構老人代間關係發展歷程之研究〉。國立台灣師範大學人類發展與家庭學系碩士論文；黃心瑜（2008）。〈高齡者電視收視分析與節目製作策略建議〉。台灣師範大學社會教育學系在職進修碩士班論文；李雅雯（2005）。〈老人人格特質、寂寞感與休閒行爲及電視收視行爲之關聯性研究〉。文化大學新聞系碩士論文。

12　如：王靜枝（2004-2006）。〈團體懷舊治療法對失智老人之認知、情感、行爲、溝通之成效探討〉。國科會專題研究計畫；謝秀芳、王靜枝、鄭鳳芬、張碧容（2005）。〈促進加護病房之病人、家屬、與醫護人員臨終溝通介入措施方案之成效的探討〉。國科會專題研究計畫等皆與本書部分內容有關。

13　本書第一章第三節所引「老人傳播」書籍多以「老人與傳播」爲名，本書考量則有不同。

　　至於「老人溝通」則因「溝通」一詞常在日常生活使用而「傳播」多爲學術用語（實則此二名詞原皆譯自英文communication），又因此一研究領域目前尚屬方興未艾而難以名之爲「學」，因而決定採用最簡潔之「老人傳播」（英文書名則爲Aging and communication）爲本書書名，副標納入三個篇名（即「理論」、「研究」、「教學實例」）。

　　但本書並未提供「老人傳播」之詳細定義或名詞解釋，主因在於此一概念迄今仍在發展，其內涵並未定案。如Nussbaum & Coupland在其專書前言所言，[14]「研究傳播當能協助我們瞭解變老究竟意味爲何」，因而「老人傳播」之最簡單說法當爲「老齡的傳播意涵」，包括老者如何與他人（個人與社會）溝通以及一般人（個人與社會）如何與老者互動，但其重點仍在於我們每個人都會變老，學習如何與他人溝通互動實際上就是學習如何與未來的「我」溝通互動。

　　本書書寫對象因而設定爲可能閱讀本書的年輕人，尤以一般綜合型大學通識課學習者爲主，傳播學院學生爲輔，對「老人傳播現象」或有興趣之研究生再次之。當然，一般讀者閱後當也能有所收穫，畢竟如上所述老齡是每個人必經之路，愈能瞭解其內涵就愈能自省而有所領略。

　　本書倚賴參考資料廣泛，除多年來與研究群成員共同閱讀之中英文學術論文與專著（含碩博士論文）外，尤多長期以來蒐集之報章雜誌與網路資料，藉此提供相關實例以利閱讀。所有書籍、專書章節、譯著、期刊論文、碩博士論文之出處均臚列於參考文獻，大部分章節均列有「作業」、「延伸問題與討論」可供按圖索驥，讀者逕行參閱或有所得。

＊＊＊　　　　＊＊＊　　　　＊＊＊　　　　＊＊＊

　　總之，老年現象既屬社會共同經驗亦是個人生命所繫，兩者不斷交叉且持續互動，因而成爲錯綜複雜的學習及研究領域；而在老化過程中，生命晚年的生活歷程不僅是傳播議題也是人文議題。本書有意探討老化之個人生命意義（尤其在此逐漸趨向高齡化的時期），個人如何透過傳播行爲尋求與社會他者互動、如何持續追求良好生命態度、如何讓人生必然結局

---

[14] Nussbaum, F., & Coupland, J. (Eds.)(2004). *Handbook of communication and aging research* (2nd Ed.). Mahwah, NJ: Lawrence Erlbaum Associates（引句出自p. xi）。

圓滿且豐碩。

　　接下來，我們方能學到老化實是每個人的「動態學習過程」，這個過程每天都在發生、進行也都在變化，無可逃避也無須逃避，不如沉浸其中享受樂趣直至最後。

Part 1

理論篇

第一章

概論：
老人與傳播互動

本章提要

　　本章旨在介紹與「老人研究」及「老人傳播研究」之相關趨勢與內涵，藉此提綱挈領地說明本書重點。首節回溯大眾媒介對老人形象之一般描述，次則討論自 1980 年代中期以來有關老人傳統價值觀之轉變，接續論及台灣媒介最近十餘年來對老人多元形象的正面報導與引伸。次節分從「生理學」、「法律學與經濟學」、「社會學」、「心理學」等面向介紹「老年」之不同定義，第三節則援引相關研究文獻說明此一領域最近十年來之蓬勃發展，最後一節爲本書章節介紹。

學習重點

1. 前言：傳播媒介與老人形象
2. 「老年」定義
3. 老人研究與老人傳播研究相關文獻簡述
4. 本書章節介紹
5. 作業、延伸問題與討論

-- 「晚年」是每個人生命中都會面臨到的階段，晚年不代表失去，也不表示黯淡，而該是進入到另一種灑脫的境界。退休後的日子，可以恣意的完成最終的夢想，也可以隨心所欲的享受靜謐與孤獨的美感。……[1]

-- 到了晚年，也就是人生最後的階段，李太太在得知自己得了癌症之後，她激發了一股稱之為「智慧」的力量，所謂「智慧」「是在面對死亡時，對生命超然的關懷，雖然肉體及心理功能日益衰老，老者卻仍能保持其智慧，並學著傳達其完整的經驗」。[2]

-- ……我不覺得自己已經79歲，我感覺自己才35歲而已。有時候當我看著鏡中的自己，我會大吃一驚；鏡中那個老傢伙是誰？我的內在心情和我的外在形象並不相符。[3]

壹 前言：傳播媒介與老人形象

一、媒介對老人形象之概述

關切老人族群並對各式老齡傳播現象進行觀察與報告實有特定時空意義，乃因現代人總須透過不同大眾傳播媒介（如報紙、電視、網路）方能獲取各類訊息進而瞭解周遭環境變動與趨勢，甚至以其所述為師進而找到

---

1 姚巧梅譯（2007）。《晚年的美學》。台北市：天下雜誌（引句出自封底）。

2 吳靜吉（2008）。〈許一個活躍的老年——如何享受老人生活（導讀）〉。周怜利譯（2008）。《Erikson老年研究報告——人生八大階段》。台北市：張老師文化（頁3-7）。（原書：Erikson, E. H., Erikson, J. M., Kivnick, H. Q. [1997]. *Vital involvement in old age: The experience of old age in our time.* New York, NY: W.W. Norton & Co.）。引句出自頁4。

3 陳瑞樺譯（1999）。《心的禮物：年老父母照護的沉思》。台北縣三重市：新路出版。（原書：Goldberg, B., & Kendall, G. [1997]. *Gifts from the heart meditations on caring for aging parents.* New York, NY: McGraw-Hill（引句出自頁139）。

人生各種可能方向。大眾傳播媒介因而常被視為社會環境與個人日常生活間的中介管道，也是現代社會無可取代的訊息來源，更是建立人生態度的重要指引。

老人族群亦不例外，不但經常藉由傳播媒介如觀看電視或閱讀報紙來瞭解社會脈動且常屬「重度使用者」，[4]其生活群像也當屬媒介關心對象，無論正或負面若經長久描述後即可建構一般人之印象與態度，從而引為活躍參與各類社會生活之學習典範。

然而與其他世代相較，老人傳統上並非任何傳播組織的青睞對象，即便有所接觸也常充滿負面內涵。舉例來說，美國電視圈早期少有老人專屬節目，老人角色比例更是嚴重「失衡」（underrepresented）。雖然老人人口數約占全美人數之15%，但電視節目的老人角色僅有3%，且多年來一直如此無甚變化。[5]

直到1980年代中期才因美國國家電視台（NBC）推出《黃金女郎》（*the Golden Girls*）家庭喜劇而使上述失衡現象略有改善。該劇以四位中老年單身女郎（年齡介於50-80歲）為主角，三人寡婦，另一離婚，全劇沒有任何早熟兒童，亦少性格古怪青少年，更無年輕貌美女子，復無「雅痞」夫妻，[6]卻能於1985-1992年間連續播出七季廣受好評，亦曾獲頒電視艾美獎（the Emmy Award）兩次，無論票房紀錄與觀眾喜愛程度均受肯定，[7]顯示以老人角色為主之情境劇身處競爭激烈之美國影劇市場仍能「撐起一片天來」。

4　陳宛非發現台灣地區M世代（指50-64歲）是電視媒體「重度使用者」（heavy users），其結果與國外發現接近，但其年齡群則與一般所言之「老年族群」稍有差異。見陳宛非（2004）。〈不同世代媒體消費行為與生活型態之研究——以2005東方消費者行銷資料庫為例〉。世新大學傳播管理學研究所碩士論文，頁66。

5　Harwood, J. (2004). *Understanding communication and aging.* Los Angeles, CA: Sage. 本段數字與「失衡」說法取自pp. 150-151。該章（第八章）全章檢討美國大眾媒介如何描繪老人。

6　此處描述出自：Harris, R. J. (1999). *A cognitive psychology of mass communication* (3rd Ed.). Mahwah, NJ: Lawrence Erlbaum Associates, p. 63。

7　資料取自http://en.wikipedia.org/wiki/The_Golden_Girls（上網時間：2011/6/13）。但如註5作者所述，該劇亦曾遭受批評，乃因台詞中夾雜過多性用語。

　　此外，老人過去也極少出現在美國雜誌、電視廣告或電影，40歲以上女性尤少且多屬負面如社經地位較低，其扮演對象則多為爺爺奶奶等固定角色，[8]反之20歲左右年輕女性最受矚目。其因不難理解：一般而言，製作人多認為老人節目沒有市場，老人閱聽眾也無消費能力，不如將主力放在年輕族群。[9]

　　除了上述比例失衡現象外，負面形象早已成為常見老人媒介角色特徵，如任意將其與病痛劃上等號，凡有老人角色必然身體不佳常跑（住）醫院。或將老人描繪成鰥寡孤獨，長期倚賴他人（親人）照顧而難以自立自主，有時甚至遭逢棄養。[10]尤有甚者，老人角色出現在電視廣告、雜誌廣告、電視節目、電影之拍攝場景多為「安養院」，強烈暗示了人一旦變老幾乎就只能脫離原有家庭在此頤養天年接受照顧；實際上，即如英國這類已開發社會也僅有5%老人住在安養院。[11]

　　總之，上述研究發現普遍反映了早期美國大眾媒介內容不但忽視老人角色，更習將老人描述為不快樂也不吸引人、必須倚賴年輕人過日子否則無法獨立生活，卻少讓其扮演英雄或羅曼蒂克情節的主角，[12]久之「渴求回春，恐懼衰老」也就成了媒介污名化老年的普遍現象。[13]

8　同註6, p. 62。該作者曾提出美國傳播媒介常出現的四種老人刻板印象：體力與精神衰弱（健康狀況不佳）、嘮嘮叨叨不時抱怨、固定的職位與活動（彈奏樂器或坐在門前搖椅）、外表不吸引人（如彎腰駝背、滿臉皺紋、身著過時衣服等）。

9　同註5, pp. 153-155。Robinson, J. D., Skill, T., & Turner, J. W. (2004). Media usage patterns and portrayals of seniors. In Nussbaum, J. F. & Coupland, J. (Eds.). *Handbook of communication and aging research* (2nd Ed.). Mahwah, NJ: Lawrence Erlbaum Associates (pp. 407-422)曾經針對美國媒體（廣告、電視、廣播、報紙、雜誌等）如何描繪老人有詳盡介紹與整理。

10　棄養老人曾經成為日本電影〈楢山節考〉之主題，可參見第二章之「棄老俗」討論。

11　Grainger, K. (2004). Communication and the institutionalized elderly. In Nussbaum, J.F. & Coupland, J. (Eds.). *Handbook of communication and aging research* (2nd Ed.). Mahwah, NJ: Lawrence Erlbaum Associates (pp. 479-497).

12　本段內容取自Nussbaum, J. F., Pecchioni, L. L., Robinson, J. D., & Thompson, T. L. (2000). *Communication and aging* (2nd Ed.). Mahwah, NJ: Lawrence Erlbaum Associates，第五章。

13　媒介「污名化」老人取材自http://www.wretch.cc/blog/pinkdido/13580584，作者為

　　一般人長期受到這些大眾媒介內容影響，逐漸認為老人一無是（用）處，也常規勸家中老人平日不要亂跑，深居簡出、含飴弄孫就當是其暮年最佳生活寫照。而老人也漸失自信，認為老了身體情況逐漸退化不甚中用且愈老愈是如此，難以對社會提供任何貢獻，不如聽從小輩之勸緊守家園。[14]

　　老人是否真無所用？老了是否就不該亂跑？不出門或不亂跑後還能做些什麼？即便什麼都不做，豈可謂其對社會毫無貢獻？嬰兒與幼兒時期也有很長一段時間無所事事，是否亦屬一無是處？因而純以「生產力」（productivity）論斷一個人的社會貢獻恐易陷入「年齡歧視」（ageism）迷思，[15]畢竟「年齡」與「生產力」間並無直接關聯，老齡如能繼續快樂生活並保持身心健康，仍當有正面社會意義。

二、1980年代以來的轉變：以美國Young@Heart樂團為例

　　這種對老人傳統價值觀的挑戰近年來已在各國（包括台灣）引發了諸多省思，直接或間接地促成了眾多老人走出家門重新投入社會奉獻心力。最早受到矚目者當屬1982年組成並曾多次遠赴歐亞國家獻唱演出的美國Young@Heart老人搖滾樂合唱／樂團（中譯「我心不老」樂團），其傑出表現不但引領風潮讓老人們重建（拾）信心，透過大眾媒介（包括Youtube、DVD影片）廣泛傳送的身影更讓社會大眾對老年／齡有了全新想法與觀感，影響不可謂之不大。[16]

蔡蕙如（上網時間：2011/6/15）。另可參閱：呂以榮（2006）。〈老、中、青三代對老人刻板印象之調查——以臺南市為例〉。《台灣老人保健學刊》，第二期，頁90-104。

[14] 此點（要求老人待在家裡）或與前述好萊塢電影習將老人場景置於安養院之「機構化」（institutionalized）有些不同，較屬台灣社會常見特有現象。

[15] 所謂「年齡歧視」，可定義為「對老齡團體或個人之偏見或差別待遇」，出自Palmore, E. B. (1999). *Ageism: Negative and positive*. New York, NY: Springer, p. 4.

[16] 官網網址：http://www.youngatheartchorus.com/（上網時間：2011/6/9）。英國the Zimmers老人樂團（官網：http://web.me.com/neilreed/thezimmersonline.com/Home.html）亦富盛名（於2007年成立），曾經出過專輯唱片（其名原意為老人不良於行時

　　據其官網所示，樂團最初成員全數來自麻薩諸塞州Northampton市的Walter Salvo老人安養院，有些曾經經歷一或二次世界大戰，成員年齡介於72至89歲間。演唱選曲最早係以民謠老歌為主，後來加入了一些「披頭四」（the Beatles）或「滾石」（the Rolling Stone）金曲，反因「老人vs.搖滾」對比而成為現場表演反應最為熱烈橋段，指揮Bob Cilman因而順勢選入更多當代流行與搖滾樂甚至龐克音樂，自此成為最大賣點。

　　演出時，不分男女團員們一律穿著白衣下配牛仔褲，白髮蒼蒼甚至軀體無法挺直的老人們唱著與其外表極不協調的熱門樂曲，經其重新詮釋後的表演廣受社會大眾熱愛。有些成員抱病演練，卻在演出最後一刻因病情嚴重無法登台甚至與世長辭，其他成員即時敬表哀悼後仍得找人替補上台演唱。老人們為了樂團的延續而付出心力，讓人深刻感受到其自我挑戰與再創生命極限的努力，知道內情者無不動容。

　　1983年左右樂團首次公演立即引起轟動，四場演出全數爆滿，其後25年間曾以耄耋之齡多次遠赴歐洲各國及澳洲、加拿大等處巡迴演唱。2007年由Walker George執導的同名紀錄片上市，隨即贏得多項大獎並在各國戲院放映；[17]台灣上演時此片（中譯《搖滾吧！爺奶》）曾獲「2008年金馬獎觀眾票選第一名」，極獲好評。

　　Young@Heart樂團近30年來的努力並未白費，他們開創風氣重塑老人形象，即便病魔纏身也要盡己所能直到生命終點。影響所及，各國老人皆視其為人生楷模，從而才有勇氣走出臥（病）房重回人生舞台並為自己的餘生展現新機，一直唱到生命最後一刻。

　　誠如網友所言，「透過一場場巡迴世界的演出，Young@Heart替自己打響了名號，也成了受人敬重與疼愛的銀髮大使。他們融化了世代間的隔閡，讓觀眾理解到，退休老人除了成天在家織毛線衣、含飴弄孫，原來還有另一種選擇──挑戰自己，完成年少時從未奢望的夢想」。[18]另位部落客則說，「這部Young@Heart真切地驅走了那些關於老人的陳腔濫調說詞，

使用之「助行器」）。

17 以上資料出自Young@Heart官網，同上註。

18 引自痞客邦網站：cimage.pixnet.net/blog/post/25742816（上網時間：2011/6/9）。

給予這個世界一個觀察他們的窗口，來審視這些老年人的不凡心態和別樣人生」。[19]

三、台灣媒介近來對老人形象的正面描述

　　類似Young@Heart樂團老人成員們對生命的熱愛精神二十餘年後也在台灣引發熱烈迴響。2007年由「弘道老人福利基金會」發起的「挑戰八十、超越千里——不老騎士的歐兜邁環台日記」活動邀請17位平均年歲已逾80的老人們一起騎著機車環島13天，其中2位曾罹患癌症、4位需戴助聽器、5位有高血壓而8位有心臟疾病，甚至每位老人都有關節退化毛病，但仍能堅忍不拔地向著共同夢想前進。[20]新聞報導如此描述：「團長賴清炎表示，老人要勇敢起來，千萬不要放棄自己，一定要有活力去做自己想做的事情」。[21]

　　其後在2010年，金馬獎獲獎導演楊力州推出了一部調性與Young@Heart樂團接近之《青春啦啦隊》紀錄片，以熱血、活潑、輕快或幾近於詼諧幽默方式描繪一群平均年齡已逾70歲的爺爺奶奶們如何經過苦練後在高雄世運會表演獻藝，其活力與熱情讓現場一萬人全部起立鼓掌叫好。

　　在這些歡樂氣氛中當然無可避免地仍有些生老病死情節，如啦啦隊友「美子」被癌症折磨無法隨隊演出，另一些老人亦因生病而難以常保健康

---

[19] 引自：http://blog.yam.com/rockoe/article/19797448（上網時間：2011/6/17）。

[20] 取材自東森新聞：http://www.nownews.com/2011/02/17/91-2689877.htm（上網時間：2011/6/16）。

[21] 取材自中國時報（2007/11/26，C1），標題：〈不老騎士環台，十七人1500歲〉。又據《中國時報》（2011/05/24，新聞標題：〈爺奶總動員70歲的搖滾青春〉，江家華台北報導），繼《青春啦啦隊》後又一取材自爺奶輩生活的紀錄片即將上映，鎖定農村高齡人口拍攝的《農情搖滾‧爺奶總動員》，記錄低識字率、看不懂五線譜的農村阿公阿嬤，組成搖滾樂團、爵士合唱樂團或舞團的趣味故事。2011年7月6日《中國時報》刊出另則新聞（記者盧金足撰），報導台中市有「廿二位平均年齡七十多歲的阿公、阿嬤組成水噹噹打擊樂團，這群年齡加起來超過一千五百歲的老人，有病痛纏身、有行動遲緩，賣力學直笛、十鼓、鈴鼓、手響板不輸年輕人」。由以上諸例觀之，台灣老人活出青春生命之風氣已開，與以往有很大差距。

（如片中之「丁爺爺」即因內耳平衡失調而易暈眩），但楊力州自承此片拍攝目的在於挑戰一般人對「老」的刻板印象，反向思考力求呈現其青春活力的一面。他說，「對紀錄片創作者來說很重要的一件事，就是要扭轉那個〔負面〕價值觀，並表達一種看法！」[22]；從其票房收入統計來看，顯然此項挑戰十分成功。[23]

　　而幾在同時，楊力州並也推出一部專事記錄老人如何遺忘、錯置情感、拼貼記憶的故事集錦《被遺忘的時光》，以台北市萬華區「聖若瑟失智老人養護中心」爲場景，耗時三年忠實地記錄了中心內六位老人與家庭的悲喜故事。楊力州在這部題爲《一群被困在記憶河流的人》委託製作案裡，力圖呈現這群被形容爲「老番癲」的失智老人們如何活在自己的世界裡，有賴家屬與照護人員的耐心與愛心方能協助他們走過晚年，其情令人無不爲之動容。

　　另在電視影集部分，由國內著名資深廣告人王念慈製作、名演員孫越主持的《銀髮熟年——孫越叔叔和他的老朋友們》也在2008年於公視推出，[24]共13集每集54分鐘，訪問了近百位銀髮典範人物與社團。各集主要架構爲：「典範人物」、「精采特寫」與以銀髮社團爲主的「百壽圖」等三部分，受訪者包括：文學家余光中、養生博士莊淑旂、電影導演李行、英語教育者彭蒙惠、廣告教父賴東明、名畫家梁丹丰、名演員王玨、專欄作家薇薇夫人、新聞教育家徐佳士、戲劇導演崔小萍、社會福利學者柴松林、周聯華牧師及名音樂家李泰祥等。每集內容不但回顧這些名人老人之精彩過去，也著重介紹他們如何過著老年生活，藉此凸顯不同精彩人生。有些老人從未退休，至今努力未輟，足以爲他人仿效。

　　另據周傳久博士論文，台灣自上個世紀1980年代中期已有專屬老人之

---

22 《CUE雜誌》（May 13 Fri 2011）：〈石碇，楊力州導演的第二個家！〉。引自 http://www.youngatheart.com.tw/（上網時間：2011/6/9；添加語句出自本書）。

23 據楊力州表示，這部片子在國語院線上映的票房紀錄居2010年前十大。出自：小野、楊力州：〈台灣的老人：從兩部紀錄片《被遺忘的時光》和《青春啦啦隊》談起〉（聯合報聯合副刊，2011年6月8日，D3版）。

24 可參閱：http://blog.sina.com.tw/unclesun/article.php?pbgid=44176&entryid=576188（上網時間：2011/7/3）。

電視節目，但至2000年後連續7年只有公共電視製播的《果果恰恰》，要到2007年後方才恢復對老人節目的重視。周傳久將台灣老人電視節目內容及製播方式與芬蘭、荷蘭比較後發現，雖然台灣電視老人節目為數不多，但其「內容活潑，不限於探討問題，而強化老人歡樂的一面，讓觀眾看到老人可以有很多生活樂趣」。[25]

除上述相繼推出之紀錄片、電視影集、電視節目外，另有與老人生活相關之書籍近來亦引發廣泛討論。如著名作家龍應台所撰之《大江大海一九四九》甫出版即在海峽兩岸造成轟動（雖在中國大陸被禁），「勾起了許多屬於40歲以上的台灣人在青春歲月裡的熟悉記憶」。[26]透過其一貫流暢的文學筆調，龍應台此書號稱「醞釀十年、走過三大洋五大洲，耗時三百八十天，行腳香港、長春、南京、瀋陽、馬祖、台東、屏東。從父母親的1949年出發，看民族的流亡遷徙，看上一代的生死離散，傾聽戰後的倖存者、鄉下的老人家」。[27]不分省籍，這本書將歷經苦難與折磨的老者生命故事闡述集結成書，在慶祝國共內戰結束60年的時節推出有其特別時代意義。

相較於龍應台交雜小人物與大時代背景的報導文學他述式描述，同年同時期出版的《巨流河》則是時屆85高齡的台大外文系齊邦媛教授親身經驗自述，從其父母自小生長的遼河（即巨流河）生長環境憶起，追溯自己的生命歷程，其一生可謂「整個20世紀顛沛流離的縮影」。[28]

這兩本書的同時出版實也反映了與老人相關之傳播互動機緣：龍應台以訪問眾多老人為主，透過他們的回憶串起歷史長流，而齊邦媛則以自己

---

[25] 周傳久（2008）。〈由高齡學習看老人電視節目製播之跨國比較研究——以芬蘭、荷蘭、台灣為例〉。高雄師範大學成人教育研究所博士論文（引句出自頁188）。

[26] 龍應台（2009）。《大江大海1949》。台北市：天下雜誌。本段引句出自http://www.taiwanonline.cc/phpBB/viewtopic.php?p=21833（上網時間：2011/6/9）。

[27] 出自博客來書籍館網站介紹文字：http://www.books.com.tw/exep/prod/booksfile.php?item=0010467172（上網時間：2011/6/9）。

[28] 齊邦媛（2009）。《巨流河》。台北市：天下文化。本段引句出自博客來書籍館網站介紹文字：http://www.books.com.tw/exep/prod/booksfile.php?item=0010442200（上網時間：2011/6/9）。

為書寫對象，內容跨越80年的兩岸時空，旨在反映中國近代的苦難家族記憶。老人與其所代表的過去歲月一下子成了眾所矚目的焦點，尤以齊邦媛年逾高齡猶手不輟筆，格外令人感佩。正如其在新書發表會所言，她想藉著此書「給老人一個好榜樣」，證明「在這個年紀，還能優雅地運用每一天！」[29]

至於與台灣本土老人之相關專書則可以稍早出版之《放生》為例說明。作者黃春明以關心老人的社會意識為出發點，用寫實手法創作了一系列有關台灣宜蘭鄉下老人在政治、經濟環境變遷中的短篇家庭故事，藉以描述老人對妻子、兒子、農村生活與動物的情感。小說集共含十篇短篇小說，每篇均以老人為主角，並以作者熟悉的土地為故事發生地，帶入生病、喪妻、兒子不在身旁等主題，藉此訴說「老人寂寞」及「需要親情」。作者認為，這些老人過去為了哺育子女和打拚經濟而流血流汗，如今卻因時代變遷而被流「放」到鄉下，任其自「生」自滅（書名因而謂之《放生》）。全書挑戰傳統「敬老尊賢」或「老者為大」社會價值，強調「做父母的都變成老奴才」，因而可說是黃春明透過老人對話直述的故事主題。[30]

此外，《中國時報》曾於2006年12月至2007年8月間推出「熟年周報」，每周以三個版篇幅介紹熟年趨勢包括健康、理財、人際關係和流行文化等，分享熟年人物的動人故事與心路歷程。此舉乃是國內媒體（尤其是報紙）首次（與唯一）針對熟年族群編製定期專刊，另也同步經營「senior watch部落格」，但歷時不及兩年終在2008年9月刊出「戲未散

---

29 語出聯合報記者陳宛茜所撰新聞，標題：〈齊邦媛從遼河漂到台灣 匯成「巨流河」：白先勇、黃春明、簡媜、陳芳明、蔣勳、席慕蓉、隱地齊聚發表會推崇她是「台灣文壇的保護天使」〉（2009/07/18/A14版）。此書已於2011年7月發售日文譯本，旨在「希望日本人可以藉由這本書，知道中國人怎麼想的」〔《中國時報》（2011/07/19），標題：〈寫抗戰時顛沛《巨流河》推日譯本〉，記者林欣誼撰寫〕。

30 見黃春明（1999）。《放生》。台北：聯合文學。本段部分文字出自助理林楚彬之報告內容。

場」公告後無以爲繼地宣告結束。[31]

四、小結

　　由本節所引一些研究報告可知，大眾媒介過去對老人的眷顧不但不足、失衡且更常以負面描述，以致無論中外社會大眾長期接收這類訊息後理所當然地認爲「老齡」就是「衰敗」的代稱，而老年人也多因身體漸弱而傾向接受此類觀點，認爲餘生若能兒孫滿堂、頤養天年或在安養院度過即爲人生最大幸福。1980年代Young@Heart樂團的出現改變了這些想法，其賣命演出爭取登上舞台的精神重塑了老人活出暮年生命的樂觀態度，以致其後三十餘年來有關老人的多元形象蔚爲風氣，無論是電視節目、電影、書籍、報紙專刊均能推陳出新地介紹各類老人的傑出表現，從而引發眾人重省老年的意義與象徵。[32]

　　然而何謂「老」？何謂「老年」？其定義若何？此爲下節討論重點。

貳　「老年」定義[33]

　　如上節所示，早期傳播媒介習常忽視老人形象或以負面描述，而今日則改以不同面向提供多樣型態，顯然在過去三十年間（如自Young@Heart樂團成軍算起）傳播媒介與老人之互動業已歷經重大轉變，以致一般人愈

31　「戲未散場」出自http://blog.chinatimes.com/senior/category/0.html，本書第三章仍將接續討論。

32　近十年來好萊塢已經拍出多部有趣老人電影（見第三章介紹），常以著名影星掛帥，如由Henry Fonda, Katharine Hepburn領銜主演之《金池塘》（*On Golden Pond*）、Jack Lemmon, Walter Matthau, Sophia Loren, Ann Margaret等大牌演員合演之《見色忘友》（*Grumpy Old Men*，兩集）、Diane Keaton, Jack Nicholson合演之《愛你在心口難開》（*Something's Gotta Give*）皆屬之，內容已趨多樣而不再將老人形象定於一尊。

33　本節內容改寫自蔡琰、臧國仁（2003）。〈老人觀眾與電視劇：從老人之定義到人格心理學對閱聽人研究的啟示〉。《中華傳播學刊》，第3期（6月號），頁197-236，第貳節之「老人觀眾」特質與定義（頁202-208）。

能接受老人以不同於過去之積極生活態度再次活躍於人生舞台，而老人們自己亦更能重視此種觀念改變而慣以正面思考餘生。此種變化與社會有何關聯？是否與老人之定義不斷改變有關？

　　根據2010年行政院經建會之「2010年至2060年台灣人口推計」，全台65歲以上人口占總人口比率將由2010年之10.7%增為2060年之41.6%，其中又以80歲以上「高高齡人口」增長最為快速，其占總高齡人口之比率將由2010年之24.4%增至2060年之44.0%；預計至2026年，老齡人口就會超過台灣總人口數的20%，成為「超高齡社會」（super-aged society）。[34]也因醫療衛生技術不斷提升，台灣人口平均壽命已由1989年之73.5歲提升至2009年之79歲，女性平均壽命更高達82.5歲，絲毫不亞於任何已開發國家。[35]

　　而在「老化指數」（或稱「老少比」）方面，1981年時僅為14%，即老人與小孩之比例是1比7。到了2003年11月底，「老化指數」已達46%，代表65歲以上老人與14歲以下小孩的比數幾為1比2（4.6比10）。受到近年來少子化及高齡化趨勢影響，2010年老化指數已調整為68.4%，即老、幼年人口之比為1比1.5。2015年老化指數預計將趨近100%，其後老年人口則將超過幼年人口；2060年之老化指數將高達441.8%，即老年人口約為幼年人口之4倍。[36]

　　台灣社會老化現象早已引起政府與第三部門重視，從社會福利機構到個人，從臨終照顧到學習新興事物皆已採取對應措施，[37]不但與老人福

<hr>

[34] 行政院經濟建設委員會，「2010年至2060年台灣人口推計」http://www.cepd.gov.tw/m1.aspx?sNo=0000455（上網時間：2011/6/18）。

[35] 依上註所示，我國係於1993年當老年人口占總人口比率超過7%時正式進入高齡化社會。而據http://big5.china.com.cn/info/2011-05/14/content_22565054.htm，世界衛生組織於2011年5月公布的報告顯示，日本人平均壽命繼續保持83歲，與歐洲小國聖馬利諾並列世界第一；澳大利亞平均壽命82歲，略居兩國之後。日本女性平均壽命為86歲，超過西班牙和法國等國的85歲，高居第一位。而日本男性平均壽命為80歲，仍低於聖馬利諾的82歲，與瑞士等國並列第二。（上網時間：2011/6/19）。

[36] 同註34。

[37] 如內政部社會司即已推出「老人福利與政策」，內容概分：經濟安全、健康維護、生活照顧三大規劃面向，並就老人保護、心理及社會適應、教育及休閒分別推動相關措施。見：http://sowf.moi.gov.tw/04/01.htm（上網時間：2011/6/18）。

利或老人政策息息相關,當亦與我們關切的傳播議題有所連結,無論「老年」、「老齡」、「高齡」、「樂齡」、「樂活」等老人詞彙皆與傳播密切關聯,乃因人與其傳播行爲無可分割。

王蕙玲、[38]張隆順譯、[39]徐立忠[40]過去曾分從外表、行爲、心態或社會、法律賦予的意義等面向討論老年,以下可從最基本的生理老年定義開始論述。

一、生理學的「老年」定義

生理學定義老年包括以下特徵:身體系統衰退、重聽、老花、行動遲緩、皺紋、頭髮色澤與體態或其他器官(如牙齒)隨著歲月增長而功能漸失,致使身體組織受到磨損後失去原有常態。一個人若生理上發生上述變化且明顯出現了身體系統衰退、器官與體態改變、更年期開始,則可謂逐漸步入了生理學之「老年」。

但生理學之老年定義卻常造成錯誤溝通或傳播障礙。如一般人習從生理外表判斷老人,凡頭髮花白、舉步維艱、體態龍鍾者即常被視爲應在公共場所(如公共運輸系統之捷運或公車等)受到禮讓,因而有需要但不符合上述「條件」者常受誤解,而年紀猶輕卻華髮霜白者反常是「敬老」對象,受者急忙推辭而讓者堅持不就,反易引起尷尬。

二、法律與經濟層面的「老年」定義

在社會、法律層面,一般公家機關退休年齡多訂爲65歲。如張隆順曾

---

38 王蕙玲(1994)。《老人的婚姻與家庭》。嘉義市:國立嘉義師範學院。

39 張隆順編譯(1985)。《老人心理學》。台北市:桂冠。(原書:Kalish, Richard A. [1977]. *The Later years: Social applications of gerontology.* Monterey, CA: Brooks/Cole.)

40 徐立忠(1989)。《老人問題與對策:老人福利服務之探討與設計》。台北市:桂冠。

從法律與經濟層面明確指出，[41]中華民國國民過了65歲生日就算「老人」。社會對老人有強迫退休的法規，而所得稅法和社會福利制度亦都以65歲為分隔點藉以分配社會經濟福利。

然而法律與經濟面向區隔之老年族群明顯異於上述生理區隔，乃因這些老人雖已年屆65歲，其生理條件未必不同於50歲或60歲成人。另一方面，他們退休後卻有可能擁有更多閒暇時間與大眾媒介互動，亦較有餘力與時間觀看電視、閱讀報紙或購買其他傳播媒介廣告商品，成為特定消費族群。

三、社會學的「老年」定義

社會學理論曾由社會結構、老人生理及心理變化形成之社會地位、社會角色與規範之改變、老人社會生活如何受到影響等面向歸納老人指標，認為有關老人之社會生活層面有以下六種：[42]

㈠「角色說」（role theory）：強調老年生活代表了對社會角色調整之適應，而老人社會地位失落亦受其社會角色轉變影響，故老人應拋棄成年人固有角色型態。此說指出，男女兩性老人的角色較成年期更具彈性：如退休前為了職業目的常扮演工具性角色，退休後則多與家庭成員（如照顧孫輩）互動並改採感性角色。

當一個人回歸家庭執行祖父母角色協助照顧孫輩，或擔任某種與原先職場不同的家庭或社會角色時，就可視為「老人生活」。換言之，任何中年階段擔任的角色一旦有所替換時即可被認為是步入老年期之始。

然而國外文獻所述之退休老人回歸家庭並扮演感性角色的說法，是否也是台灣社會老人們角色寫照目前尚乏實證考據。[43]但台灣社會對老人一向

---

41 同註39。

42 同註40，頁24-27。

43 部分相關論文可參見：鍾國文（1988）。〈老人退休調適之研究〉。《中原學報（人文及社會科學系）》，26卷4期，頁109-115；李宗派（2009）。〈老人生涯規劃〉。《台灣老人保健學刊》。http://tghs.web123.com.tw/index.php?module=faq&mn=4&f=content&tid=355（上網時間：2011/6/19）；李雅慧（2000）。〈銀髮族的第二個春

敬重有加，此種文化特質是否使老人退休後仍具社經威權力量，其社會角色又如何影響傳播行為，現亦缺少研究報告而難以論定。

　　(二)「年齡階層說」（age stratification theory）：社會不僅將一般人按政治、經濟階級分類亦按年齡分等，年齡階層就如社會或經濟階級而一向區隔分明。此說呼應著上述法律上有關65歲就該退休的硬性規定，但年齡階級說與法律規定俱不代表生理的絕對老化。

　　如電影觀眾早有分齡制度，[44]電視觀眾則只對分齡提出「觀賞建議」。[45]但在台灣，老年人與兒童經常一起觀看電視劇或卡通實有其社會與家庭功能及意義。但分級制度迄今並未針對老人喜愛的電視節目類型有所討論，因而無法具體瞭解老人與電視之互動是否與上述「角色說」有所關聯。

　　(三)「副（次）文化」（subculture）及「少數團體說」（minority group）：老人因共同特性而自然結合成團體，兼以社會人士對老人之偏見與歧視隔離了老人的活動範圍，均易形成「老人副（次）文化」，顯示老人團體成員間的內部互動遠比與其他團體頻繁。因此，凡定期參加銀髮社群與長青社成員或是公園裡聚集運動成員依此定義均可視作老人。

　　但目前文獻中尚未發現「老人媒介副（次）文化」此一名詞，僅指出65歲以上老人是電視節目的最忠實守候者（即前述「重度使用者」），其觀賞時間約占清醒時間的二分之一到四分之一，常較愛看娛樂性的戲曲綜藝節目。[46]

天——談退休生活之規劃〉。《終身學習》，第24期，頁28-36；朱芬郁（2002）。〈新世紀的退休生活規劃〉。《崇右學報》，第8期，頁65-79；詹涵雯（2008）。〈桃園縣高齡者學習需求與參與意願之研究〉。中央大學客家政治經濟與政策研究所在職碩士專班碩士論文；林東龍、余嬪、陳武宗（2010）。〈退休規劃與生活適應之間——退休人員之退休生活經驗初探〉。《社區發展》，第132期，頁278-293。

44 如依《電影片分級處理辦法》分為「普遍級」、「保護級」、「輔導級」、「限制級」。

45 據《中正E報》（http://www.peopo.org/enews/post/52143，上網時間2011/6/19），NCC最快將於2011年針對「電視卡通」訂定分級制度，除此之外，電視電影分級仿註44之分級辦法，參閱http://www.cbttnet.com/inhibit18.html（上網時間，2011/6/19）。

46 引自：劉幼琍（1994）。《好節目的認定及電視時段的分配研究報告》。台北：電視

相異於網路上因偶像劇或各國電視劇形成的網路社群或機場、簽名會中出現的追星青少年，我們目前似乎只有「老人對媒介文化冷漠」的印象。

㈣「社會能力說」（social competence theory）：社會學家認為，老年定義涉及了老人社會能力的日漸減退，使其社會職務獲得解除（如退休），依此或可認定凡自中年職場解除工作或退休即屬進入老年之人。

㈤「社會從事說」或「社會活動說」（social engagement or activity theory），主張老年是中年期的延長，仍生活於家庭和社會層面。除了年齡較長外，並未改變老人的社會關係，而是「行為決定年齡」。此說呼應了前述「次文化」說法，使得一些特定團體或個人行為均可用於界定老年觀眾。

㈥「社會撤退說」（social disengagement theory）：與上述「社會活動說」相左，反對老年是中年期的延長，認為老人的社會角色、人際關係和價值體系都因其無法適應社會而採撤退態度。然而此種撤退並非來自社會壓力，而是老化過程中內在本能的成長過程。依此我們或可認定，某些老年人反如幼童般地願意回歸家庭接受照顧或離開其他社會性團體活動，此即符合此說定義之「老年人」。

總之，「社會撤退說」與前述「角色說」、「次文化說」、「社會活動說」相互衝突卻又彼此互補，顯示了老年生活的不同面向，也共同描繪了老年人的社會面貌。因而就上述所引社會學定義而言，老齡指標至少包括：年滿65歲且有不同於中年時期的社會角色，如從職場退休、晉升祖父母輩、參加特定老人活動或撤退於社會而在家庭獨居，整體而言似乎集中於一些與老化、醫療、社會工作或社會政策對老人福利之影響等題材。

傳播研究未來猶可探討與老人有關之人際傳播樣式如退休後之約會、旅遊等閒暇生活型態，[47]以及其與家庭或社會其他成員的關係。

研究文化委員會；劉永芷（1987）。《老人的收視行為與電視中老人角色之分析研究》。輔仁大學大眾傳播研究所碩士論文。

[47] Pecchioni, L. L., Wright, K. B., & Nussbaum, J. F. (2005). *Life-span communication*. Mahwah, NJ: Lawrence Erlbaum Associates針對生命溝通（lifespan communication）之討論時，曾舉「休閒」（leisure）、「大眾媒介使用」（mass media consumption）、

近些年來老人傳播研究的確業已針對「代間溝通」（intergenerational communication）與「代內溝通」（intragenerational communication）有所著墨，前者指祖父母與孫輩間的互動，後者則係老人同輩間的來往，但都尚在淺描階段而少理論建構。[48]

不過，上述有關老人的社會學描述顯然猶未將生理與心理的老年特徵一併考量，可另如下述改從認知或人格發展角度討論。

四、心理學的「老年」定義

徐立忠[49]另曾根據心理狀態定義老年，如孤獨、活動性減退、難以適應新學習、疑心加重、性情頑固、喜好回憶、睡眠時間改變、記憶力衰退等。

江亮演[50]則曾指出，與年輕人相較老年人進取心較差、依賴感較強、愛心大於對權力的興趣，愛美、較不實事求是但較喜及時行樂。但江亮演也強調，心理學研究發現年老女人與男人特質相左，她們非常進取但不富感情，在心理取向上更具支配力量。

此外，某些文獻顯示進入老年會有不同心理狀態，其他文獻卻也指出正、負向對立的老人心理。如Thorson認為，[51]65歲退休老人仍能積極參與事務並充分享受老年生活。Thorson與Anderson & Carter則皆認為，[52]「老人」此一詞彙實應續分為「青老年」（young-old，65-74歲）、「中老年」（old-old，75-84歲）、「老老年」（oldest-old，85歲以上），分別具有

「電腦與網路」、「旅遊」、「運動」等面向作為增進生活品質之可能途徑（見第十章）。

48 見註5第四章有關「代間溝通」及第五章有關「代內溝通」之討論。

49 同註40。

50 江亮演（1988）。《台灣老人生活意識之研究》，台北市：蘭亭（尤其頁21）。

51 潘英美譯（1999）。《老人與社會》，台北市：五南（原書：Thorson, J. A. [1995]. *Aging in a changing society.* Belmont, CA: Wadsworth.），頁8。

52 同上註；另見張宏哲譯（1999）。《人類行為與社會環境》，台北市：雙葉。（原書：Anderson, R. E., & Carter, I. [1984]. *Human behavior in the social environment: A social system approach.* New York, NY: Aldine.）

不同生理退化現象。隨著年齡增加，除了疾病、失智等生理問題外還要面對朋友死亡、社會脫節等心理衝擊，而知覺喪失、長期依賴他人、孤僻、恐懼、喪失獨立性等心理疾病則多發生在「老老人」（即前述「高高齡人口」）身上。雖然有些老人在高齡期學會獨立，找到並整合自我人格而勇敢面對死亡，但另一些老人仍因生理狀況感到退縮，人格轉向內心發展並產生絕望之情。

　　至於徐立忠[53]介紹的D. Riesman, R. Berkeley, B. L. Neugarton等人相關理論則仍指向老人的心理對立，如老年人可粗分爲「適應良好」與「適應不良」兩類，彼此人格特徵差異明顯，前者具備自律、調適、成熟、整合等人格，後者則屬紊亂、憤怒、自憎、散亂類型。此外，張鐘汝、范明林[54]依老人心理適應程度也將老人性格分爲正向的成熟、安樂，或負向的自衛、憤怒與頹廢各型。

　　另一方面，認知心理學與人格心理學均展示「年紀」並非全然是決定「老態」的唯一指標。除非老人受到生理影響如記憶衰退、腦神經末稍遲緩進而造成認知心理學討論的「學習障礙」，[55]就人格心理學而言人生未有明確年輕、年老之別。因而老人心理適應問題之關鍵似在其是否能夠從事自我導向的終身學習；成則人格整合，老當益壯，敗則感受焦慮、罪惡、沮喪、絕望。[56]

　　如洪錫井認爲，[57]老人教育與青少年教育同樣重要：高齡化社會給予老人之消極性助力在於替其謀求福利，而積極方面則在幫助老人自助並發掘

---

53 同註40，頁23。

54 張鐘汝、范明林（1997）。《老年社會心理》，台北市：水牛，頁100-105。

55 洪蘭譯（2001）。《透視記憶》，台北市：遠流。（原著Squirel, L. R., & Kandel, E. R. [1999]. *Memory: From mind to molecules*. New York, NY: Scientific American Library.）

56 社會學與心理學之研究似有矛盾結論，或認爲老人們猶處人生黃金歲月或極度退縮於社會。老人心理特質亦有兩極現象，如認爲老人一方面從社會隱退而轉向內心世界，另方面則回顧生命歷程從而肯定生命意義。前註51之Thorson即曾指出（頁84），老人特徵就是面臨一連串社會地位、社會角色、社會規範的喪失而處於「無角色的角色」，或在社區中過著忙碌且有意義的生活，找到新的角色與體驗。

57 洪錫井（1994）。〈老人的終身教育〉。嘉義師範學院碩士論文。

潛能，將其看成有待開發的人力資源。從終身教育立意而言，老人若能忘記自己的白髮就能開創人生新境界，似也呼應了前引Young@Heart樂團成軍之旨。

其實就心理層面而言，我們也發現前引Thorson曾經試圖推翻習以為常的「年老」定義。Thorson認為，老人心理難以明確說明，因其所具備之社會特質不斷改變，不僅六、七十歲的人不再被視為是老人，「我們也不再將老人與搖椅的形象聯想在一起，現在的祖父母不〔再〕是只會坐在門口或石頭上發呆，相反的，他們已懂得享受休閒娛樂和家庭生活，並且廣泛地培養各種興趣」。[58]

綜合上述文獻應可發現，老人們的心理表現與認知心理學所論之孩童成長學習心理表現明顯有別，至少孩童在校學習過程的心理活動以認知學習為主，[59]但研究老年心理學時則多以人格為變項區分老人心理類型。換言之，認知心理學者對人們（兒童）如何學習或處理資訊的過程與表現持有較為一致的發展理論，面對老人心理時則多依人格而將老人心理現象規劃為不同時期／不同類型甚至正、負兩極表現，暗示了人格問題在經歷時間生活與成長之後到老年會較凸顯。

發展心理學尤持類似觀點。長期提出「人生八大階段」論的心理學者E. Erikson即曾追蹤29位老者之一生，發現他們即便已屆生命最後階段猶能積極活躍，與一般人之刻板印象截然不同。Erikson強調人生最後階段常會面臨「和諧的追求生活完整」以及「不和諧的絕望心態」兩相糾纏、看似對立的性格傾向，因而必須試圖在「統整」與「絕望」兩極間尋求平衡以避免發展危機。[60]

Erikson強調「生命回顧」是老年期的發展任務，需將生命各方面放在一起使其產生連結而自有意義。而在這個老年階段也最容易發生如親人

---

58 同註51，此段文字分別引自頁3, 166；添加字句出自本文作者。

59 Gagne, E. D. (1985). *The comparative psychology of school education*. Boston, MA: Little, Brown & Company.

60 引自林美珍（2000）。〈走進老年研究的殿堂〉（序文）。周怜利譯，《Erikson老年研究報告》。台北市：張老師文化。（原書：Erikson, E. H., Erikson, J. M., & Kivnick, H. Q. [1997]. *Vital involvement in old age*. New York, NY: Living Psychology Publishers.）

故世的挫折產生負面情緒，常因個人身體與心理能力減退而生限制。但若能接受這些現象並加以調整，則或能發展出老年力量並可稱之為「智慧」（wisdom）表現了。[61]

五、小結

就社會學而言，老人定義至少包括：年滿65歲且有不同於中年時期的社會角色，如從職場退休、升格為祖父母輩、參加特定老人活動或撤退於社會而在家庭獨居。但依上引心理學文獻或可大膽假設，就心理特質而言，老人只有認知學習快速或遲緩的程度問題，除非有生理疾病以致對接收與記憶產生重大影響，他們並非不能透過傳播或大眾媒體學習。老人一旦心理適應並從事自我導向的終身學習，即能人格整合、老當益壯，甚至擁有較年輕人更高的資訊整合能力並對戲劇性情境的理解與反應更為充足。[62]

參　老人研究與老人傳播研究相關文獻簡述

一、老人研究之源起

上節已稍加引介了老年定義之各家說法，但老人研究發展多年來早已包羅萬象。依美國老人研究「創始者」J. E. Birren之歷史回顧，[63]俄國生物

---

61 參見本章首頁引述吳靜吉之「智慧」說法。

62 同註55；另見洪光遠、鄭慧玲譯（1995）。《人格心理學》，台北市：桂冠。（原著 Pervin, L. A. [1975]. *Personality: Theory, assessment, and research* (2nd Ed.). New York, NY: Wiley.）

63 此一「創始者」說法可參閱http://en.wikipedia.org/wiki/James_Birren詞條。實際上，Birren雖已年逾耄耋猶仍勤奮不輟，是故Vern L. Bengtson & K. W. Schaie (Eds.) (1999). *Handbook of theories of aging*. New York, NY: Springer.書末特闢專章追溯其貢獻以賀其80歲壽辰（pp. 473-479），第二版（2009）頁xxv亦曾說明該書獻給Birren以賀其90歲大壽。

學家E. Methchnikoff早在1903年即曾指出「上了年紀」（ageing）乃因腸胃裡有了腐敗細菌（gastrointestinal putrefaction），[64]此乃最早使用「老人學」（gerontology）一詞者。而Methchnikoff教授並非等閒之輩，曾獲諾貝爾獎，其觀點代表了其時所持「老化係由細菌造成」的一般看法。[65]

最早由不同面向討論如何增長或變老則是Quetelet於1835年出版的書籍，[66]但老年研究的具體發展實則延至二次大戰後，其時研究者咸認為瞭解年齡問題有些像是「鑰與匙」關係（lock and key），只要找到正確鑰匙自然就能開啟門閂，包括從生物學、心理學或其他學門皆然。[67]

Birren自述在1947年首次聽聞「小兒科」（pediatrics）成為醫學之次領域，其時老人醫學（geriatrics）也漸受重視並於1937年前後首次召開老人研討會且於兩年後出版專書。[68]二次大戰結束後美國老人學會（the Gerontological Society of America）以及美國老人醫學會（American Society of Geriatrics）相繼成立，從而奠定了老人學術研究的基礎。[69]

Birren指出，上述Methchnikoff「病菌引起老化」觀點在20世紀初期漸被「慢性疾病」（chronic diseases）論點取代，而在20世紀中期則次第出現多變項因素以及基因決定老化等不同解釋。時至今日，較為接受的講法則是基因與環境的互動造成老化，多項實驗甚至發現進食較少之實驗鼠遠

---

[64] Birren, J. E. (1999). Theories of aging: A personal perspective. In Vern L. Bengtson & K. W. Schaie (Eds.). *Handbook of theories of aging* (pp. 459-471). New York, NY: Springer（引句出自p. 460）。由此觀之，老人因腸胃不好而常放屁造成體臭實其來有自。

[65] Methchnikoff, E. (1903). *The nature of man: Studies in optimistic philosophy*. New York, NY: G. P. Putnam.

[66] Quetlet, A. (1835/1842). *A treatise on man and the development of his faculties*. Edinburg, UK: William and Robert Chambers. 引自Birren, J. E. (1961). A brief history of the psychology of aging. *The Gerontologist*, 1 (2), 69-77.

[67] 同註64, p. 460。

[68] Cowdry, E.V. (1939). *Problems of ageing: Biological and medical aspects*. Baltimore, MA: The Williams & Wilkins Company.

[69] Birren, J. E. (2005). Epilogue. In Debra J. Sheets, D. J., Bradley, D. B., & Hendricks, J. (Eds.). *Enduring questions in gerontology* (pp. 272-284). New York, NY: Springer.

較自由進食之控制鼠活得更久。[70]

二、老人研究較新趨勢

　　Birren認為，老人學直到20世紀末期方才成為科學研究重點領域，這個觀點如由*Handbook of theories of aging*（第二版）內容觀之當屬正確。[71]此書首版於1999年出版，[72]以五個方向分別討論老人研究，包括「老人研究的理論建構」（共四章）、「生物與生物醫學」（共四章）、「心理學」（共六章）、「社會科學」（共五章）、「應用與未來」（共六章）。

　　十年後第二版出刊，全書已由首版之25章擴充為40章，頁數亦由500頁大幅增為近800頁，漲勢驚人。全書各章撰寫者共計67人，專長橫跨心理、社會、人類、法律、公共事務、公共政策、公共衛生、家庭、人類發展、藥學、生物等領域（但無任何老人傳播研究者），作者們自認專長分屬「老人學」、「老人心理學」（gerontopsychology）、「社會老人學」（social gerontology）、「詮釋老人學」（interpretive gerontology）、「老人學與生命終結照顧」（end of life care）、「生物老人學」（biogerontology）、「老人與家庭研究」（gerontology & family studies），足可反映老人研究之跨（多）領域特色，具體而微地展現了這個學門在21世紀初之蓬勃發展。

　　其內容亦從第一版之五個部分（篇）擴充為八個，含括了老人學自1999年來之重要理論發展。舉例來說，第二部分名為「跨領域之老人學理論化」，係透過「生態統計學」（biodemography）說明老人學之跨領域特質，並有專章討論老人學之哲學議題（如老化、時間），另闢章節說明老人之「生活意義」以帶領跨領域討論。最後一章涉及「健康老化」的生物（理）心理學（biopsychology），專事研究人和動物的行為與生物因素的

---

[70] 同註64, p. 461。

[71] Bengtson, V. L., Gans, D., Putney, N. M., Silverstein, M. (Eds.)(2009). *Handbook of theories of aging* (2nd Ed.). New York, NY: Springer.

[72] Bengtson, V. L., & Schaie, K. W. (Eds.)(1999). *Handbook of theories of aging.* New York, NY: Springer.

關係如大腦與行為之對話。

第三部分（共六章）則為老人之生物學理論，介紹理論意涵、回溯老人研究的「免疫學」理論（如人體老化現象如何產生）、老化與基因作用及古典進化理論、老化與長壽理論、老化與自由基／氧化壓力（free radicals and oxidative stress）。後者尤為目前有關因果結構最完整且細部過程最清晰的老化理論，證實自由基氧化物會在受到其攻擊的細胞中造成多種明顯而有害之生化轉變。

總體而論，四位編者提出以下重要研究問題以釐清老人研究的理論意涵（以下舉例部分章節）：[73]

-- 為何有些人生龍活虎地活到90歲而另些卻在60歲就已衰弱無力？究竟哪些原因造成「年老」（aging）？為何同一種族（species）之人類年歲表現如此相異（第4, 5, 10, 12章）？

-- 為何有些老人的認知活動與年輕人無異，另些卻顯著不足？是否有任何方法得以防止「失憶」並保持活力（第15, 17章）？

-- 為何某些社會或社會情境提供老人顯著照護，另些卻讓個人自行負責？為何不同社會之老人〔福利〕政策如此相異（第29, 31, 34章）？

-- 為何某些老人即便經歷失敗仍對人生滿懷感激，他們如何辦到（第18, 37章）？

可惜的是，此書雖然號稱老人研究已從傳統單一領域邁向多元取向（如第一版），並續在第二版以跨領域之姿試圖涵蓋所有相關次領域，卻猶獨缺對傳播現象之描述，僅以四頁討論簡單提問如「發生了什麼事」及「你現在覺得如何」等方式鼓勵老人將心裡感覺「說出來」（頁111），其次則是鼓勵與老者建立「非語言之親密關係」，另則稍事提及「全球化傳播現象」（頁620-621）；顯然老人傳播迄今尚未在老人研究占有一席之

---

73 出自 Bengtson, V. L., Gans, D., Putney, N. M., Silverstein, M. (2009). Theories about age and aging. In Bengtson, V. L., Gans, D., Putney, N. M., Silverstein, M. (Eds.). *Handbook of theories of aging* (2nd Ed.)(pp. 3-24). New York, NY: Springer.

地。[74]

　　在結束本節討論前，仍應引述另本影響老人研究至鉅的專書，係由瑞典學者L. Tornstam所撰，[75]指出大多數老人研究（尤以美國爲主）迄今均係根據社會科學實證研究之變項設定，慣視老人爲「研究客體」但少對行爲以外（如情緒）有所觀察。Tornstam認爲，這些研究變項常依社會主流思想而來，其理論前設多受研究者之中年人背景（如白人、中產階級、男性）影響，習於認爲老年就是延續中年生活型態，與此相異者均屬負面性質，因而常如前述認定老年人因不再從事生產、沒有效率、常倚賴他人而對社會無所貢獻。

　　Tornstam自承其書旨在觀察老人的活動力與行爲（含情緒）以能提出新的理論內涵，強調沒有任何人或年齡層次完美無缺，而人生混亂本屬常態，但應學習與「正確」或「主流」不盡相符之人生異態共存並以人文取向來研究老年。

　　該書認爲，迄今僅有東方社會之禪／佛思想宇宙世界觀才能「跨越界限」（或稱跨界）並視眾人爲「共體」（same entirety）之生活方式。此處所稱之「超越／界」觀念（gerotranscendence）或可譯爲「超越老齡」或「優質老齡」，專指人生邁向成熟與智慧的老年階段，凡能跨越／界者即可經驗一系列的「卓越改變歷程」，包括重新定義自我以及與他人的關係、不復以線性觀看時間流動、逐漸消除「你」、「我」以及「我們」與「他們」之界限，進而對人生基本存在問題有了較新體認，對社會活動較多取捨也不復爲其（活動）占據所有時間。

---

[74] Nussbaum & Coupland 曾在其書之前言中說明，「傳播在老人研究所占的核心位置尚未建立，但老人與傳播正處於老人學新浪潮的前緣……」。見Nussbaum, J. F., & Coupland, J. (Eds.) (2004). *Handbook of communication and aging research* (2nd Ed). Mahwah, NJ: Lawrence Erlbaum Associates (p. xi).

[75] Tornstam, L. (2005). *Gerotranscendence: A developmental theory of positive aging*. New York, NY: Springer. 本段所述引自該書頁22-23。此一概念最早出現於Tornstam之1989年論文，其後引起廣泛討論，但部分研究者指稱此理論內涵「薄弱」，見Jonson, Hakan and Magnusson, Jan Arne (2001). A new age of old age?: Gerotranscendence and the re-enchantment of aging. *Journal of Aging Studies, 15*, 317-331.

此外，Tornstam認為超越老齡者多能樂於與其他世代連結，但對無意義之社會互動不感興趣，尤其厭惡物質事物，常增加獨自冥思時間及感受獨居的正面意義並體會與宇宙共融（cosmic communion）之樂趣，也會重新定義時間、空間、死亡之意涵。

但Tornstam也強調若要邁向超越老齡仍有諸多社會障礙，多因西方社會習以「產出」、「活動」、「效率」、「個人」、「獨立」、「財富」、「社會性」、「健康」以及寫實角度觀看人生，一旦無法理解如前述發展心理學者Erikson所示之人生階段不同目標就可能心情低落、怕死、討厭自己也討厭別人，甚至認為人生就是浪費。舉例來說，許多老人退休後常無法改變年輕階段專注於工作之習性，因而易於引發心理鬱悶，適應較佳者則多能調整自我定位而漸以利他、無私方式改變生活步調（如加入志工團），此即「自我超越與自我專注」（而非專注於工作）。

在結論一章，Tornstam將其超越老齡概念整合為三個層面。第一，宇宙層面係指對時間的重新定義，透過「返老還童」之感而與年輕世代加強互動，不再畏懼死亡並也接受了人生的神秘成分，從細微事物領略大宇宙的樂趣。第二，個人層面則指增加對己身的關注（但非過於痴迷）並也樂於利他，尤其樂於追求自我完整性而漸無視於人生枝節。第三，社會與個人關係層面：對一般社交生活更加挑剔選擇以免陷入無謂的互動關係，習於個人獨處從而對「角色扮演」有了與過去不同想法。無懼於「無知」反而樂於超越一般社會習俗，對財富逐漸不再眷顧而趨於「無欲則剛」（asceticism）境界，亦不復執著於人生「對與錯」相關議題。

由本節所引相關文獻觀之，隨著風氣漸開，過去十年誠可謂老人研究「黃金時代」，不但數量大為增加，理論廣度與深度與20世紀相較亦有大幅改變而已面臨「典範轉移」，漸次捨棄過去視老人為「客體」、「無生產力」、「衰敗」之象徵，改以正面、積極、優質等多元面向重思老人之社會價值與自身成長。

三、老人傳播研究之內涵

　　如上節所示之老人研究趨勢，老人傳播領域亦早在1995年即已出版
*Handbook of communication and aging research*專書，期能以社會老人學為
基礎試圖瞭解個人如何適應老齡、當人漸老後如何持續與人建立關係、醫
生病人雙方如何相互協商溝通、組織如何對待老員工、媒體如何描繪老人
形象並影響閱聽眾等。[76]但嚴格來說，此書第一版從老齡語言特徵到老年關
係之重點多以「人際溝通」為旨，有關大眾傳播媒介如何影響老人形象僅
占一章（全書共十八章），另有一章討論老人在美國總統大選期間政治廣
告所占比例；2004年之第二版內容大致相近幾無變動。

　　另以坊間現存兩本由作者親撰之英文「老人傳播」專著相較可知（見
〔表1.1〕），[77]其內容涵蓋「一般人對老人的態度與刻板印象」、「老人
與家庭成員（子女、孫輩）間的互動關係」、「代間（跨世代）溝通」、
「大眾媒介對老年人的描述」、「老年人的醫病關係」、「科技與老人」
等主題，既補充了前述老人學專書之不足，且也能從個人出發討論如何感
受自身變老，次則關心老人如何在老化過程中適應並持續與家庭成員來
往，再則處理老人如何與外在媒介環境（含科技）互動，最後強調老人漸
老後如何調適語言以與年輕世代溝通。

---

[76] 此段出自Nussbaum, J. F., & Coupland, J. (Eds.) (1995). *Handbook of communication and aging research*. Mahwah, NJ: Lawrence Erlbaum Associates (p. xi-xii).

[77] 此二書與上書（註74, 76）之編著（edited）方式有異，見：Nussbaum, J. F., Pecchioni, L. L., Robinson, J. D., & Thompson, T. L. (2000). *Communication and aging* (2nd Ed.). Mahwah, NJ: Lawrence Erlbaum Associates; Harwood, J. (2007). *Understanding communication and aging: Developing knowledge and awareness*. Los Angeles, CA: Sage.

表1.1：兩本老人傳播英文專著各章標題之比較[78]

章次	***Communication and aging*** (2000)	***Understanding communication and aging*** (2007)
1	傳播與老化：應用與理論的思考	老化的各種觀點
2	態度與老年偏見	老化研究的傳播取向
3	關係的思考 （relational considerations）	對老化及代間溝通（intergenerational communication）的刻板印象與態度
4	使用大眾媒介與老齡	老化、身分、態度與代間溝通
5	大眾傳播理論與媒介對老人的描述	老年世代者的代內關係（intragenerational relationships）
6	工作、休閒與退休	老年世代者的代間溝通
7	老化與家庭：婚姻的關係	強化與老年人的溝通
8	老化與家庭：生活關係型態的改變	大眾媒介對老年人的描述
9	老化與家庭：父母、祖父母與兄弟姊妹們	媒介的使用與效果
10	友誼與老化	文化、傳播與老化
11	老人的會話障礙	健康與健康照護
12	健康、溝通與老化	科技
13	死亡與瀕臨死亡	結論
14	成功老化	

　　整體觀之，老人傳播各書作者背景接近，大多出自傳播領域之「人際溝通」次領域（包含組織傳播、跨文化傳播），因而各書內容近似雷同，涵蓋層面之廣度與深度重疊，新意有限，亟待持續探索。[79]尤令人不解者則在於「老人傳播」專書與傳統老人學間之扞格，如上述*Understanding communication and aging*一書未曾引述前引老人研究創始者Birren任何文獻，而*Communication and aging*則僅有六處（集中於第十一章有關「與年齡有關之會話障礙」），顯然兩者（「老人傳播」與「老人學」）間迄今仍有頗多間隙尚待補全，彼此無所互動久矣。

---

78 本表受惠於研究助理宋育泰之整理，部分相關詞彙則由本書作者重新界定，參見：http://www3.nccu.edu.tw/~kjt1026/gerontology/disscussion_reports_file/20070915.pdf。
79 除前註74, 76外，老人與傳播之重要著作尚有註47。

四、小結

　　本節業已針對老人與老人傳播研究之源起以及重要文獻略做介紹，顯示老人學源自上世紀初對「老化」與年齡增長的好奇，一百餘年來此項研究傳統早已開花結果而衍生出眾多子領域，大致上可由「生物」、「心理」、「社會」、「批判」等學術取向討論。相較之下，老人傳播研究傳統猶新，迄今不過二十餘年，關心焦點多在老人如何與社會、家庭、媒介互動以持續保持其優化人生。但源自研究者自身之偏見假設，老人傳播領域常以年輕人為對照單位而視「老齡」為「不足」之意。未來尤應改變學術研究典範，正視老人自身之存在意義並尊重其生命歷程之價值，甚至超越年齡所限進而追求「超越老齡」。

肆　本書章節介紹

　　本書計分三部分（篇），共十二章，另有附錄一至三、參考書目等。第一部分討論老人傳播相關理論，共含六章：第一章為概論，以傳播媒介與老人之互動為始，追溯1980年代以來大眾傳播管道因受美國Young@Heart樂團影響從而正視老人「唱（活）到生命最後一刻」的熱忱，自此掀起各國（尤其台灣）老人「活出生命價值」的追求。本章隨後介紹「老」與「老人」相關定義，藉此說明老齡指標多元，並非單從外表或生理之變化即可隨意認定。第三節則引述老人研究與老人傳播研究相關論著，指出近二十年來可謂此類研究之黃金時期，但研究主題仍嫌狹隘有待改進。

　　第二章至第六章分以「語言傳播現象」、「再現與形象」、「媒介與近用」、「敘事理論」、「生命／死溝通」等概念為旨討論其與老人之關聯。舉例來說，老人常被視為講話嘮叨、喜歡「講古」、易碎碎唸講個不停且無視於旁人尤喜自我揭露。第二章隨即援引「傳播調適理論」說明老人即便常有這些特質，但其並非老人獨有，未來實應避免以此「刻板印象」套在所有老人身上而宜以「個案」觀之。第三、四章分以「再現」與「近用」概念貫穿，解釋大眾媒介（如電影）形塑之老人形象實乃社會建構所得，不宜視其為真實形貌，而應關注老人如何得能接近大眾媒介並為

其所用，如透過「非營利事業」（如財團或社團法人基金會）之努力取得大眾媒介信任而樂於傳達與老人有關之活動（參照本章介紹之「青春啦啦隊」或「不老騎士」）。

第五章改以「老人說故事」為核心議題，透過引介敘事理論以說明聆聽老人講故事之重要性。先行淺介敘事理論，關切老人講述其生命故事之重要意涵，次則深入討論「敘事老人學」的核心意旨，深究講述故事與人生智慧間之關聯。無論形式為何，本章認為研究「老人傳播」議題可視為探析老人如何說故事、說了什麼故事、這些故事與其生命經驗有何關聯之途徑。

第六章則引模控學以及由其所衍生之社會模控學討論「人生」是否等同走向死亡（目標）的說法。在所有年齡群中，老人最常涉及生老病死之生命現象，生死議題卻常是老人禁忌，非必要很少觸及。但對「死亡」的信念似應從年輕時期就建立，學習常在「如果明天我不在了」前提下思考未來如何面對死亡，從而珍惜現有生命。

本書第二部分（研究篇）出自兩位作者在學術期刊發表之論文，內容分別涉及老人新聞之「時間敘事」（第七章）、老人新聞之「窗口」概念（第八章）、「情感與記憶」（第九章）、「老人部落格」（第十章）等。首章以同天刊出之青少年新聞報導與老人新聞對照分析後發現兩者呈現之新聞美感迥異，如喜將懷舊經驗寫入老人新聞，旨在讓讀者可隨其描述而「陶醉」於「風華」。青少年新聞之首句則以「衝啊！」說明「成群穿著直排輪的小鐵人們一齊衝向起跑點」，兩者明顯不同。

第八章續以敘事分析為研究方法試圖瞭解老人相關新聞之報導特色，發現敘事者（如記者）觀察到的真實生活雖屬彼此關聯，描述事件時卻總是順次遞進依序報導，其內容不必然依循原有事件結構而常有臆想與修辭成分。

第九章透過深度訪談20位台灣都會區老人後發現，其既不認為新聞報導內容符合其所認知的老人生活真相，也不認為媒介提供了適合老人接收訊息之內容。而老人之新聞興趣多出自情感如「關心」其他老人，其讀完新聞後也屢對其個人生命史及個人知識庫產生豐厚記憶與聯想。

　　第十章改以30個「爺爺奶奶部落格」爲分析對象，試圖瞭解老人如何在此虛擬傳播情境展示生命故事、如何透過各種類型的故事組織其傳播行爲。研究結果發現其類目內容多樣，充滿了老人們述及之既往舊事，但更多內容則是這些銀髮世代成員熱愛「現在」日常生活的記錄，反映了其書寫生命的企圖心。

　　第三部分（教學實例篇）含括兩章，第十一章係以第一作者於2007年12月開授之「表演課」爲例介紹該學期修課同學與長者共同演出之經過與檢討。作者認爲，老人同儕的出現激勵了年輕大學生較強學習動機，也成爲年輕學子的學習榜樣，不僅激發他們「有爲者亦若是」的觀摩與仿效，也學習到老人對生命的熱忱，改善了對老年生命的印象與態度。

　　第十二章則出自第二作者「老人（生命）與傳播」通識課之教學內容與設計，分別曾於2007、2009年開授。本課強調以「老年」爲本的人文關懷精神，期盼透過課程內容喚起青年學子關心老人（包括家中老人），從而樂於溝通並與其建立積極互動關係，由不同視野伸展進而關懷人類與社群。透過期末評量得知，上述授課目標大致業已達成，修課同學期末反映皆能增進與祖父母輩之互動與來往，平時亦能開始對一般老人格外關注與注意。

　　除此十二章節外，本書另有附錄三篇，首篇追述兩位作者共同領導之政大傳播學院「老人傳播研究群」近十年來發展經過，次篇有關「影像家庭故事」之討論可與其他各章合併觀之，第三篇則是第一作者近日（2011夏）帶領學生以戲劇展演方式與老人互動之記錄。〈附錄一〉業已發表於學術期刊，〈附錄二〉與〈附錄三〉皆屬新作，但其內容應可提供讀者發想，有助於老人傳播研究未來另闢蹊徑，連結「家庭」、「老人生命故事」、「影像」三者並實際走入老人社區，與長者們直接互動。

作業

1. 請以本章提及之任何影片或書籍為例，觀賞或閱讀後試寫觀／讀後心得，並以此心得為例試與家中老人討論或交換想法。
2. 請以家中老人為對象，向其討教對人生發展階段之看法，尤其如何面對年紀漸長後之生命意義。

延伸問題與討論

1. 老人都在等死嗎？沒有了工作還能做什麼？有朝一日如果你（年輕人）也沒了工作或沒有學校可讀，請問每天早上為什麼起床？為什麼要吃飯？

2. 一般人常認為，「老人應當在家安享天年、含飴弄孫、與世無爭、享清福」，這個講法正確否？老人可以參加社會運動嗎？可以組織自己的福利團體否？可以在政府任職否？還可以教書嗎（多老的老師就當退休不再教書）？是否可以像日本還成立了「老人黨」共謀社會福祉？[80]

3. 「老」這個字在社會慣用語上有何正或負面意涵？英文使用「senior citizen」與中文使用「長者」、「銀髮族」、「熟齡」有何差異？我們為何不就像過去稱呼老人為「老翁」、「老婦」，其不同處何在？

4. 你坐車時會「占據」愛心座位嗎？為什麼要讓座？為什麼要讓老人坐？不讓，為什麼就會被「歧視」甚至批評為「年輕人不尊老敬賢」甚至成為「不懂社會道德」的象徵？

5. 「老」是「衰敗」嗎？多老是「衰敗」？與年輕者相對而言，老年衰敗的例子比例一定較高嗎？「老而彌堅」如何出現？

---

80 日本老人黨於2010年成立，成員平均年齡近70歲，立志與執政黨民主黨一爭天下，參見：http://www.hudong.com/wiki/%E8%80%81%E4%BA%BA%E5%85%9A。

第二章

老人語言傳播現象

本章提要

．．．

　　老人常被年輕人認為講話嘮叨、喜歡「講古」、一旦開啟話匣子就碎碎唸個不停。這些印象究竟屬實還是偏見？本章引用老人傳播理論常見之「傳播適應理論」說明，有些老人日常與他人溝通互動時的確常有上述特質，但這些「特質」卻非老人獨有，擅將其套用到老人身上並認為此乃年齡造成似嫌武斷。未來理應瞭解「年齡」並非語言溝通障礙之唯一因素，而老齡者也未必都有上述特質。

學習重點

．．．

1. 前言：老人語言溝通的特色與潛在問題
2. 老人認知與社會認知的溝通層面特質
3. 刻板印象與老人互動語言模式──以「傳播適應理論」為例
4. 結論與檢討：如何與老人語言互動
5. 作業、延伸問題與討論

-- ……我們一路談下來用的都是「年老、年輕」、「年輕、年老」這樣的〔二元對立〕概念。……由於語言的使用讓我們陷入了一個陷阱，也就是二元論的思考方式。……我們是集年老與年輕於一身的。老或少都是相對的。當我們把「老」與「少」當成絕對的詞語來使用就會誤導自己和別人。我們在任何一瞬間都是既少且老的。[1]

-- ……我們之所以會覺得自己變「老」，則是兩方面原因造成的。一是我們在鏡子中看到的那個我們逐漸老去的身體，一是社會大眾看待我們的態度。……因此，「老年」可以說是社會大眾共同策劃的「陰謀」，而老年人則是不由自主被拖進去的。唯一可以對抗別人目光和鏡子裡那個有威脅性的鏡像的方法，就是拒絕從社會退卻，否認自己是個過氣的人，不接受別人對你的看法，不沉湎在回憶裡，不活在過去中。老年人必須繼續去追求一些可以帶來進一步自我實現的計畫。一個人如果失去了人生目的，不啻是失去了自己的存在。[2]

壹　前言：老人語言溝通的特色與潛在問題

　　一般而言，年輕人對老人之印象常透過雙方互動時的語言交換。舉例來說，兩位作者授課時曾經詢問大學生對老人之印象，部分所得結果可摘述如下：[3]

-- 很多老人說話時會以自己的生活經驗為依據建議晚輩該怎麼前

1　梁永安譯（2002）。《銀色的旅程》。台北市：大塊文化出版。（原書：Manheimer, Ronald J. [1999]. *A map to the end of time－Wayfarings with friends and philosophers.* New York, NY: W. W. Norton & Company，引自頁48-9；添加語句出自本書）。

2　同上註，頁138-139。

3　以下所引出自2008年、2010年「老人（生命）與傳播」通識課第二週上課內容，除修改錯別字外悉依原意，嵌入處出自本書作者。畫底線處爲與本章所述「老人語言」有關之印象。

進，或是會一再地向晚輩敘述自己的當年事蹟，是經歷了一場多麼精彩的人生故事。

-- 每當我陪母親去買菜時，總會看到許多老人步履蹣跚的獨自漫步在菜攤販之間，他們有時不是為了買菜，好像只是為了找人聊天。

-- 她〔奶奶〕仍舊天天忙東忙西，早餐煮完煮中餐，中餐吃完煮晚餐，左擔心、右擔心，嘴巴總是碎碎唸個不停。在三合院裡遇見兒女，總有辦法想出什麼事情好講的，擔憂要是她不說，我們會忘記，講話時會重複那些叮嚀，就連小孩子不太會講台語，奶奶還是會拉住我們叮嚀幾句，只要我們說：「厚！厚！厚！」〔台語〕，加上猛力點頭，奶奶似乎就安心得多。

-- 老了後，奶奶越來越沒有安全感，常為小孩們掛心，就連孫子也一樣。要是幾天沒有捎來一通電話，奶奶就開始碎碎唸了，一方面擔心孩子發生了什麼事情，一方面怨嘆孩子都不想念她。而奶奶老了這幾年也愛提起過去的事，提她年輕時怎麼跟爺爺一起奮鬥、提她怎麼苦苦拉拔六個孩子長大、提起這些回憶時，奶奶總是帶點惆悵，常常會掉眼淚。另一方面，奶奶也開始會講到一些關於死亡的問題，明明就還健在，卻常提醒我們要怎麼幫她辦理後事，甚至去年還訂下了死後的「住所」，說以後要跟爺爺一起在那裡生活。

-- 老人特徵……都是一些生理狀態，如聽力衰退，看電視時都會開的很大聲，說話時也需說的很大聲他們才有辦法聽得到；

-- 我每年回去探望奶奶兩次，每次她都會跟我說一樣的事，我小時候如何如何啦、當年逃難時怎樣怎樣啦。

-- 他們會開始像「孩子」一樣需要別人哄，也喜歡賭氣。只要我們稱讚爺爺一句好話，他就會眉開眼笑。只要我們少關心我外公，他就會賭氣不跟我們說話。有時候他們也會因為偷偷做了壞事，怕被抓到所以很小心，例如，我有糖尿病的爺爺偷吃糖果，因為怕被發現所以把糖果紙放在口袋不敢丟垃圾桶，不過後來還是被我奶奶在洗衣服的時候發現。

　　以上這些全數引自同學們自述之老人印象，雖屬親身觀察所得但仍可謂其爲「刻板印象」（stereotypes），[4]乃因雖有部分老人的確具有此類溝通特質（如上引之「好提當年勇」、「喜找人聊天」、「碎碎唸個不停」、「說話大聲」、「講話重複」、「喜歡人『哄』」、「賭氣不跟親人說話」），仍有許多老人並非如此，不但生理健康健步如飛，身體強壯程度一點不輸大部分年輕人，即連語言能力也未喪失，猶能耳聰目明地與人溝通。

　　舉例來說，台灣有位年逾百歲爺爺崔介忱先生「頭能頂地，腿可繞頸，……15秒可做20個伏地挺身，一口氣走完6公里，仍舊氣不喘，連30歲的年輕人都自嘆弗如」；[5]尤其令人驚訝的則是，「滿滿的牙齒都是『自己的』，沒有一顆假牙，身體柔軟度比許多五、六歲的小朋友還好！」[6]。新聞報導還說，「……和他結褵73年的崔老太太，今年也有92歲，但是白淨光滑的臉龐，讓人忍不住讚嘆『保養得真好』」。[7]

　　另如2011年得到教育部「中華民國第一屆全國終身學習楷模」的百歲人瑞趙慕鶴老先生「與孫子一同報考大學聯考，考取後更從不缺課，以行動貫徹終生學習」。他95歲考上南華大學哲學所，三年後順利取得碩士學位，成爲台灣最老取得學位的學生。由於年紀太大連醫院都不敢收他做志工，只好「每天不斷學習，學會用電腦、上網訂機票、車票及醫院掛號」。爲了領獎，家住高雄的趙老先生自己上網訂高鐵票並到統一超商ibon機器取票，完全不假他人之手。[8]

4　有關老人刻板印象之討論，可參閱林美珍（1997）。〈大學生對老人態度之研究〉。《教育與心理研究》，第16期，頁349-383；陸洛、高旭繁（2009）。〈台灣民眾對老人的態度：量表發展與信效度初探〉。《教育與心理研究》，第32卷第1期，頁147-171；蔡麗紅、鄭幸宜、湯士滄、黃月芳（2010）。〈老人歧視〉。《長庚護理》，第21卷第2期，頁165-171。

5　引自《聯合報》（2010/03/07）G05版，元氣周報封面故事。

6　引自《中國時報》（2009/11/25）記者曾文祺所撰新聞，標題「百歲崔介忱先生床上保健功夫」。

7　同註5。

8　引自《中國時報》（2011/01/18）記者林志成所撰新聞，標題：「百歲趙慕鶴 志工當不成 98歲拿碩士」。

　　當然，崔介忱、趙慕鶴兩位老先生的身體狀況堪稱特例，而上述年輕同學所持之老人刻板印象亦非意外，乃因一般人習從自己（年輕）角度觀察他人進而產生「年齡歧視」（the ageism），[9]認為多數老人動作緩慢、每天無所事事、講話重複、言語不清，與自己熟悉的周遭相同年紀朋友殊有不同，因而慣視其為「不正常」的一群人。以是在年輕人心目中「老齡」多屬「歷時」（指隨年紀增加而變老）且「與時俱衰」過程（指愈老就愈為體衰），「老了就沒用了」、「愈老愈沒用」等隨時間流逝而驟減之生命歷程常被看成理所當然。

　　上述這些視老人「不正常」之觀點慣稱老人研究之「不足典範」（the deficit and decremental paradigm），[10]強調一旦老了就易產生行動、智能、記憶之不足，愈老則愈為明顯，以致中外早年皆有「棄老」習俗，如「將60歲以上的老人放進水邊的「棄老洞」中，漢江〔註：指湖北省境內〕年年漲水，老人必死無疑。隨後，漢江水會將老人的遺骸和遺物全都沖走，不留痕跡，『免得子孫們傷心』」。[11]類似習俗在日本著名小說改編之電影《楢山節考》亦有清楚描繪，足見老人體衰而可能漸趨「不正常」或屬古今中外皆有之形象。[12]

　　但何謂「正常」？一些年輕人不也在不同階段常有不足之行為、智能、記憶，而前述「好提當年勇」、「喜找人聊天」、「碎碎唸個不

9　「年齡歧視」討論可見註4蔡麗紅等人（2010）專文（標題為「老人歧視」）。"Ageism"一詞出自Coupland, N. and Coupland, J. (1990). Language and late life. In Giles, H., & Robinson, W. P. (Eds.). *Handbook of social psychology*. Chester, UK: John Wiley & Sons.

10　同上註，Coupland & Coupland, 1990.

11　引自《旺報》（2009/09/14）報導，標題：「湖北棄老洞 讓老人等死 專家深入考察印證傳言」，由記者吳貴奉所撰。新聞指出，此一習俗當發生在漢民族之父慈子孝、「父母在，不遠遊」時代之前，但詳細年代不詳。

12　依林木材氏所言（epaper.ctust.edu.tw/upload_files/test/12241615531.doc，上網時間：2011/7/11），《楢山節考》原是日本文學家深澤七郎的小說作品，最早在1958年拍攝為電影（導演為木下惠介），後於1983年為今村昌平導演重拍（劇名未改），描述日本信川山區裡某個貧窮村落凡年過70歲長者都須由自己的子女背到深山裡回歸山神而自然死亡。今村昌平所拍電影曾獲坎城影展最佳影片金棕櫚大獎。

停」、「說話大聲」、「重複」、「喜歡人『哄』」、「賭氣不跟親人說話」等語言特徵在許多年輕人身上也常能見（如男女朋友間不也常見彼此嘮叨、碎碎唸或喜歡哄來哄去，甚至因小事而賭氣不講話）。何況迄今仍未有足夠醫學證明「年齡」是這些不足行為之唯一因素，而一般老人的表現若與年輕人相較固屬「不正常」，但在相同年齡層來說又很正常，如老人關節退化、骨質疏鬆、耳朵重聽或視力減退生成「老花眼」本屬常態，幾屬無可避免之老人生理現象，或可稱其為「跨文化的老人特徵」。[13]

因此，「不足典範」暗示了年齡是造成語言能力退化的唯一因素，進而推論體力、心理、社會關係皆隨之退化實嫌武斷，乃因兩者未必彼此關聯或有因果關係，如耳朵重聽或老花眼未必就會造成老人嘮叨（反而更可能讓老人無意發言避免聽錯話），未來理應更為精準地定義老人年齡與退化的相關「情境」（見下說明）。

從理論面向觀之，我們實應摒棄上述「歷時」及「與時俱衰」研究假設，改將老年視為自然變化之「生命過程」（lifespan），[14]強調「老齡」乃人生無可避免之階段而諸種退化均可預期，因而關心此一人生階段所代表之特殊意義，從傳統「老齡即退縮與解脫」之思考方式改以「歇息、放鬆、舒適、懶散、遊玩、創造生活的風格取代成就導向的生命樣態」，[15]不但要矯正傳統以青年或中年人為主的生命價值體系，更應積極引進前章所

---

[13] Giles, H., & Coupland, N. (1991). Language attitudes: Discursive, contextual and gerontological considerations. In Reynolds, A. G. (Ed.). *Bilingualism, multiculturalism, and second language learning: The McGill Conference in honor of Wallace E. Lambert.* Hillsdale, NY: Lawrence Erlbaum & Associates, pp. 33-34.

[14] Lifespan（或life span, life-span）或譯「生命全程」、「生活幅度」。相對於傳統「歧視老人」理論常慣稱之「與時俱衰」說法，lifespan概念強調生命乃一系列事件與經驗累積之整體狀態，每一階段皆對其前後銜接時期有所影響，難以用斷代時期論證。發展心理學最早相關討論出自：Baltes, P. B., Reese, H. W., & Lipsitt, L. P. (1980). Life-span developmental psychology. *Annual Review of Psychology, 31*, 65-110，其基本假設包括：發展乃終生歷程、發展兼有個體及歷史面向、發展具多元特質、生命過程論有整合各類研究之架構等。

[15] 見劉淑玲（2006）。〈「讓我們一起老去」：中年離婚女性的返家之旅〉。南華大學生死學研究所碩士論文（頁31）。

述之優質老齡概念，強調「正向老齡」、「有生產力的老化」、「成功老化」、「健康老化」等相關正向思考。[16]

這裡的意思是，老年人無論是否「正常」，若與年輕人相較本屬兩個不同「年齡情境」，用年輕人的標準來觀察或論斷老年人顯非允當。尤其「年齡」並非良好溝通的障礙，許多老年人在其正常年紀中並無語言或溝通「問題」。但相關研究習將年齡視爲是「與時俱衰之過程」，將老年與年輕相互比較進而認爲年紀愈老則語言或溝通能力就愈爲不足，恐也就是上述「不足典範」的起源了。

英國學者Coupland & Coupland指出，[17]邁入老年係自然變化過程，年齡不應是良好溝通的障礙。但是老年行爲的確屬於倒U字形模式，亦即老年並非如「不足典範」所示而在行爲上「愈來愈弱」，卻是「回到」與早年相似的層次與型態，如身軀逐漸縮小、語言及語調均類同兒童用語法、行爲也回到兒童時期的「以自我爲中心」。

Coupland & Coupland特別提醒，研究者過去常將自己的偏見用在研究假設，如將老人視爲無價值的一群社會團體，暗示了對老人的敵視或讓一般人易於產生「懼老人症」（gerontophobia）。實則老人們與其他年齡者一樣各自擁有獨立人格，形成多種社會生活與心理樣式的光譜，顯然不應僅以「老人全部都是同樣」之集體意識加以對待。[18]

本章延續前述有關「老人偏見」的討論，改以「語言」爲例說明老人溝通究竟有哪些特色與哪些潛在問題。

---

[16] Tornstam, L. (2005). *Gerotranscendence: A Developmental Theory of Positive Aging.* New York, NY: Springer.

[17] 本處所談部分出於Coupland, N., & Coupland, J. (1990). Language and late life. In Giles, H., & Robinson, W. P. (Eds.). *Handbook of language and social psychology* (pp. 451-468). Chester, UK: John Wiley & Sons.

[18] 參見陳明莉（2009）。〈老年、性別與歧視〉。《應用心理研究》，第44期，頁147-188。

貳　老人認知與社會認知的溝通層面特質

　　首先，我們並不否認老人語言溝通經常變化以致易於造成溝通障礙（尤其介於年輕人與老人間，如本章稍早所錄之大學生對老人之印象），但溝通障礙並非老人獨有，許多年輕人也有，如上課時不敢發言或講話時語意不清；本章討論老人獨有的溝通障礙當有助於年輕人瞭解其與老人間溝通時可能面臨的困境。

　　其次，我們可從老人認知與溝通以及社會認知與老人溝通等面向來介紹老人與語言的問題。從認知角度而言，老人認知與溝通恐有下述值得注意的特質：[19]

一、工作記憶力：指年紀較大時容易喪失口語及寫作之組織能力，多在70至80歲階段喪失此一能力最多；

二、語言產出：一般而言，老人處理複雜語句之能力較年輕者為弱，如在英文一句中嵌入另一關係子句時常會加深句子複雜程度，使得老人不易理解其意；

三、語言處理速度：講話快速最易引起老人接收錯誤，如台灣電視新聞主播的播報速度就常讓老人沒有耐性收聽，此點可能與「短期記憶」退化有關；[20]

四、記憶力衰退：老人索取記憶的速度較慢，尤其是索取名字能力退化最為顯著，常影響社交互動，因為不記得其他語詞尚可掩飾，但不記得姓名（或索取速度變慢）往往造成尷尬。英語裡有"I cannot remember his/her name, but *it is right on the tip of my tongue*"，意思是「她的

---

[19] 此處所列各種現象出自：Nussbaum, J. F. et al. (1995). Communication and older adults. In Burleson, B. R. (Ed.) *Communication yearbook* 19 (pp. 1-47). Thousand Oaks, CA: Sage.

[20] 有關台灣電視新聞播報速度是否過快以致老人無法跟上，迄今沒有具體研究成果，但曾在客家電視台的聽眾意見座談會上有類似回應，參見（上網時間：2011/7/11）：http://web.pts.org.tw/hakka/images/pdf/sales/voice/2007_980310.pdf。另外，江宜珊碩士論文發現，電視新聞主播若將播報速度放慢，有助於閱聽眾理解播報內容。見江宜珊（2005）。〈電視新聞主播播報風格對觀眾接收新聞內容之影響〉。台灣大學新聞研究所碩士論文（該論文並未分析老人閱聽眾）。

名字就在我舌尖上卻一時想不起來」（也可說成*It slipped my mind*，「本來熟悉一下子卻忘記了」），俱都顯示了「口語知識」（verbal knowledge）的退化；

五、語意記憶力：即便索取工作記憶力減退，語意記憶力則未必，一般老者在理解語言意涵方面與年輕人並無差異，面臨其無意回答之問題時卻常「裝傻」或「裝不懂」，讓問話者誤以為老人很「笨」；

六、溝通能力：指在自然情況下與他人有效溝通之能力。一般而言，老人語言的「命題集中度」較高，較能有效地使用相關資源處理語言，亦能清晰回憶某些字詞之特殊用途，且正確性也高。整體而言，許多老人閱歷較多較廣，可提供之語言素材也較為豐富，論述內容遠較年輕人來得有趣、清晰、詼諧，但上述回憶名字的阻力的確普遍以致產生溝通障礙。隨著年齡增長，句子理解程度會跟著衰退，甚至連事情本質都會搞錯，影響溝通效果至深。溝通技巧對老人而言相形重要，許多養護之家就將老人能否適當問候他人視為「社會適應」能力之最重要指標，有其道理；

七、聽力減退：老年聽力障礙（presbycusis）係指語音辨識能力變差，聽得到聲音卻弄不清楚內容，耳蝸神經退化，尤其聽不到頻率較高的聲音，如無法區辨英語的「s」與「th」音或中文的「絲」與「詩」，以致與他人對話尚無問題，但同時間其他人的交談則就不易聽到。其結果常降低他人與其溝通之意願，嚴重影響老人社交能力，甚至產生親友疏離、拒絕社交、孤僻多疑、憂鬱壓抑、妄想易怒等現象，也因缺乏自信而生焦慮。研究者認為，聽力減退與年輕時的噪音環境有關（如長期開車、在機械房工作），今日年輕族群長期收聽iPod，待其年長後聽力是否減退以致影響溝通能力值得觀察；[21]

八、視力減弱：老花眼（presbyopia）是最早降臨的老化徵候，約年過40歲

---

21 參閱：張欣平（2008）。〈老人聽障之流行病學研究——以台北市社區老人為對象〉。陽明大學流行病研究所博士論文。作者指出，65歲以上老人約有三分之一有聽障現象，嚴重影響長者之社會功能與個人情緒。經調查1,232位65歲以上老人之聽力後發現，愈高頻聽力減退愈為嚴重，年齡層愈老則聽力愈差，影響最為不便處就是「聽電視或收音機有困難」。

後就會上身。有趣的是，許多老人因閱讀日趨模糊而根本不再看書，如邱天助的調查就曾顯示，六成老人不復閱讀，雖然看報紙常是老人接收外在訊息的重要來源。[22]我們與人溝通時雖以語言為主，卻也得用眼睛接收非語言線索以便決定應當說些什麼話、何時接腔、如何接腔。視力退化亦嚴重影響老人溝通能力，使其對空間深淺、移動物體甚至陰暗處均無法靈敏感知；

九、觸摸能力：雖然觸摸並非溝通主要管道，卻是接觸實物之重要溝通工具。許多老年人大量倚賴觸摸來感知周遭環境，但此能力易隨年齡增長而減退；

十、話題不集中：「自我抑制能力」（off-target verbosity or inhibitory capacity）指老人們講話時話題無法「回神」，講著講著就忘了話題為何，常得要問旁人「我剛講到哪兒啦」。此外，失智症者也常有無法理解自己話題所在之困擾；

十一、反應時間：老年人之溝通反應時間增長，乃因老化而增加的謹慎行為。也有研究指出老人較重視準確性而非速度，寧無意見而不願說錯事情。

　　以上所述各項未必是每位老人都會發生的負面語言溝通現象，實際上很多老人終身都能保持積極與樂觀之語言互動，因而「語言失調」並非普遍現象。即使某些老人或有上述「退化」情事，仍可利用其他方法彌補（如看別人講話的唇語）來減低不適。

　　另從社會認知與老人溝通層面而言，尚有以下幾個面向可資討論。舉例來說，對老人之態度、信念、刻板印象嚴重影響了與老人溝通及對老人之感知，包括對其較低之預期、老人語言的使用、照顧老人之語言開發等（見下節說明）。一般而言，對老人之刻板印象乃多面向概念，正面者有

---

22 邱天助（2009）。〈老人閱讀習慣與公共圖書館閱讀需求之調查研究〉。《台灣圖書館管理季刊》，第5卷第3期，頁11-30。此項調查以全國65歲以上老人為對象，共654份有效樣本。亦可參見：王尤敏、吳美美（2010）。〈公共圖書館老年讀者閱讀行為研究初探〉。《2010海峽兩岸圖書資訊學學術研討會論文集B輯》。http://ir.lib.ntnu.edu.tw/bitstream/309250000Q/21584/2/metadata_0108003_02_018.pdf（上網時間：2011/7/11）。

三，分別為：[23]

一、「黃金老人」（golden angel）型，包括認為其活潑、**警覺**、具冒險性、主動、社交能力強、機智、專業、成功、有能力、有趣、快樂等；

二、「完美的祖父母」型，相關特質有慈祥、**慷慨**、善解人意、值得信賴、有智慧、學問淵博及配合度高等；

三、「西部電影明星約翰韋恩式（John Wayne's）的保守型老人」，特質為愛國、保守、激動、老練、有決心及驕傲等。

負面者則有四，分別為：

一、「生理有障礙的老人」，特質為思考遲鈍、無能力、衰弱、發音不清、老邁及沒有條理等；

二、「沮喪的老人」，特質為失望、悲傷、無助、害怕、孤獨及被忽視；

三、「潑辣小氣的老人」，特質有愛抱怨、脾氣古怪、尖酸刻薄、有偏見、缺乏彈性、自私、善妒、倔強及囉嗦；

四、「寂寞的老人」，具安靜、膽小及天真等特質。

　　一般而言，這些刻板印象（尤其是負面者）的確容易導致對老人溝通能力之質疑，使老人常被視為沒有能力溝通或難以相處之人（參見本章所錄之年輕人刻板印象諸例）。而這些刻板印象包括從口音、講話速度判別，間接影響對其身分、德行、正直感的評斷，也影響隨後所採取之對話語言策略。舉例來說，年輕人若從老人外表產生「生理有障礙」之刻板印象，可能就無意與其攀談寧願走開，或反向改以諂媚口語（如下節所談之「次娃娃腔」）應對。

　　整體言之，老年傳播研究的意義就在於透過理解上述刻板印象進而探索「生命溝通」與語言之互動關係。此點與一般年輕人的語言特徵不同，旨在尊重老人個體，透過與其互動瞭解其生命歷程，避免使用單一

---

23 出自：Hummert, M. L., Garstka, T. A., Shaner, J. L., & Strahm, S. (1994). Stereotypes of the elderly held by young, middle-aged, and elderly adults. *Journal of Gerontology: Psychological Science, 49*, 240-249. 中文譯名出自：蘇惠君（2004）。〈施惠語言（patronizing speech）在新聞訪談中的運用——再論記者與消息來源之互動〉。國立政治大學新聞研究所碩士論文。

且外表呈現之刻板印象理解並來往。許多老人社會學的研究即曾發現，有關老人的用語詞彙經常顯示負面意義，如「老頑固」、「老巫婆」、「老人嘮叨」，即便「老」字在英文中原屬「培養（nourish）」或「親愛（endearment）」之意，未來可進行研究討論如何更為精準地使用年齡詞彙，避免歧視。

參　刻板印象與老人互動語言模式——以「傳播適應理論」為例

　　延續上節有關刻板印象之討論，我們可再從語言角度之兩個面向討論老人互動議題，分別是年輕人對老年人的語言以及老年人對年輕人的語言。首先得稍加回顧「談話適應理論」（speech accommodation theory）與「傳播適應理論」（communication accommodation theory），再以年輕人vs.老年人之語言溝通為例說明兩者如何互動。

　　「談話適應理論」是社會語言學家Giles於1973年以社會心理學之「社會認同理論」（social identity theory）為基礎提出，[24]其核心意義乃在強調人際互動間為適應他人而常會產生語言腔調之聚合（accent convergence）及歧異（divergence）現象。舉例來說，Berg曾在台灣針對8,392個發生於市場、百貨公司、商店及銀行的互動案例進行研究，發現互動雙方會根據所屬特殊情境相互進行語言聚合。[25]如在市場情境，顧客會改變日常談話方式以適應小販；相對來說，小販亦會出現適應顧客的談話風格。而在銀行情境，由於銀行職員的社會語言及社經地位特質則會出現顧客應和行員的談話風格。不過，大部分相關研究顯示，在顧客擁有資產或金錢控制權的情況下且為獲得顧客好感並進一步消費，多數都是銷售員向顧客聚合進行

---

[24] Giles, H. (1973). Accent mobility: A model and some data. *Anthropological Linguistics, 15*, 87-105.

[25] Berg, M. van de (1985). *Language planning and language use in Taiwan*. Dordecht, the Netherlands: ICG Printing.

適應調整。[26]

Giles與其研究伙伴稍後又曾延伸提出「傳播適應理論」，說明人們如何依據情境、個人變項或互動變項調整談話策略，[27]包括改變使用字彙、修正停頓與改變聲調、在關鍵字句上以重音強調或將主題設定在易於理解的範圍，藉此調和社會間的語言差異並能促成人際間的心靈親近、激發同理心、加強溝通效率。[28]

但傳播適應策略也常出現過度調整及不足情形，[29]尤以「過度調整」（over-accommodation）最常視爲「有目的性的錯誤溝通」，即說者基於刻意施惠或可憐對方的認知而調整談話方式。如在年輕人對老年人的語言層面，相關研究即曾發現年輕人常因持有刻板印象而自覺或不自覺地將對方放在較低角色，使其從屬自己並控制對話，包括使用：

一、保護式語言：（patronizing speech，又稱「施惠語言」），多用於熱心提供照顧或提供情緒性地支持，但也可能爲了要「控制」老人（如影響對方接受己見），即便其原屬尊敬老人的表現卻也導致老人難與社會正常接觸。

---

[26] Giles, H., Mulac, A., Bradac, J. J., & Johnson, P. (1987). Speech accommodation theory: The first decade and beyond. In McLaughlin, M. L. (Ed.), *Communication Yearbook 10* (pp. 13-48). Newbury Park, CA: Sage.

[27] Coupland, N., Coupland, J., Giles, H., & Henwood, K. (1988). Accommodating the elderly: Invoking and extending a theory. *Language in Society, 17*, 1-41; Giles, H., Coupland, N., & Coupland, J. (1991). Accommodation theory: Communication, contexts and consequence. In Giles, H., Coupland, N., & Coupland, J. (Eds.), *Contexts of accommodation: Developments in applied sociolinguistics* (pp. 1-68). Cambridge, UK: Cambridge University Press.

[28] 本節討論多引自蘇惠君、臧國仁（2004）。〈新聞訪談之「施惠語言」(patronizing speech)——記者與消息來源之語言互動〉。《中華傳播學刊》，第6期（12月號），頁105-155，其內容源自蘇惠君（2004）。〈施惠語言（patronizing speech）在新聞訪談中的運用——再論記者與消息來源之互動〉。國立政治大學新聞研究所碩士論文（第二章：文獻探討）。

[29] Williams, A., & Nussbaum, J. F. (2001). *Intergenerational communication across the life span.* Mahwah, NJ：Lawrence Erlbaum Associates.

簡單來說，這種保護式語言可謂年輕人與年長者的典型談話方式，乃因誠如本章稍前所述，一旦年齡成為情境顯著變項，人們即因負面刻板印象或錯誤認知而調整與年長者的談話形式以便符合對方溝通需要。但「過度調整語言」顯然有害正常溝通，除加深原有錯誤刻板印象外，也可能影響年長者的心理健康或自我認知進而出現「溝通困境」（communication predicament）。[30]

最常見之保護式語言多發生在醫院裡，如護士餵食年長病人時常說：「只剩一點點了，來，乖，再吃一口就好了」（見畫底線處），其特色就是音調過分誇張或使用輕描淡寫的詞彙兼具高度關心及高度控制特質。[31]

蘇惠君在其碩士論文中曾以年輕新聞記者為例，試圖瞭解其面對年長消息來源時是否調整語言以適應對方，發現如個案一之記者在訪問之始由於認知到消息來源年紀較大恐有聽力問題，除提高音量及減緩說話速度並咬字清晰外，特別使用不擅長的台語發問以發展施惠語言策略，讚美消息來源「你身體怎麼這麼勇健？」。而女性記者明顯較常刻意提高語調、語氣婉轉、改變腔調或刻意讚美藉以討好消息來源。[32]

二、簡化策略：如使用較不複雜之文法或熟悉語彙，或對話時「假設」對方（老人）無法跟上而故意放慢講話速度（實則許多老人並無此類需求）。

三、清晰策略：以短句或較為小心的說話方式調適彼此溝通對話內容，如護士對老人一個字、一個字地說，「阿伯，你——不——可——以——不——吃——飯」。

四、刻意表現情緒的語調：以直接、傲慢或表達親切的談話語調，如用「次娃娃腔談話」（secondary baby talk，類似嗲聲）發出極度誇張與具高度變化的音調如「唉呀，阿伯，你好棒喔」（特別是畫底線

---

[30] 此一說法引自：Ryan, E. B., Giles, H., Bartolucci, G., & Henwood, K. (1986). Psycholinguistic and social psychological components of communication by and with the elderly. *Language and Communication, 6*, 1-24。

[31] Hummert, M. L., & Ryan, E. B. (1996). Toward understanding variation in patronizing talk addressed to older adults: Psycholiguistic features of care and control. *International Journal of Psycholingistics, 12*, 149-169.

[32] 同註28。

處）、高聲調、變形語調、低品質說話（如僅有表象意義但無實質意義的對話，如「好，好，我馬上幫你辦」卻沒有即時行動）、去個人化的語言（depersonalizing language，即以統稱代表個人，如「『你們老榮民』最好了」）、「第三者談話」（third-party talk），即無視對方存在而直接與在旁第三者談話，如醫生詢問陪伴老人看病的家屬：「他今天早上有吃藥嗎？」實則老人並無對話困難。[33]

五、假正向態度：指表面上呵護老人實則強迫其接受照顧，將老人定位為需要被動與依賴的角色，反易強化了其退化與虛弱的刻板印象，讓老人更為自覺衰老需要照顧，無法獨立自主地生活。

六、藉幽默之名行歧視之實：如以「老齡」開玩笑，嘲諷老者身心退化，事後並以「這是玩笑」來合理化其行徑。[34]

以上這些過度調適之傳播策略起因多出自上節所示之老人偏見或刻板印象，實施後卻更易限制其正常溝通導致負面心理活動，如對老人缺少尊敬或認為老人缺少自控能力，因而影響其長期社會地位或健康。

另一方面，老人對年輕人的語言也有特定模式，卻與上述「過度適應語言」相異（反）而常稱為「低度適應」（under-accommodation）語言現象，包括：

一、老人習於向他人「自我痛苦揭露」或牽連他人，尤其在面對陌生人或首次見面時就有此類對話，顯示說話者有意藉此與聽者建立關係。此屬標準「老對小」之語言模式，如首次見到年輕人時就不斷表示自己身體不好、不受親人重視、可憐等，包含可預期的語言內容、角色、操作，易於擴大「世代差距」。

二、低度適應語言形式之對話極易引起聽話者（尤其年輕人）不安，導致其轉移話題、表達同情、以客套話回應，如小輩面對初次見面之老人家抱怨其與媳婦相處不來時就常不知如何回應。

三、低度適應語言之出現多因老人易於過度注意自我，只對自己的日常生活問題感到興趣而未注意他人對話需求或不傾聽他人、隨意插嘴、離

---

[33] 本節畫底線處均在說明講話者提高音調以強調其專注程度。

[34] 引自註4蔡麗紅等人（2010），頁166。

題，產生老對小的「保護式語言」（施惠語言），包括不同意、充耳不聞、產生「過於像是父母式」之語言，最易發生在老人與成人或有子女之兒女互動過程。

四、懷舊（nostalgia）：此一概念很早就與「老年」連結並視為老人的普遍態度傾向，但其意涵偏向負面，即「懷舊」是老年人的對話主題且是自發行為，孤單老人尤喜回憶過去的社會參與，或隨時隨地回憶「當年勇」（如用「當年，我……」之語句）或在言談中深怕別人不知而屢屢提及個人英勇事蹟。

　　一般來說，老人懷舊常屬較遠的回憶，相較之下年輕人只回憶「剛過去的不久」或僅注意現在並展望未來。但懷舊亦有正面意涵，因其可使老年人維持並且重建自我與社會認同，允許他們將消失的能力歸因於老化；透過分享經驗，始能對抗消失的自我定位。[35]

　　有關本節與上節之討論，或可以〔圖2.1〕簡述：與老人之溝通順暢與否常受到「對老人的社會認知」（刻板印象，見下圖大框左側）與「語言策略」（過度或低度適應，見下圖大框右側）影響，也因老人自己的溝通能力而有不同程度之良窳，其結果可能增強或降低溝通之順暢，乃因來自

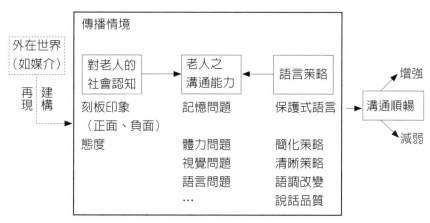

圖2.1：老人語言傳播情境
來源：本書作者

---

[35] 參見本書第二篇第七章有關老人與青少年之新聞報導用語。

大眾傳播媒體之建構與再現常對此增強或降低刻板印象有關鍵性影響。如新聞報導如過度重視老年人之負面事件（如棄養、受虐、自殺），久之就易引導社會大眾對老人產生難以溝通之刻板印象（見本書第三章有關媒介再現之討論）。

肆 結論與檢討：如何與老人語言互動

　　從以上老人語言現象之討論觀之，老人的確在年歲漸長後易於發展出某些特定認知與語言現象。但若徒以語言溝通現狀冒然區分老人，恐正如以退休、成年、生日、星座、血型等區辨「他者」與「我」之差異，反更重製了社會刻板印象。

　　實則何謂「老」又何謂「年輕」？有些老人受過良好教育，活得也很自在，若把他們逕與其他溝通障礙老人歸在一起似有不當。我們理應體認不同階段的「老人溝通現象」或也有異，實難單純以年齡區辨。[36]因而老人研究尤需注意社會情境問題，小心處理老人與其他社會成員間的差異，加入「健康」、「功能性的倚賴」、「生理無能」（disability）等其他變項方能避免前述「不足典範」視年齡為單一變項之謬誤。

　　其次，從語言現象區分老人溝通正常與非正常時，「不正常老人」或可定義為「被認知與語言不正常所影響者」，而正常老人則至少包含以下幾種情況：

一、「正常一」的歸納可假設為：「在晚年時期無任何不能行動之病痛、或任何功能的不足或任何癥候」。當然，這個「正常」的解釋仍有矛盾處，因為其定義視老人與一般成年人一樣。

二、「正常二」的標準假設為：「某種特殊不能行為或功能上的不足的確存在，可能與晚年有關」。

三、「正常三」的假設為：「在認知、知覺、情緒上有些缺陷並與晚年共

---

36 如上章Thorson所述「老人」此一詞彙實應續分為「青老年」（young-old，65-74歲）、「中老年」（old-old，75-84歲）、「老老年」（oldest-old，85歲以上），分別具有不同生理退化現象。

存或與特殊年紀外表相關」。

四、「正常四」的假設爲：「藉由現有及歷史經驗的累積，定義某人在晚
　　年爲某一社會團體成員」。此一定義的重要性在於清楚與青年時期分
　　隔，無須考慮其認知或功能的健康與否。此點對老人語言溝通研究尤
　　其重要，因爲過去研究常以老人是否能表達語言爲鑑定指標。[37]

　　另外需要思考的部分是溝通足夠與否的問題。有關老人的一般語言
溝通活動迄今尚少研究，如其遭遇困難時的相互支持社會性語言，此乃因
老人常被研究者視爲「受害者」，如健康問題的受害者、社會偏見的受害
者、家暴行爲的受害者等，而互助性、單純性、日常性之老人社會語言反
而長期忽略。

　　這種長期偏向研究老人不正常行爲卻缺少深入觀察老人之
社會性語言現象，使得老人傳播研究實應更名爲「老人與不溝通
（miscommunication）之研究」，[38]核心問題則是：當年輕人與老人溝通時
如何調整語言內涵，或年輕團體面對機能障礙老人時如何調整溝通策略。

　　從以上角度觀之，若要訪問老人，一些語言互動可從以下問題開始，
這些問題可讓讀者觀察是否存有以上所論之語言障礙，或者老人是否在溝
通過程中存有某種語言模式。這些常用的互動提問語言或一般訪問問題改
寫自Geist-Martin, et al.之建議，如：[39]

　　一、可否說些您成長的故事？小時候怎麼過的？讀什麼學校？有
　　　　什麼好玩的記憶嗎？最好的小學同學是誰？現在還有來往

---

[37] 相關討論見：Williams, A., & Coupland, N. (1998). Epilogue: The socio-political framing of aging and communication research. *Journal of Applied Communication Research, 26,* 139-154, 尤其pp. 133-145.

[38] 有關老人傳播「不溝通」之例，參見Coupland, J., Nussbaum, J. F., Coupland, N. (1991). The reproduction of aging and agism in intergenerational talk. In Coupland, N., Giles, H., & Wiemann, J. M. (Eds). *"Miscommunication" and problematic talk.* Newbury Park, CA: Sage.

[39] Geist-Martin, P., Ray, E. B., & Sharf , B. F. (2003). *Communicating health: Personal, cultural, and political complexities.* Belmont, CA : Wadsworth (p. 218).

否？小時候最想長大以後做什麼？是否成功達成呢？

二、從小到大，記憶裡最有趣的親戚朋友有誰？可否談談他們與您的關係？

三、哪些節日讓您記憶最為深刻？過年？誰的生日？誰的過世？

四、回想一生，可否舉出三件最值得記憶的事情？為什麼這些事情記憶深刻？

五、您覺得目前生活如何？科技是否帶來很多改變？喜歡這些改變嗎？

六、您覺得現在的小孩如何？他們的成長環境比您當年是較易還是較為艱困？

七、您與家人或朋友間的溝通近年來是否改變？好與不好的改變各有哪些？

八、您這一生是否有什麼事情讓您覺得懊悔（後悔）？

九、您這一生最棒的階段是什麼時候？為什麼？

十、如果您只用一句話給您的小輩，有什麼金玉良言可以總結您的一生？

　　總之，與老人語言互動是個需要用心經營的情境。在理解老人從認知行為方面所具的特色後，觀察其與他人之語言互動模式並不足以總結或歸納老人語言互動與溝通的諸多問題。這一章的結尾讓我們用討論而非結論的形式讓讀者思考幾個相關語言傳播的問題。

　　請看下則美國耶魯大學附設醫院內科醫師劉沛昌之撰文。想想看，如果自己家裡有老人生重病了，要如何告訴他實情呢？讀者們的選擇會是什麼？怎麼跟老人語言互動呢？當時的情境會是如何？為什麼呢？請討論（參閱畫底線處）。[40]

---

40 劉沛昌（2008/03/08）。〈隱瞞長輩病情不是孝順〉。《聯合報》E2版／健康版「心頻道」（此處為摘錄）。讀者或也可與本書〈前言〉所述之作者親身經驗相較，談談這二十幾年來老人溝通在台灣是否經歷了任何變化。

　　最近一個月在醫院裡罕見地碰到了兩個華裔病人有著類似的遭遇。一位是老太太，一年前被診斷出肺癌，家人怕她知道實情，不敢讓病人簽開刀同意書，病人因此無法切除尚有機會治癒的腫瘤。半年後她因頭痛就醫，才發現癌細胞已轉到腦部，無法再開刀。

　　另一位是老先生，因為慢性腹痛和噁心住院檢查，發現是末期胰臟癌，兒子一樣不敢讓父親知道。臨終前病人終於瞭解情況，非常傷心的說，他一直想去南極一遊，要是早點知道，可以趁身體還好的時候圓這個夢，不至於帶著遺憾離開人間。

　　病人有權利知道自己生了什麼病，而醫師也有主動告知病情的義務。在美國，除非有特殊原因，醫師若是配合家屬隱瞞病情，等在前面的就是法院傳票或是監獄了。

　　然而，已經移民美國好幾代的華人家庭面對長輩生重病時，家人最常見的反應仍是隱瞞病情。原因不外乎怕病人情緒崩潰、自以為病人不想知道壞消息、為爭遺產或成員背景特殊等複雜家庭因素、怕病人喪失求生意志、華人忌談生死、不希望病人直接參與醫療決策等。……

　　再說，病人生了什麼病自己最清楚。很多病人都能隱約感覺自己生了重病，但在病房卻因家人不講，又不許醫師明說，自己也得裝聾作啞地演戲，造成三方痛苦不說，還白白浪費很多時光。……

　　對於病人家屬來說，從現實面看，說一個謊可能得用一百個謊來圓。不僅一起演戲的家人受累，也難保這一百個謊裡有一個隨時會被揭穿，一切不就前功盡棄？從親情面來說，對長輩隱瞞其病況難道就是孝順？問問自己：在你生病時希望知道實情呢？還是希望全家人瞞著你呢？想必答案已經昭然若揭了！

作業

1. 請觀察老人間的日常溝通語言特徵並討論其與小輩間的日常溝通語言特徵有何異同，而老人夫妻與老友間的溝通語言特徵是否一致？

2. 年輕人對熟悉老人與初見老人之不同溝通形式是否有所差別？請記錄實例。

3. 與年輕人相較，老人的溝通障礙通常為何？與本書討論是否相符？

4. 請觀察父母照顧他們的長輩時，語言上是否有「過度適應」現象？

5. 請觀察家裡或鄰家長輩（祖父母）與年輕人溝通時是否有「低度適應」現象？

延伸問題與討論

1. 你認識的老人長輩中，最常見的「自我揭露語言」是哪些？有病在床的老人與健康老人是否有所差異？

2. 年輕人與老人們互動時是否常感難以溝通，原因為何？困難在哪裡？語言本質未變，為何年輕人與老人們難以交流？

3. 你是否探視過生病老人？是否注意到醫院護士或照顧者如何與他們溝通互動？他們間的語言交流是否與本章所談相關？

4. 可否將下列幾個年輕人流行語與家中老人討論看看他們瞭解幾個，藉此比較不同老人對這些年輕人語言之感想。例如，「丁丁是個人才」、「激凸」、「走光或露點」、「推文」、「3Q」、「阿ken」、「白色巨塔」、「kuso」、「莊孝維」、「long stay」、「變裝」、「大一嬌，大二俏，大三拉警報，大四沒人要」、「推文」、「萌」。

第三章

媒介再現與老人形象

本章提要

　　大眾媒介允稱上世紀以來影響接收資訊、處理世事的最重要管道，一般人篤信媒介（或大眾媒介）傳遞之事物皆為真實，忽略了其特色乃在「中介」而非「傳真」。多時以來國內外學者均曾針對媒介此一「中介」特質迭有論述，本章即以學者慣稱之「再現」概念為例說明其如何「轉述」、「建構」、「複製」真實世界的意義形成，接續介紹不同媒介（如電影、廣告、新聞報導、電視節目、紀錄片、兒童繪本、國小教科書）中的老人形貌。

學習重點

1. 前言：媒介再現老人形象的意涵
2. 符號真實、主觀真實、社會（客觀）真實的關聯
3. 真實建構與實證論之關聯
4. 大眾媒介與真實建構
5. 媒介的定義
6. 大眾媒介與老人再現：以不同媒介為例
7. 結論與實例：以好萊塢電影《金池塘》為例討論媒介再現與老人形象
8. 作業、延伸問題與討論

-- 我現在膝蓋會痛，是因為年輕時夜夜爬樓梯回房間跟丈夫見面。我現在有皺紋，是因為年輕時常抽菸、喝酒、大笑。我現在身材發胖，是因為年輕時吃過許多美食……。現在感受到的年老，只證明了我們曾經好好活過（出自電影《海防最前線》）。

-- 已故的王雲五老先生曾說：「老人的生理反應是：睡著的時候睡不著，坐著的時候卻已呼呼大睡；哭時沒有淚水，笑時卻淚水縱橫；老早的事情記的一清二楚，方才的事情卻如過眼雲煙，忘的一乾二淨」。[1]

壹　前言：大眾媒介再現老人形象的意涵

接續上章有關老人與語言傳播現象的綜合議題，本章將從「再現」與「大眾媒介再現」兩個子題討論大眾媒介所常傳遞（或再現）的老人形象。[2]首應定義「再現」（representation）概念。讀者若熟悉傳播領域當對「再現」一詞耳熟能詳，但如係初次接觸，則因其與大眾媒介之社會功能息息相關，值得薦介。

簡單來說，「再現」一詞並非大眾媒介專屬，而是所有符號、語言、文字之重要社會作用，其意在於「再呈現」（re-presentation），與「表徵」、「建構」、「重構」、「重組」等詞彙意義相近且常交換使用，均指「符號媒介轉述客觀真實事件的中介行為」。[3]

法國社會心理學家 S. Moscovici 早在1980年代就曾針對這個「轉述」過程詳盡解釋，認為此「再」呈現過程涉及了將任何外在「新」事物轉換為熟悉情境與慣有類別或將遠方事物轉為親近，皆須透過「固定或定錨」

1　徐立忠（1989）。《老人問題與對策：老人福利服務之探討與設計》。台北市：桂冠（頁14）。

2　本章所提之「媒介再現」全名應為「大眾媒介再現之形象」。為節省篇幅，以下文字均改以「媒介再現」說明。

3　此一說法出自臧國仁（1999）。《新聞媒體與消息來源——媒介框架與真實建構之論述》。台北市：三民。

（anchoring）動作，有如「一艘小船停泊在社會空間中的浮筒旁」。[4]

次者，此轉換過程亦得先集中相關概念與知覺，然後再依熟悉與否一一置於各類，可定名為「操作化」（objectify）歷程，就是將抽象思考落實到實際或物質（如語言）層面；「固定或定錨」與「操作化」因而就是再現的兩個基本機制。

Moscovici的警語頗具啓示作用：「我們的觀察習性使我們無法看見即使是極為清楚的事物，甚至是發生在我們眼前的事情……。 這種『視若無睹』的原因並非導因於眼球不及接受訊息刺激，而是早先對真相所建立的片段讓我們對事與人有了分類，使得我們看到某些人卻忽略其他人」。[5]這種情形可稱之為觀察外在世界的「形式化」（routinization），顯示我們習於倚賴熟悉與習慣的事物與人互動而對不熟悉的事物「習而不察，以為實然」。

Moscovici更曾強調我們對事件的看法或認定的真實無可避免地受制於同一社區其他成員的定義或解釋，尤常受大眾媒介影響，此種現象最常表現在彼此交談使用的各類形式語言。其一，媒介提供許多儀式（如「大年初二回娘家」等禮俗報導）或象徵物（如母親節提醒大家要送「康乃馨」）協助個人建立了自我認知（如美國香菸廣告常以西部牛仔凸顯抽煙者之陽剛味兒），得以連結內在思想與外在環境；此即再現的重要功能所在。其二，媒介內容本就是公共交談的「場所」（一般人習視大眾媒介為不同社會勢力或議題相互論辯的公共論壇或表達意見之公共市場，見下說明），藉此參與公共事務進而成為社會公眾（民），完成社會同質性的建構。

英國學者S. Hall則是解釋「再現」過程最為詳盡的文化研究者，其專著在90年代出版後進一步將再現所屬之轉述內涵與語言、文化連結起來。[6]

---

[4] Moscovici, S. (1984). The phenomenon of social representation. In Farr, R. M. & Moscovici, S. (Eds). *Social Representations*. Cambridge, UK: Cambridge University Press (p. 50).

[5] 同上註，頁24。

[6] Hall, S. (1997). *Representation: Cultural representations and signifying practices*. London: Sage (p. 1). 此處添加語句均出自本書作者而非Hall原著。

Hall 認為，「再現」並非個人的心智活動而已，也是社會系統透過語言（包括符號、記號，無論其為聲音、書寫文字、電子形象、音樂甚至物件）而將任何原件之意義傳遞給他人：「語言就是〔特定文化裡〕將〔他人的〕思想、意念、感覺再現的中介，透過語言再現因而就是意義產製的關鍵過程」。

　　簡單來說，Hall認為再現、語言、符號此三者均屬共有文化中最重要的互動系統，藉此方能有效地共享意義，互通往來。當然，此處指稱的「語言」涵蓋範疇寬廣，無論平面書寫文字、視聽管道甚至建築成品均可涵蓋。

貳　符號真實、主觀真實、社會（客觀）真實的關聯

　　在此基礎上，我們可續用傳播領域常用的另一些名詞（概念）說明。兩位美國傳播學者Adoni & Mane曾於1980年代初發表文獻，嘗試整理出完整理論用以解釋有關媒介真實（realities）的不同類型。[7]他們自承其觀點源自現象學派的「社會建構論」（social constructionism），[8]因而接受「事實乃社會共同建構」的前提假設（見〔圖3.1〕）。

7　Adoni, H., & Mane, S. (1984). Media and the social construction of reality: Toward an integration of theory and research. *Communication Research, 11*, 323-340.

8　有關「社會建構論」的核心思想，可參見：陳瑞麟（2001）。〈社會建構中的「實在」〉。《政大哲學學報》，第7期，頁97-126。簡單來說，其意與傳統「實證論」（positivism）不同，反對客觀實在觀點，認為所有的知識（包括科學知識）或理論都是經由意義「協商」（negotiation）所得方能達成共識，世間並不存在客觀可供驗證之知識（或實在）。

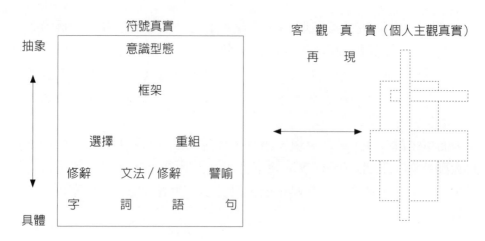

圖3.1：符號真實、個人主觀真實、社會真實間的關聯
來源：改繪自臧國仁，1999，頁53（圖2-3）

　　在此架構中，他們區分所謂的「真實」為客觀、符號以及主觀三者：首先，客觀真實獨立於個人經驗之外，無須驗證即以常識或事實之態出現，其意與一般所言之真實世界相近（如太陽由東方升起而由西方落下）。符號真實則是表達客觀真實的任何具象形式（包括藝術、文學或新聞媒體），人們藉此方能接近並瞭解客觀真實（如透過畫作、小說、新聞報導表達太陽如何升起或落下）。主觀真實是個人的認知世界，由客觀與符號真實所建構，按照外在世界的「相關性」（zones of relevance）形成人們認知世界中的遠近經驗（如看到真實世界的旭日東升或看到攝影名家的夕陽之作而心有所感）。

　　如〔圖3.1〕所示（見左邊方框內），我們常需透過語言、符號、文字等符號真實以及其修辭、文法、譬喻等功能方能將真實世界之人事物描繪清楚或重現（即再現；如前述Hall之觀點）。舉例來說，若要解釋「政治大學」就無法不透過某種符號或文字、語言才能說明清楚其所指為何。

　　然而「政治大學」這個組織（社會或客觀真實）究竟為何實難辨明，乃因每個人之主觀真實認知所得都是語言文化或符號（碼）等符號真實「建構」的結果，彼此未必一致，至多有些相似罷了，誰也無法確認某人所知所言的「政治大學」就較他人更「真」。

　　因而「眞」（社會眞實）成了撲朔迷離的哲學問題，每個人對「政治大學」爲何之認知都只是「隔靴搔癢」而已，以致〔圖3.1〕右邊之「社會眞實」係以虛線呈現，藉此暗示其實貌不過是每個人主觀眞實「霧裡看花」的結果。[9]

　　如某人在政治大學「寓居」已逾三十年，其所能描繪之「政大」就與甫考入之大一新生所見大異其趣。即便如此，某人仍也無法托大自稱所見政大更「眞」，頂多只能說他「知道較多與政大相關的故事」而已。理由至少有二：其一，正如前述，每個人再現的實體（眞實）均有不同，其因在於此再現過程（如前引Moscovici所述之將外在客觀眞實轉換爲自己主觀印象）十分複雜且彼此迥異，受到社會文化情境影響甚深；其二，「政治大學」這個組織（社會眞實）並非靜止不動而是動態概念，無時無刻都在調整其外型樣貌與內在特質（如從早期之黨校到今日之「頂尖大學」），因而任何符號眞實之再現過程均無法具體反映無時無刻處於變動情形下之「眞實」樣貌。[10]

參　真實建構與實證論之關聯

　　上節所談之「真實世界之人事物描繪清楚或重現」（即再現）此一社會建構觀點與20世紀中期以前盛行之「鏡子」理念殊有不同。其時深受社會科學實證論（positivism）影響，學者們多認爲「社會眞實」與「符號眞實」間有相互對照之關係，亦即符號眞實（如大眾媒介之語言文字）就是

9　此處所言與Adoni & Mane（1984）所示有些差異，乃因本書作者認爲主觀眞實實是客觀眞實的「化身」，兩者難以區辨；此說與Adoni & Mane認爲該兩者合一不同。

10　社會眞實（如政大此一組織）乃動態概念且不斷變動，受到以下文獻啓示甚多：Czarniawska, B. (1998). *A narrative approach to organization studies* (Qualitative Research Methods Series No. 43). Thousand Oaks, CA: Sage; Czarniawska, B. (2002). Narrative, interviews, and organizations. In J. F. Gubrium and J. A. Holstein (Eds.). *Handbook of interview research: Context and method*. Thousand Oaks, CA: Sage (pp. 733-750); Czarniawska, B., & Gagliardi, P. (Eds.) (2003). *Narratives we organize by*. Amsterdam, the Netherlands: John Benjamins.

瞭解社會眞實的「工具」，總能忠誠如「鏡子」般地反映眞實世界的事物原貌。影響所及，社會科學界發展了許多仿自自然科學界的研究工具，如調查法、內容分析、實驗法，其出發點多與「鏡子論」之知識論有關。

實證論其後受到極多挑戰，最重要的轉變當屬「〔語言〕鏡子的破碎論」，[11]即語言這個「工具」不再被廣泛地視爲如上述之「忠誠反映者」而僅是「意義的建構場所」，無法反映眞實而僅能「建構」或「再建構」原來所欲傳達的意義（見〔圖3.1〕），其結果反更可能扭曲了事件之原貌形式；語言自此開始轉而視爲「再現工具」而非「反映工具」。[12]

更重要之處則在於眾人據此承認「符號眞實」（如語言）不必然受制於社會眞實之「反映」功能，其運作結果不但可能進而成爲下一階段之社會眞實（亦即符號眞實轉述後成爲新的社會眞實），更還可能創造（建構）出新的社會眞實（如果「新」字的意思是發生較晚的社會眞實）。

例如，新聞報導了總統大選，但是新聞媒介對總統大選結果之報導可能對總統結果產生了影響（如陳水扁第二任之槍擊案），進而影響當選人（或政黨）以及失敗者（及政黨）如何看待此一選舉結果。因而符號眞實與社會眞實兩者間實無必然之前後因果關係，反而互爲因果進而成爲社會文化裡難以區辨之物。

因而我們得要承認，社會眞實可能透過符號眞實始能成立，而符號眞實之內涵實就是社會眞實的部分，「我們〔符號〕建構了〔社會〕實體的

---

11 此語出自李金銓（1980）。《大眾傳播理論》。台北市：三民（頁81；添加語句出自本書）。李氏之意原指新聞媒體如何報導社會事件：「一般人總把媒介當作一面中立的鏡子，反映社會人生。社會人生是素材，它怎麼樣，反映在鏡子裡便怎麼樣。記者不過是客觀的反映者與記錄者而已，他們絕不能把私人的觀點或偏見摻雜在新聞裡頭。一般新聞系的採訪寫作課程常強調這一點。……在本書裡，我們將反覆戳破『鏡子理論』」。

12 可參閱：張瓊文（1998）。〈新聞用語中再現人際關係的語言策略：以第九屆總統直選報紙用語爲例〉。政大語言研究所碩士論文。該論文發現，人際關係表現在語言的不同層面，包括字、詞、語境三者。如新聞記者在總統競選期間使用個人稱謂時，顯示其與候選人距離相等，但如用團體稱謂時則爲關係較遠（見頁83，詳細內容則在第四章4.1.1.4及4.2）。

同時，也建構了我們自身〔認知〕」，兩者相互影響。[13]

　　P. M. Rosenau的說法或可進一步解釋「再現」概念：[14]

　　　　再現是「代表」（delegation），在議院中某一個個體代表另一個個體；它是「摹寫」（resemblance），一幅油畫在畫布上再現了畫家所觀察到的東西；它是「複製」（replication），相片複現了被攝者；它是「複寫」，書寫者將代表他（她）思想的語詞寫在紙上；它是「替代」（substitution），律師代表當事人出庭辯護；它還是「複印」（duplication），影本代表著原件。「再現」以不同形式成為社會科學每個領域的核心。

　　倪炎元特別說明，再現常指語言（與其他符號工具）之「轉述」功能，其作用在於「狀物之寫意」，讓我們能因此得將真實世界（如果真有此物的話）轉譯成為「能在人際〔間〕進行交流的符號象徵」。換言之，人們透過符號世界裡的語言與其他中介將真實世界之「狀物」轉換成為個人主觀意識中的認知，進而形成態度（信念）並產生行為（行動）。

肆　大眾媒介與真實建構

　　如此介紹「再現」實仍無法跳脫傳統「鏡子論」之缺失而忽略其複雜性。簡單來說，鏡子論較為強調「再現」與「被現」間之對稱性，因而認為兩者必然存有某種關聯。但是建構論之再現觀點則否認此一「對稱」或「對應」關係，反而強調其反映了什麼新的意義或是哪些主體性造成了這些新意義。換言之，建構論無意討論符號真實如何反映社會真實，但較關注於「誰」在什麼情境下如何轉述了原始真實，而此轉述對不同訊息接收者可能產生何種不同符號意義。

---

13 此段引自倪炎元（2003）。《再現的政治：台灣報紙媒體對「他者」建構的論述分析》。新北市永和區：韋伯文化國際，頁12。

14 英文及譯名均出自同上註，頁11。

　　若以大眾媒介內容涉及的再現問題觀之，實則任何媒介（報紙、電視、廣播、電影、小說、漫畫等）都無法真實地「轉譯」世界真實裡的任何人事物，此係因媒介組織乃由「人」組成，而每個人的主觀建構過程已如上述僅是暫時性地形塑了外在真實。何況媒介「組織」亦有其自身「再現」系統，可透過各種內部各類階層組建其所認定之符號，如翁秀琪即曾試圖討論「媒介經營型態」可能對新聞報導內容有所影響，假設黨營（如中央日報）或軍營（如青年日報）報紙更重視「官方性」消息來源，而民營性報紙（如聯合報）則傾向訪問「民間自發性」消息來源。[15]因此，個人建構加上組織再現的雙重複雜過程，「真相」（或外在真實）不但正如上述「撲朔迷離」，或可進一步稱其為「搖曳不定」了。

　　當然，大眾媒介無法正確呈現（再現）真實並非媒介之誤，而是文字、符號、語言之共同迷障，乃因這些「符號真實」僅具中介效用，並非任何「真實」之代稱，也無法達到「複製」真實之作用。但符號真實畢竟仍有其功能，即有「選擇」與「重組」真實之效（仍見〔圖3.1〕左框），可將外在世界之「部分」真實挑選出來並重整其意，影響接收者對「狀物」之印象（即刻板印象）。因此，我們若常在報章雜誌看到有關「政治大學」之報導，久而久之對其為何就當有了某種形象進而產生好感或厭惡之情。

　　一般人不察此點，常以為「眼見為信」（seeing is believing），不但相信媒介所示即真還強調並要求媒介必須凡事客觀報導、忠實呈現，實不知其乃「信而眼見」之效，難以達成任何據實報導的預期。若能理解上述所論，未來當能對大眾媒介之有限功能不必期望過高，甚至應知其報導內容僅屬部分真實之轉譯或再現，雖然此些轉譯或再現結果卻常是我們行事之依據。[16]

---

15 翁秀琪（1997）。〈我國婦女運動的媒介真實和「社會真實」〉。翁秀琪、許傳陽、蘇湘琦、楊韶彧、葉瓊瑜等著，《新聞與社會真實建構：大眾媒體、官方消息來源與社會運動的三角關係。台北市：三民（頁47）。當然，這些論文討論的議題離此已久，其所議論今日未必有效。

16 以上所談媒介再現相關討論多已納入「媒介素養」（media literacy）課程內容，可參見吳翠珍、陳世敏（2007）。《媒體素養教育》。台北市：巨流。

　　小結以上所談，「再現」一詞之意原即在於「使用語言向他人有意義地轉述外在世界」。當然，「語言」在此僅係眾多符號系統之代稱，其他可能使用的轉述方式（或管道、工具）甚多，如視聽覺文本皆可屬之。

　　其次，符號真實所轉述之「世界」意指獨立於觀察者之「客體」世界，無須驗證即得以常識或事實之態出現，乃是眾人相互共有。但因實體世界難以捉摸，人們總得利用一些中介系統方得接近，此即「表徵」管道，可視為表達客觀真實的任何具象形式，包括各類新聞媒體，藉此人們始能接近並瞭解客觀真實。

伍　媒介的定義

　　接下來，我們需要討論前述「媒介」或「大眾媒介」（mass media）所指為何。一般而言，有關大眾傳播媒介所含樣式十分廣泛，包括報紙、雜誌、電影、廣播、電視、CD、Internet、漫畫、廣告皆屬，其中又以「傳布廣泛、大量流行、公共特質」最能定義大眾傳播媒介的所屬共通特性。[17]

　　從文獻來看，此處所稱的「大眾媒介」與「大眾傳播」（mass communication）相近，係屬相對於「人際傳播」（interpersonal communication，如面對面談話）之人類溝通方式，所含類目不僅涵蓋前述傳統媒介，隨著網路興起廣受重視的數位新媒體（如手機、視訊、光碟、DVD、MSN等）也漸被納入，甚至如教科書、臉書（Facebook）、推特（Twitter）也常被視為大眾媒介或大眾傳播之一環，有其「傳布廣泛、大量流行、公共特質」內涵。

　　而在上述「傳布廣泛、大量流行、公共特質」三個標準中，「公共特質」尤屬核心價值。換言之，大眾傳播媒介指的就是一些提供類似「公共論壇」（public forum）性質的訊息通道，其功能在於促進社會大眾（部分

---

17 此節所述部分改寫自臧國仁、蔡琰（2009）。〈傳媒寫作與敘事理論──以相關授課內容為例〉。「政大傳播學院媒介寫作教學小組」編，《傳媒類型寫作》（頁3-28）。台北市：五南。

大眾或如前述之「每一分子」皆可）公開討論、交換觀點。無論是娛樂性質、政治內涵、社區導向，凡可供一般大眾參與、共享、轉述且能在同一時間內傳輸之媒介訊息管道即屬「大眾媒介」或「大眾傳播」，其所含內容與一般個人日記或信件之私密性質殊有不同；此即上述「傳布廣泛、大量流行」之公共特質或意涵。

依據上述，我們討論之老人媒介形象含括範圍可大可小，凡在大眾媒介範疇所描繪之老人具體形象皆屬可討論對象，包括最常見的幾個媒介屬性，如報紙、雜誌、廣播、電視、廣告、電影等，另如教科書、漫畫、一般小說、羅曼史（少女）小說、武俠小說、科幻小說等也可列入，進而討論其所「再現」之特殊形象（如老人）。

陸 大眾媒介與老人再現：以不同媒介為例

延續上節所談的「再現」觀點（由傳統「鏡子論」到「建構論」），特別歡迎讀者針對大眾媒介如何「再現」老人形貌提出個人觀點。重點可能不在於這些再現後的老人樣貌「真實與否」（此乃鏡子論的觀點），而是媒介為何這麼形塑某一特別時空情境的老人，以及如何在媒介裡形塑或講述這些老人的故事。

一、以電影再現之老人形象為例[18]

舉例來說，《愛你在心眼難開》（原名*Something's Gotta Give*，2003年出品）這部好萊塢電影描述60歲的花花公子型男主角（傑克·尼克遜飾演）想要追求某較其年輕30歲的女子（法蘭西絲·麥朵曼飾演），卻因心臟病（這可是老年人常見疾病）突發後住在女子家中進而認識了其母（黛安·基頓飾演），從而發展出一段中老年人的戀情，其中竟還穿插了其母「受困」於是否適宜接受另一年輕男性醫生的追求。因而中老年者如何結交較其年輕近乎一半的對象是本片主題，間接也討論了這樣子的愛情可能

---

18 中外老人電影歷年來已有多部，此處僅舉少數實例討論，但此主題值得延伸。

出現的眾多問題如病痛、死亡、未來。片子結尾不意外地仍回歸傳統社會價值，老少配均遭放棄改由年齡相近中老年人結爲連理。

另部著名好萊塢老人影片*Grumpy Old Men*（中譯《見色忘友》，1993年出品）則在片中描述兩位自小生活在同一社區的60餘歲老男人（由華特‧馬修與傑克‧李蒙分飾）相繼喪妻後同時愛上了新搬入社區的中年美女（安‧瑪格麗特飾演），三人之間發展出兼有愛情與友情的故事，另還加入男主角之一的父親（93歲）對「老人戀情」的觀點。

上述兩部與老人相關的影片（實爲三部，因《見色忘友》曾有續集，1995年出品）或多或少都反映（或建構）了拍攝時代的「老人戀愛觀」，認爲老人談戀愛易有風險常遭非議，但仍可被社區人士接受。如《愛你在心眼難開》片中一開始的老少戀純屬「異端」，最後仍要回到「老老配」方可獲得祝福（此點恐與現代社會常見有異）。後者（兩部《見色忘友》）則「教導」觀眾友情固然彌足珍貴，老人終究還是得要找到「老伴」共度餘生。

這些影片多少都「再現」並也建構了我們熟知但仍隱而未見的社會傳統，透過大眾媒介（如電影）的描述與展演，我們因而得有機會再思、承認並珍惜這些社會價值之重要，或對人生從而更有感觸或對其嗤之以鼻。無論何者，大眾媒介（如影片）透過語言、文字、符號轉述了我們的生活想像（主觀眞實），並也建構了我們的生活實體。但時代在變人也在變，影片所再現之「時代意義」多年後回顧卻可能已與「現代」社會不盡相符，因而「盡信書（電影）不如無書（電影）」之意義或與再現概念背後所要傳達之意涵若合符節。

二、以廣告再現之老人形象爲例

老人過去鮮少在各類廣告出現，即使出現則如第一章所述男女比例差異懸殊（亦即女性老者甚少出現在廣告中）且出現時多扮演弱者角色（如聽從者、病患）或依附於年輕人而擔任配角（如在家庭房車廣告裡爺爺奶奶多是跟隨者）。如林進益碩士論文所示，台灣雜誌廣告裡的老人（該論文分析了《康健雜誌》與《長春雜誌》之老人形象圖片共85則）「深受

〔中華〕文化傳承的刻板印象影響」而將老人視爲必因年老而體衰需要家人扶持、很少離開家庭存在、家人的陪伴一再出現、傳統「三代同堂」的幸福理想家庭不斷被強調與複製，而年輕vs.年老的二元對立也是常用模式，藉此凸顯老人的失能、醜陋、衰敗、需要扶持。[19]

但近幾年來此一趨勢已略有改變，高齡者不但出現頻次（數量）增加且常成爲主角，形象也翻轉爲「強健者」（如登山者）或「英雄」（如扛腳踏車上樓），因而成爲他人欣羨對象，此爲「成功老人」之積極與正面形象，顯示其也可以做一些原屬「年輕人才做得到的事情」。即便論者嘗謂此類新形象的出現猶未跳脫上述二元對立價值，仍可謂戴著「年輕人的有色眼鏡」看待老人且仍未肯定老年人的實際經驗與價值，但畢竟這樣子的演變已經邁出大步且有其特殊意涵。未來此類正面描繪熟齡者之廣告勢必隨著老人人口增加而遞增，而其內涵亦可能逐步建立老人的文化主體性，正視老人消費者之積極、康健社會角色。[20]

三、以新聞報導再現之老人爲例

而在新聞報導部分，劉恩綺、曾惟農曾以前引《中國時報》之「熟年周報」專刊爲例，搭配該報1996-2006年共十年間之一般新聞版面所刊老人報導進行內容分析。兩位研究生發現，一般新聞版面多以「不健康」、「需要幫助」、「獨居孤苦」爲老人主要報導形象，且以老人「不健康的狀態爲描述重點，以加強新聞張力。……這樣的現象，與新聞版面以日常生活中異常行爲爲報導重點有所關聯」。[21]

相較於此，「熟年周報」因屬副刊性質，其老人形象呈現多樣化，

---

19 林進益（2007）。〈解讀雜誌廣告中的老人迷思〉。中山大學傳播管理研究所碩士論文（尤其結論一章），「中華」二字爲本書擅加。

20 美國「老人學會」（GSA）2011年籌組第64屆年度會議時，即以「老齡即商機」（Aging Means Business: Design for a New Age）爲題舉辦一天的專題論壇，旨在推動老人產品之美學概念與實用性。參見官網：http://www.geron.org/annual-meeting。

21 劉恩綺、曾惟農（2007）。〈老人形象報導趨勢——以中國時報新聞版面與《熟年周報》爲例〉。中華傳播學會年會論文（新北市淡水區：淡江大學；引句出自頁25）。

也較常使用正面形象如開朗、活躍、快樂等面向報導老人，以期啓發老齡或即將邁入老齡讀者對生活（或未來生活）持積極樂觀態度。但兩位作者也注意到該刊初創刊時（2006年），「對生命保持熱情、愉快活躍的老人被描述成不像『一般』老人，間接反映社會對於『年老』已預存某些想像」；此點與本書各章所述之社會刻板印象相近。

四、以電視節目再現之老人形象為例

此外，香港浸會大學李月蓮教授曾經引用美國傳播學者G. Gerbner的早期著名「文化指數」（culture indicators，台灣譯爲「文化指標」研究）顯示相較於青年及中年人而言，長者在電視節目出現的角色頻率遠低於他們在實際人口的比例。根據李月蓮，Gerbner的研究取自美國1995年的人口調查數字，顯示無論男女性別皆在50歲以後逐漸從美國電視節目裡「消失」：「如果一位外星人來到地球，單是看電視，準以爲美國人在五、六十歲以後都壽終正寢了」。[22]

李月蓮接著說明香港傳媒忽視老人角色的情況與美國類似，主因或在於長者消費力低，對廣告商缺乏「號召力」，而媒介主事者長期以來認爲只有「青春美麗的樣貌」才能吸引普羅大眾則是另個主因。一般而言，只有「有權有勢有名有利」的長者才多有機會「近用」媒介，如總統、國家主席、社交名人等。[23]李氏因而推論，社會權力結構直接影響對各個社群的形象塑造，而老人傳統上多屬社會弱勢，想要突破社會權力結構去改善傳媒形象並不容易，卻非不可能。

此外，電視劇一向是社會大眾傳布各類故事的重要媒介，其再現的文化樣式往往包括人民生活習俗與社會道德標準，透過劇中虛構人物的喜好、個性與經歷而示範著符合社會規範的行爲與適合於傳統道德價值的社

---

22 李月蓮之文出現在香港《松柏之聲》第264期（1998年8月）專題〈長者無權位不貴，傳媒操控不見蹤〉（見http://www.thevoice.org.hk/v0264/00002.htm），因非學術論文故未列出G. Gerbner專文，可參照本書第一章所引相關文獻。

23 老人如何「近用」大眾媒介以及何謂「近用」，乃下章討論重點，此處暫時不表。

會意識。蔡琰曾分析台灣電視劇主角之性別以及老幼族群刻板印象，發現年長者角色（如父母、公婆、長官、師傅等輩分高者）多帶有下述負面形象如：刁難、邪惡、狠心、陰謀、強悍、物欲、迷信、霸道、暴躁、粗魯、保守、自私、威權、錯誤、冷漠與愚笨等，其中自私、迷信、威權是最常見的核心「負面刻板印象」。[24]

連淑錦的較新研究報告亦有類似結論，發現台灣電視劇的老年角色常在劇中談及死亡、消沉（despondence）、控制（其他角色）、影響（其他年輕角色）等。在此篇由其博士論文改寫的英文學術期刊論述中，連淑錦以內容及主題分析方式探索109集台灣電視黃金時段之電視劇節目，發現女性老者在台灣電視劇出線機率遠較美國同類研究顯示者為多，其因可能在於台灣電視劇的訴求觀眾多以女性為主。連淑錦也發現台灣電視劇之老人對話常以自我為中心，一方面顯示其有掌握自身生活之能力，另方面則反映了老人似較年輕人更懂得生活，因而常施以關愛、教導（訓）年輕人甚至要求他們聽從「老人言」。[25]

五、其他媒介內容再現之老人形象

誠如上述，本章涉及之「大眾媒介」種類繁多，其所再現之老人形象或有不同。舉例來說，藍莞婷碩士論文特以1990年至2008年間之122本「兒童繪本圖畫書」為例分析老人之外在特徵、人格特質與社會生活，發現這些兒童圖畫書對老人外在特徵及社會生活之描繪皆具刻板化，但其人格特質之描述則屬正向。[26]

---

24 蔡琰（1998）。〈鄉土劇性別及族群刻板意識分析〉。台北：電視文化研究委員會專題研究報告。

25 Lien, Shu-Chin（連淑錦）, Zhang, Y. B., & Hummert, M. L. (2009). Older adults in prime-time television dramas in Taiwan: Prevalence, portrayal, and communication interaction. *Journal of Cross Cultural Gerontology, 23,* 355-372.

26 藍莞婷（2007）。〈兒童圖畫書中老人形象之探析〉。屏東教育大學幼兒教育系碩士論文。參見蘇雅婷（2004）。〈以老人為主角之兒童圖畫書探析〉。《南師語教學報》，第2期，頁221-239。

　　另有吳榮鐘碩士論文則以前章曾經引述的黃春明小說為例，探析其所蘊含之老人形象（尤以黃氏年輕時所撰小說為多，約為1962-1999年間，含《放生》）。吳氏認為，隨著作家自己的年紀漸長（1999時黃春明也已64歲，幾入老年）而人生閱歷漸多，描繪老年之美學層面因而漸有改變，「懂得將感情收斂壓制，且不煽情，多留給讀者一些想像的空間」。但在老人形象層面則差異不大，「都希望自己的子孫都有成就，表現出濃厚的情感」。[27]

　　孫秋蘭則以「國小教科書」共52冊為其內容分析對象，就老人出現頻率、背景資料、健康狀態、心理特質、生活意象等面向進行統計檢測，發現九成以上老人呈現正面、光明、積極、親善特質，但仍有傳統性別單一僵化形象，如男性老人多以「智慧」見長並與職場工作、活躍老化有關；而女性則較隨和並多處理家庭照顧，且女性出現比例遠少於男性老者。[28]

　　此外，業已停刊之誠品《好讀》曾於2006年9月號（第69期）以日本著名數位攝影藝術家柳美和（Miwa Yanagi）作品為例，[29]以「2050設計老年」為題討論「對老年的想像」。然而照片裡的老者（多為祖母型的老女人）並非真人裝扮，而是柳美和與受訪者討論後所「裝置虛擬的年老場景」。[30]

　　主編鄒欣寧表示，該次主題純以「女人可以有什麼樣的夢想」且50年後是否有這樣的空間實現這些夢想著眼，因而以協助年輕模特兒「圓夢」為旨讓他們上了老妝藉此展示老人也可以時尚，如有個「老女人」站在墳墓上，另有老女人染了長紅髮與年輕男人站在重機車旁，文字寫著：「我90歲了，斷絕了跟原本家庭的關係，現在我要跟我年輕的lover一起橫渡舊

27 吳榮鐘（2002）。〈黃春明小說中的老人形象之研究〉。南華大學文學研究所碩士論文（引述出自頁167, 169）。參見劉德玲（2006）。〈鍾怡雯散文中的老人形象〉。《國文天地》，第22卷第7期，頁61-67。

28 孫秋蘭（2008）。〈國小國語文教科書老人形象之內容分析〉。花蓮教育大學國民教育研究所碩士論文。

29 見：http://www.eslite.com/product.aspx?pgid=1009901629588（上網時間：2011/7/14）。

30 此句引自：http://twofh0319.pixnet.net/blog/post/2036663。

金山大橋！」。[31]

　　如部落客twofh0319所言，柳美和的攝影集（此也屬大眾媒介？）反映了年輕女孩對未來生活還有很多憧憬與想像，「有點過於卡漫式的天馬行空，有豐富想像力絕對是好事，可是飛翔之後仍是要落地生活著呀！」。[32]即便如此，由年輕人透過想像（即便是狂想、亂想）提出與現在不同之老人形象或可反映出另個時空可能展現的老人生活，亦屬「媒介再現」的魅力。

　　又如前章提及之紀錄片導演楊力州曾經拍攝《被遺忘的時光》與《青春啦啦隊》廣受矚目，前者以台北市萬華區「聖若瑟失智老人養護中心」為拍攝場所，記錄六位老人與家庭間的悲喜故事，旨在呈現現代人面對父母老去甚至失智後如何善盡孝道的嚴肅議題。無獨有偶地2006年台北電影節「加拿大影像盛宴」特別推出「向紀錄片大師——亞倫金致敬」單元，播映這位大師75歲時拍攝的作品*Memory of Max, Claire, Ida and Company*（中譯《失憶老人院》）。[33]

　　此片場景在加拿大多倫多市一家老人院，鏡頭跟拍老人們的生活、社交與醫護人員之對話過程，穿插講述其生活實境和心境，未曾刻意彰顯行動不便、生理機能退化造成的困境，而是用平視角度呈現。主角們都曾是社會重要人士或家庭核心成員，有的還曾是護理人員，如今全都在此生活，沒有誰的地位優於其他人，因為他們都已被社會遺忘，面面相覷下默默地建立了另一個新的「小世界」。

　　但他們仍會打情罵俏，主角Claire與Max就是大家公認最要好又曖昧的好夥伴，一起散步、一起唱歌。Claire還會帶著行動不便又有點害羞的Max讓攝影機進入房間參觀，並在鏡頭前故意親吻Max打趣地問攝影師「我們需要現在作愛給你拍嗎？」。

　　另一位老先生不斷勾搭院裡護士，到處稱讚女士們可愛，對誰都可以

---

31 鄔欣寧之意見出自「老人傳播研究群」會議記錄（2006/10/21）。

32 同註30。此處之「卡漫式」原為哈日族常用語彙，指卡通漫畫之意，可參見：林珂葳（2008）。〈再生記憶——卡漫符號的世界〉。台南大學美術研究所碩士論文。

33 此片評論可參見：http://lifepoem.pixnet.net/blog/post/8961649。以下文字改寫自「老人傳播研究群」助理成員陳玟錚之報告內容。

說"I love you"，耍嘴皮子地說他不是浪蕩子而是能欣賞女人的紳士。老太太們擦著鮮豔指甲油每天認真搽上腮紅，開玩笑地說自己勾搭上了年輕小夥子，但因他還不夠高大而總想把他甩掉；這些以幽默口吻嘲弄自己年邁的畫面總令觀眾會心一笑。

但是老人們十分孤單。有個總在哭泣的老太太每次鏡頭帶到時都哭得肝腸寸斷，因為自覺快被寂寞壓死、被家人遺忘、見不到思念的兒子，總是擤著鼻涕說："Because I am alone"（因為我很孤單）。另位憤世嫉俗的老太太因為生病導致精神有些失常連女兒都認不得，卻會憤怒地和所有人唱反調、講著毫無章法的語句；較為開朗的Claire也會在兒子探望後要離去前邊笑邊流眼淚；片中老人總是用力地拭淚、擤鼻涕，彷彿有太多期望與更多失望。

影片不刻意催淚，卻讓人看到「最真實」的畫面，每個背影、每個孤寂的眼淚、每次自我解嘲、每種互相安慰的拍肩都讓人看到這個社會邊緣的小世界。他們反應慢、耍脾氣、會哭、眷戀每個與人的擁抱。像是小baby，需要很多的愛與關懷，因為害怕寂寞與被人遺忘。但因他們沒了可愛的外表也沒了向未來發展的延伸力，所以寂寞與遺忘成了最常見的人生態度，而這正是亞倫金想要透過鏡頭再現的實像。

正如某位部落客所寫，「Allan King在75歲拍了這部片，實在意義非凡，彷彿他已預見自己即將面對的人生，提前以鏡射般的方式來記錄這些老人可算是人生最後一段日子的生活，宛如夕陽般，璀璨的放射最後的光輝，懷舊的將這些故事記錄下來……」，誠哉斯言。[34]

以上雖已列舉數例，但勢必無法觸及每個媒介類別，[35]因而歡迎讀者以不同媒介為例嘗試認識不同傳播媒介之老人形象，甚至可將「大眾媒介」定義放得更為寬鬆如引進「網路」以拓寬眼界。例如，以售賣老人產品為主之「樂齡網」為目前華人社區少數以老人為專屬對象之「網路百貨」，其所售商品反映之老人（該網稱其為「樂齡族」或「銀髮族」）需求就值

---

34 同上註。上網時間：2011/7/14。

35 如台灣老人如何受到地下電台影響，因缺少文獻支持而無法在此簡介說明。

得探索，藉此觀察這家「百貨公司」如何定義老人。[36]

　　以下提供一個觀察媒介中老人形象的表格，讀者可以據之填入自己對媒介內容的觀察，比較不同時間、空間條件下不同媒介所再現的老人故事（見〔表3.1〕）。當然，也歡迎讀者自己設立觀察老人形象的方法，重點在於理解老人族群如何被不同媒介再現，藉此檢視本章所謂符號真實、個人主觀真實與社會真實間的關聯，辯證符號與社會真實相互反映、對照、建構、扭曲或置換之關係。

表3.1：大眾媒介可能再現之老人形象

主要媒介	報紙	雜誌	電視	電影	廣告	教科書	漫畫	網路	其他
次要媒介			電視劇	好萊塢					
正面角色									
負面角色									
變動角色									
數量頻數									

時間流動 ────────────────────────▶ t

1970年代　　　1980年代　　　1990年代　　　2000年代　　　2010年代

地區特色

台灣地區　　　華人社會　　　　東方社會　　　　西方社會（好萊塢）

來源：本書作者

---

36 早期部落格網址：http://tw.myblog.yahoo.com/jw!Nbw_zpeXCkFJT18ebNc-/profile，
　　官網：www.ez66.com.tw（上網時間：2011/7/13）。據其官網所述，該公司願景在於
　　「成為華人區首屈一指的銀髮生活事業平台」，已有實體店面數家，分設於台北市、
　　台中市、嘉義、高雄市。

柒　結論與實例：以好萊塢電影《金池塘》為例討論媒介再現與老人形象

　　本章介紹了媒介與老人再現的相關議題，旨在討論大眾媒介如何建構老人形貌。下章將延續前述李月蓮教授論及之老人「近用」媒介議題，說明與其他年齡族群比較而言老人是否易於獲得媒介青睞且受重視。

　　回到本章關心的媒體再現之老人形象問題，以下且以好萊塢電影《金池塘》（*On Golden Pond*）為例稍加說明。此片描述家庭關係，於1982年出品，演員陣容堅強，由老牌電影明星Henry Fonda（亨利‧方達）與其女兒Jane Fonda（珍‧方達）共同演出。硬底子演員Katharine Hepburn（凱瑟琳‧赫本）為女主角，飾演亨利‧方達的老妻，並以此片贏得生平第四座奧斯卡金像獎最佳影后，是電影史上第一位四次榮獲最佳女主角的演員。男主角亨利‧方達則以生平最後一部電影如願以償地登上奧斯卡影帝寶座。女配角珍‧芳達亦曾獲得兩次（1971及1978年）奧斯卡金像獎最佳女主角，片中彰顯的父女緊張氣氛直可謂方達父女平日關係的真實再現，演來娓娓動人。

　　電影由美國同名舞台劇改編（亦獲該年「最佳原創劇本獎」），探討人生暮年夫妻關係與老人生理、心理處境，翔實地反映了步入黃昏歲月的男女差異，如女主角對一切事物充滿新奇與探索的熱情，而固執、尖酸的老教授卻對生活環境周遭美景或人物冷漠，對祖孫之情也毫無所感。

　　電影劇情顯示，男女兩性面對黃昏歲月展現了截然不同的人生態度，從而決定了暮年生活的品質、健康及壽命。實際上，愈到晚年，男女性向、行為差距愈為明顯，在年齡方面，不論從「預期餘命」（life expectancy）或「平均壽命」（average life span）而言，中外女性都比男性多活三至五歲。正如片中男女主角闡釋的角色，女性到了晚年往往不若男性那般固執或堅持原有信念，對新事物猶存新鮮感與好奇心，勤於學習新事物者遠多於男性。凱薩琳‧赫本在影片上映後又活了20餘年（2003年去世），相對於獲獎當年即以77之齡過世的亨利‧方達，兩人「最終」結局也恰如劇情一般。

　　從演員年齡或電影內容來看，本片都稱得上是「銀髮族電影」之代表作，拍片當時男女主角均已年逾70，觀眾及影評人亦將這部電影當作兩位巨星面對生命終點的真實告白。[37]1998年時，「美國電影學會」曾經選出50名20世紀最偉大明星（須在1950年前即已出道，男女各25名），《金池塘》電影女主角凱瑟琳‧赫本榮居首位，男主角亨利‧方達排名第六。而在全美100部最佳愛情電影排名中《金池塘》位居第22名。

　　因此，本片值得讀著們藉之討論老人媒介再現，讀者可仔細觀察、分析電影中開始、中間發展、故事結局三大段落中的下述議題：

一、故事開始，諾曼（亨利‧方達）與太太艾索（凱瑟琳‧赫本）抵達夏天木屋：

　　㈠諾曼、艾索人物個性如何？如何得知？

　　㈡夫妻婚姻關係、財經狀況、社交狀況如何？

　　㈢夫妻個別生理健康情形如何？有哪些線索？

　　㈣作者透過人物對年紀、記憶的再現分別為何？

二、在電影的中間段落，女兒（珍‧方達）帶著未婚夫比爾來訪，將其繼子（係比爾與其前妻所生）留置兩老，此時：

　　㈠父女、母女關係（對彼此的態度和期望）分別如何？

　　㈡比爾父子關係（同上）如何？

　　㈢祖孫關係（同上）如何？

　　㈣不同世代之間對性的觀點或態度分別如何？性話題包括哪些？

三、電影結局部分可以看見解決家庭衝突的方式以及老人勇敢面對死亡，此時：

　　㈠父女關係的和解方式如何？

　　㈡祖孫關係如何重新建立？

　　㈢夫妻共同面對死亡的態度及其轉變過程如何？

　　㈣片中未及討論的老人議題有哪些？

---

37 更多說明請見：http://tw.myblog.yahoo.com/jw!o8fL6SaTHQ649XDbj0vSOQ--/article?mid=968; http://www.maillist.com.tw/maillist/file/t/twtoday/20030712110232.html; http://blog.udn.com/tomy41/105509等網站資料（上網時間：2011/7/13）。

　　針對整部影片，本章討論之「符號」、「真實」、「建構」等概念如何對應在本部電影所再現之美國社會呢？而這些又如何對應到台灣社會？讀者對老人的認識有否改變？對老人的媒介再現或老人在媒介中的社會關係、社會角色有何觀察及反思呢？有何其他的發現呢？

作業

1. 依自己印象所得，討論老人在某些特定大眾媒介出現的頻數（如在某些廣告或電影）及特殊形象？在不同時間點出現的形象是否有變化？

2. 以本章〔表3.1〕所示為例，思考並討論老人在特殊媒介出現的類型，如在東方電影或《魔戒》等科幻電影裡，老人常以「智慧先知」角色類型出現，其功能則常在傳遞知識或指出人生道理。為何？

3. 2010年8月，新竹發生「老翁促讓博愛座 清大生反揮拳」事件，[38] 起因大致在於一位73歲美國華僑胡姓老翁返台度假，搭公車時要求一位清大學生讓座卻遭拒絕，兩人因而打罵鬧上派出所。無獨有偶地，2010年9月在台中也有一位60歲男子要求國小學童讓座卻遭拒絕，兩人互罵10分鐘而遭其他乘客拍攝並上網以致引起軒然大波。[39] 請以本章「再現」概念為基礎，討論此二例（如新聞報導與上網放在Youtube）可能產生之老人形象。

---

[38] 引自《聯合報》0829新竹市報導，由記者高宛瑜撰寫。

[39] 引自《聯合報》（2010/09/27）〈讓座很不爽 學童朝老翁丟便當〉新聞，由台中記者李奕昕撰寫。

延伸問題與討論

1. 老人媒介形象與社會情境有何關聯（如在網路科技發達時代之老人形象）？

2. 不同地區（國家）媒介形象的比較（如美國與韓國電影之老人形象比較）？

3. 媒介之老人形象與權力間的關聯，如新聞報導中的老人是否皆屬有權勢之老人或僅是「升斗小民」？其屬權力關係之接收者或是施予者？

4. 與年輕人相較，老人之媒介形象有何特殊社會意涵？顯現或反映了哪些社會面向？（如電視劇裡是否常出現「養兒防老」或「受虐老人」形象？為何？）

第四章

老人與媒介近用

本章提要

....

　　延續上章有關大眾媒介如何再現老人形貌之討論，本章主
體改為老人，試析其如何得能接近大眾媒介並為其所用，且其
可能隱含傳播意義為何。本章所談之大眾媒介除一般論及之報
紙、廣播、電視外，亦涉及了近年來興起之數位媒介，乃因老
人遠較其他年齡族群更不熟悉此類新科技之發展趨勢，易因不
常接觸而成為社會弱勢並從社會生活退縮。

學習重點

....

1. 前言：從媒介再現到媒介近用
2. 近用與公共領域概念
3. 老人如何近用媒介
4. 老人近用媒介與新科技素養
5. 結論與檢討：從近用媒介到近用科技資訊
6. 作業、延伸問題與討論

-- ……現在台灣社會裡，存在一群龐大的老人族群，在兒女、孫
子都出門上班上課後，就馬上打開電視，直到孩子們晚上七八
點回家。這些老人們的經濟不虞匱乏，身體狀況除了某些高血
壓、糖尿病等輕微的老人病之外，大致良好，他們在壯年時期
可能為台灣的經濟奇蹟付出了很大的努力，可是，在辛苦大半
輩子退休後，卻成日守在電視機前，重複看一次又一次的連戲
劇重播，和同樣的新聞摘要，他們可能從來沒有想過好好規劃
退休後日子的事，更可能沒想過老了之後能做的事情還有好
多。[1]

壹　前言：從媒介再現到媒介近用

上章討論「媒介再現與老人形象」議題時多以大眾媒介為主體試論其
如何建構老人之媒介形貌，並曾引述香港李月蓮教授專文對中外各國大眾
媒介長期忽視老人族群現況之憂慮，認為僅有少數長者方得接近媒介（無
論傳統媒介或新科技數位媒介），以致長期以來居於社會弱勢之老人更易
從社會退縮。真實情況是否如此？台灣老人現狀是否類同？此乃本章有意
探索之議題。

一般而言，台灣老人媒介形象實有兩極現象：有些老人以其優異才華
與能力（如音樂家李泰祥、詩人楊牧、畫家吳炫三、台灣文學研究者陳芳
明）、傑出社會貢獻（如中央研究院前院長李遠哲、佛教星雲法師、天主
教樞機主教單國璽）、國家政黨領導人（如前總統李登輝）或企業集團大
老闆（如實業家王永慶（已歿）、王永在昆仲、科技大老張忠謀）而常登
上版面或在螢光幕出現，或可稱其為「名人老者」（aging celebrities）。[2]

另一些老人受到媒介關注則多因其異於一般老人之體能（如高齡94歲

1　引自：http://happitude.nccu.edu.tw/bagu.html（政大廣告第十八屆跨媒體創作學程畢業
　　展「Happitude」網站，上網時間：2011/7/15；底線為本書作者所加）。

2　Celebrities原為「聲名」或「名聲」之意，在新聞學領域裡常指政界或娛樂圈之名
　　人；參見：邱宜儀（2008）。〈「名人政治」的新聞框架——馬英九不同從政時期新
　　聞報導之比較〉。政治大學新聞系碩士論文。

猶能參加「101大樓登高比賽」）、[3]特殊表現（如「90歲公與88歲嬤」擔任裸體模特兒）、[4]或選擇再婚非適齡對象（如97歲教授娶63歲同僚）[5]或受到社會歧視（如健身中心拒收年過70歲會員）[6]等社會「異常」行為。另如近來報紙刊載〈〔馬祖〕亮島插旗60年，老兵榮返戰場〉新聞，藉著慶祝該島駐軍一甲子而邀請高齡85歲的當年老兵登岸緬懷兩岸對峙歲月，亦在凸顯老人（榮民）昔日對台灣社會的無私奉獻。[7]

　　仔細分辨這些報導內容即知，普通老人除因其從事或參與的特殊事件成為媒體「寵兒」外，更因其在這樣的年紀居然還「敢」如此生活（參見前章有關Young@Heart樂團、不老騎士與青春啦啦隊討論），與一般老人所作所為不符而引起媒體注意（包括上例60年前首次登島之壯士老兵李承山），此在新聞學常稱「奇人異事」（oddity）之「新聞價值」事例。[8]

　　因而本章主題除上述「名人老者」之社會溝通現象外，亦關心普通老人如何「接近使用」（the right to access to the media，或譯「近用」或「近用權」）不同媒介。此處所稱之媒介仍然包含上章論及之報紙、電視、廣播、電影、雜誌等傳統媒介，亦可增加如電腦、網路、手機等新傳播科技。換言之，上章旨在介紹媒介如何再現老人，重心置於大眾媒介呈現之老人形貌。本章討論主體則為老人，試圖說明其接觸大眾媒介可能隱含之傳播意義。

　　而與上章所述類似，「近用」亦是傳播領域最常接觸的概念，兩者內

3　見《聯合報》（2010/05/31）新聞標題：〈101登高賽／94歲彭爺爺：要跑到101歲〉，記者楊育欣台北報導。

4　見《聯合報》（2010/05/24），新聞標題：〈90歲公88歲嬤，為藝術脫光光！〉，記者黃寅台中報導。

5　見《中國時報》（2010/02/07），新聞標題：〈97娶63 外籍教授府城古禮完婚〉，記者黃文博台南報導。

6　見《聯合報》（2010/04/24），新聞標題：〈年過70！健身中心拒收沈富雄〉，記者錢震宇、林河名台北報導。此例所載新聞主角為立法委員，因而亦屬名人異事。

7　見《聯合報》（2011/07/16），頭版新聞標題：〈登亮島60年 有請老隊長〉，記者程嘉文報導。

8　有關「新聞價值」之討論，參見臧國仁（1999）。《新聞媒體與消息來源——媒介框架與真實建構之論述》。台北：三民，第三章第一節。

涵卻有不同：「再現」旨在說明老人形象如何呈現於大眾媒介（無論是否扭曲、複製或建構，見〔圖4.1〕所示不同老人樣貌），或如新聞媒體如何報導老人族群。相較於其他年齡族群（如年輕人），過去研究發現老人呈現（或再現）於媒介內容之頻數與量數均低，且其內容（質的部分）多受社會「刻板印象」影響而趨負面（如上章所述台灣雜誌廣告多描繪老人為失能、醜陋、衰敗、需要扶持等）。

　　而「近用」概念之意則在指出老人是否得有機會「接近」各類媒介藉此知曉甚至改變其媒介形貌。舉例來說，我們若談「老人近用報紙」，其意涵就在強調老人是否能「接近」報紙這個媒體且被其報導所「用」（即出現在新聞報導）；因而「接近」意涵也就包括了「使用」（知曉）、「瞭解」、「參與」、「信任」、「寄託」等多個層面。此處之「大眾媒介」就是上章所談之「符號真實」，而「老人」反倒成了「社會真實」或社會實體的代表。

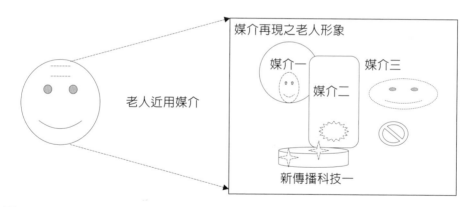

圖4.1：「近用」概念所示之老人與媒介關係*

* 左側虛線表示老人使用（近用）各類媒介之頻繁與主動程度，右框之虛線顯示老人經
　媒介再現後形貌已有改變而與左側圖形不同，且不同媒介（如媒介一至媒介三）轉譯
　之圖形各異。

來源：本書作者。

　　若續以傳統媒介「報紙」爲例（其他媒介亦可仿此延伸），接近媒介尚可包括以下幾個層面且有從淺入深的關係：[9]

-- 能定期閱讀報紙並瞭解報紙的基本運作機制，知曉其定期出刊並明瞭其報導內容係分由不同專業人士撰寫、製作標題、拍攝照片、評論。

-- 能分辨報紙內容的品質並具備基本素養，如能清楚分辨廣告、新聞、圖片，甚至知道並能區分介於新聞與廣告間之「置入性行銷」係以近乎新聞報導方式呈現卻實爲廣告訊息。[10]

-- 能參與報紙的運作機制，如投稿或以「讀者投書」方式表達意見。[11]

-- 信任自己閱讀的報紙內容並能批判其錯誤所在。

-- 認同報紙內容，對相關報導情有所鍾。

　　與傳統媒介「報紙」的近用固如上述分有不同層次，而其他較新媒介同樣有相關內涵。如新「數位媒介」部落格或臉書興起距今未逾十年，而一般老人可能連聽聞知曉層次都無，遑論使用、參與、知識、信任、認同？但當許多政府（如稅務機關）、企業（如百貨公司）、第三部門（如經常募款之基金會）早已固定在其部落格或臉書揭露相關訊息，如無法使用（或近用）這些部落格、臉書則易使老人族群與民主社會的距離鴻溝愈形擴大，無利於整個民主政治的運作。更新的數位科技（如透過智慧型手機隨時上網）愈形普遍後亦可能造福老人並讓他們「樂意出門」，打造友

---

9 近用媒介的層次至今尚無定見，但在「媒介素養」領域常以「賦權」（empowerment）指稱媒體教育旨在培養閱聽人得有能力去「分辨」、「選擇」、「評估」媒體內容進而理性思考與對話督促媒體改善內容，甚至促成「媒體公民」自行產製良性訊息提升品味。見吳翠珍（2002）。〈媒體教育不是什麼？〉。《人本雜誌》，10月號。

10 見徐振興（2005）。〈媒體內容或是廣告？「置入性行銷」之探討〉。《廣告學研究》，第23期，頁151-155。

11 黃柏堯、吳怡萱、林奐名、劉倚帆（2005）。〈報紙讀者投書版之多元性分析：以《中國時報》、《聯合報》、《自由時報》爲例〉。《中華傳播學會年會論文》。台北市：台灣大學凝態館會議中心。

善環境，提供健康且有品質的暮年生活。[12]

　　現代公民（尤其老人）「近用」媒介之重要性由此可見。一般統稱相關近用知識為「媒介素養」（media literacy，或譯「媒介識讀」），可定義為「閱聽人有能力分析、評估〔各類〕媒體內容，產製各種媒體訊息，達到愉快、使用與溝通思想的目的，並且有能力近用媒體，表達對準公共議題的意見」。[13]

　　教育部亦已於2002年通過「媒體素養教育政策白皮書」，明白昭示「媒體教育是〔除了學校體系以外的〕第二個教育課程」，因而當務之急就是要在這個數位時代培養每個公民成為耳聰目明的資訊處理者，能深入且積極地接收資訊、解讀媒體、接近媒體、善用媒體並進行公民監督。[14]

　　「媒介素養」如今視為「公民素養」教育之主要內涵，對老人而言尤其重要，乃因其不僅在於討論如何接近更也包含了如何促進公民（如老人）主動且善用媒介，進而建構現代公民之民主價值與涵養。

　　但如上述，「近用」一詞實有深淺等級之分，如「初級近用」專指「接近」（如定期閱讀報紙或觀賞電視）與「知曉」（如瞭解新聞與廣告之別），而「次級或進階近用」則涉及了「參與」（如前述參加報紙運作）、「主動使用」（如投書報紙民意論壇或call-in廣電媒體節目表達意見）、「信任與情感寄託」（如喜愛、依賴認同程度）等不同程度（見〔表4.1〕，空格內可仿本段所述填入相關作為）。

---

12 「樂意出門」引自《聯合報》（2011/05/07）新聞，提及台大社工系林萬億教授完成的一項「社區介入」國科會計畫，認為公車資訊對老人而言不易讀取，影響其出門意願。

13 引自台灣師範大學社會科學院「媒體素養研究中心」網站（http://www.ntnu.edu.tw/cml/cmlhome-whatcml.htm，上網時間：2011年5月7日），原文出自1992年在美國舉行的「媒體素養領袖大會」（添加語句出自本書），但有關「媒介素養」與「識讀」間的關係迄今尚未定論，兩者有時互用有時偏用。

14 以上教育部白皮書引自（上網時間：2011年5月7日）下列網站（添加語句出自本書）：http://www.edu.tw/files/site_content/B0039/91.10%E5%AA%92%E9%AB%94%E7%B4%A0%E9%A4%8A%E6%95%99%E8%82%B2%E6%94%BF%E7%AD%96%E7%99%BD%E7%9A%AE%E6%9B%B8.pdf。

表4.1：老人近用各類型大眾媒介之可能途徑

主要媒介	報紙	雜誌	電視	電影	廣告	教科書	漫畫	科技	其他
次要媒介			電視劇	好萊塢				網路	戲劇
初級近用 （頻次強度、 知曉程度）									
次級近用 （參與性）									
進階近用 （主動性）									
信任程度 （依賴程度）									
情感寄託 （認同程度）									

時間*────────────────────────────►t

　1970年代　　　　1980年代　　　　1990年代　　　　2000年代　　　　2010年代

*「時間」指不同時間點之近用程度。
來源：本書作者。

　　而此處所稱之「媒介」也不限於一般傳統大眾媒介，舉凡各類較新科技傳播（如手機、網路、Skype、部落格、臉書、eBay網路交易網站等）亦皆有關，因而使得本章討論面向廣泛，涉及的知識層面有深淺之別，而其與「近用」概念之相關程度也有強弱不同程度。

　　舉例來說，我們不但關心老人是否經常觀看電視節目以及習慣觀賞哪些電視節目、是否「知曉」網路（含Internet、msn、Skype、e-Bay等）這些新媒介的功能（此皆屬初級近用之頻數問題），同時也關心他們是否喜愛某些特定節目、是否曾經寫信給電視台表達意見、是否曾經參與電視現場節目等不同層面。同理，老人能否使用網路、日常生活裡是否倚賴、喜愛、認同並藉其從事工作或休閒，此皆討論「媒介近用」時可加以探索的討論議題。當然，如廣告、電影等媒介之進階近用機會可能較少（如擔任廣告或電視劇電影主角），但對其喜愛程度、認同與信任程度仍有探討價值。

　　誠如上述，「近用」除有傳統知曉、使用等靜態意涵外，亦有主動、參與等進階功能，使得如前章所示大眾媒介常被視為社會不同力量之「折衝樽俎」公共場域，彼此各自動員資源互相競爭藉以爭取對意義建構之唯一（或最重要）力量，藉此避免任何形貌經媒介再現後定於一尊。

　　若以老人來說，如上章描述之傳統負面形象（如「不健康」、「需要幫助」、「獨居孤苦」）如何轉為健康、正面、熱情尚多有賴老人組織共同努力，透過眾人集體智慧長期耕耘，方能在此公共場域裡「攻城掠地」改變一般社會大眾刻板印象。如前章提及財團法人弘道基金會舉辦之「不老騎士」活動即為一例，而社團法人「傳神居家照顧協會」於2009年向市政府遞交「快樂老人單車宣言」，同時宣布成立「居家單車宅急送」，期能展開大台北地區失智老人免費居家服務，藉此顯示老人也能服務老人，亦屬佳例。[15]而近年來除政府推動將每年8月最後一個週日訂為「祖父母節」，[16]民間則接續建議將每年重陽節（農曆9月9日）製訂為「金色情人節」以向長輩表達愛意與尊敬，[17]亦皆能受到媒介青睞並報導而對提升老人社會地位有所影響。由此觀之，「近用」概念有其動態意涵，且與媒介之「公共」性質關係密切，理應深究。

貳　近用與公共領域概念

　　上章介紹「媒介再現」時曾經提及「真實」及「建構」兩個核心概念，本章接續論及「媒介近用」或「近用媒介」時亦應述及與其相關之「公共領域」（public sphere）概念，[18]乃因「近用」涉及了大眾媒介

---

15 參見：http://eat8185.pixnet.net/blog/post/31301538（上網時間：2011/7/15）。

16 此項活動係由教育部社會教育司推動，參見：http://www.edu.tw/news.aspx?news_sn=3788，而如聯合知識庫聯合報系近三年即有超過一百則相關新聞報導，可見其已漸重視。

17 見：《聯合報》（2008/08/03），標題：〈金色情人節 淡水暮色浪漫風〉，記者林昭彰報導。

18 Public sphere中譯名稱未見統一，如「公共場域」、「公共論域」、「公共空間」之意接近。

之「公共論壇」或「公共意見市場」屬性，非僅具有刊載訊息、傳遞資訊、分享娛樂、傳遞文化等功能，更是「不同社會勢力或議題〔得以〕相互論辯的公開場域，……〔亦是公民〕針對公共事務，在法律制度保障下，……得以自主而理性互動及辯論的場所」。[19]而此屬性一向以德國思想家J. Habermas（哈柏瑪斯氏）提出之理念為基礎，兩者密切相關。

與近用相關之學理誠然不限於「公共領域」，如新聞學早期理論尚有「報業四論」、「第四階級」（the fourth estate）與「守門人理論」等，[20]但公共領域可謂目前影響大眾媒介與民主社會最為重要之具體說明，其所提倡諸項原則均與一般熟悉之媒介社會運作接近，值得重視。簡單來說，「公共領域」是指：

> 介於市民社會和國家間所進行調節的〔社會生活〕領域，在這個領域中，有關一般利益問題的批判性公共討論能夠得到建制化的保障，形成所謂的「輿論」，以監督國家權力，影響國家的公共決策……〔其特徵〕是非強制性的參與，在建制化保障之下自由、公開和理性地討論普遍利益問題，促使公共權力合法化。[21]

Habermas認為，17、18世紀期間歐洲君權與神權統治階層（包括教會、王族、貴族）逐漸解體後，中產階級與資本主義經濟隨之興起，進而

---

19 引自張錦華（1994）。《傳播批判理論》。台北市：正中（頁197；添加語句出自本書）。

20 「報業四論」出自：Siebert, F., Peterson, T., & Schramm, W. L. (1956). *Four theories of the press: The authoritarian, libertarian, social responsibility, and Soviet communist concepts of what the press should be and do*. Urbana, IL: University of Illinois Press. 「守門人理論」可參見：Shoemaker, P. J. (1991). *Gatekeeping*. Newbury Park, CA: Sage. 至於第四階級之討論甚多，可先參閱Wikipedia之介紹：http://en.wikipedia.org/wiki/Fourth_Estate（上網時間：2011/7/16）。簡言之，第四階級指稱媒介是政府行政、司法、立法三個階級以外之最重要社會建制單位。

21 引自曾慶豹（1998）。《哈伯瑪斯》。台北市：生智（頁52；添加語句出自本書作者）。本節部分改寫自同註8，第五章。

促成了市民大眾對社交集會領域的需求，一方面期望體現個人在公共場合中的自由發言以聚合成新的「公民」（public）社會階級，另方面則藉此對抗封建專制體制的統治。

此一時期商業社會發展成形，在英、法、德國出現的咖啡館（pubs）、沙龍（salons）等私人聚會場所成為男性中產階級與知識分子辯論藝文與公共事務之處（也因此其常被視為有男性沙文主義或中產階級傾向），隨後興起的報業、雜誌與書籍等大眾媒介則進一步成為傳遞資訊與批評時政的重要場域，眾人得以藉此無拘無束地公開發表意見談論時事。這些咖啡館與沙龍因而被稱為「公共領域」之催化劑，而大眾媒體則是公共領域的實體，公眾可在此自由發表論述無須擔憂受到罰則或拘捕（但如言論如涉及誹謗、公然侮辱或其他法律則又另當別論）：

> 公共〔領〕域是歐洲18世紀以後，透過報章與種種法令的討論，完全拋棄中產階級的個人與家庭私人利益，透過公共的體認以及一種修辭的形式，整個揚棄個人及其身體所代表的利益，而提升到一種抽象普遍性的溝通，讓每個人不拘性別、膚色、階級均能夠同時認知其共通的利益，也就是這種利益不和某一特定的人相干，……公共〔領〕域於是變成是政治與社會經驗的普遍識域（general horizon）。[22]

在Habermas原始構想中，「公共領域」概念包含了兩個重要子題，如「公共」一詞即係相對於市民社會中的個人「私有」領域（如家庭或上述咖啡館、沙龍或其他非正式社交關係）概念而來。Habermas認為，公共領域指涉某一社群的市民在此領域中實踐其私人之自主性，無須顧及身分與階層而能與其他市民共同關心與群體利益有關之議題，或透過社會整體活動性質（如選舉）組織成特定社會機制，促使某些事務產生相關集合作用。

---

22 引自廖炳惠（1994）。〈馬克吐溫《哈克歷險記》與多元文化及公共場域：多元文化及公共場域研究的啟示〉。《當代》，第93期，頁48-65（引文出自頁57；添加語句出自本書作者，廖炳惠原文使用「公共場域」一詞）。

　　其次，「領域」乃介於國家統治權力與私人領域之間的生活空間，指公眾或市民階級所形成之參與性團體，眾人得藉此積極介入公共事務並以理性態度促成共識、組織公共輿論，而「開放性的接觸」正是重點所在。

　　兩者合併觀之，Habermas之「公共領域」概念除具開放空間意涵外，也暗示公共性質的集體建構理念，即公眾群體彼此透過討論產生共識進而建立公共事理。其基本精神在於以理性論述公共事務，並以平等互動方式進行批判性的言論交談並形成意見，其表達也受到建制機構（如政府）之合法保障，使私人獲得社會認可而公開表達論點，進而產生與合法建制政權相互競爭的言說關係。

　　然而Habermas認為，促成公共領域興起的社會與經濟力量隨後卻導致公共領域衰敗。如1870年代後資本主義興起，引導大眾媒介進入商業化經營階段，傳統較具文藝性質的新聞報業轉而由專業人士的新聞編採人員取代。報紙自此不再只是新聞發布機構，甚而領導輿論影響民意並在政黨政治扮演重要角色（此即前述「第四階級」形成之背景）。廣告與公關產業兩者則聯手影響新聞運作過程，使得報業經營目的由早期之促進理性批判討論轉而成為滿足商業利益，中產階級公共領域原有的平等開放特性因而瓦解，成為暴力與私利競爭之處[23]。

　　Habermas後期（如其《溝通行動》一書[24]）雖仍對媒體控制民意與鞏固政策之正當性角色有所疑慮，但也熟知近代研究在新聞常規方面的成果，因此接受新聞媒體乃「容納異己意見」之處，強調媒體可以作為理想的語言活動場所，有利於社會各方建立共識。

　　以上簡短回顧了Habermas之卓見，乃因其所揭櫫之「自由發表意見、平等近用媒體、理性批判對話」原則遠較其他傳播理論更能解釋新聞（大眾）媒介在民主社會重要功能：「公共領域概念的使用，乃建立在其對媒體潛在角色的有力詮釋，顯示媒體〔以報紙為代表〕在促進民主社會的重

---

23 近期有關「置入性行銷」之爭議或即與此有關，乃政府機關與企業組織藉由廣告與公關名義購買媒體版面或時段以影響民眾「誤以為」其所見所聞乃新聞或媒體組織之公正報導。相關研究眾多，可參見羅文輝（2006）。〈置入性行銷對新聞記者之影響〉。《新聞學研究》，第89期，頁81-125。

24 見阮新邦（2003）。《溝通行動論》。上海市：上海人民出版社。

要核心內涵（公共對話）上有極為重要的貢獻」。[25]

　　此處似又無須全盤接受Habermas近半個世紀前提出的觀察，尤因今日盛行的諸種媒體形式（如網際網路）早已無法符合其早時對公共領域的期許：「原則上我們可以接受Habermas對『後中產階級時代』或對未來〔社會情境〕的評估，但是我們沒有理由重複Habermas的結論。歷史並非靜止不動，現實中的公共領域曾受限於許多歷史境遇（circumstances），但也因此孕育更多發展機會」。[26]如Dutton近著即曾提出「第五階級」（the fifth estate）概念，指稱正如新聞媒體過去扮演之「第四階級」角色，透過手機與其他網路而可即時上網的「網民們」已是21世紀初監督政府施政的新起公民團體。[27]

　　簡而言之，以大眾為對象進行訊息傳遞或交換之公共領域近年來業已增加甚多不同類型（如臉書、推特），其能實踐自由表達意見、同等接近以形成社會共識的精神甚至遠超過Habermas當年以報紙為發展核心之學理所能涵蓋。

　　但延續Habermas所述猶可進一步解釋「近用」一詞。根據鄭瑞城，「近用媒介」之意在於「民眾接近大眾媒介之權利」，包含三個層面，一是近用媒介之載具（透過哪些方式以接近媒介），二是組織（如聘用哪些專業人員），三是內容（如新聞組織之報導內容）等，尤以後者（內容）最為重要，乃因其乃「觀測新聞自由之明顯指標」，如愈能提供民眾近用媒介內容則其新聞自由程度愈高。鄭氏強調，近用媒介內容原屬基本人權，也是「傳播權」的具體表現方式。[28]

---

[25] Croteau, D., & Hoynes, W., (1996). The political diversity of public Television: Polysemy, the public sphere, and the conservative culture of PBS. *Journalism Monographs*, No. 157 (p. 8). 添加語句出自本書作者。可參見上章提出之大眾媒介特性。

[26] 出自Dahlgren, P. (1991). Introduction. In P. Dahlgren and C. Sparks (Eds.). *Communication and Citizenship: Journalism and the Public Sphere in the New Media Age*. London: Routledge (p.2).

[27] Dutton, W. H. (2009). The fifth estate emerging through the network of networks. *Prometheus, 27*, 1-15. 引自Pavlik, J. V. (2011). McLuhan media in the 21st century. 《傳媒透視》，7月號，頁4-5。

[28] 鄭瑞城（1991）。〈從消息來源途徑詮釋媒介近用權〉。《新聞學研究》，第45集，頁39-56。

　　以往政府近用媒介之機會如今已有過分膨脹之嫌，使得個人（如老人）或社會組織（如關心老人之基金會）難以接近媒介或其功能常遭扭曲。舉例來說，解嚴前報紙僅有三張之際其內容多由專業人員（如記者）負責而民眾難以提供個人意見，部分原因即在於當時的執政黨（國民黨）視「言論」（包括平面媒體如報紙、廣電媒體如廣播電台、電視台等）為獨占資源而無意開放。直到報禁解除後才有轉變，各報開始擴張版面並釋出資源闢出「民意論壇」專版鼓勵讀者投書，廣電媒體也製作各種類型call-in節目，百花爭鳴的現象使得「近用媒體」機會遠較過去（1980年中期以前）超出許多，淪至今日甚為社會大眾詬病。

　　從報紙到廣電媒體，這些大眾傳播工具與一般民眾間的關係因而從早期獨占到開放，從資源稀薄到如今幾近氾濫，其演變幾可稱之「令人咋舌」。但隨著網路科技的開發，近用媒體又面臨諸多變遷，年輕人使用msn、Skype、BBS、手機或其他媒體的熱況遠超過其他年齡族群，使得「近用媒體」產生了新的不平等現象。雖然其可能與上述之「組織獨占」不同，反多出自使用者（如老人相較於年輕人）之偏愛或習慣，但無論如何「媒介近用權」已進入新的景象，值得繼續觀察。

　　由上述「近用」到「公共領域」概念之引述，我們或可將焦點轉回到本章主要對象「老人」並介紹一些研究發現，試說明其過去如何接近傳統與新科技媒介，藉此描繪老人與媒介近用之相關互動。

參　老人如何近用媒介

　　民眾如何使（近）用媒介，無論中外都曾是相關研究者倍感興趣的議題。如中央研究院社會學研究所籌備處自1984年定期實施大型「社會變遷基本調查」計畫，每五年探詢台灣民眾閱讀報紙或雜誌、觀看電視節目、收聽廣播節目的習慣，其他研究論文或報告亦曾多方探索民眾使用媒介之習性。[29]

---

29 「社會變遷基本調查」現由行政院國科會「社會科學研究中心」負責，相關資料可參見該中心網頁。本書作者感謝政大廣告系陳憶寧教授協助取得此些數據。

　　如2003年該項調查共訪問2,161位台灣地區民眾，發現60-69歲受訪者
（共69人）平均看報時間爲55.59分鐘；70-79歲老人（共45人）爲78.62分
鐘；80歲以上受訪者（共8人）爲86.75分鐘。五年後（2008年）之相同調
查（共訪問1,980位民眾）結果則顯示，60-69歲受訪者（共114人）平均看
報時間爲44.48分鐘；70-79歲老人（共69人）爲48.26分鐘；80歲以上受訪
者（共19人）爲59.89分鐘。由此兩次大型調查所得可知，民眾年齡愈長則
閱報時間愈長，但無分年齡之閱報時間在2003-2008年間均已大幅驟降。

　　在看電視時間方面，2003年調查結果顯示，60-69歲的受訪者（共186
人）平均每天看電視時間爲229.77分鐘（約3.83小時）；70-79歲受訪者
（共118人）爲230.69分鐘（約3.85小時）；80歲以上老者（共28人）則爲
138.00分鐘（2.3小時）。2008年調查結果則是：60-69歲的受訪者（共203
人）平均每天看電視時間爲162.98分鐘（約2.72小時）；70-79歲受訪者
（共173人）爲144.03分鐘（約2.4小時）；80歲以上受訪老人（共56人）
爲140.73分鐘（約2.33小時）。

　　以上調查結果明顯反映了「青老人」與「中老人」（指60-79歲）看電
視時間近年來業已大幅減少，從2003年之幾近4小時降至2008年之2.5小時
左右。但「老老人」（指80歲以上）則在五年間並無變動，每天觀賞電視
時間均在2.3小時之譜（見〔表4.2〕之比較）。[30]

表4.2：中央研究院「社會變遷基本調查」兩次調查老人收看報紙與電視之比較*

		2003調查	2008調查	差距
每天看報紙時間（單位：分鐘）	60-69歲	55.59	44.48	-11.11
	70-79歲	78.62	48.26	-30.36
	80歲以上	86.75	58.89	-27.86
每天看電視時間（單位：分鐘）	60-69歲	229.775	162.98	-66.795
	70-79歲	230.69	144.03	-86.66
	80歲以上	138.00	140.73	+2.73

* 「差距」指2008數據與2003調查相較之別。
來源：本書作者整理。

---

[30] 減少看電視時間之因目前不詳，至少無法從此調查結果遽予判斷。

　　另據一份由行政院統計處委託中央大學執行的大型老人傳播行為研究調查報告，老人（該研究係以50歲以上為老人）之日常休閒生活（含使用媒體）以看電視、聽收音機為主（50.2%）；每天看電視平均時數為2小時24分鐘，高居各年齡層之冠，最喜愛觀賞的節目為電視劇。[31]

　　然而老人喜看電視並非台灣獨有，美國多項研究早就證實老人是電視最忠實觀看族群，其因迄今說法分歧。舉例來說，美國70-79歲年齡群老人每天觀看電視時間約為3.6小時（或216分鐘，參照〔表4.2〕），相較於40-49歲之2.7小時差距不可謂不大。研究者據此常稱老人為電視媒體之主要「擁抱者」或「接受者」（embracers），亦即老人們最常看電視也喜看電視，其來有自。[32]

　　至於老人使用不同媒體的主因，中央研究院社會學研究所籌備處之研究報告指出，[33]高達64.5%的老人明確指出其觀看電視是為了「尋求快樂、排遣時間」，聽廣播、看電影之因雖也相同但百分比低了很多（分別是25.6%、18.2%）；看報紙則是為了「獲取知識」（37.2%），顯示老人接近大眾媒介之因分歧。

　　另依陳譽馨以60歲以上老人為研究對象之調查結果，老人觀賞電視的動機前五名依序為「知道各地新聞消息」（93.6%）、「知道一些有用生活常識」（87.7%）、「消遣娛樂、放鬆心情」（84.0%）、「習慣」

---

31 行政院主計處在1993年後未有新資料，而統計處在2000年仍對50歲以上國民進行健康、經濟狀況及福利措施之需求調查，研究樣本數6,297，調查信度99%以上，誤差不超過2%。此項數據與上註「社會變遷基本調查」結果可相互參照。

32 Harwood, J. (2007). *Understanding communication and aging.* Thousand Oaks, CA: Sage（尤其第九章）。

33 第三期第四次調查（1998年）。此一研究實施時間較為久遠，另可參閱：廖明惠（2006）〈養生住宅老人休閒參與和生活品質關係之研究——以「潤福生活新象」為例〉。台灣師範大學運動與休閒管理研究所在職碩士班碩士論文，其研究以「養生村」老人之休閒活動為例，發現「看電視」、「閱讀書報」、「聽廣播」等接近大眾媒介之活動分列十大休閒活動之首位、第二位與第七位。廖明惠在結論亦曾說明，此項結果與其他研究報告所得結果接近，即老人休閒活動均以靜態為主，但參加戶外活動與購物的比例則較相關研究為高（頁100）。

（66.4%）、「打發時間」（61.3%）。[34]

　　整體觀之，資訊尋求似是銀髮族觀看電視最大的動機，其次才是消遣娛樂；但此些發現仍非定論，常隨不同時代而有相異調查結果。此外，台灣老人之媒體使用行為最常接近電視（含觀賞電視新聞與電視節目）應屬無庸置疑，但其猶屬靜態（初階）使用，尚難稱其為進階之動態「近用」（如發表意見）。[35]

　　Harwood專書則指出，老人們長期倚賴電視恐在於其聽力或視力趨弱，而電視這個媒體正好可以提供互補資訊使其無需倚賴單一資訊來源（亦即，即便聽力不好仍可「看電視」獲取資訊）。此外，老人們常將電視視為「伴侶」，愈常感到孤單的老人愈常接近電視，某些老人即便睡覺也常開著電視以示「家中有人」。

　　Harwood也強調，老年人觀看電視的行為異常分歧，如「不看任何電視」的80歲以上老人遠超過任何其他年齡層，而每天觀看超過9小時電視的老年人同樣在不同年齡層居冠。老人較年輕人更傾向透過媒介取得資訊之因則在於藉此得與退休社區居民互動，「在他們的社會網絡中填補空隙」。[36]

　　老人心理學者Stuart-Hamilton則認為，電視媒體除了提供娛樂外，最重要的功能則在於讓不良於行或經濟能力不足的老人們得能「跨出戶外」

---

34 陳譽馨（1995）。〈老年人生活形態、疏離感程度與電視觀賞行為之關聯性研究〉。中國文化大學新聞研究所碩士論文。老人看電視以資訊尋求為主之結論亦是盧尉安（2008）之研究發現：見〈看電視對老人休閒型態及人際關係互動歷程之影響〉。政治大學企管研究所碩士論文。另可參閱公共電視台研究發展部之整理（彭玉賢作）：http://rnd.pts.org.tw/p4/991126.htm（上網時間：2011/05/08）

35 最新發表調查報告顯示，「在健康資訊上，除了透過電視節目，台灣中高齡世代喜歡上網……」。而台灣長者上網時間平均每天為1.2小時，相較於此，大陸中高齡長者則喜使用手機，每天平均為1.3小時。此項調查報告由工研院「產業經濟與趨勢研究中心」發布，見《聯合報》（2011/7/16），標題：〈兩岸熟齡族，台愛上網，陸愛聊手機〉，記者陳俐君撰。該報告也指出，有高達88.9%的長者希望在家安養天年，反映出只要還能獨立自主生活，「在宅老化」仍是長者最終盼望。此項調查對象是50-70歲銀髮族，分別在兩岸六大城市進行。

36 同註32，pp. 182-3。

（雖仍是虛擬實境）窺視不同地區、不同文化之節目，即便這些節目多半並非著眼於老人或其內容對老人而言常過於吵雜或快速。[37]

另據廣電基金早期（1999年）進行的「電視收視行為調查」結果，[38]10歲以上受訪者觀看電視的高峰時間多集中於晚間18時到22時，第二收視高峰期是在中午12時到下午1點間，第三收視高峰則是上午6時至8時。週末看電視之第一高峰期仍在晚間19時到23時（往後延長一小時），第二收視高峰期在中午11時到下午14時（前後皆各延長一小時），第三收視高峰則是在上午7時到8時。

有趣的是，50歲以上受訪者週六、日看電視時間出現兩極化現象：週六、日看電視時間較少者人數增加，較多者的人數也增加，或因「看電視少者」在週六、日常從事其他休閒活動，以致其人數略增；而「看電視多者」在週六週日更加依賴電視為休閒活動，因而「看電視時間較多者」之人數也增加了。[39]

小結本節所談，老人一般而言無論中外都屬近用電視最為頻繁的年齡族群，其因或可歸為這個媒體的「可親近性」與「易得性」，無論知識背景為何均可接觸並看懂其五花八門的節目內容。而在台灣，近年來更多老人陪伴孫輩觀（共）看電視，儼然成為兒童節目的主要收視族群。有趣的是，老人們常邊看電視邊說古道今，「從電視節目裡尋找過往的生活記憶」。但是看電視太多不見得對老人有益，甚至有國外媒體報導這是老人癡呆症的成因之一。因而老人族群近用媒體的正負面影響頗廣，值得未來繼續探究。[40]

---

37 Stuart-Hamilton, I. (2007). *The psychology of ageing: An introduction* (4th Ed.). London: Jessica Kingsley (pp. 247-8).

38 參見：http://rnd.pts.org.tw/p4/991126.htm（上網時間：2011/7/16）。

39 同上註，另可參閱：盧尉安（2008）。〈看電視對老人休閒型態及人際關係互動歷程之影響〉。元智大學資訊社會學研究所碩士論文。

40 本段討論出自《中國時報》「熟年周報」，標題：〈熟年居家(1)：熟齡長者看電視，健康閱聽快樂生活〉。參閱：http://blog.chinatimes.com/senior/archive/2011/04/29/140861.html（上網時間：2011/7/16）

肆　老人近用媒介與新科技素養

　　至於老人近用新科技（如網際網路）之使用情形，內政部2005年調查發現65歲以上老人僅有6.67%能夠操作電腦，其使用功能以上網查詢者占59.28%最多，電腦遊戲居次占38.22%，文書處理者再次之占27.03%。[41]

　　另依行政院研考會2006年「95年個人／家戶數位落差調查報告」，非電腦使用者中以61歲以上年齡族群所占比例最高（43%），使用過電腦者僅有12.8%，而上網率也僅及8.1%，遠較美國調查結果65歲以上族群上網率達38%為低。該調查報告同時發現，台灣老年族群上網較多之地區多集中於都會區（如台北市、新竹市），南投、嘉義、雲林等以農業為主之縣市最低甚至未及3%，其比例幾與台灣「老化最快縣市」一致。[42]

　　該報告據此指稱，老年族群之數位化程度僅達3.6分（滿分100，及格分數為60分），面臨之「數位牆」與「數位落差」現象極為嚴重，亟需由政府提供誘因找出能讓老年人上網的內容素材，鼓勵科技企業發展適合老年人使用之電腦器材，方能協助其突破心理障礙提升學習意願。[43]

　　前述中央研究院之「社會變遷基本調查」顯示，在2003年受訪350位60歲以上老人中只有4位民眾（集中於60-69歲）回答每天上網，一位每天上網時間為5分鐘，一位40分鐘，另兩位100分鐘。2008年相同調查資料則

---

[41] 內政部（2005），〈民國94年老人狀況調查結果摘要分析〉。（原網站資料已遭刪除：改見http://tw.myblog.yahoo.com/jw!Cd4.5zyYERRWn1Sog2_jLFjE/article?mid=21&prev=23&l=f&fid=8；上網時間：2011/5/10）。

[42] 據衛生署2011年中公告的數字顯示，台灣人口老化速度各地差異頗大，但以嘉義縣、雲林縣、澎湖縣為「前三大高齡縣」，而全國已有23個鄉鎮區躋身「超高齡社區」（老人比例逾兩成），嘉義、雲林、澎湖、南投、苗栗、台東更為「女人高齡縣」。見：《聯合報》（2011/07/12）頭條新聞，標題：〈老化海嘯襲台〉，記者劉惠敏報導。

[43] 「數位牆」指「數位落差」情況特別嚴重之群體界限，而「數位落差」則係不同群體間（如老人相較於年輕人）接近使用資訊設備以及運用網際網路各項活動的差異。以上均出自行政院研考會2006年「95年個人/家戶數位落差調查報告」第七章頁89之說明：（http://www.rdec.gov.tw/public/Attachment/7749335171.pdf；上網時間：2011/5/10）。部分內容出自頁168之政策建議。

發現，208位60-69歲老人中有 25人回答每天上網，平均時間每天35.12分鐘（標準差為44.14）；70-79歲（n=180）中7位每天上網時間，每天上網時間平均為56.14分鐘，標準差49.19；80歲以上受訪民眾有59人，沒有任何人每天上網。

為比較台灣老人網站與國外之異同（包括設立宗旨、提供服務項目、主要功能選項等），張松露曾蒐集台灣網站共22個，分屬不同全國性老人社團或福利團體，依此與美國類似屬性網站共36個對照。此項研究發現，台灣老人相關網站提供之互動功能雖然較多，但多侷限為「留言版」性質，少數有論壇功能。相較於此，某些美國老人網站（如SeniorNet與ThirdAge）甚至提供「聊天室」，只要登入後即可顯示使用者及其對話內容，也會與新登入者「打招呼」。WidowNet則特別針對「喪偶者」建立聊天室、E-mail群組與論壇，利用網路社群陪伴有需要者度過人生低潮。[44]

作者張松露因而建議，若要弭平老人族群現有「數位落差」，首應理解其需求而非採類同年輕人之教學方式。舉例來說，老人若能藉著網路社群建立人際互動關係，則可將瀏覽器首頁直接設定為老人入口網站或開機後即自動登入即時通訊軟體，如此即能省去老人學習一般文字輸入電腦系統操作步驟的困擾。至於家中經濟環境較差無法安置電腦的老人亦應透過公立圖書館系統設置「公用老人電腦資訊站」，讓這些弱勢老人也都有機會加入網路社會。

本書作者稍早曾經訪談32位分居各地之66-87歲老人（平均77歲），記錄他們選看網路新聞使用情形、搜尋興趣、使用電腦前後對自我形象的描述。這項研究發現，受訪老人中有超過半數對電腦（53.1%）與網際網路（56.3%）毫無使用經驗，但高達75%對新媒介所提供的網路新聞有收看興趣。

一般而言，受訪老人有21人（65.1%）對網路持正向態度，22人（68.8%）對電腦所提之搜尋功能有正面看法，有意願使用電腦和網路者分

44 張松露（2007）。〈老人網路社群現況與展望〉。《網路社會學通訊》，第67期（12月15日）。亦可參閱：劉明珠（2009）。〈中高齡者使用網際網路與人際互動之研究〉。元智大學社會暨政策科學學系碩士論文。

別爲17人（53.1%）和18人（56.3%），但幾近半數則屬無知識程度。總體而言，約有七成受訪老人即使對新媒介沒有或少有知識或經驗仍對電腦與網路持正向態度，半數以上並有使用新媒介的意願。[45]但當問及受訪老人是否有學習電腦相關知識之意願時，報告自己會學習電腦和網路的人數降至半數以下，而當續問受訪者是否認爲自己學得會，有信心者僅得半數。

該研究也發現，受訪老人除了自認眼睛、記憶能力不佳而無學習興趣外，有些有學習興趣者之手指操控滑鼠能力不佳，而使用鍵盤輸入中英文符號顯然是多數人最大困難，頻述希望鍵盤可稍大些。

除生理或教育限制外，半數老人表示不再學習或使用新媒介之因在於「沒興趣」、「懶」，或「年紀大」、「記憶力不好，學過就忘了」（均爲受訪者自述），尤因生活中有電視、有親友、有家務及其他日常活動，對電腦及網路功能沒有特別需求，如表示：「生活不太需要這些東西……，沒有電腦也可以過得很好」。

以人口變項檢視老人與新媒介使用的相關發現，年齡愈高者之電腦知識愈低，其收看新媒介影音新聞之態度愈爲負向。曾從事軍公教或管理階層者之網路搜尋興趣較高，健康狀況優良者較有信心能學得會上網。

由此推論，若有機會，65歲以上健康且對電腦與網路有興趣之老人接觸新媒介並參與現代傳播方式（指初級近用）之能力當可獲得改善，而有搜尋興趣的老人更常表示學習電腦意願，學習能力較被評估爲優，其退休前多爲軍公教背景或擔任管理職務，顯然知識水平較高有利於學習電腦（可與本書第十章比較）。

伍　結論與檢討：從近用媒介到近用科技資訊

由以上現有文獻觀之，台灣地區老年人究係如何近用媒介所知尚屬淺薄，有關積極面向之近用權概念（如是否call-in或透過讀者投書表達意見）迄今累積研究所得有限，值得未來透過不同方式探詢（國外相關資料亦

---

45 本節所述出自蔡琰、臧國仁（2008b）。〈熟年世代網際網路之使用與老人自我形象與社會角色建構〉。《新聞學研究》，第97期，頁1-43。

少）。

　　依定義，媒介近用權之意爲「公民傳播權的覺知」，可能含括了：公民有傳播的權利與責任（乃因接近大眾傳播屬人權）、接近使用資訊的權利（透過大眾媒介獲取政府施政資訊）、免於被媒體歧視的權利（要求媒體正視各族群之近用權）、接受媒體素養的權益（透過媒介瞭解其運作與優劣）。[46]同理，老人之「媒介近用權」亦可視爲其「傳播權」重要內涵：老人不但應如其他年齡群之公民同樣享有接近媒介之機會，並也應該主動、參與媒體進而擁有、認識、評估、產製各類媒介資訊以能愉悅使用媒體內容。

　　由此我們可將「老人近用」概念與「媒介素養」合併觀之，尤因後者專指「在各類處境中取用（access）、理解（understand）及產製（create）媒體信息的能力」。[47]此一工作重要，乃因現代社會之公共資訊多得透過大眾媒介（含新科技管道）取得，若無足夠判讀能力則易受到如上章討論之媒介再現影響而不自知。

　　然而媒介素養教育過去多以年輕人爲主，意在協助如大學生取得基礎媒介知識，老人族群之媒介素養教育迄今尚未展開。而過去以年輕人（如青少年）爲對象所發展之傳播理論則常忽略老人所處不同社會情境實難以相同理論解釋，如「涵化理論」即常認爲青少年因社會化過程尚未展開因而易受媒介影響，但老年人多已完成社會化過程，其與媒介訊息之互動關係迄今少有研究。

　　我們因而建議未來應另行發展老人媒介素養教育，尤以過去多以「資訊觀」爲基礎習視傳播等同於資訊流通，鮮少加入「敘事觀」改將傳播視爲不同生命故事交換與共構之過程，顯然尚有繼續討論空間（見〔圖4.2〕）。老人們多喜聽故事、講故事並樂於接近大眾媒介裡的故事，其

---

46 國內重要文獻包括：陳世敏（1992）。〈新聞自由與接近使用媒介權〉。翁秀琪、蔡明誠主編，《大眾傳播法手冊》。台北：政大新聞所；林子儀（1999）。《言論自由與新聞自由》。台北市：元照（初版第五章）。較新文獻參見：洪貞伶（2006）。〈誰的媒體？誰的言論自由？——解嚴後媒介近用權的發展〉。《台灣民主季刊》，第3卷第4期，頁1-36。

47 取自維基百科，上網時間：2011/5/11，以「媒體素養」爲關鍵詞。

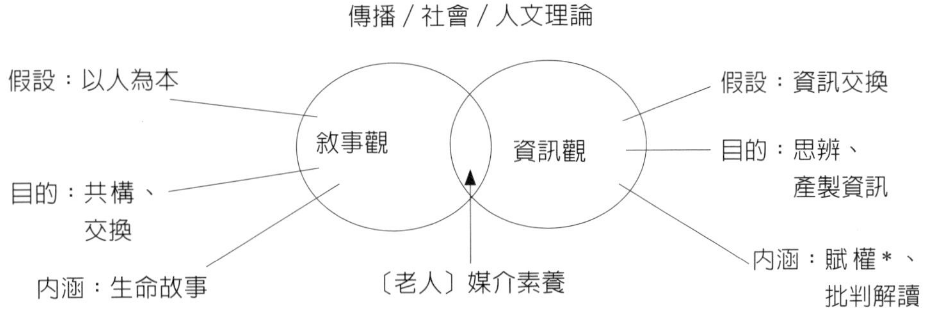

傳播／社會／人文理論

假設：以人為本　　　　　　　　　　　　　　　假設：資訊交換

　　　　　　　　　　敘事觀　　資訊觀　　　　目的：思辨、
目的：共構、　　　　　　　　　　　　　　　　　　產製資訊
　　　　交換

內涵：生命故事　　〔老人〕媒介素養　　　　內涵：賦權＊、
　　　　　　　　　　　　　　　　　　　　　　　　批判解讀

圖4.2：老人近用與媒介素養之兩種世界觀

＊賦權（empowerment）指「個人、組織與社區藉由一種學習、參與、合作等過程或機
　制，使獲得掌控自己本身相關事務的力量，以提升個人生活、組織功能與社區生活品
　質」（取自維基百科，上網時間：2011/5/11）。

來源：本書作者。

發展潛力可期（見下章討論）。

　　尤以「部落格」或「臉書」等社群媒介出現後，其所帶來的影響正
可彌補上述「資訊觀」之不足。簡單來說，老人們過去近用「大眾媒介」
機會較少，但如能擁有自己的部落格或臉書，則其在此「公共領域」（空
間）抒發情感、顯示活力與企圖、敘述生命精華以示自我解放皆屬可為且
當為之事。兩位作者曾以「爺爺奶奶部落格」為題討論老人們如何在部落
格裡發展「我意識」與「自我形象」從而持續與社會連結，可謂提供老人
們全新且與以往不同之近用媒介機會，值得大力提倡（見本書十章）。[48]

　　在結束本章前猶應再次回顧「老人如何近用傳播新科技」或「老人之
科技素養」（technological literacy or computer & network literacy; C&N
literacy），亦即老人如何接近傳播新科技、如何獲取基本科技近用知識、
如何善用這些知識而得如年輕人般能使用傳播新科技以避免產生如「數位
落差」現象。

　　此點殊為不易，乃因老人成長階段並未接觸此類傳播科技：其求學時
代，「筆墨」尚是主流傳播工具；及其中年時代（五、六○年代），中文

---

48 源自蔡琰、臧國仁（2010）。〈爺爺奶奶的部落格──從老人敘事檢視組織再生現象
　與互動理論〉。《中華傳播學刊》，第18期，頁235-263。

打字機並未普及；而至其後中年時期（八、九〇年代），個人電腦卻突然
席捲全球成為主要科技，隨後出現的網路（Internet）更已成為日常生活無
可替代之溝通工具。

因而對老人而言，無法跟上潮流並非個人問題而已，而是整個年齡族
群的缺憾，研究者常稱此為「世代效果」（cohort effect；或可譯為「群體
效果」，指「個體與處在同境遇的人共享之逆境」），其所稱之「缺憾」
或「逆境」即指無法近用與傳播新科技相關之媒介，如電腦、網路等。有
些老人原就對科技易有恐懼感（technophobia），有些老人則因缺少接近機
會而只知有電腦或網路這一回事卻從未使（近）用過。更有許多老人係因
小學階段未曾接受「注音符號」教學而無法打字上網，未來或可透過聲音
輸入法或透過iPad板觸摸等方式解決此項困擾。

但科技素養對老人又有重要意義，原因在於其已與日常生活發生密切
關係，如老人看病時若能透過網路掛號就無須一早去醫院空等多時；任何
病狀如能透過網路瞭解基本肇因，則預防效果可能勝過治療。而乘坐公車
時如能先行透過手機預估班次抵達時間，或也能避免苦等憾事。網路（如
特定主題之部落格或臉書）形成之「社區」或「社群」更可發揮「心理治
療」之效，讓老人們也能獲得支援團體之協助，避免孤立無助。

總之，老人近用媒介與科技素養之關聯近來方受重視，但因老人多
未接觸此類科技，且其設計對一些「科技文盲」之老人而言尚難稱作「友
善」（如使用滑鼠對多數老人而言就甚為不利），因而兩者間尚待磨合，
值得未來重視並覓改進之道（當然仍有許多科技老人不僅善於使用電腦，
且其技巧不輸年輕人）。[49]

科技素養無法一蹴可及，乃因其仍牽涉了層次不一之學習障礙，因
而需要結合更多力量來正視此事，將提升老人科技素養與媒介素養視為同
樣重要的公民教育，藉此方能達成培養老人「賦權」（指透過個人、人際

---

[49] 第二作者2011年暑假曾在醫院候診室遇到一位年逾80老人，手持最新購買甫月餘的
iPad觀賞「台北故宮文物」影集（台北故宮CCTV製作的，共12集，每集45分鐘，參
見http://www.tiec.tp.edu.tw/lt/post/655/31472），狀似悠閒且怡然自得。老人操作觸
摸式螢幕毫無困難，可見新科技愈形發達後對老人的方便性有可能解決目前的近用困
擾。

或集體力量，促使個人、團體、組織進而有力量採取行動以改變現狀的過程）。

作業

1. 請試以《蘋果日報》讓老人家閱讀，看看其有何評論（事先請勿提示）。

2. 請以「動新聞」為例讓老人家觀賞，看看他們有何反應。

3. 請以筆記型電腦讓老人家試試「老鼠」，或以平版觸摸電腦 iPad 觀察其與電腦間的互動情形。

4. 請找不同類型電影與老人共同觀賞，比較他們與年輕人的情感投入有何不同。

5. 請以任何廣告為例請老人家解析其內容，看看與年輕人有何不同觀點。

6. 請以家中老人與小童共同觀賞電視為例（如連續劇或卡通），說明他們間之觀賞行為有何差異。

7. 在不同公共領域裡，老人之「近用」機會是否均等？哪個媒體之老人近用機會最易、哪個最難？為何？

8. 以老人收聽地下電台為例，其是否亦可彰顯「老人之媒介近用」權？

9. 老人與網路之互動如何？在 BBS 版上有機會遇到老人否？他們不常上網與鄉民互動，是否影響其「傳播權」？

10. 不同時代的老人之「近用權」是否有所改變？

延伸問題與討論

1. 我們可以學習用「看一個人」的眼光來「看一個老人」嗎？應該可以的。也就是說，我們（年輕人）平常怎麼「看」自己的手足、自己的同學、朋友與鄰人，就該怎麼「看待」老人。

2. 老人在大眾媒介的真實性消失或誤植，這是大眾媒介機構組織的問題、記者的問題還是媒介本質的問題？

3. 老人們與大眾媒介之互動（含傳播新科技）是否能協助其取得更多社會資訊以避免「孤立無援」？大眾媒介是否對老人更具正面功效？

4. 但「老人近用媒介」（含新科技）議題實有其弔詭性：老人觀看電視節目愈多愈好嗎？是否因其近用媒介過多而易沉溺其中進而放棄培育實體世界之人際互動關係，成為「老宅」或「宅老」？

5. 何況，電視觀賞與孤寂感的研究早已發現，觀看較多含有負面老者的電視節目易讓老者觀眾自覺「無用」，「自我概念」深受影響，甚至內化這種無用感而對老齡失去興趣，尤常發生在以看電視逃避生活或尋求資訊的老者身上（尋求娛樂之老者則有不同結果）。

6. 反之，常看電視正面內容則易讓老人有「支持社會」（prosocial）傾向，且常看電視能協助觀者抗拒寂寞、空虛、無助之感，透過其涉入節目內容建立人際互動關係，達成電視的「補償性效果」。但整體而言，觀賞電視與老者「情感福祉」（emotional well-being）間關係之研究尚少。[50]

7. 最後，老人常用電腦等新科技是否使其改變與一般交際生活而易於陷入虛擬世界？應當如何鼓勵老人「賦權」爭取發聲機會？

---

[50] 此段說明出自：Chory-Assad, R., & Yanen, A. (2005), Hopelessness and Loneliness as Predictors of Older Adults' Involvement With Favorite Television Performers. *Journal of Broadcasting & Electronic Media, 49*, 182-201. 原文稱「補償性假設」，此處稍有修改。

第五章

敘事理論與老人說故事

本章提要

　　延續前章有關「資訊觀」與「敘事觀」之論辯以及改將傳播視爲不同生命故事交換與共構過程之建議，本章焦點置於「老人說故事」面向，乃因我們透過大眾媒介接近老人時（如第三、四章所述），其實是聆聽、觀看或閱讀了有關媒介再現的老人故事，而透過面對面的接觸（如與老人對談或訪問老人，見第二章所述），我們同樣聆聽老人講述其人生經驗、觀念與信仰。無論形式爲何，與老人互動實多以故事進行，研究「老人傳播」議題因而就可視爲探析老人如何說故事、說了什麼故事、這些故事與其生命經驗有何關聯之途徑。

學習重點

1. 前言：淺介敘事理論
2. 敘事老人學與老人說故事
3. 老人講故事與敘事智能
4. 老人與生命故事
5. 結論與實例
6. 作業、延伸問題與討論

-- 任何老人過世就像是圖書館之被燒毀，乃因〔老人們的〕記憶就像是圖書館裡一個又一個的書架。記憶既是故事的回憶，也是故事的創造、儲存、取用，即便簡單如〔吃〕蘋果或〔騎〕腳踏車也能立即促動一些特殊回憶。因而記憶乃「奠基於故事，我們是十足的故事儲藏所」（repositories of stories）。但記憶並非事件的靜態影片而是故事的重建；記憶就是故事（反之則否）。記憶也非只是過去的事件，更是對未來的預盼，如「不要忘了晚上要倒垃圾」。[1]

壹　前言：淺介敘事理論

　　本章旨在延續前章有關「資訊觀」與「敘事觀」之論辯，乃因後者在最近二十年來業已成為人文學科與社會科學最重要之思潮轉變，論者常稱其為「向敘事轉」（the narrative turn），影響所及在老人研究領域亦已衍生出了「敘事老人學」（narrative gerontology）次領域，[2]盛況可見一斑。[3]

　　但討論敘事老人學或老人如何說故事前似應回顧與「說故事」有關之理論，此即「敘事理論」（narrative theories）、「敘事學」（narratology）或「敘事典範」（narrative paradigm），三者略可視為同義字詞常互換使用，端視所談面向層次寬廣程度而定。簡單來說，「理論」可定義為「一組（或一系列）有群組關係的系統性知識」，涵蓋面向

1　出自：Randall, W. L., & Kenyon, G. M. (2001). *Ordinary wisdom: Biographical aging and the journey of life*. Westport, CT: Greenwood (p. 58). 添加語詞出自本書。

2　如：Kenyon, G. M. & Randall, W. L. (2001). Narrative gerontology: An overview. In Kenyon, G. M., Clark, P., & de Vries, B. (Eds.). *Narrative gerontology: Theory, research, and practice*. New York, NY: Springer (pp. 2-18).

3　「向敘事轉」出自：Riessman, C. K. (1993). *Narrative analysis* (Qualitative research methods series no. 30). Newbury Park, CA: Sage（尤其introduction章節）；Riessman, C. K. (2002). Analysis of personal narratives. In Gubrium, J. F., & Holstein, J. A. (Eds.). *Handbook of interview research: Context and method* (pp. 695-710). Thousand Oaks, CA: Sage.

最窄,而「典範」則指某一特定時空／代廣爲接受之理論,包括由這些理論組成之學理結構與內在體系,其意接近「思潮」。[4]

「敘事學」介於兩者,由保加利亞裔的法國文學理論家T. Todorov(屠德若夫氏)於1969年提出,指研究書寫語言如何再現眞實／虛構事件的學問。[5]現有敘事分析則源於1920年代俄國民俗學者V. Propp(卜羅普氏)之故事結構研究,認爲凡故事皆有類型結構,如小說類就有寫實小說或科幻小說而戲劇就有悲、喜劇等不同類型。凡類型又有組成公式,不同類型之故事情節公式不同,如悲劇就與喜劇大異其趣。類型與公式之組合模式因而反映了說故事者的溝通意圖,亦顯現了當代社會普遍認可／同與接受的故事原型。[6]

延續Propp之卓見,結構主義者認爲敘事內涵涉及了自說故事者(narrator,或譯爲敘事者如小說家)、作品(敘事成品)至故事接收者(narratee,或譯爲受播者、閱聽衆)間之一連串文本互動,基本上由以下兩個部分組成:「故事」指講述內容,「論述」則指故事內容之講述方式。因而敘事理論的核心議題即在闡釋故事作品,討論由說故事者(敘事者)到敘事對象間的各項講述行爲,包括如何說(論述)與說什麼(故事)、如何創作劇本情節、如何展現其意、如何掌握讀者(或閱聽衆)心理以及接收者如何感知故事內涵等。[7]

敘事研究者Onega & Landa表示,故事由人物、時間、空間、因果、秩序、結構等一或多個元素串成。此處之「元素」專指故事所述之「事件」(fabula)或動作(action),首先就是時間與空間等情境議題(指故事發

4　「典範」與理論間有上下歸屬動態關係,常隨歷史演變而有強弱之分與競爭之勢(如有關早期針對地球究係方圓而有不同說法)。「敘事典範」於1990年代興起,常視爲對抗「實證典範」之重要思潮。

5　同註3之Riessman, 1993, p. 1,其自承該說法出自Gonzalez, H. (1988). The evolution of communication as a field. *Communication Research, 15*, 302-308.

6　Propp, V. I. A. (1922). *Morphology of the folktale* (1968 Ed.). Trans. Laurence Scott. Austin, TX: University of Texas Press;亦可參見蔡琰(2000)。《電視劇:戲劇傳播的敘事理論》。台北市:三民(尤其第四章)。

7　此處所述可參閱同上註,蔡琰(2000)。

生之時刻與地點），其次是人物（即故事角色）。另外，衝突、相隨衝突的行為事件、高潮、結局等也是重要故事元素，乃發展任何故事的必備要素。[8]

　　舉例來說，任何新聞故事必然包含事件發生時間與空間，也必然有人物及其動作等元素，如以下這則新聞故事就包含從人物到結果的一連串構成要素：[9]「國民黨候選人馬英九與蕭萬長（人物）昨天（時間）當選（動作）中華民國（空間）第12任新任總統與副總統（因果），結束（結局）了民進黨（人物）八年（時間）執政（動作）」。而底下這則譯自外電的新聞報導也同樣涵蓋眾多故事元素：「廿一日（時間）是英國女王伊莉莎白二世（人物）八十歲大壽（事件），而她今年慶祝生日的節目也比往年多了一項（因果）：邀請九十九位跟她同年同月同日生的英國民眾（人物），一起到白金漢宮（地點）共進午餐（動作）」。[10]

　　正如Berger之定義：「敘事即故事，而故事講述的是人、動物等曾經經歷或正在經歷的事情。故事中包括了一系列按時間順序發生的事件，即敘述『在一段時期間發生的事件』」。[11]依此定義，大部分日常生活之口語互動與書面作品皆可納入敘事，包括新聞、電影、廣播（劇）、通俗小說、廣告、漫畫、卡通、笑話、日記、對談，甚至音樂、舞蹈、運動、博物館陳列物、體育活動、社會儀式、建築設計等均具「故事」形式且能以不同方式講述，因而任何將人生經驗組成有現實意義的故事皆可視為「敘

8　引自下列二書：Onega, S., & Landa, T. A. G. (Eds.)(1996). *Narratology: An introduction.* London: Longman; Miller, W. (1998). *Screenwriting for film and television.* Boston: Allyn & Bacon.

9　此故事為本書作者依據網路新聞改寫而成。

10　此則新聞取自《中國時報》（2006/04/21）〈同年同月同日生 英女王八十大壽 與民同樂〉黃建育／綜合20日外電報導。相關討論出自：臧國仁、蔡琰（2010）。〈新聞敘事之時空「窗口」論述──以老人新聞為例〉，《新聞學研究》第105期，頁205-246（參見本書第八章）。

11　姚媛譯（2002）。《通俗文化、媒介和日常生活中的敘事》。南京市：南京大學。（原書：Berger, A. A. [2001]. *Narratives in popular culture, media, and everyday life.* Thousand Oaks, CA: Sage.）

事」。[12]人們不但藉此理解世界，也通過敘事講述世界，更從故事裡找到寫就人生的智慧，使得「人生如故事，故事如人生」成爲眾所皆知的最佳諺語。[13]

Coates認爲，任何講述自己經驗（或稱「自述」）或以第三人稱方式講述他人經歷（如新聞報導，或可稱爲「他述」）的故事皆須符合「開始、中間、結尾」特殊結構（但新聞報導常將事件結尾放在最前面，俗稱「導言」）。[14]而Labov則強調任何敘事理應包含對過去經驗的摘述，並以與原始事件發展次序吻合的方式表述。Labov並曾以「摘要」、「方向」、「行動」、「評估」、「解決」、「結尾」等概念說明敘事所應包含的內涵，強調須以兩個子句完成所需鋪陳的情節要項。[15]

上述定義面對不同社會文化不盡適用，只能視爲概要性原則。尤以近年來隨著網路科技日漸發達，數位敘事（digital narrative）之複雜性遠超過傳統敘事定義所能涵蓋，因而上述Labov等人早期說法顯有不足。

又如前引Onega & Landa, Coates, Berger, Labov定義多出現於以文字爲盛之傳統線性文本（如報紙、雜誌、小說）時期，但自Web2.0時代開啓以來，敘事文本改以「鏈結」形式出現而有「多向」（hypertext，或稱「超文本」）、「多樣」、「多元」、「共同參與」、「開放」、「串連」、「集體建構」等特色，複雜程度遠非本世紀以前之傳統敘事學者所能預見。[16]

---

12 將傳統敘事範疇擴大至如音樂、舞蹈甚至建築設計等類別之提議，出自Brockmeier, J. & Carbaugh, D. (Eds.)(2001). *Narrative and identity: Studies in autobiography, self and culture*. Amsterdam, the Netherlands: John Benjamins.

13 本節所述部分改寫自臧國仁、蔡琰（2009a）。〈傳媒寫作與敘事理論——以相關授課內容爲例〉。「政大傳播學院媒介寫作教學小組」編，《傳媒類型寫作》（頁3-28）。台北：五南。

14 Coates, J. (1996). *Women talk*. Oxford, UK: Blackwell，但此說法已在21世紀因數位媒體興起而面臨挑戰，見下段說明。

15 Labov, W. (1973). The transformation of experience I narrative syntax. *Language in the inner city: Studies in the Black English vernacular*. Philadelphia, PN: University of Pennsylvania (pp. 354-396).

16 有關Web2.0以後之數位文本發展趨勢參考鄭明萱（1997）。《多向文本》。台北：揚

　　例如，部落格興起後之敘事方式已由部落主所貼文章或圖片後引發不同閱讀者不斷加註回應進而形成一波又一波之新文本。吳筱玫因而指稱網際網路時代之非線性敘事造成與以往迥然不同之情境概念，或可稱其為「敘事池」：「……作者不再一定是說故事者，讀者也不是被動地接收，敘事流程變成中間一塊廣大的敘事池，作者與讀者不是一來一往，而是幾近於同時地不斷把敘事元件往池中丟，再各取所需進行文本的詮釋與建構」。[17]若見諸更新的數位科技如「臉書」（Facebook）、「推特」（Twitter）甚至如「交換重曝」（film swap），[18]非線性敘事之特質顯正席捲並改變一般人熟知的由敘事者到接收者間之線性說故事形式。

　　即便如此，傳統線性敘事典範所陳列之早期崇高目標仍有可觀之處，如認為「說故事」之旨乃建立在「意義共享」基礎而非如傳統實證典範強調之「資訊交換」（見上章所談，尤其〔圖4.2〕），講述者與聆聽者彼此以「好故事」連結所要傳達之意義，而所謂「好故事」則指在特定社會與文化情境下符合社會共享價值之敘述，易為人理解且為一般人樂於接受。[19]

　　此一說法當然涉及了社會文化對「好故事」的定義，因而敘事理論一向與美學及文化研究互動密切。如文化人類學家Bird & Dardenne即曾大膽提出「新聞即故事」（news as story）概念，認為新聞並非僅是針對最新發展事件之事實報導，常因其所報導內容多具故事形式而可協助現代社會建立社區意涵並將分散四處且彼此無所連結之社會事件結合起來，產生如「神話」或「民間軼事」般的傳統社會儀式作用，從而具有文化、教育、

　　智：吳筱玫（2003）。《網路傳播概論》。台北：智勝（尤其第十四章）。

[17] 同上註，吳筱玫（2003），頁293。

[18] 「交換重曝」係玩家將相片底片照完後交由另位玩家重新曝光以交換經驗的作法，目前尚未有學術論著，可參閱「老人傳播研究群」討論（上網時間：2011/7/18）：http://www3.nccu.edu.tw/~kjt1026/gerontology/disscussion_records/20110430m.pdf

[19] 此一講法出自Fisher, W. R. (1987). *Human communication as narration: Toward a philosophy of reason, value, and action.* Columbia, SC: University of South Carolina Press.

傳播功能。[20]換言之，Bird & Dardenne認為新聞報導不應只如實證主義方法論所示之「探索社會真相（實）」功能，更應協助大眾藉由新聞報導內容判斷社會與文化之好與壞、對與錯、美與醜，而此即現代敘事研究最常關注之美學議題。[21]

由此觀之，從敘事研究入手檢視相關傳播議題業已涉及了對現有主流思想之批判，[22]更可引發如前述學術典範轉移或世界觀調整的嚴肅議題，[23]係以不同面向重新觀察社會與個人如何受到敘事文本之影響。如上章由「資訊觀」轉採「故事觀」之旨即在瞭解「傳播」之動態意涵不僅在交換或傳遞資訊，更在透過故事進而理解美好日常生活。

又如〔圖5.1〕所示，任何故事內容皆是說故事者（如新聞工作者）從真實世界裡挑選並重組某些片段後之再現結果（見〔圖5.1〕上方），係其經個人認知思維（如記憶與經驗）運作後透過語言符號所建構之文本（〔圖5.1〕中間），而其核心實體則係「故事」，可定義為「時空背景中由行為者所引發或經驗的行為動作」，[24]係其透過文本中對真實世界之模擬、轉述、建構而非真實反映。

---

20 舉例來說，在重大災難發生時新聞媒體常透過其報導促發社會大眾之同理心，針對不同地區之受難者捐款以示慰問，許多英勇救災之軼事也能透過新聞報導而為眾人所知。

21 Bird, S. E. & Dardenne, R. W. (1988). Myth, chronicle, and story: Exploring the narrative qualities of news. In Carey, J. W. (Ed.). *Media, myths and narratives*. Newbury Park, CA: Sage.

22 此說引自Carey, J. (1992). *Communication as culture: Essays on media and culture*. Boston, MA: Unwin Hyman.

23 見本章之初有關「典範」之討論。

24 出自Jacobs, R. N. (1996). Producing the news, producing the crisis: Narrativity, television and news work. *Media, Culture and Society, 18*, 387-388.

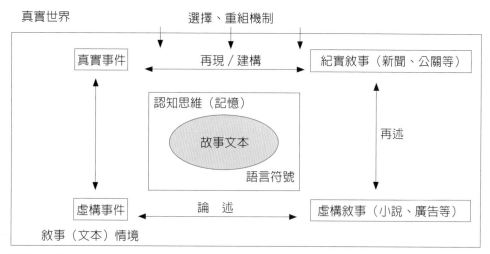

圖5.1：敘事論之內涵芻議[25]

　　上述再現或建構真實之歷程並非紀實文類（如新聞報導）專屬，虛構敘事研究（如小說、電影、戲劇等文類）早有涉獵且論述也較周全（〔圖5.1〕右側）。說故事者透過上述不同文類之不斷「再述」而將故事轉述給不同閱聽眾，這些故事之不同情節間以及不同故事間（如正史與稗官野史間）難以避免地總會互相爭奪意義詮釋之獨占性，力圖成為閱聽眾所能記憶且認為正確無誤之唯一情節或故事。[26]在此同時，故事之某些情節又會嵌入其他故事，甚至彼此相互牽連（即此故事含有彼情節）從而形成「大敘事」（grand narrative或master narrative），反映了當代社會文化普及並認為合理之價值體系。

　　舉例來說，傳統中國小說書寫的「忠孝節義」價值觀就常透過古代的說書、章回小說、現代的電視劇、武俠小說或如漫畫、電腦遊戲等文類一再反覆述說，以致一般人受到這些大眾媒介之再現（或灌輸）效果影響後習以「忠孝節義」為立身處世之道甚至成為傳家箴言，凡有異於此的社會

---

25 改繪自臧國仁、蔡琰（2009b）。〈傳播與敘事──以「生命故事」為核心的理論重構〉。中華傳播學會年會（新竹：玄奘大學），7月6至8日。

26 此乃因眾人所能接收之資訊量有限，不同故事必須以特殊情節打動人心方能受到矚目。

行為或述說就易被視為異端而難被社會大眾接受，社會價值於焉建立。[27]

由此觀之，故事之「再述」乃社會常態，也是其主要文化功能，亦即故事之講述不僅在於傳遞個人心情、抒發意見，更可藉其建立共同價值體系，進而維繫社會成員之情感與社群意識，影響不可謂之不大。

或如Randall & Kenyon所言，人生有涯但故事無涯，乃因任何故事均有多重版本特性可資一再重述且可無限延伸，[28]敘事分析之重點因而常在討論為何故事情節非得如此安排與講述。事實上，敘事（說故事）歷程原屬說者與聽者間的相互共構活動，前者（說者）總需將故事講得「好像是真的」，而後者則需相信故事是「真」的，兩者必須學習共享、合作、互動，因而故事講述與講述後的詮釋與延伸俱屬敘事典範的核心討論意旨。

從van Dijk之敘事觀點，[29]「故事」的一般意義尚可包括：

一、任何故事均係建構因而與認知與行為有關（如圖〔5.1〕中間），旨在描述人類行為之目的、意圖、情況與後果。

二、故事常是閱聽眾有興趣卻與其過去所知不同之事件與行為，屬「出乎意料之外」或因某些特殊情節（如人情趣味、奇人異事）而具閱讀或觀賞之吸引力，此即一般新聞教科書所稱之「新聞價值」或劇本寫作慣稱之「戲劇性」。

三、故事常為了娛樂閱聽眾而撰寫，其效果在於影響閱聽眾的美感、倫理或情緒反應，有傳遞特定社會、政治或文化價值的功能。

四、故事藉由抽象結構組織而成，包括習俗慣例之結構類別與層級，如前述開始、中腰、結尾等形式。但這些抽象結構階層常不完整，如廣告文案故事僅詳述某產品之影響與效果，新聞故事之鋪陳則與一般時序不同。而在電影故事中，某些情節或與故事本身無所連貫，或則分段或則插入其他故事。

---

27 如電視八點檔「夜市人生」播出共410集，其結局最後仍得傳達忠孝仁義原則且一定邪不勝正（見《聯合報》（2011/07/20），標題：〈邊看邊罵……啥！金大風沒死〉。記者褚姵君等撰寫。）

28 同註1。

29 van Dijk, T. A. (1993). Stories and racism. In Mumby, D. K. (Ed.). *Narrative and social control: Critical perspectives*. Newbury Park, CA: Sage；部分內容係本書作者之延伸。

五、故事可從不同角度講述，講述／敘事者有時是參與者有時則否。如電
　　視新聞記者常不斷更換講述立場，有時以社會大眾之代表身分客觀地
　　報導社會問題，另一些時候卻改以參與觀察者角度直接說明災禍現場
　　之情感流動，這種立場流動在虛構故事尤屬常見。

六、同一故事並可在不同大眾傳播媒介改頭換面不斷「再述」或「重
　　述」，如一則新聞報導受到社會大眾重視後即可能改以「電視劇」形
　　式融入劇情或甚至成為電玩劇本來源。而此「再述」原屬敘事學的核
　　心概念，為對過去某種回憶之「重構」或「再重構」之敘述行為。此
　　乃因故事之本質就在不斷重複講述，從而建立了故事社區（narrative
　　community）。

　　小結本節所述，敘事乃由故事與論述兩個角度闡釋文本的內在條件：
故事是敘事的描繪對象，係由具邏輯的動作、事件與人物組成；論述則由
時態、再現模式、角度組成，可視為組合系列事件的方法，亦是傳播基本
模式。

貳　敘事老人學與老人說故事

　　延續上節有關「敘事」基本意涵之討論，「敘事老人學」亦多強調人
乃「生而能講故事」，且任何故事均含有「基本隱喻」（root metaphor）
可藉其觀察故事文本所欲轉達之社會文化內涵。舉例來說，如有人講述生
活經驗時透露「人生如棋」，則其所持「棋局變化無常」人生觀顯就與視
「人生如旅程」（乃有苦有樂需克服苦才能得到快樂）或「人生如戲」
（玩世不恭）有所不同，而此差異當即源自其講述故事裡的基本隱喻（人
生究係如「棋」、「旅程」或「戲」）。

　　研究者因而認為，故事講述背後實有諸多隱而未顯之豐富意涵，不但
指引日常生活與人際關係，並也影響人生信念與詮釋，進而成為人生觀與
世界觀之源頭。換言之，講述故事並非小事，而是與日常生活相關的自我
認同經驗。[30]

---

30 參見Atkinson, R. (2002). The life story interview. In Gubrium, J. F., & Holstein, J. A.

本書作者曾經委請研究助理（均為在校學生）於某年春節返鄉拜年時向家中長者索取「傳世之言」（或稱「金玉良言」）一句，[31]發現其所得多與華人傳統社會價值有關，如警惕小輩要「忠誠傳家」、「惜福」、「腳踏實地」、「孝順父母」、「寬以待人」、「厚道」、「堅持、毅力、勇氣」、「吃果子，拜樹頭」、「專一」等，皆屬老人累積生命經驗後之具體回應，亦是其經歷多年生活後的基本隱喻〔可與前述中國古典小說（大眾媒介）灌輸之「忠孝節義」情節比較〕。

例如，某位研究助理之老父憶起高中時期半工半讀的艱苦日子：「每天的生活都像是在部隊裡，每天都得送貨、盤點、進貨，總是工作到凌晨，隔天又被早起的姑婆轟下床工作」。問他當時是否辛苦，老人回答「當然會」，並也一本正經地說，「這都是為了將來的家庭著想」。什麼苦？老人回說，當年台灣剛光復，社會蕭條，家裡根本沒錢讓他唸書；美其名來台北唸書實是來跟姑姑學做生意。

據進行訪談的年輕助理說，「他〔老父〕總是說，當他的同學還在學校裡『混』時，他已經知道該做什麼了。雖然〔我〕（指訪問同學）有點狐疑，但他表示在17歲左右就已知道人生價值是建立在家庭的基礎上。他認為一個男人如果不能維持家計，人生就沒有意義了（他常提醒我這點）」。[32]

有趣的是，此次受邀提供金玉良言之老人與助理間常有親近關係（如父女、祖孫等），故事內涵也涉及了講者與聽者的自尊、面子，以致助理們轉述故事時常又增添了些自己的詮釋、認知、情感（有些故事年輕助理可能也是頭一次聽及），無從追究其可信度，僅能在聆聽與講述間凸顯了故事對兩人皆具共同意義，此點顯與其他社會科學研究在在講究「客觀」

(Eds.). *Handbook of interview research: Context & method.* Thousand Oaks, CA: Sage.

31 「傳世之言」原文係lasting words，可定義為「傳遞多時之口語訊息，並被接收者視為是對其生命有重大意義者」。出自Kastenbaum, R. (1997). Lasting words as a channel for intergenerational communication. *Aging & Society, 17*, 21-39.

32 出自http://nccur.lib.nccu.edu.tw/bitstream/140.119/3686/1/932412H004004.pdf，國科會專題研究結案報告（2005/09/13），〈新聞敘事與時間報導〉（NSC93-2412-H-004-004）。

與「真實」義理殊有不同。[33]

　　另如Kastenbaum稍早研究也曾發現，[34]148位美國大學生向長者（包括祖父母、父母、老師）詢問何者可供傳世時，「教育」與「家庭」是兩項最常提起之主題，且多以一般道德原則及告誡形式出現；顯然中外老人皆有類似專注社會價值之基本隱喻傾向。

　　本節因此延續上節所述之「敘事」概念並專事介紹「敘事老人學」。簡單來說，此一詞彙係Ruth回應Sarbin及Bruner建議後提出，包含下列假設：[35]

一、講述故事（即敘事）乃人類基本內涵，除了個人生命故事外當然也包含故事發生的大時代情境，因而任何個人故事之講述必也受大時代之限制與「合著」（co-authored）。如上段老人所述即涉及了「大時代」情境（如「光復初期」）對其生命故事之影響，使得與人生相關的小故事總也離不開大時代的牽連；

二、故事內容由「似真性」（facticity，指敘事情節內容並非真實世界之事實）與「可能性」（possibility）兩個要素組成，前者較與故事之外在社會及結構層面有關，乃因講述者所述內容對聽者而言實屬無法查證（如上述助理之父言及當年所處家境是否真如其言），因而僅能視其為「像是真的」或只有說故事者自己方知之「事實」。而「可能性」則涉及了故事內在層面之變化與新意，可隨時因「再述」而表達在不

---

33 此點涉及不同之社會科學研究途徑，受惠於Wallace, J. B. (1994). Life stories. In Gubrium, J. F., & Sankar, A. (Eds.). *Qualitative methods in aging research*. Thousand Oaks, CA: Sage.

34 同註31。

35 這個講法引自Kenyon, G. M. & Randall, W. L. (2001). Narrative gerontology: An overview. In Kenyon, G. M., Clark, P., & de Vries, B. (Eds.). *Narrative gerontology: Theory, research, and practice*. New York, NY: Springer (pp. 2-18). Sarbin 及 Bruner相關著作為：Sarbin, T. (Ed.)(1986). *Narrative psychology: The storied nature of human conduct*. Westport, CT: Praeger; Bruner, J. (1990). *Acts of meaning: Four lectures on mind and culture*. Cambridge, MA: Harvard University Press; Ruth, J. E. (1994). Det aldrande berattarjaget: Forsok till en narrativ gerontology [aging and personal storytelling: Attempts at a narrative gerontology]. *Gerontologia, 8*, 205-214.

同時間選擇之不同主題與內容。換言之，講述者會因講述對象不同、講述時間不同、講述地點不同而變換故事情節，顯現各種「如果⋯⋯我就⋯⋯」的情感異動（見下說明）；[36]

三、故事由時間與意義連結而成。亦如上述，因為說故事者「再述」故事時經常改變了部分情節的時間流動以致造成前後文脈不同，此乃常見，尤常發生在高齡講述者之故事內容，或因故事發生時間久遠或因講述者不復記憶細節而更動部分情節，但聽者多難以察覺其間差異。如前述助理父親談及當時「如果」不是被早起姑婆轟下床工作則恐怕現在就不會學做生意，而此類故事提及之「現在」一詞所涵蓋之時間面向更會隨著講述者之年齡增長而不斷調整（如30歲回憶如何學會做生意與40歲生意已經發達後之回憶就可能不同），此可稱之為「可隨時重組結構之過去」。又如老兵憶往時常將不同時間發生之情節錯置，但因聽者無法分辨以致其所言有可能發生「如果當時沒有躲過⋯⋯，現在可能就不存在」之說法，實際上卻係不同時間發生之不同生命故事；

四、生命故事總是相互矛盾、似是而非，顯現如上述之未知性、曖昧性等內在特質，一方面其情節足以顯現講故事者對人生經歷之獨特回憶方式，另者這些獨特內涵卻永遠無法查證真實與否；

五、故事多由講述者內在心靈創建，常與外在較大之故事世界有關。此處可採存在主義觀點，認為人們不但創建自己的故事，也被別人的故事所共創；這個看法與純社會建構論者或是純客觀論者皆有不同。舉例來說，上述助理父親講述之「當年被早起姑婆轟下床工作」故事實也牽連著「當年台灣剛光復，社會蕭條」的故事世界，但因講述者並未深入描述而聽者亦未覺察而匆匆帶過，以致當年台灣光復前後社會究係如何蕭條、一般人如何度過蕭條時期、蕭條時期延續多久等細節均在這段故事講述過程裡遺漏未曾細究；

---

36 此處所談均引自Kenyon, G. M., Ruth, J-E, Mader, W. (1999). Elements of a narrative gerontology. In Bengtson, van L., & Schaie, K. W. (Eds.). *Handbook of theories of aging*. NY: Springer (p. 41)。

六、故事之資料性：由於故事內容難以查證，研究者必須信任每則故事之講述實亦反映了講者之「生命聲音」，因而如何在眾多資料與個人原音呈現間取得平衡恐是研究困難所在。而對講述故事老人之親屬而言，其所述故事之資料性更可能摻雜情感內涵，每聽其聲（或觀其影、見其字）就易勾起往日情懷。因而故事不但有資料性亦有情感性，如前述老人憶及年輕歲月受到姑婆影響時就可能隨之落淚，但聽者（助理）則因與這位長輩緣慳一面而難以回應。此點或與一般實證研究有極大不同，也是敘事研究獨有之方法論特色。

由此觀之，任何涉及老齡之理論似均應鼓吹故事之講述。無論其是否包含任何明顯意義，研究者仍多認為其講述當能彰顯人類情感之本質、發展與目的。而好的老年故事更總帶有人生意義與價值，甚至可成為「有效知識」並為年輕者所用，甚至傳世成為家庭生命故事（參見本書〈附錄二〉）或「庭訓」。

在此同時，敘事老人學並不介意使用任何研究方法探索故事，乃因任何方法或理論都是社會建構，而此建構過程之目的就在於找回一些視為理所當然的意義（或意涵）。這種帶有「批判性理論」的思考方式暗示了講故事者常應改變觀看事物的角度以便體察某個特殊現象為「故事」，無論這個現象是科學理論、方法或是人生。換言之，每個人都應講述故事且應成為新的故事來源，更應從舊故事裡找到新角度以能產生更吸引聽者的講述方式。

參　老人講故事與敘事智能

目前廣受注意之社會科學研究題材就是「智慧」與年齡及經驗的關聯，而這正是敘事老人學可貢獻之處。這個領域的有趣討論問題包括：年齡愈長，是否帶來更多智慧成熟；面對負面情感如苦難、喪失親人、迷惘時，如何善加處理以與其生命經驗接軌，藉此反映「人生苦難實也創造了生活品質」。[37]

---

[37] 心理諮商領域早就發展「敘事治療」（narrative therapy）多時，較新著作可參見

因而老人敘事研究者嘗言，敘事並無完結，總是從某個特殊角度不斷提出新的內涵與素材。人生也非任何一則故事所能道盡，而是眾多（或無數）故事的集合體，如何將過去的我寫／說成有創意的故事因而常就是人生難題。[38]

而講述故事的角色在後現代社會裡愈形重要，乃因其實也包含了社會慣用的基本架構，包含連貫性（指故事情節內容必須連貫）、連續性（此則故事與上則故事間必有時序連結）、身分（講述者採用不同身分講述常就產生不同意涵）、情緒（故事講述總在期能引起聽者的情緒波動），其講述因而不僅是瞭解老人的途徑，也是瞭解人類社會建構過程的重要管道，常反映相關社會情境脈絡。[39]

Manheimer就曾說明，「當人們經歷了殘廢、衰弱、倚賴、絕望，在其老年常會提供戲劇性的故事再述，轉而講述個人能力、力量、可能性、自主性、智慧等」。[40]此乃因我們非得練習不斷講述故事才有辦法改進說故事能力並體驗人生，從而像是小說家般地不斷「寫作人生」；此種「敘事智能」之建立當屬人生重要學習歷程。

其實只有我們自己才能瞭解提升敘事智能有何特殊意義，原因在於每個人生皆屬獨一無二，其講述因而也像是藝術品一樣有其獨特意義，只有瞭解這點才能提升自尊與自信並對自己的「人生文本」充滿好奇且樂於與

Angus, L. E., & McLeod, J. (Eds.)(2004). *The handbook of narrative and psychotherapy: Practice, theory, and research*. Thousand Oaks, CA: Sage.

[38] 參見Kenyon, G. M. (1996). The meaning/value of personal storytelling. In Birren, J. E., Kenyon, G. M., Ruth, J-E., Schroots, J. J. F., & Svensson, T. (Eds.). *Aging and biography: Explorations in adult development*. New York, NY: Springer (pp. 21-38).

[39] Fiese, B. H., & Sameroff, A. J. (1999). The family narrative consortium: A multidimensional approach to narratives. In Fiese, B. H., Sameroff, A. J., Grotevant, H. D., Wamboldt, F. S., Dickstein, S., & Fravel, D. L. (Eds.). The stories that families tell: Narrative coherence, narrative interaction, and relationship beliefs. *Monographs of the Society for Research in Child Development, 64*, 1-36.

[40] Manheimer, R. (1992). Wisdom and method: Philosophical contributions to genrotology. In Cole, T., van Tassel, D. & Kastenbaum, R. (Eds.). *Handbook of the humanities and aging* (pp. 426-440). New York, NY: Springer.

人分享並講述；而此點正是「詩性人生」（poetic life）之意所在。[41]

「詩性」原有「由敘事建構的眞實」之意，而以詩性敘述人生或講述生命故事恰好就可賦予社會科學些許人文內涵（尤其是美學內涵），體認上述「人生即藝術品」（a life is a work of art）之意義，顯示任何故事皆是講述者現階段所能達成之最佳成品。

因此，從敘事論角度觀之，「生活」或「過日子」本就可視爲一段文藝過程，其方式涉及了諸多創意。爲了瞭解人生歷程之動態性質，我們也需關心文學的動態特質，包括一本小說如何開展、其所代表之類型或主題爲何、如何「用心」閱讀等。這種詩性人生觀正好可以塡補過去社會科學與人文學的間隙，也可提供整合性的人生觀。

Sarbin曾提出「敘事原則」（narrative principle）用以說明求生存的方法，[42]認爲無論是夢境或幻想甚至儀式都得以敘事形式出現，而我們的計畫、回憶、愛恨也都含有故事情節形式。因此，故事是智慧之源，深具時間結構，迭以正式或非正式方式透過文字、符號、手勢、語言等途徑成爲歷史、虛構、電影、新聞、謠言、夢境，乃人們回想過去、處理現在、預想未來的重要管道，深富意義，也如智慧一樣具有認知內涵。

由此觀之，人生乃經社會建構的敘事過程而來，蘊含了各種機會、情況以及由各種關係交織而成的網絡。當然，這裡所談的敘事過程包含了語言的力量，因爲正如學者所稱「語言是文學心智之子」，如要瞭解生命過程總要透過敘事。在字源上，知道（know）一字與敘事（narrate）之意相同。而在我們的記憶與思考中本就不斷地將事件轉換爲故事片段（episodes），也將各種情況轉換爲時序（指某件情況發生在另一個情況之前或後）進而鋪陳爲情節（指由時間形成之行動）。由此，生命流程才能以故事呈現，包括過去、現在、未來的流動，進而產生情緒、行動、決

---

[41] 有關敘事之「詩性人生」討論，出自Randall, W. (2001). Storied words: Acquiring a narrative perspective on aging, identity and everyday life. In Kenyon, G., Clark, P., de Vries, B. (Eds.). *Narrative gerontology: Theory, research, and practice*. New York, NY: Springer（尤其第三節）；Randall, W. L. & McKim, A. E. (2004). Toward a poetics of aging: The links between literature and life. *Narrative Inquiry, 14*(2), 234-260.

[42] 見前引註35之Sarbin (1986).

策，成為價值觀與關係並隨即再次轉換為經驗。[43]

在此轉換過程中的核心概念就是敘事智能，包含「敘事知識」、「敘事思考」、「敘事想像」三者，分指「了解外在世界之方法」、「編排故事的能力」、「審視未來並有所預期的能力」。研究者認為，「聆聽（或接收）故事之能力」應是學校教育重點所在，其次才是發展、編排、講述故事之能力。然而此種能力未必能傳授，頂多激發好奇心並也擴充、豐富學習者之故事想像力而已，此乃因「知識即經驗與故事，而智能則是善於使用經驗以創造並說明故事的本領」。[44]

一般而言，敘事智能之內涵包括：

一、編排（emplotment）：將不同單獨事件組成具有連貫且相互關聯之次序，或是創建並說明在特定情境下某些事件的起源、結尾、影響、因果關係等，也就是理解分散事件的相互關聯性並感知其因果關係。

二、人物：在故事裡放入不同角色用以連結不同情節之能力。

三、敘述（narrate）：向他人溝通一些過去事件、現在發展、未來可能型態，以便其能接受並瞭解事件的邏輯關係，尤其在於摘要說明核心行動以便掌握事件的動態發展、厚度、焦點等。

四、造成（genre-ate）：依照類型創造事件以便區分好壞、樂觀或悲觀；

五、主題（thematize）：感知某些重複型態之意義等。[45]

然而誠如上述敘事智能未必能在課堂裡傳授，尤其在目前崇尚數字與實用的教育氛圍裡僅能盡量提升學習者之文學素養與想像力以協助其擴充敘事智能之深度與廣度，此點對一些與時間敘事相關之學門如偵探、法律、新聞、心理分析、自傳寫作等當屬重要，乃因其非得透過故事講述否則無法說理。

---

[43] 本節引自 Randall, W. L. & Kenyon, G. M. (2001). *Ordinary wisdom: Biographical aging and the journey of life*. Wesport, CN: Praeger（第三章）。

[44] 如註35之 Sarbin (1986).

[45] 本節取材自同註1, p. 47。

肆 老人與生命故事

本節主要關切「生命故事」議題，重點尤置於老人們如何講述故事、為何講述故事。在開展下述討論前似可先探問其基本內涵：讀者家中有老人嗎？常跟老人家們講話嗎？都講些什麼呢？他們的生活與經歷你都熟悉嗎？熟悉他們的生活經歷對你而言是否有任何生命意義？

以上這些疑問常是老人研究探索的重要傳播問題，乃立基於「活得愈久，其生命故事可能愈為豐富」之前提。透過與老人們對談，一般人不但可瞭解其背景與興趣所在，更可藉此反思自己的日常生活型態從而體驗人生。

然而「生命故事」迄今猶未受到一般社會科學（尤其是傳播）學者重視，值得引介。尤以其原係老人心理學者（psychogerontologists）於1990年代中期始漸發展之研究途徑，[46]內涵與社會科學質化研究方法之「口述歷史」、「民俗誌學」或「深度訪談」接近卻又另有獨特處。例如，翁秀琪曾引述歷史學家之論而稱，「口述歷史牽涉到訪談的歷史學家與受訪對象之間的聯合行動，因此它不是自傳」，隱指口述歷史與自傳式訪談（autobiographic interview）有異，前者顯較關心史料之真實與正確而後者專注於故事之有趣與否。[47]

事實也是如此。「生命故事」方法的自傳式敘說過程涉及了老人（或其他受訪對象）的經驗抒發，尤盼其透過自己的話語講述故事以回顧前程並砥礪未來；故事內容雖屬個人篤信之事實，但其究竟「是否」或「如何」為真則誠非任何人所能追究與置喙。因而其重點不在查證故事之可信度面向（因其並非史料），而在彰顯生命故事對當事人（說故事者）及聽眾（包括研究者）之共同意義，與一般常見量化與質化研究方法之知識論殊有不同。

但觀其實用性似又較傳統社會（或傳播）研究方法（無論量化或質

---

46 參見：Stuart-Hamilton, I. (2006). *The psychology of ageing: An introduction*. London, UK: Jessica Kingsley.
47 翁秀琪（2000）。〈多元文化衝擊下傳播研究方法省思：從口述歷史在傳播研究中的應用談起〉。《新聞學研究》，第63期，頁9-33。

化）更適合學習，主因即在於其不但關心如何對談，更強調「傾聽」與「理解」他人故事之重要性。如新聞工作者每日周旋於不同消息來源，初學者若能懂得傾聽他人所述方能領悟如何擷取新聞精華。而有意拍攝紀錄片之廣電系學生或是未來可能從事廣告、公關者若能從傾聽與理解故事做起，其蒐集資料之本領也才易於開展。

至於生命故事之研究方式，相關研究者曾從幾個稍有不同的研究途徑著手（如敘事心理學、引導式自傳研究、生命故事講述），但其方法學基礎則相當一致。如曾在美國南加大開設此類課程之Kenyon曾謂，「說故事並非僅是日常行事，而是創造自身（Self）之過程，也是藝術工作之核心；沒有故事就沒有自身」。[48]因此，此類研究核心意旨就在觀察說故事者自身與故事間的「關係」，藉此體驗故事對說故事者的生命意義。

而對老人傳播研究者與學習者而言，生命故事方法的重點在於與老人間的對談並從其所述探尋人生經驗，由此進一步重建與老人有關的社會與心理理論內涵，即使這些故事可能僅是一些看似「理所當然」的對話內容（如老人所言常是「老生常談」）。換言之，老人敘事（或敘事老人學）之重要性係奠基於對「說故事」的看重，尤其是這些故事所累積之生活經驗，以致於即便其多以「個案」形式出現（每位老人所述之故事皆有不同），對公共政策（如老人福利）或社會文化傳承而言恐仍有「集體意義」。當然，此處所稱之「集體意義」與透過「社會調查」或其他實證研究方法抽樣所得資料不同，但每則故事蘊存的生命經歷對其他社會機構或個人仍應有理論貢獻，反映了「凡走過（經歷）必值得回味」的人生積極意義。

但是老人之生命故事終究不具因果推論價值（亦即無法符合實證論者追求之「普世」通則），在這種情況下其述說故事的研究功能何在？尤以老人故事多屬個人建構，係其就自身生活經歷而表述之脈絡關係（因而係與聆聽者「共同建構」之論述），我們是否仍可以其缺乏「信度」與「效

---

[48] Kenyon, Gary M. (2002). Guided autobiography: In search of ordinary wisdom. In Rowles, G. D., & Schoenberg, N. E. (Eds.). *Qualitative gerontology: A contemporary perspective* (2nd Ed.). New York, NY: Springer (p. 38).

度」而不屑一顧？

　　舉例而言，每個人對死亡大限都有程度不同的恐懼感，而許多老人也都有過瀕臨死亡的經驗（如戰爭或生病）。即使這些面對死亡的掙扎只是個人感想，是否也能就死亡心理提供建設性的理論價值？個人感想豈無理論意涵？

　　Kenyon曾多次強調，故事的講述與再述是個人與社會建立完整互聯關係的重要途徑；透過故事，我們才有辦法找到人生意義，瞭解凡事皆有可能。尤其許多原本隱而未見的思想智慧非得藉由故事講述而不能傳世，而與人對談幾是取得這些資料的唯一途徑。換言之，老人研究者深信智慧並非少數人所持有，而係深藏於每個人（尤其是老人）的語言與思想（或稱「常民智慧」）；與老人對談（或聽其說故事）因而就可謂是「問道於智者」了。[49]

　　例如，先民知識多賴口語始能世代相傳（如民俗療法或如節慶祭祀禮儀）。緣於科技發達，知識改由大眾媒介傳遞，許多集過去經驗而未能形諸文字之常民智慧不幸失傳。相較於其他社會科學研究方法，「生命故事」取材步驟雖較不嚴謹也不具推論並僅略有架構，但對彌補知識深度與廣度恐仍有貢獻。[50]

　　根據Atkinson，[51]「生命故事」方法之起源或可追溯至心理分析大師佛洛依德氏（Sigmund Freud, 1856-1939）早年進行的個案臨床討論。廣受重視則在1980年代，如心理學家Sarbin指稱說故事者習於使用隱喻描述生活經驗，而Bruner亦曾討論敘事之心理功能並以其為人們創建生活的重要途徑。

---

49 可參見：Kenyon, Gary M., Ruth, Jan-Eric, Mader, W. (1999). Elements of a narrative gerontology. In Bengtson, V. L., & Schaie, K. W. (Eds.). *Handbook of theories of aging*. New York, NY: Springer.

50 本節部分改寫自臧國仁、蔡琰（2005b）。〈與老人對談——有關「人生故事」的一些方法學觀察〉。《傳播研究簡訊》，第42期（5月15日），頁17-22。

51 Atkinson, R. (2002). The life story interview. In Gubrium, J. F. & Holstein, J. A. (Eds.). *Handbook of interview research: Context & method* (pp. 121-140). Thousand Oaks, CA: Sage (p. 123).

　　至於「生命故事」的執行方式，如以「自傳式訪問」為例實無特別步驟，其旨僅在讓說故事者（如老人）能建構「智慧環境」（指講述故事並交換彼此智慧之場域）以便暢所欲言，藉此「我們與他人皆能感到通體舒暢」：「自傳式研究如能邀請我們講述或分享故事而無其他目的就屬有效，……並無固定故事情節以資遵循，每個人均可自行決定揭露哪些或如何揭露故事，也可在講述過程中隨時改變心意。如果成功，自傳式研究所創造的氣氛就像是朋友間共享咖啡〔般地輕鬆〕」。[52]

　　Schroots & Birren則曾邀請老者依其人生高低潮提出幾個定點，並以兩軸分別代表情感（直軸）與時間（橫軸），就此請其說明高低潮之人生意義。如對某些榮民或老兵而言，參加軍事戰役常是情感上最難忘懷的人生高低潮定點（勝敗情感）；但對經商老者而言，則生意投資成就最具回憶價值。而對一般人來說，其在求學、婚姻、就業等生命歷程（時間）中同樣有其高低潮，也總涉及了情感波動，進而對其人生產生不足為外人道耳之特殊意義。[53]

　　無論如何，每個人的人生經歷不同，其所訂定的情感時間定點必然有異，也使此類生命故事（上述兩位作者稱此為「生命歷程訪談方法」（lifeline interview method，簡稱LIM）充滿因人而異之趣事或悲傷經歷。

　　這些透過長時間訪談所獲之資料正如前述可另做整理，如Schroots & Birren即曾將訪談33名男性及34名女性之資料依年齡續分為三（年輕、中年、老年），其後佐以其他對照資料（如受訪者之日記、信件或官方資料如醫療記錄）進行量化實證分析。

　　如前所述，「生命故事」原係老人研究（尤其是老人心理學）者發展之特殊研究途徑，但其應用層面顯具啟發價值，無論新聞、電影、廣告、公共關係教學者均可鼓勵初學者多與家中老人對談「生命故事」。尤以其研究架構較不嚴謹，實施對象又為家（親）人，作為入門練習堪稱允當。

---

[52] 同註48，頁45；添加語句出自本書作者。

[53] Schroots, J. J. F. & Birren, J. E. (2002). They study of lives in progress: Approaches to research on life stories. In Rowles, G. D., & Schoenberg, N. E. (Eds.). *Qualitative gerontology: A contemporary perspective* (2nd Ed.). New York, NY: Springer.

何況一般實證科學研究方法久已被詬病爲「脫離實際生活世界」，改以生活故事或易引起初學者興趣，降低畏懼心理。[54]

又如Randall & McKim所示，以生活故事瞭解人生意義，顯更充分反映了「美學」意涵，因爲人生固如故事，而故事情節也實如人生；愈多聽故事，我們就愈能體會人生之美。[55]

詹慧珍近作曾經針對老人如何加入故事敍說兼有理論說明及活動觀察，值得引介。[56]她以八位參與新光人壽基金會推廣之「活化歷史說故事班」[57]老人成員爲研究對象，以質性研究「紮根理論」（grounded theory）透過深度訪談完成觀察。簡單來說，活化歷史方案乃基金會爲募集老者赴國小講述故事所規劃設計之創意活動，透過六次上課（每次兩小時）訓練這些老者熟悉目前國小教育現狀，以能連結其生命故事與小朋友之環境，也透過同儕互動增進講故事之技巧。

訪談前，詹慧珍曾經檢驗相關文獻藉以說明高齡者講述生命故事之重要價值。舉例來說，詹氏引述梁永安之譯著強調，[58]高齡者之社會功能在於其「扮演著傳遞經驗、知識、傳統精神和價值的重要角色，……是一塊可以幫助我們瞭解回憶、轉變、歷史、故事和生命歷程這門哲學課題的沃土」。[59]而老者講述自己的故事除可分享自己生命經驗外，還可彰顯其智慧與經驗有傳承的價值。對講述者而言，也可「將自己對生活的熱情、對周遭一切感受到的愛，就所擁有的，透過敍說生命去感動別人。……不僅是

---

54 引句出自：Wallace, J. B. (1994). Life stories. In Gubrium, J. F., & Sankar, A. (Eds.). *Qualitative methods in aging research*. Thousand Oaks, CA: Sage (p. 137).

55 Randall, W. L., & McKim, A. E. (2004). Toward a poetics of aging: The links between literature and life. *Narrative Inquiry, 14*(2), 235-260.

56 詹慧珍（2009）。〈高齡者參與故事敍說活動歷程之研究〉。中正大學成人及繼續教育系碩士論文。

57 有關「活化歷史」方案之新聞報導，可參見《中國時報》（2011/04/02），標題：〈爺奶孩子同台 歷史活了起來〉，汪宜儒台北報導。

58 梁永安譯（2002）。《銀色的旅程》。台北：大塊文化。（原書：Manheimer, R. J. [1999]. *A map to the end of time: Wayfarings with friends and philosophers*. New York: W.W. Norton & Company.）

59 同註56，頁1。

一個能『往前看』同時也不忘『回頭看』的過程，它同時也是一個給予生命歷程反思的觀點」。[60]

結論中詹慧珍提出「生命故事敘說經驗之創意老化概念建構歷程」，結合「成功老化」、「生產老化」、「活躍老化」、「積極老化」等概念，認為讓老者講述故事本就是具有創意設計的活動，足以讓講述者運用自己生命經驗累積之技能表達人生觀點與想法，進而與他人互動並獲得成就感，展現「老有所成」、「老有所用」的樂趣，創造出「開放」、「彈性」、「適應」、「昇華」、「自我肯定」的美好老年人生。尤以老者並非天生講故事者，在練習過程中也曾歷經挫折而萌生退意，如有些受訪老者因身體狀況不佳或因家裡尚有親人需其照顧。何況面對小朋友講述故事難度甚高，常需渾身解數方能吸引其注意力不致失神。在老年時期猶需面對這些挑戰開創新局，對老者而言自更有其生命意義。

詹氏因而認為，老者願意加入此項跟小朋友講故事的活動乃因其兼有「利己」與「利他」之效，更能透過生命回顧達成肯定自我之功能，「藉由個體（指老者）自我的對話，把自己的生命經驗鋪陳成一個與自己對話的平台，讓自己能重新認識自己，進而擴大……檢視生命歷程的視野及思維」。[61]

誠如詹氏所言，高齡老人在講故事歷程中顯示了他們的經驗像是圖書館蒐集的檔案資料，每則故事的背後都有其深厚底蘊，承載著其個人、家庭、社區、社會文化過去所累積的豐富意涵，值得探索與挖掘。而聆聽這些故事也就不僅是一般常見的資訊交換，更也是生命意義的連結與學習。我們聽得愈多，就愈能搭起「過去」與「現在」之間的橋樑，也就愈能對「未來」無所畏懼。

---

60 同註56，頁8。

61 同註56，頁201。

伍　結論與實例

　　有關老人與敘事間的關聯過去甚少受到傳播學者重視，傳播教學者也多忽略其可能產生的理論與方法意涵。實則無論從生活或研究面向觀之，講述人生故事之意涵均甚豐富，乃因其與每個人的生命智慧皆有關聯。而每個人的生命歷程不同，其所建構之故事內容也就有異，透過這些故事所能帶出的經驗因而頗具詩性之美，足以為人學習。

　　在本節中，讀者可繼前章分析電影（此乃虛構敘事）《金池塘》後，試從紀實敘事的新聞故事和紀錄片《蝴蝶阿嬤》範例接觸老人媒體再現的傳播議題。除了前章所論有關符號、再現、建構等諸多變項外，亦可分從敘事、故事、生命故事等面向進一步思考老人傳播之內涵。

　　首先，《蝴蝶阿嬤》紀錄片由洪瓊君導演。[62]根據洪氏所言，她原是去花蓮縣瑞穗鄉拔仔庄為一群55歲到80歲阿嬤編導舞台劇，但在接觸這些客家籍婦女並推出舞台劇之時深為她們的經歷感動，因而在2005年用紀錄片寫下這些老人的生命故事。本片內容純真質樸，深入描寫了在地女性老人堅忍勤奮地經歷時代滄桑後猶能在其老年活出生命意義，不但演戲還能染布、做布偶、畫圖，幾乎可說都是從頭學起，卻也讓晚年生活無比精彩。本片拍攝完成後曾在台灣各地巡迴演出，隨後並獲選2008台灣地方誌影展特別獎。

　　導演洪瓊君說：「我在這群童年曾為養女或童養媳的客家阿婆身上，不僅看見傳統客家婦女堅忍勤奮的韌性，同時也看見了希望，活著可以是很美麗的。在台灣越來越老年化的社會，我們可以有很多方式為自己晚年生活找到另一個花團錦簇的生命舞台」。[63]

　　另例取自記者羅嘉薇之報導[64]，以下為全文節錄：

---

62 可參見精華版：http://www.youtube.com/watch?v=qwesF_Q_Xlk。

63 引句出自同註62之說明。更多「蝴蝶阿嬤」訊息見靜態畫展：http://www.hakka.gov.tw/ct.asp?xItem=405&ctNode=317&mp=314。相關報導見http://www.ncafroc.org.tw/abc/community-content.asp?Ser_no=212。

64 出自《聯合報》（2005/08/05），新聞標題為：「參加寫作坊／外省奶奶寫大時代／小故事：渡海來台第一、二代女性／碎碎念的記憶／化成字字珠璣／「蒲公英計畫」

……文建會、外省台灣人協會和永和社區大學合辦的「蒲公英寫作坊」，今天將舉行成果發表會。蒲公英隱喻的是外省女性來台開枝散葉的過程，廿多位外省第一、第二代還有嫁給外省人的本省女性，在過去兩個月的八堂課中，第一次提起筆來書寫生命經驗。

余奶奶是其中年紀最長的學員，在女兒的鼓勵下參加寫作坊。八堂課期間，她陸續寫下全家逃難時被國軍攔船打劫、二二八事件時被本省鄰居洪先生藏起來才躲過一劫，以及在台前卅年住過九處公務員眷舍的故事。「這些事情都快忘記了，經過老師點撥、提醒，才又想起來」。余奶奶也才發現，外省台灣人的身分，像「舊貨堆裡的珍寶」。

蒲公英計畫的主持人是外台會理事王興中，他是助教群中唯一的男性，計畫的構想主要來自他對母親的觀察。

「無論在文學想像或政治論述中，外省人的形象都被不知不覺地男性化了，『老芋仔』似乎是外省人的同義詞」。但王興中從小就知道媽媽周友華也有豐富的故事可說，她們是文學和文獻裡鮮少描寫的外省族群「第二性」。外台會放棄學術調查或口述歷史的方法，採取寫作坊的形式，希望媽媽們擔任自己生活史的「詮釋者」。……[65]

這些紀錄片或紀實新聞都可使讀者明顯感受老人自述或他述故事所反映之生命意涵，透過其如泣如訴的口白不僅使我們更為瞭解老者的生命和過去世代（此即歷史之一頁？），也使我們有可能從其所述找到自己的身分與位置，學習人生價值與人性中的堅忍與美麗。

在本節中，讀者可試從敘事角度分析《蝴蝶阿嬤》之故事、論述意涵並觀察前節所稱之好故事「意義共享」為何，亦可以《蝴蝶阿嬤》為例討

記錄家庭遷徙悲歡」。

65 此計畫業已集結成書出版：廖雲章編（2006）。《人生，從那岸到這岸：外省媽媽書寫誌》。台北市：印刻。

論家裡長輩之生命故事，並以此探索生命故事之研究方法特色。

　　其他相關的學習與討論議題可包括觀察老人說故事與年輕人說故事之本質或形式差異，深究老人故事的動人力量究在故事本身的人物、事件或是故事的論述方式，如老人講故事的樣子（神情）是否與年輕人不同。而如《蝴蝶阿嬤》紀錄片所示，作者再現故事的形式是否與一般大學生慣用方式一致。

　　總之，故事如人生，人生如故事。我們如能接受這個信念，即能接受與前（實證論）不同之觀察世界方法，或能更樂於與人交換經驗、共享喜樂，因而體悟人生如詩，詩如人生。而老人說故事、說什麼故事、如何說故事、有何目的、對聽者又有什麼效果，這些不都是有趣的傳播議題？

　　綜合本章所談可整理爲下列幾個摘述：

一、故事是傳播活動的核心；

二、故事是不同傳播者的互動核心內容，尤其可成爲老人與年輕人交往的主要管道；

三、故事來自「個人生命記憶」的情感訴求，也是衆人集體記憶的建構或再現，更是延續家庭生活的重要資源；

四、每個人講述的故事內容不同，形成區隔與差異，但每個人的故事都有其獨特意涵，無從複製；

五、個人故事不斷發展，從年幼到老年之內涵不盡相同，其所反映之眞實自我、理想自我、社會形象自我亦有不同；

六、個人記憶與集體記憶（社會文化對個人的影響）互動密切，可能產生正（如安全感）或負（如厭惡）面向的故事內容；

七、面對相同生命經歷，個人講述故事受到「敘事情境」影響而會擷取不同片段組成不同情節，因而故事即可視爲自我生命的建構或再現；

八、生命歷程經歷某些深刻影響時（如中年信教），即便同樣故事內容卻可能對講述者產生不同生命意涵。

作業

1. 請觀察家中老人說或聽故事（如看電視劇時）如何表現情感與情緒？

2. 與年輕人相較，老人講述故事時之情感表現起伏是否較大？爲何？

3. 老人與親戚朋友間之來往是否亦常透過說故事（憶舊）完成？是否欣賞或爭論彼此故事之不同版本？

延伸問題與討論

1. 老人如何透過「說故事」方式揭露自我人生？

2. 老人為何常有揭露人生之企圖？揭露何種人生？對年輕人是否有啓示？有何啓示？

第六章

老人與生命／死溝通

本章提要

在所有年齡群中，老人最常涉及生老病死之生命現象，但生死議題卻常是老人禁忌，非必要很少觸及。本章作為「老人傳播」理論篇之最後一章勢應就此討論以便讀者未來嚴肅以對，無論是對自己或對親人之生死皆視其為無可避免而須正面積極面對之重要人生課題，也是老人傳播關注議題之一。

學習重點

1. 前言：老人與生死現象
2. 模控學與生死議題
3. 死亡與社會禁忌／學習
4. 臨終溝通
5. 老人與醫病溝通
6. 結論與實例
7. 作業、延伸問題與討論

-- 老人只是資源消耗者？在挪威，他們也是卓越的服務者和貢獻者：台灣是世界人口老化最快國家之一，需要更多照顧服務人力，過去的政策總是會在無意間，把老人界定為消耗資源的群體。其實老人不是病人，也不都是失能者，我們除了一直花錢培訓招募一般人力投入老人工作，也許該多花點心思，開發老年人力資源。[1]

-- 瑞典是日本之外，人口最老化、最長壽的國家，八十歲以上的「老老人」占人口的百分之五點三，全歐洲最高。瑞典人相信，最幸福的老去方式，是老人獨立、有尊嚴地「在宅老去」，約九成三的老人都住在自己家中、機構照顧為輔。……「如果瑞典經驗能給台灣一點建議的話，那會是：老人在家老去，幸福感最高。當然，前提是政府必須提供協助」。[2]

壹　前言：老人與生死現象

　　以上第一段引句出自公共電視台「獨立特派員」節目由記者周傳久、鄭仲宏提供的一段影片前言。兩位記者遠赴北歐挪威採訪，將該國重視「老人服務老人」的先進觀念剖析得相當透徹。如本該已屆頤養天年的八十多歲老人仍能在老人中心貢獻心力，「做其所愛，愛其所做」地協助比他們更老的九十歲老人，不但因此可讓老人中心省下大批人力與聘僱正式編制人員所需成本，還因服務對象也是老人且雙方成長背景相近，人際互動更爲融洽。

　　報導還說，「老人自主性」是這類服務是否成功的關鍵所在，「尊重意願，看重經驗」，老人潛力很大。舉例來說，「老人事務諮詢團」成員有前法院院長、前銀行董事長、前稅捐處長、退休醫師，這些人對專業

1　取自http://www.peopo.org/innews/post/45142（上網時間：2011/5/11）。公共電視過去業已累積多則有關北歐老人照護之新聞報導，多由資深記者周傳久採訪撰述（底線出自本書作者）。

2　《聯合報》（2011/07/18），新聞標題：〈長日將盡，在瑞典勇敢老去〉，記者梁玉芳報導。

事務「熟門熟路」，更因自己的年紀而愈能體會其他老人所需，「可信任度」遠超過一般專業人員。有位女士原是護理師後來進修獲得老人醫學學位，以自己近九十歲的人生閱歷更懂得全人關懷，終老還可看病服務他人。

兩位記者在報導結論指出，如果老人願意幫助他人且健康情況允許，其服務方式實則多樣，足可彌補人力資源，讓人生最後階段充分展現價值。

此篇報導影片隨即在公視網頁引起後續回應，如署名「曾小姐」者述及：「看完影片後感覺自己真的常被自以為的思想框架限制，如影片提到挪威的老人中心的志工或者員工多是老年人，而非我們舊有的傳統認為是年輕護士或印尼看庸〔傭〕之類的！因為老年人更能體會他們所需以及他們害怕面對的事情！……」。另有「蔣瑀」回應：「這部影片給我們很好的觀念，那就是──老人是老沒錯，但不是全部都病了。一提到老人，多數人腦中大概會先浮現出虛弱、無力的印象……。透過本片，我們看到許多健康的老人，雖然已經八、九十歲，卻仍然可以付出自己心力去服務其他老人。很有趣的是，老人諮詢中心以及老人網咖的成立」。[3]

整體而言，該片提供的正面意義足可顯示本書所欲傳達之正向、積極、樂觀生命態度：老人不僅不是垂死之徒，也能持續為社會貢獻心力、提供服務；「老」既不等同於「病」也無須與「死亡」劃上等號。只要有體力且有意願，每位老人都可持續付出，讓自己與他人更能享受、體驗美好的「詩性人生」（見上章）。

然而誠如前章所述，大部分人（尤其在東方社會）習於簡化人生為一段「由出生經成長到死亡」的歷程，常以「直線式」的生命觀看待此生；實際上，每個人生都有其獨特處值得細細且慢慢品嚐。舉例來說，沒有人規定非要在二十歲前後結婚生子，然後看著自己小孩順利長大，一路順境並也找到相愛的人然後踏進「婚姻墳墓」直到完成人生「目標」（死亡）。[4]在真實生命流程裡，實則每個人都可在任何階段「上車」、「下

3　以上兩則引句均出自同註1之「迴響」（增添語句出自本書作者）。

4　這個「直線式」人生觀在日本動畫家青木純的〈人生〉27秒短片裡表現得最為

車」或做些與眾不同（或相同）的事情，開心享受專屬自己的生命歷程。

此類「直線式」人生觀慣視死亡為「人生目標」或認為人生真諦就是「等死」，學理上起源甚早，如20世紀最具原創性的德國現象學哲學家M. Heidegger（海德格氏）在其名著《存在與時間》就曾開宗明義地說：「人生是邁向死亡的歷程」（Being-towards-death），其意卻在澄清死亡乃自然生命過程，有生就有死，此乃無可避免之宿命。既然沒有任何人經歷死亡，此事豈有可談之意義？[5]

但Heidegger的存在哲學肯定人是「邁向死亡的存有」，其「人生觀」實即「人死觀」，強調面對死亡均應完成大責才不致枉度此生。對他而言，活著就要展現個人特色做到「盡責」，因有這種認識，所以人生常覺苦短而致產生焦慮，但也因此不再沉淪反能回到本然純真的自我，透過抉擇展現生命的存在意義。[6]

中國人也常說「不知生焉知死」、「出生入死」，其因乃在生死之學本是人生大事，以往卻多視為社會禁忌無意深談，或以其與「玄學」並稱而有諸多忌諱。直至1993年左右才因台大哲學系已故教授傅偉勳首倡並撰寫《死亡的尊嚴與生命的尊嚴——從臨終精神醫學到現代生死學》一書[7]從而開啟了研究之路。又緣於1998年台灣發生某國中教師監考時昏倒送醫不治事件，高雄市教育局長羅文基有感於「生死本一家」而積極推動校園生

淋漓盡致（參見http://www.youtube.com/watch?v=M6GH53OGF5o；上網時間：2011/7/17）。

5　Heidegger, M. (1962). *Being and time*. Malden, MA: Blackwell (p. 400).

6　本段文字取材自黃美龍。〈淺談東西方哲學的生死觀〉（上網時間：2011/5/11）。http://w3.ssivs.chc.edu.tw/administration/library/%E6%95%99%E5%B8%AB%E8%AE%80%E6%9B%B8%E6%9C%83/%E6%B7%BA%E8%AB%87%E6%9D%B1%E8%A5%BF%E6%96%B9%E5%93%B2%E5%AD%B8%E7%9A%84%E7%94%9F%E6%AD%BB%E8%A7%80%20%20%20%E4%BF%AE%E6%AD%A3%E7%89%88.htm。「人死觀」出自梁漱溟與吳稚暉上世紀1920年代對佛教之論戰，後者批評佛教只關心死後諸事而只有「人死觀」並無人生觀（見游祥洲，〈人間佛教與慈濟志業〉。《慈濟月刊》，1996/5/2，第354期）。

7　傅佩榮（1993）。《死亡的尊嚴與生命的尊嚴——從臨終精神醫學到現代生死學》。台北市：正中。

死教育進而編製中小學「生死教育手冊」，是為台灣生命教育之濫觴。[8]

其後「死亡學」（thanatology）[9]成為各大學之重要通識課程，強調在校期間即應探索「安生順死」之道，連帶著「臨終關懷」（ultimate concern）亦屬學生所應學習之安身立命人本價值。如南華大學十餘年前即已分別成立「生死學研究所」及大學部，將死亡學理之探究納入正式教育體系。如今生命教育早已成為各級學校均極重視之課程，即連「幼稚園階段也需要生死相關的教育」。[10]

與生死學相關之傳播討論迄今闕如，[11]僅有傳播學之前身「模控學」（cybernetics）似可提供相關學理。其自1950年代即已發展並為大眾傳播學之源起，隨後並也持續發展成為資訊傳播領域最為重要之理論基礎，如機器人研究涉及之「人機合體」或「生化合體」賽伯人（cyborg）知識即奠基於此，而機器人究竟有無生命、其生命如何延續、與「人」有何異同等議題皆與生死討論有關。

本章將先簡介模控學以及由其所衍生之「社會模控學」，進而討論其對「人生」是否等同走向死亡（目標）的說法，次節分別論及死亡現象以及與老人相關之臨終溝通、醫病溝通。

貳 模控學與生死議題

依Wikipedia，「模控學」定義如下：[12]

---

8 蔡明昌、顏蒨榕（2005）。〈老人生死教育教學之研究〉。《生死學研究》，第2期，頁129-174。

9 參閱：周慶華（2002）。《死亡學》。台北市：五南。下句之「安生順死」即出自此書。

10 引述句出自陳佩君（2008）。〈高雄市幼稚園教師死亡態度、死亡教育態度及其相關因素之研究〉。台南大學幼兒教育研究所碩士論文（頁2標題）。

11 高雄市立空中大學大眾傳播系曾有陳欣欣老師開授「傳播生死學」，內容涉及生命的價值、死亡的尊嚴、媒體如何反應生死學的概念。見：http://eip.ouk.edu.tw/AppsUrl/ClassSchemeContent.aspx?SchemeYear=98&SchemeSeme=2&OpenID=03617（上網時間：2011/5/15）。

12 http://zh.wikipedia.org/zh-tw/%E6%8E%A7%E5%88%B6%E8%AE%BA（上網時間：

　　模控學（大陸稱控制論）是研究動物（如人）與機器之間通訊的規律。《模控學：或關於在動物和機器中控制和通訊的科學》，由諾伯特・維納（N. Wiener）所著，麻省理工學院出版社出版於1948年，維納創造新字「Cybernetics」命名當時新的學科，本書是模控學的奠基之作，是自動控制、傳播學、電子技術、無線電通訊、神經生理學、心理學、醫學、數學邏輯、計算機技術和統計力學等多種學科相互滲透的產物。

　　模控學的奠基人是諾伯特・維納，他於1943年在《行為、目的和目的論》中，首先提出了「模控學」這個概念，第一次把只屬於生物的有目的的行為賦予機器，闡明了模控學的基本思想。1948年諾伯特・維納又發表了《模控學》，為模控學奠定了理論基礎，標示著它的正式誕生。模控學、系統論和資訊理論是現代信息技術的理論基礎。

　　以上說法還嫌籠統且難以釋疑，其實「模控學」可說是大眾傳播學的「催生婆」，與傳播理論「相交」甚深。如上述《控制論》出版時間是1948年，而影響傳播學最重要的 *The Mathematical Theory of Communication*（《傳播的數學理論》）則是1949年出版，[13]兩位美國貝爾實驗室電信工程師Claude Shannon & Warren Weaver首次在此書裡將「傳播」比擬成從電話訊號發送者到接收者的過程，從而說明並也定義了任何傳播系統（如當年之電話）之功能乃在透過譯碼與解碼，經某一管道傳輸後將訊息送達接收者而避免噪音干擾；此一說法意外地成為大眾傳播學六十年來不斷探索訊息如何由傳播者產製經「轉譯」（製碼與解碼）後由接收者獲取的「過程觀點」（process perspective），相關理論與研究不斷討論「傳播」與其涉及的不同管道工具（media channels）究竟有何社會

2011/5/13）。

[13] Shannon, C., & Weaver, W. (1948). *The Mathematical Theory of Communication*. Urbana: University of Illinois Press. 兩位作者當年均為電話工程師，其心目中的「傳播」過程因而與電話之訊號流通有關。

「功能」、有何系統結構、可能影響何人、產生何種效果等基本論述。[14]

而當美國「傳播學之父」W. Schramm（施蘭姆）編著*The Process and Effects of Mass Communication*（《大眾傳播的過程與影響》）時，又將前述Wiener「系統論」的「回饋」（feedback）概念應用在《傳播的數學理論》所揭示之核心元素（包括：傳播者、解碼、譯碼、管道、接收者等），從而建立起當年最為雛形的傳播模式，造就了我們今天所知的大眾傳播學核心知識內涵。[15]

至於首先提出「模控學」的Wiener原是數學家與工程師，後人依其「控制論」發明了影響現代社會最巨的冷氣機溫度計以及追熱式飛彈，其原理就在藉由「控制」（control）裝置取得系統與環境間的平衡。

舉例來說，若在冷氣機裡裝設溫度感應器（即「資訊回饋環／迴路」），該「系統」可以藉此察覺房間溫度（如80°度）與理想溫度（68°）間之差異，從而調節變動以修正「錯誤」，包括了溫度調節計（即回饋裝置）、冷氣機（系統）與房間（環境）三者相互調節並彼此適應以達成「平衡」（equilibrium）狀態以免失控（此地專指使用人感覺太熱）。

人類身體是否也可視為具有回饋系統之例且能自行調節其（身體）與外界環境間的互動關係（平衡）？例如，餓了胃就將資訊傳遞到大腦產生需求（類似冷氣機的溫度計作用），一旦吃了東西（也就是進行正確的回饋動作後），大腦就被通知「胃已滿足（飽）」因而停止繼續進食。一段時間後這個過程再次啟動並完成，顯示了回饋系統對人的身體就像是其對機器一樣貫穿一生，而這個平衡現象稱作「內穩狀態」或「自我調節」（homeostasis）。

---

14 同上註，尤其該書34頁之〔圖一〕。

15 Schramm, W. (1954). How communication works. In Schramm, W. (Ed.). *The Process and Effects of Mass Communication* (pp. 51-64). Urbana, IL: University of Illinois Press. 雖然Schramm所用詞彙與Shannon & Weaver稍有不同，但在該文中Schramm的確指稱其所談之傳播就是像「收音機與電話迴路」（頁52），「兩者的確相近」（引自 McQuail, D., & Windahl, S. (1981). *Communication models*. New York, NY: Longman (p. 14).）。

由此，我們或可從cybernetics的原始意義著手瞭解其意。Weiner 是從希臘字裡找到Kybernetes一字拿來解釋系統運作，其意原是steersman, helmsman, govern（舵手、控制），因而將其主要理論稱爲「控制論」，旨在說明人腦如電腦般乃是具有系統性結構的組織，如何透過系統控制而理解人的資訊傳播過程則是模控學最重要的思考路徑。

模控學因而可與系統論合併說明：兩者皆強調人乃「資訊系統」，不斷與環境互動而生存。這個系統有其目的性（即任何系統之運作總是受其所訂目標影響）、階層性（上下系統間常有對應關係）、互動性（系統之特性就在與環境互動以產生「平衡」，而「平衡」就是人與環境互動的最重要目標）、調適性（面對不斷變動的環境，任何系統必須順應環境變遷而進行內在變革以達成「平衡」）。

在模控學理論中，任何系統的控制與調節都屬重要環節，而依熱力學第二定律（second laws of thermodynamics），任何活動都會導致能量轉換進而消耗能量以致「熵」質持續增加終至系統毀滅。所謂「熵」（entropy，或譯「能趨疲」），[16]最簡單的意思即「不確定性」（uncertainty）或「亂度」，只會增加不會減少，任何系統（尤其封閉系統）自其誕生之刻就在往無限大的熵質邁進；若我們視宇宙亦爲封閉系統，則其熵質也總是與日俱增並可能產生大爆炸後果。[17]

人生也是如此嗎？我們是否可由模控學的角度來思考「人生趨亡」？死亡既然無可避免，人究竟爲了什麼活著？[18]是否與機器一樣永遠朝向死亡而老人是否就在等死？人生除了資訊處理外是否一無他物？是否也是感情

---

[16] 蔡伸章譯（1985）。《能趨疲：新世界觀——21世紀人類文明的新曙光》。台北市：志文（再版）。（原書：Rifkin, J. [1981]. *Entropy: A new world view.* New York, NY: Bantam Books.）

[17] 可參閱吳筱玫（2003）。《網路傳播概論》。台北市：智勝（十三章第二、三節之簡介）。

[18] 參閱：稻盛和夫著（2003）。《稻盛和夫的哲學：人爲什麼活著》。台北市：天下雜誌日本館（譯者：呂美女）。根據該書導讀（莊素玉），稻盛和夫認爲「人生最大的價值在於擁有高尚的品格」，……「如果往生時能得到『你一生努力不懈，不斷提升自己，直到擁有如此高尚的品格』這樣的風評，才是人生最大價值」（頁27）。

動物？

　　1960、1970年代起研究者有了反思，認為上述模控學（控制論）僅能解釋「封閉系統」運作方式，人生卻應是開放系統（open system），其與環境間的互動方式不僅透過回饋也有前饋（feedforward）作用，屬自生系統（autopoiesis or self-production），可隨著複雜社會系統之變化而具「再生」與「成長」能力（而非如冷氣機在封閉系統裡僅能維持原先設計）。

　　此處所談「前饋」即「事前處理」（preprocessing）之意，指對那些即將輸入系統的資訊進行事先結構與操作手續，或事先提供資訊給接收機制以利轉化行為的控制訊息。舉例來說，一般人閱讀任何報告或論文時常先瀏覽摘要以便「事先預知內容」；同理，看書先看目錄或打開報章雜誌先看標題及索引皆屬相同前饋作用（本書每章皆有「提要」其理亦同）。

　　而在學習過程中，教師如能事先向學生指出與學習內容最相關的資訊並重點式地將相關資訊先行提醒，如此一來學習者事先知道心智活動的預期結果即可較為注意即將學習的內容，有利於接續的資訊處理（包括學習本身以及透過回饋如考試而知效果）。[19]

　　Geyer & vander Zouwen認為，系統研究者以往過於重視訊息、資訊處理與即時（事後）回饋三者的重要性，使得模控學應用到社會系統之效力常遭質疑，未來應考量納入「事前處理」（前饋）作為部分控制機制以減低將要被系統處理的資訊量。也就是說，為了輔助系統處理資訊的過程，可以事先提示最相關資訊或整理剔除較不相關資訊的輸入。[20]

　　Geyer & vander Zouwen尤其建議將「模控學」改為「社會模控學」（social cybernetics），[21]強調人生與社會並非純然科技屬性而是不斷「自變」（self-organizing）、「自導引」（self-steering）、「自設參考」（self-referencing，指人當瞭解為何如此行動）等傳播行為的系統。他們認

---

19 蔡琰（1995）。〈生態系統與控制理論在傳播研究之應用〉。《新聞學研究》，第51期，頁163-185。

20 Geyer, F., & van der Zouwen, J. (1986). *Sociocybernetic paradoxes: Observation, control and evolutional of the self-steering system.* Beverly Hills, CA: Sage.

21 Geyer, F., & van der Zouwen, J. (2001). *Sociocybernetics: Complexity, autopoiesis, and observation of social systems.* Westport, CN: Greenwood Press.

爲，如果「模控學」是有關「被觀察系統」（observed systems）的學問，「社會模控學」重點就在討論「系統被觀察時（observing systems）的變化」，藉此區辨「封閉系統」與「開放系統」間的差異以能凸顯後者（如人類）不斷成長、變化、生成之本質。[22]

社會模控學者並從生物學借引相關概念至社會學（尤以德國社會學家N. Luhmann爲主），強調社會系統的基本單位是「傳播」，而任何人際互動都要透過「傳播鍊」達成，且在傳播活動中人們不但觀察他人行爲，也藉由這種觀察轉而反思自己。這種「自我觀察」（self-observation）與「觀察他人」逐漸形成相互連結的網路，其複雜性超越了傳統模控學的控制論所能解釋，其理論發展也解釋了人與封閉系統之差異所在，拓展了模控學的應用範疇。[23]

以上簡短解釋了人生與死亡的關係，主要是透過「模控學」（或可稱其爲巨觀之傳播理論）的發展說明。[24]此處尚未觸及宗教界常談的「生老病死」觀念，純就人與社會的互動角度思索如何超越機械論而坦然接受「死亡」的意義。我們當然明瞭死亡無可迴避，但仍應掌握「人生並非『能趨疲』」的想法努力生活直到最後一刻；這個觀點正是面對老人議題時所應抱持的積極、入世、樂觀態度，亦與第一章介紹的Young@heat樂團努力目標若合符節。

換言之，社會模控學的啓示在於人與社會皆屬自生系統，隨著與環境互動而成長甚至再生，而非如封閉系統般地僅能在原有生命中循環並趨衰敗。更重要的是，「再生」概念也涉及了「眾人生命的延續」（參見本章最後一節之實例說明），亦即「生命的意義乃在創造宇宙繼起之生命」（即再生），這當是「生命哲學」之意義所在。

---

[22] 此處所引之各譯詞皆出自：蔡琰、臧國仁（2008b）。〈熟年世代網際網路之使用與老人自我形象與社會角色建構〉。《新聞學研究》，第97期，頁1-43之註六。

[23] Luhmann, N. (1986). The autopoiesis of social systems. In Geyer, F., & van der Zouwen, J. (Eds.). *Sociocybernetic paradoxes: Observation, control and evolution of self-steering systems* (pp. 172-192). London, UK: Sage.

[24] 有關傳播理論的巨觀論，可參見：趙雅麗（2006）。〈跨符號研究：「結構／行動」交相建構中的傳播巨型理論藍圖〉。《新聞學研究》，第86期，頁1-44。

參 死亡與社會禁忌／學習

何謂「死亡」？爲何我們面對「死亡」時常有迷信與禁忌？生死意義究竟爲何？面對親人臨終時我們如何自處或如何與親人溝通？應將死亡訊息告知臨終親人嗎？還是應該隱瞞他們至死？而當我們自己面臨死亡時又希望如何面對？希望受到尊重而獲告知還是期盼迷迷糊糊走完人生一程？

以上問題無論國內外都屬「社會〔語言〕禁忌」，不受歡迎且少討論，年輕人甚至會因在家裡「口無遮攔」地講了讓老人「不舒服」的話語而遭訓斥。爲了因應此等禁忌語言（又稱「語諱」），社會習俗發展出了一些讓人聽了舒服的「委婉語」（euphemism），如以「歸天」、「過世」、「長眠」、「往生」、「走了」、「與世長辭」等修辭來代替「死亡」[25]。身分不同者使用的委婉語也有不同，如天子之死曰「崩」、諸侯死曰「薨」、大夫曰「卒」、士曰「不祿」、庶人曰「死」。[26]信仰相異也有不同委婉語用法，如信仰基督教者常曰「蒙主寵（恩）召」，道教者曰「駕返瑤池」、「駕鶴西去」，佛教者有「圓寂」、「物化」、「涅槃」等，不一而足但彼此不盡然能互用。[27]

但若追溯這些禁忌的起源則多與人們恐懼死亡有關，中外皆然，尤以病患與病患家屬對死亡（臨終）最易感到不安，以致與醫院相關的禁忌尤多。如大部分醫院都未設置「四樓」，乃因「四」的中文發音與「死」接近，而停屍間取名「太平間」亦屬有趣。台灣民間亦有在家自然死亡的習俗，常有病人嚥氣前被家屬帶回家中再行拔管的新聞，乃因社會習俗多視「壽終正（內）寢」方能樂享天年。

死亡議題近幾年成爲學術研究的重視領域後，嚴肅討論死亡與臨終相關問題已蔚爲風氣。如南華大學生死研究所碩士班的教育目標即在「進

---

25 邱湘雲（2007）。〈委婉語在台灣語言及台灣文學中的表現〉。《第四屆台灣文學與語言國際學術研討會論文集》。台南：眞理大學：http://blog.ncue.edu.tw/sys/lib/read_attach.php?id=1740。

26 語出《禮記・曲記》。同上註，頁6。

27 Wikipedia（http://zh.wikipedia.org/wiki/%E6%AD%BB%E4%BA%A1）稱中文用語有兩百多種與死亡相關之委婉語（上網時間：2011/5/12）。

行生死學的學理探究，建立現代的生死哲理體系；召集各行業之實務、經營、規劃、管理人才，提升專業服務水準，培養生死關懷及生死服務事業之相關知能；促進本土生死社會系統、生死禮俗及文化的人文關懷，提升國人之生命品質與死亡尊嚴。」[28]

　　課程部分，該系大學部採科際整合設計，內容涵蓋生死學、宗教學、心理學、社會學、政治學、法律、文化人類學、生命倫理學與管理學等，至於其研究所核心能力指標則含「生死學基本學理」、「生死教育與諮商相關知識」、「醫護生死學相關議題深入研究的能力」等方面，惜無傳播相關領域之研究或理論討論。[29]

　　綜合上引觀之，該系、所課程目前均未納入有關傳播學之素養知識，以致相關死亡議題如臨終家庭溝通、代間溝通、醫病溝通等問題皆迄今猶未廣受重視。然而面對末期病人的臨終照護問題，病人、家屬與醫生間的溝通至為重要，其所引發之倫理決策常讓醫療專業人員困擾與兩難，亟需探析。[30]

　　如2010年5月時任衛生署長的楊志良在立法院回答立委質詢時表示，「癌末插管、電擊是『浪費生命，也浪費醫療資源』」。他強調，「折磨生命就是浪費生命，希望未來病人一住院就有放棄最後急救的選擇權」，「這不是觸霉頭，這是SOP（標準作業模式）」。[31]

　　此言一出輿論譁然，但仍有論者認為其言或有意義，值得社會大眾思考當生命走到盡頭時自己要如何選擇。尤其一般人並不瞭解臨終照護有哪些選擇，也不知該向醫護人員如何溝通或問些什麼問題，以致

[28] 見該所網站：http://www.lifeanddeath.net/introduction/objectives/（上網時間：2011/5/12）。

[29] http://mail.nhu.edu.tw/~lifedeath/download/2009/09/course_institute.pdf，此處僅部分引述。

[30] 參見林綺雲、張菀珍等（2010）。《臨終與生死關懷》。台北市：華都文化。此書第五章專論「臨終者之溝通技巧」。根據Nussbaum, Jon F., Pecchioni, L. L., Robinson, J. D., & Thompson, T. L. (2000). *Communication and aging* (2nd Ed.). London, UK: Sage，死亡議題在傳播領域始終未見重視，直至1970年代才有零星討論。

[31] 《中國時報》（2010/05/28），記者林如昕、張翠芬報導，標題為：〈楊志良：癌末急救 浪費生命〉。

病人常在資訊不足情況下苦受折磨，親人眼見病人折磨也常有喪親之痛（bereavement），歷久無法釋懷（參見本書〔前言〕所錄之作者親身經驗）。

所幸「安寧照護」概念（hospice）業已成為眾多醫學護理學院課程重要內容，許多大學也將其設置為通識課程，旨在增加青年學子對生命教育之重視，體認「生命價值」所在，進而積極面對生命的圓滿善終。其引進台灣時間約在1980年代中期，係由護士／理師出身而後出國進修護理學的趙可式博士首將安寧照護代表的「緩和醫療」（palliative medicine）概念帶入並成立「財團法人中華民國（台灣）安寧照護基金會」，努力多時後立法院終在2000年6月公告通過「安寧緩和醫療條例」，讓全國醫院提供住院或居家安寧服務成為合法並有健保給付。[32]

法條中規定，「為尊重不可治癒末期病人之醫療意願及保障其權益，特制定本條例，……免除〔其〕痛苦，〔得〕施予緩解性、支持性之醫療照護，或不施行心肺復甦術」。此處所指之「末期病人」「指罹患嚴重傷病，經醫師診斷認為不可治癒，且有醫學上之證據，近期內病程進行至死亡已不可避免者」，而「心肺復甦術」則指「對臨終、瀕臨或無生命徵象之病人，施予氣管內插管、體外心臟按壓、急救藥性藥物、心臟電擊、心臟人工調頻、人工呼吸或其他救治行為」。自此，生前預立遺囑以求「善終」終能獲得法律保障，可算是台灣醫法學界近十年來最重要的人權保障法案。

事實上，世界衛生組織早已揭示了緩和醫療所需具備的八項原則：[33]

一、提供因病痛或其他不適症狀帶來之慰藉。

二、重視生命，視死亡為正常過程。

三、無意加速亦不延緩死亡過程。

四、整合心理與靈性層面的病患照顧。

---

32 見：http://www.tho.org.tw/xms/toc/list.php?courseID=14（上網時間：2011/5/13；下段添加文字出自本書作者）。

33 見：http://www.who.int/cancer/palliative/definition/en/（文字由作者自譯，上網時間：2011/5/13）。

五、提供支持系統協助病患盡力生活直至生命終點。

六、以團隊合作方式符應病人與家屬之需求（包括指定之傷痛諮商）。

七、增進生活品質並正面影響生病歷程。

八、可適用在生病歷程早期並與其他治療（如化療、放射治療）合用以延長生命，也包括其他診斷方式以瞭解臨床併發症狀。

　　整體而言，由於「安寧照護」引入台灣時間不長（僅25年左右），即便其尊重生命的想法理應受到重視，但概念發展至今仍與社會傳統禁忌多有扞格，常在醫療團隊、家屬、病患三者間形成溝通障礙，其推廣仍待更多生命教育之提倡。尤以安寧照護、「安樂死」（euthanasia）、自殺三者間的法律區辨以及人們是否擁有「死亡權」的倫理爭議至今未有標準答案，值得繼續探索，選擇死亡的方式、時間、告知（溝通）管道亦均有討論空間。隨著死亡知識愈形增多，未來或也將有更為多元與開放的思考內涵。

肆　臨終溝通

　　如前所述，老人多被視為與死神最為接近的年齡層，愈老愈是如此。老人卻也最忌談死亡，原因有幾：死亡總讓人覺得衰敗，因而談到死亡就如本書前述代表了不祥或衰弱；其次，一般人面對臨終者多感難以應對，不知如何是好。[34]

　　實際上，臨終（dying）與死亡（death）兩者意涵不同：前者代表了「過程」，包括呼吸漸弱、喘氣、身體漸趨僵硬等，而後者（名詞）則是事件（event），涵蓋了痛苦、孤單、強制性（intrusiveness，即難以控制）、損失等不快之感。

　　如前所述，台灣傳統社會面對臨終者常有眾多習俗，有些富有家庭為了轉移財產或避稅甚至長期隱瞞死亡時間、延緩下葬時間。一些意外死

---

[34] 引自 Nussbaum, Jon F., Pecchioni, L. L., Robinson, J. D., & Thompson, T. L. (2000). *Communication and aging* (2nd Ed.). London: Sage (p. 293). 該書第十三章專門討論「死亡與臨終」（death and dying）議題。

亡則涉及許多法律過程，包括檢察官與法醫之驗屍、死亡證明書之開立、宗教儀式等。後者（死亡）之因則是文獻經常討論議題（如歷年十大死因），而老人死亡肇因也常成為相關研究探索對象，包括自然死亡、意外死亡、喪偶後之孤單感等。

與老人之臨終溝通議題常涉及以下諸事：

第一，死亡方式（含自己選擇以及親友所述方式，兩者不盡相同）；

第二，如何告知自選之死亡方式（如預立遺囑或捐出大體）；

第三，臨終前的準備工作。

舉例來說，老人臨終前（無論係因年齡太老或身體衰弱而無法述明）如何與其討論身後之事常是家人禁忌。許多老人生前拒絕討論甚至提及此事，未能先立遺囑而致家人面對後事時難以抉擇，爭議不斷，遑論涉及巨大遺產分配時的法律問題。而老人未能事先述明除了前述之迷信理由（唯恐一旦提及「厄運」上身或是「禍延子孫」）外，最常見者就是老人們對自己身體深具信心，總覺得猶能多活一段歲月，沒有必要事先準備。

Glaser & Strauss曾經討論四種臨終情境，包括：老人與親友相互不曾溝通、兩者相互猜疑、雙方彼此猜忌、開放討論情境。[35]一般而言（至少以兩位作者撰文之1960年代而言），老人臨終前與親友間以相互猜疑情境最多，理由是「死亡」始終被認為是「危險話題」，唯恐提及就可能影響老人病情；而其結果就是雙方始終得表現的「若無其事」直至憾事發生。

但說與不說實見仁見智，只要出發點是善意就當沒有對錯。臨終溝通迄今仍是社會禁忌難以找到正確答案，得視當事人的意願仔細琢磨，找到適當時間切入方能取得老人與其親屬間的共識；稍不小心，雙方心結反可能造成終生遺憾。

美國老人傳播學者Nussbaum, et al.曾經引述醫師的建議或可參考：「是否說明病情端視病人的情緒與智識狀況」、「或視病人對病情知情多少」、「或視其還盼知道多少」、「也視病人何時發現醫師已知病況」、

---

35 Glaser, B. G., & Strauss, A. L. (1966). *Awareness of dying*. Chicago: Aldine. 引自同上註，pp. 296-7。

「並視病人願意接受病情的程度」、「更需注意病情對病人的意義」。[36]

　　實則臨終溝通常有賴醫師提供專業協助，兩者（老人與醫師）互動本就較其他年齡層來得多且密集（見下節）。另一方面，許多老人（或非老人）初次接觸死亡訊息時（即便只是警示）常採否認、拒絕或逃避態度，此時如能獲得信任醫師懇談與協助，較能度過臨終前的情緒掙扎而獲「好死」（good death）。

伍　老人與醫病溝通

　　延續上述，本節續論老人與病痛的關係。雖然前章說明了「老人並非衰敗」，但年紀大了難免病痛，其經驗實遠超過年輕人。許多老人每日最常做的事情就是去診所拿藥並與醫生護士打交道，長期奔波於家裡與醫院的路上。如美國老人傳播學者Harwood的著作即曾提及，該國75歲以上老人看病次數每年約為8次，而18歲以下年輕人僅有2.8次，相差三倍左右。對許多久病老人而言，吃飯的目的並非維持體力而是為了服藥（亦即吃飯後方能服藥）。[37]

　　台灣地區老人就醫率可以張菊惠針對高雄縣之衛生研究為例說明。[38]據她調查，該縣樣本中65歲以上老人（n=166）近六個月之就醫率約為72.9%，女性稍高。近一年住院率為18.7%，遠高於15-39歲的5.9%與40-64歲的8.8%；但老人之急診使用率12.0%則與其他年齡群接近。

---

36 同註34。

37 Harwood, J. (2007). *Understanding communication and aging: Developing knowledge and awareness*. Thousand Oaks, CA: Sage (p. 224).

38 張菊惠（2002）。〈民國九十一年國民健康促進知識、態度與行為調查——高雄縣衛生保健議題資料分析研究計畫〉。行政院衛生署國民健康局研究報告書 BHP-PHRC-92-013。http://www.bhp.doh.gov.tw/bhpnet/portal/file/ThemeDocFile/200801180406223990/%E6%88%90%E6%9 E%9C%E5%A0%B1%E5%91%8A%E2%80%9491KAP%E9%AB%98%E9%9B%84%E7%B8%A3%E8%A1%9B%E7%94%9F%E4%BF%9D%E5%81%A5%E8%AD%B0%E9%A1%8C%E8%B3%87%E6%96%99%E5%88%86%E6%9E%90%E7%A0%94%E7%A9%B6%E6%88%90%E6%9E%9C%E5%A0%B1%E5%91%8A.pdf（但該樣本可能無法推論至全台）。

另依行政院衛生署中央健康保險局提出的民國99年數據顯示，65歲以上老人占健保對象10.69%，門住診醫療利用共新台幣1,807億元，平均每100元門住診醫療費用有34元用於老人，且從民國85年到97年間老人醫療費用約成長169%，97年後則每年微幅上升。[39]

又據國民健康局2011年發布的調查結果顯示（資料為2009年狀況），近九成65歲以上老人至少有一種慢性病，五成老人甚至有三種以上慢性病纏身，以高血壓、白內障、心臟病最常見，醫療花費占了34%，等於健保每三元支出就有一元用來治療老人疾病。這項調查結果也發現，一成三男性老人、一成七女性老人有憂鬱現象，其最擔心的生活問題前三名分別是「健康」、「經濟來源」、「生病的照顧」。[40]

與其他年齡群相較，老人常不受醫生重視，這方面的研究已經累積許多。如Harwood專書所示，醫生與老人間的醫病關係有以下這些特色：

-- 醫生對老人病人說話時較對一般人更常帶優越感（condescend-ing）；

-- 醫生花在老人病人的時間較短；

-- 醫生詢問老人病人的問題較少；

-- 醫生對老人病人更常使用「權威」而非商量角色；

-- 醫生對老人病人較無耐性；

-- 與年輕些的病人相較，醫生與老人病人間常難針對病情達成共識；

-- 醫生常較未提供足夠醫學資訊給老人病人；

-- 老人病人與醫生間的醫學健康討論甚少發生（機率僅有3%）；

-- 醫生很少針對一些心理社會議題進行討論，如關係、生活情況、心情不舒服等，而當老人病人提及這些議題時也常被忽視；

-- 老人病人看醫生時也較少提出上述問題，即使當他們看醫生前口述

---

[39] http://www.cna.com.tw/ShowNews/WebNews_Detail.aspx?Type=FirstNews&ID=201107110058（上網時間：2011/7/12）。

[40] 摘錄自中國時報（2011/07/12），標題：〈新北市平溪區全國第一老〉，記者林金池、張翠芬撰寫。另據工研院針對兩岸50歲以上銀髮族之大規模調查顯示，兩岸長者最關心的健康問題皆是老花眼（見中國時報（2011/07/16），標題：〈多遠眺、熱敷，延緩老花眼報到〉，記者黃天如、實習記者黃子瑋撰寫）。

這些問題很重要，但一見到醫生也少觸及。[41]

而據前述張菊惠之調查，高雄縣老人就醫問診平均時間雖僅6.1分鐘，但與其他年齡層間無大差異。71.9%受訪老人表示醫生的確指導用藥方式、62.8%表示醫生有解說病情、45.5%表示醫生有指導如何預防生病保持康健。與其他年齡層相較，張菊惠發現有無解說病情的百分比隨年齡增加而遞減，如40-64歲為70.6%而15-39歲為78.8%。換言之，年紀愈大老人曾獲醫生解說病情的比率遠較其他年齡層來得低。[42]

上述老人醫病溝通的問題部分出自醫生，乃因醫學院雖已另闢「兒童醫學」專科，「老人醫學」單獨開課則猶少見。[43]台大醫院係於2006年成立「老年醫學部」，藉此整合各科醫師協同護理、社工人員、營養師、物理治療師、職能治療師、語言治療師、呼吸治療師、藥師、心理師、病患服務員等建立「老年醫學照護團隊」，可謂開風氣先河。其網頁資料顯示，老人常有多重慢性病問題，且常合併其他功能如步態不穩、尿失禁、憂鬱、認知功能退化及體重減輕等老年症候群，因而以「整合性全方位照護計畫」為老人「量身打造」將可提供更優質的老人就醫及照護環境。[44]

但如Harwood專書所示，老人醫病障礙不盡然出自醫術不良，而係導因於醫生或護理人員對老人之負面形象，因而產生如前章所述之優越感或施惠現象等語言偏差（見第二章）。最常見的醫病溝通障礙常發生在醫生問診時避開老人病人當事人而逕問陪伴者，故意忽視其存在（這點在許多

---

[41] 同註37，頁225。

[42] 同註38。

[43] 台灣「老年醫學會」於1982年7月10日成立，會員共有1,601人，致力於推動老年醫學及相關科學之學術發展及應用，包括甄選與訓練老年醫科專科醫生。另國家衛生研究院已成立「老年醫學研究組」，未來或將老年醫學列入醫院評鑑項目（亦可參見本書第一章）。出處：http://www.tagg.org.tw/DOWN/%E6%9C%83%E8%A8%8A/ 53%E6%9C%9F/% E9%82%81%E9%80%B2%E4%B8%AD%E7%9A%84%E5%8F%B 0% E7%81%A3%E8%80%81%E5%B9%B4%E9%86%AB%E5%AD%B8%E6%9C%83(%E6%88%B4%E6%9D%B1%E5%8E%9F).pdf

[44] 本段文字改寫自：http://www.ntuh.gov.tw/gero/2010_10/%E9%A6%96%E9%A0%81. aspx。根據網路資料，其他醫院如台中慈濟醫院、嘉義基督教醫院老人醫學科、中山醫學大學附設醫院等亦設「老人醫學科」，但始建時間不詳。

殘障者溝通研究中也常發現）或對老人的嘮叨提問感到厭煩而以不耐語氣打發。[45]

另一方面，許多老人卻是溝通問題的「肇始者」：他們或拒看醫生、拒到醫院、盼望身體不適「自己會好」，或拖延時間使得病情加劇進而增加了醫治的困難度。又因許多老化現象導致身體器官同時趨弱，醫療複雜度遠逾一般年輕人（如服藥種類與次數大增），但老人們記憶力又常減退，因而遵從醫囑定時服藥成為最大挑戰，定期到醫院回診並與醫生討論病情也常是照顧家屬最為難處。

總之，老人聽力減退、口語能力減退（見第二章討論），對自己身體的掌握能力遠不如年輕時期，因此透過家屬或陪伴者告知醫生而後獲得治療並非「坦途」，常易引起醫病間的溝通障礙。

陸　結論與檢討

老人與生命現象（生老病死）的溝通問題過去鮮少受到重視，無論理論與實務皆然，然而隨著社會風氣漸開，國內外均漸有人提倡以正面、積極、樂觀態度面對死亡。即便如此，瞭解死亡、尊重他人、開放溝通雖一向是我們篤信的人際互動方式，但考量每個人所受傳統教育不同、信仰不同、教育程度不同，在在都影響其對死亡與臨終方式處理之溝通意願；即便親如父母或祖父母，進行生命溝通時仍應審慎。

反過來說，對「死亡」的信念似應從年輕時期就開始建立，學習常在「如果明天我不在了」前提下思考未來如何面對死亡，從而珍惜現有生命。唯有年輕時就已建立積極面對現世的生命觀，老時才能享受生命並理解人生意義。

在結束本章討論前，或可介紹英國BBC於1998年推出的《人的身體》

---

45 同註37。Harwood稱此現象為醫病溝通的「第三者」現象（triadic encounters），指陪伴老人看病之親人常扮演第三者角色協助說明病情、回答醫生診問，但也常因其越俎代庖過分熱心而產生負面效果，讓病人誤以為其與醫生站在同一陣線，剝奪了病人自述病情的權力，是為「傳播奪權」現象（communication disenfranchise）。可參見本書第二章討論。

（the human body）紀錄片中的一集以貫穿本章所述。此片共有七集，首次播映時間為該年5月20日，由醫學科學家Robert Winston教授主述，旨在討論從生到死的人體機能與情緒變化，號稱是「首次針對人類生物所拍的電視系列」。此片拍攝耗時兩年，使用了多種描述方式，包括以內視鏡及電腦繪圖透視體內器官，並以延時攝影技巧拍攝毛髮與指甲成長，播出後曾獲多項獎項但也爭議不斷。[46]

其後，BBC又推出特別報導，主旨為"the body closes down"（直譯《身體停止》或譯《生命終了》），係以一位居住愛爾蘭的德國後裔人士Herbie為主角，敘述其在診斷出患有無法進行手術的胃癌後如何度過餘生。醫生原認為Herbie僅有兩個月壽命，但在BBC進行拍攝時卻活了一年。Herbie自承，為了讓其他人瞭解如何可以盡力活過人生最後歲月始才同意BBC拍攝自己的瀕死歷程。

在這段片長7分11秒的紀錄片裡，[47]Herbie死前掙扎於癌細胞的侵蝕，呼吸急喘極度痛苦，隨後其他器官一一停頓直至最後，享壽63歲。主述者Winston教授相信Herbie死前仍舊有知，但因腦部缺氧造成視覺細胞發炎而無法觀看四周，身體則不斷發出類似鴉片的物質對抗痛感因而造成幻覺，彷彿無知。

由於Herbie生前曾經接受安寧治療故未施以插管或其他積極性侵入醫療行為，係在鄰居與妻子陪伴與唱歌聲中逐漸走完人生，其妻僅稱「他已無所病痛，誠然解脫」。Herbie生前遺囑將其骨灰灑在庭園，並盼鄰居皆能前來參加葬禮並將他留在記憶。影片最後，Winston教授特別旁述，「生命常留我心，而組成人類身體的原子則將再次循環，進入永無停止的從生到死輪迴」。[48]

整體而言，此片所欲達成的目的當在描述「死亡並非瞬間發生的事

---

[46] 取材自Wikipedia有關the human body之說明（http://en.wikipedia.org/wiki/The_Human_Body_(TV_series)；上網時間：2011/5/13）。

[47] http://www.youtube.com/watch?v=HZL88Xl0-DI&NR=1或關鍵字：Human body - Death。

[48] 此處有關Herbie紀錄片之簡述出自：http://news.bbc.co.uk/2/hi/health/120409.stm；上網時間：2011/5/13。

件」而是漫長且痛苦的歷程，無人知曉最後吉時為何，也難以判斷何時得了餘生，一切順其自然最佳。而軀體雖已遠去，精神仍可停留，愛心也可常在，伴隨餘人化為庭園塵土永不離去。

此一觀點恰與本章從「模控學」談及生死溝通之意圖相近：人生雖如機器必然有死亡之刻，但無須視其為「直線」由生趨死，而應以「再生」與「成長」角度不斷超越原有生命路徑，進而開創優質老年並與周遭世界共融共生，無視於人生枝節而應戮力於追求自我完整性。

最後，本章篇幅有限，諸多相關議題尚未觸及者眾。舉例來說，大眾傳播媒介應否討論死亡議題即屬其一。2011年5月英國BBC再次以「人體奧秘」專輯播出84歲高齡癌末患者死亡紀錄片，完整呈現其步向死亡過程。此片播出後亦如Herbie影片，隨即引發高度爭議，如Care Not Killing慈善組織即批評BBC「死亡乃私密之事，就算立意良好仍不該在電視播出」。BCC發言人則反駁稱，「死亡在人生歷程中，至關重要，……有助於大眾瞭解那一刻人體的真實情況」。[49]

然而為何電視媒體不該播出死亡鏡頭？如一般電視新聞報導涉及死亡事件時均以馬賽克處理以免觀眾感到「不適」，為何觀眾面對死亡鏡頭時感到「不適」？文字描述死亡意外時是否亦應有所遮掩以避免過於「直接」？如何遮掩？哪些死亡事件最應遮掩？如自殺、車禍、地震等天災人禍是否均應避諱，而自然死亡者是否當亦比照辦理？面對喪家，電視新聞鏡頭是否也應避免直拍？相關倫理議題眾多但過去透過學術研究尚少討論，值得思量。[50]另如家裡長輩如何面對喪偶（子）之痛過去亦少觸及。或當長輩喪偶後有意再娶或再嫁，此事如何透過溝通獲取圓滿結果，亦屬較新話題。

由此觀之，年輕人與父母或祖父母間除了血緣關係外，如何彼此互視對方為生命個體而理性溝通，皆屬亟需探索的重要議題。換言之，「生

---

49 引自《中國時報》，2011/5/13 A16版國際新聞，標題：「播出死亡紀錄片，BBC惹爭議」，譯者林育珊。

50 參見：鄭郁欣、林佳誼、蔡貝侖（2008）。《探究新聞倫理》。台北市：韋伯文化。（原書：Sanders, K. [2003]. *Ethics and journalism*. London, UK: Sage.），尤其第八章。

命/死溝通」應是每個人皆須透過學習方能成長的人生道理，而其學習對象不僅限於書本知識，凡家族長者、學校師長、宗教團體均有可資效法處，藉此方能建立自己的「生命/死觀點」進而影響日常處事之道、學習方式、人際互動、人生態度、家庭關係，也是每個人建立自我知識觀、愛情觀、身體觀、宗教觀之來源所在（見〔圖7.1〕）。

透視自己的生命觀此事關係重大非同小可，可歸納為本書所欲傳達之「老人與傳播」核心義理，無論是年輕人、老人皆當時有所感常加討論以免憾事發生。

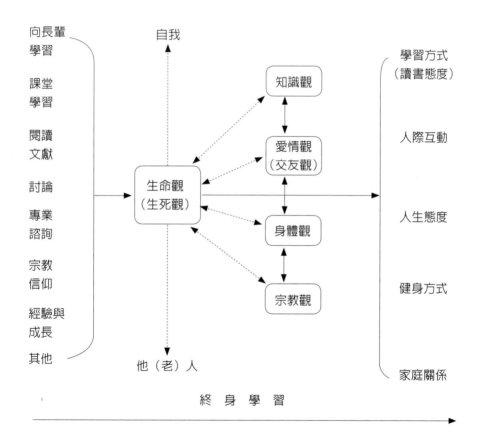

圖6.1：生命觀與自我的關係
來源：本書作者。

作業

1. 請閱讀《讓日子多一點生命：安寧病房的美味大廚》[51]並撰寫
   閱讀心得，或觀賞《送行者：禮儀師之樂章》影片並撰寫觀
   賞心得。

2. 請以自己70歲生日感言為例，試寫對未來之期許（文長不
   拘）。

延伸問題與討論

1. 你參加過親人葬禮嗎？觀察過葬禮儀式與一般日常生活有何不同？

2. 你自己想過未來要如何預替自己或親人舉行葬禮？為何採此方式？

3. 你會預立遺囑嗎？內容可能涵蓋哪些面向？

4. 你陪過長輩（祖父母）看病嗎？注意到他們與醫生間的互動溝通有何
   特色？與自己的醫病溝通方式有何不同？

5. 你注意過報紙上的訃文嗎？裡面都如何描述死亡？

---

51 唐薇譯（2011）。《讓日子多一點生命：安寧病房的美味大廚》。台北市：時報
出版。（原書：Schipper, D. [2010]. *Den Tagen mehr Leben geben: Über Ruprecht
Schmidt, den Koch, und seine Gäste*. Bastei Lübbe GmbH & Co.）

Part 2

研究篇

第七章

老人新聞與時間敘事*

* 本章初稿曾刊載於《新聞學研究》，第83期（2005年4月號），頁1-38。原標題
  為：〈新聞報導與時間敘事——以老人新聞為例〉，內容業經再次調整。

本章提要

　　由於老人說故事經驗較豐，其與時間之互動應有特殊象徵意義，此類新聞報導因而可能對敘事與時間的關聯提供某些啓示，而以老人作爲新聞報導與時間敘事之討論對象亦應有益於新聞理論之建立。本章因此提出「時間敘事」之相關理論提案，將其暫分爲「一般時間敘事」、「老人之時間敘事」、「新聞報導之時間敘事」、「老人新聞報導之時間敘事」等四項，藉以顯示老人成爲新聞主要行動角色之可能時間敘事內涵。

學習重點

1. 前言：研究背景
2. 理論背景：時間、敘事、新聞
3. 新聞與時間的研究途徑——以老人新聞報導為例
4. 理論提議：老人新聞與時間敘事的可能連結
5. 結論與檢討
6. 作業、延伸問題與討論

壹 前言：研究背景

　　「時間」為何？新聞報導與時間有何關聯？不同類型之新聞報導呈現了何種不同「時間觀」？新聞報導如何透過鋪陳「時間」而建構了社會現象之因果關係？而這些因果關係又如何與新聞報導之時間安排呼應？以上這些問題一向是新聞學較少觸及之研究議題，但其重要性不言可喻。

　　其他學門（如歷史學、人類學、文學）過去均曾透過不同角度探索「時間」對人們生活之影響或作用，但理論意涵尚嫌譾陋，常武斷地假設了敘事內容所呈現的社會現象即等同於真實世界，因而忽略時間或僅是真實生活之「場景」（contex），習由敘事者（如小說家、劇作家、歷史學者等）在寫作文本中更動、變造、扭曲藉以凸顯或加強故事情節之張力，使其所述內容遠較實際情事更具吸引力。因此，社會事件發展邏輯與作者或讀者所認知之時間流程不必然等同，甚可謂之經常不同。

　　新聞報導一向視作客觀（真實）論述體裁，但其寫作格式亦屬文學敘事手法應已漸無疑義，「新聞即說故事」（news as storytelling）近來亦是研究者與實務工作者皆可接受之說法。[1]其所彰顯之意義在於，即便一般純淨式新聞報導必須忠實反映客觀社會事件之真相，但其論述文本仍得運用敘事手法，因而與其他文體（如小說、戲劇）同樣須就社會事件之故事結構、情節變化、主角角色、因果關係重加安排，也就必然廣泛使用時間詞彙以鋪陳場景，適當地呈現事件發生之前後「次序」、「強度」與「頻率」。[2]

---

[1] 見Berkowitz, D. (Ed.)(1997). *Social meanings of news: A text-reader*. Thousand Oaks, CA: Sage (Part 3)，原出自：Bird, S. E. & Dardenne, R. W. (1988). Myth, chronicle, and story: Exploring the narrative qualities of news. In J. W. Carey (Ed.). *Media, myths and narratives*. Newbury Park, CA: Sage.

[2] 此三概念皆出自法國學者G. Gennet，見廖素珊、楊恩祖譯（2003）。《辭格III》。台北：時報文化。（原書：Genette, G. [1972]. *Figures III*. Paris: Editions du Seuil.）；張方譯（1997）。《講故事：對敘事虛構作品的理論分析》。新北市板橋區：駱駝。（原書：Cohan, S., & Shires, L. M. [1988]. *Telling stories: A theoretical analysis of narrative fiction*. New York, NY: Routledge.）

本書作者稍早曾發現新聞內容充滿時間性語彙，[3]即如Kress所言，「〔新聞〕語言充滿了時間的表現」，[4]新聞文本因而可謂是由時間詞句堆砌而成的真實再現結果。換言之，新聞工作者（記者與編輯）藉由使用不同時間詞彙及對這些詞彙進行不同次序之段落安排，進而展現了詮釋、轉換、再現真實事件的撰述工作，但其報導內容與真實世界的實際發生時間流程未必等同或一致（見〔圖7.1〕）。

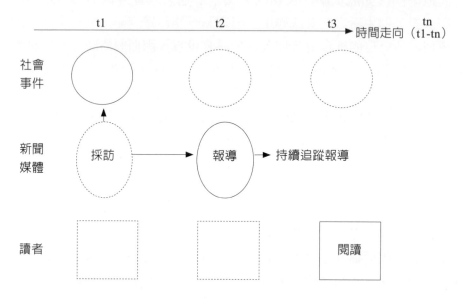

圖7.1：新聞報導可能涉及之不同時間點*

*圖7.1旨在顯示，新聞報導呈現社會事件涉及之再現時間與一般讀者之閱讀時間不同，亦與事件發生之時間點不同（SNG現場連線則屬例外）。一般而言，讀者閱讀新聞之時間晚於事件發生時間，亦晚於新聞撰述之時間，三者（社會事件、新聞報導、讀者閱讀）間之時差（如上圖之t1, t2, t3, tn）即屬新聞敘事理論探討重點所在。出處：如註3。

---

3 臧國仁、鍾蔚文（1999）。〈時間概念與新聞報導──初探新聞文本如何使用時間語彙〉。《新聞學研究》，第61期，頁137-178。

4 Kress, G. (1996). Social processes and linguistic change: Time and history in language. In Cobley, P. (Ed.). *The communication theory reader*. London, UK: Routledge (p. 299；括號內語句出自註3).

　　如〔圖7.1〕所示，新聞報導內容實則涉及了十分複雜的時間再現流程，係將發生於不同時間點之事件加以串連以呈現意義。舉例來說，前述如註3所引兩篇新聞稿無論在時間段落、詞彙分布、詞類型態上都顯現了不同報導形式：〔個案一〕為一則醫藥分類新聞，內容偏向政策宣示，報導內容觸及過去施政成功與失敗經驗並預估未來成效，因而時間段落之安排較為緩和並具持續性，散布於過去、現在、與未來之間，使用之時間名詞有「昨天」、「昨天下午」、「前天」、「下週一」等，動詞則如「進行」、「完成」，副詞如「暫時」、「直到」、「屆時」等。[5]

　　〔個案二〕則係自強號列車衝撞砂石車之突發新聞，時間段落集中且起伏劇烈，大量使用動詞或時距（time-span）較短名詞與介詞，如「6時45分」、「20秒」，副詞如「立即」、「立刻」、「屆時」、「當場」，介詞如「在」、「並」等，顯與讀者閱讀新聞時之「現在」（presentation）[6]感較為逼近，對歷史脈絡與未來發展則少觸及，正是Bell所稱，「新聞追求即時性的結果……業已縮短了事件與論述間的距離，力求展現事件於實際〔發生〕時間」。[7]

　　整體來說，如註3之分析引用兩個呈現了不同時間報導形式之個案，詞彙選用亦有差異，但兩者究係因選用新聞詞彙造成不同報導形式，或因不同報導形式而致選用不同詞彙則尚難臆測。由內容觀之，〔個案二〕先行預設了突發事件與讀者之「即時性」（timeliness；即預知讀者有興趣知道一件發生不久前的車禍意外），因而在文本中大量使用「短促有力」且「時距較密」之時間詞彙。反觀〔個案一〕屬施政宣示之報導，記者預設讀者理應透過該報導瞭解醫藥分類之「來龍去脈」，因而廣泛地說明背景與未來走向，採用之時間詞彙就較複雜且偏向非倒寶塔之敘事形式。

　　然而讀者是否也能清晰感知記者採用之不同時間詞彙？如當電視新聞記者以SNG連線時常以「記者現在所在的位置在……」提醒「這是現場報

5　此二個案之差異或可凸顯一般即時性報導（個案二）與非即時性新聞（個案一）之敘事方式差異。

6　此一詞彙出自Bell, A. (1995). News time. *Time & Society, 4*(3), 305-328。

7　同上註，頁306；添加語句出自本書。

導」，觀眾是否能從攝影棚內主播之播報體會現場連線之即時性？他們爲何得以或無法感知？除了倚賴新聞工作者選用不同時間詞彙外，讀者能否或曾經發展出「時間感知能力」協助閱讀或觀賞新聞報導？這種「時間感知能力」如何發展或如何獲得、可否學習？其所感知之「時間觀」與記者撰述新聞報導文本之「時間觀」是否吻合？[8]而在平面與電子媒體的不同報導形式中，新聞時間詞彙的提供與感知能力是否相同或不同？[9]

　　嚴格來說，我們迄今對上述有關讀者如何「閱讀」新聞時間所知仍少，[10]遑論其接收電視新聞的時間感知能力。有關時間的討論固在物理學（如愛因斯坦的「相對論」）[11]與哲學（如海德格「存在與時間」概念）[12]等領域廣受重視，但人們如何感知、體認時間則係生物學家與神經學家近期始才發展的研究興趣，嘗試解釋人們爲何對單調事物覺得「度日如年」卻對愛慕者相處常感「韶光似箭、日月如梭」。或者，大腦「生物時鐘」究竟如何處理「時間感」或「時間觀」？除對「自然時間」（如春夏秋冬）、「社會時間」（如上下班、約會）、「鐘錶時間」（如2004年、9月1日等）有所感知外，[13]人們究係如何清楚辨認敘事文本（如小說、新聞、漫畫）傳達的時間論述呢？[14]

　　上述問題現均少文獻探究，使得「社會事件」（客觀時間）、「新聞時間」（文本時間）、「閱讀時間」（閱聽眾主觀感知時間）三者之關聯

---

[8] Marriott, S. (1995). TV discourse and 'time-space distanciation': On mediated interaction in modern society. *Time & Society, 4* (3), 329-345.

[9] Schokkenbroek, C. (1999). News stories: Structure, time, and evaluation. *Time & Society, 8*(1), 59-98；亦可參見註6。

[10] 見《科學人》（2002年9月）。〈問，時間爲何物？〉時間專輯。台北：遠流。

[11] 童元方譯（1996）。《愛因斯坦的夢》。台北市：爾雅。（原書：Lightman, A. [1993]. *Einstein's dreams*. New York, NY: Pantheon Books.）

[12] 王慶節、陳嘉映譯（1990）。《存在與時間》。台北市：桂冠。（原著：Heidegger, M. [1962]. *Being and time*. Oxford, UK: Blackwell.）

[13] 夏春祥（1999）。〈論時間──人文及社會研究過程之探討〉。《思與言》，第37期，頁29-72。

[14] Freeman, M. (1998). Mythical time, historic time, and the narrative fabric of the self. *Narrative Inquiry, 8*(1), 27-50.

迄今難以釐清，但其重要性卻值得深究：其一，社會事件不斷發生，但新聞媒體所能選用刊出之報導有限，因而必須發展某些組織常規並善用傳播科技（如電視之SNG或衛星轉播設備）始能處理有限空間（如平面媒體）與時間（如電子媒體），因此「即時性」早已成為媒介組織重要新聞常規。其二，這些組織常規雖與媒介自身運作程序有關，但仍難跳脫所處社會文化影響，因此不同媒介在不同社會常具不同組織常規（如台灣電視新聞特喜SNG現場連線報導而與美國媒介不同）。[15]換言之，媒介常規經常受到所處社會環境影響，使得新聞組織一方面在報導文本內建構出了特定時空環境（如災難新聞多以時間詞彙凸顯意外事件之突發性質），另一方面卻又受其所創造的社會時空環境影響（如為了新聞競爭搶發突發新聞而造成SNG濫用），兩者互動密切。

　　本文旨在根據現有文獻檢討與新聞時間敘事有關理論概念，藉此建議研究議題及途徑，並以老人新聞為例試圖凸顯其所傳達之特殊時間情節。本文認為，傳播學門過去甚少討論新聞與時間之關聯性，以老人作為新聞報導與時間敘事之討論對象應有助於新聞理論之建立，協助理解時間如何與新聞敘事文本產生互動關聯。

貳 理論背景：時間、敘事、新聞

一、有關「時間」之基本理論[16]

　　有關時間概念之相關討論實可謂「汗牛充棟」，散布各社會、人文、自然學科，如哲學、人類學、社會學、語言學、歷史學等過去皆曾出版專書討論該領域與時間概念之關係，也都承認其內涵難以掌握。如早在先民

---

15 唐士哲（2002）。〈「現場直播」的美學觀：一個有關電視形式的個案探討〉。《中華傳播學刊》，第2期，頁111-144。

16 本節討論部分修改自臧國仁（1999）。《新聞媒體與消息來源——媒介框架與真實建構之論述》。台北市：三民（第三章）以及同註3。

時期的中國神話故事就曾推論「時間」乃係大自然運轉有關的週期活動（常稱此爲自然時間或natural time），《山海經》中的「夸父逐日」神話、莊子之謂「命不可變，時不可止」、論語中之「逝者如斯夫，不捨晝夜」均是中國人早先具有之「二元性時間觀」，一方面認爲時間有其實體（客觀）意義，代表了天時或自然之變動，另則有其複雜性，乃人命（主觀）難以忖度之天道。[17]

然而時間固與大自然之運轉法則有關，既難觀察也難接近，但多年來人們早已據其擬定了社會規範而「依時行事」（如「黎明即起、灑掃庭院」），此即一般所稱之「鐘錶時間」（clock time），與日常生活關係密切。此外，不同社會文化又分別依其特殊習慣建構所謂的「社會時間」（social time），透過不同傳播管道建立了普遍可被接受的時間觀，如古典小說中的「彈指須臾間」、「一盞茶」、「一炷香」、「月移花影動，疑是玉人來」、「春宵苦短，時過境遷」、「假以時日」等文句在古代中國社會均曾是人們表達時間變化緩慢或快速的語詞。

至於時間概念之研究方式，過去文獻大致依循上述客、主觀之說法而有「A理論」（A-Series，或「A系列」）與「B理論」（B-Series，或「B系列」）：[18]前者認爲時間客觀存在、持續流動、不可停止、無法分隔、不斷流逝也永遠變動，稍縱即逝，反映了秩序性（或次序）之行爲，也就是「X在Y之前的因果關係」；[19]在此理論中，「現在」介於未來與過去間相互貫通但無法捕捉。關永中因而歸納A理論之四項特質，即時間是編年的、歷史（或世俗）的、不可倒流的、個別的（即每秒均爲獨特且單一個

---

[17] 此一名詞出自王建元（1991）。〈現象學的時間觀念與中國山水詩〉。鄭樹森主編，《現象學與文學批評》（頁171-200）。台北市：東大（再版）。

[18] 見廖祥雄譯（1991）。《映像藝術》。台北市：志文（中譯二版）。（原書Zettl, H. [1973]. *Sight, sound, motion: Media aesthetics*. Belmont, CA: Wadsworth.）

[19] Adam, B. (1990). *Time and social theory*. Cambridge: Polity Press (p. 20). 此文第一章曾追溯A、B理論之起源係來自1927年英國哲學家McTaggart之分類，見McTaggart, J. M. E. (1927). *The Nature of Existence*, vol. II, book V. Cambridge, UK: Cambridge University Press.

體）。[20]

　　B理論（如尼采的時間循環論）[21]則認爲時間可測量、可逆轉、可操控也具循環週期，如在電影製作人或敘事體小說作者安排之情節中，任何角色之一生均可來回穿插，或倒敘、或前瞻。Epstein亦謂，「電影就像是一塊點金石，具有轉化物質的力量，但這神奇力量的秘密其實很簡單，它來自改變時間的長度及流向的能力」。[22]Armes因而讚嘆：「電影可以像夢或想像一樣，將時間性玩弄於股掌之間」，[23]亦即電影根本可說是「玩弄時間」的把戲。

　　這些說法大都延續了B理論研究者對時間主觀性的看法，強調「現在」涉及了人的情感狀態，其持續或長短完全出自主觀感知，事件發展的「因」與「果」也隨之失去必然關聯。這種觀點與前段所引極爲不同，因A理論強調「現在」乃從過去到未來間不斷流逝、刹那生滅、一去不復反的運動狀態，無法回顧也難以改變流向。如電視新聞之SNG現場連線轉播就是A理論的形式（與前述電影手法不同），每個電視畫面（格）反映出來的瞬間都屬無法喚回的「現在」狀態。

二、時間與敘事

　　延續上述有關時間概念之討論，敘事論者過去亦曾嘗試區分「故事時間」（storyline or story time）與「文本時間」（text time；或稱「敘述時間」），認爲後者受限於文字語言表達特性而多只能單向進行（類同客觀時間），但前者（故事時間）卻可呈現多面向結構。[24]兩者之距或可用「錯

20 關永中（1997）。《神話與時間》。台北市：台灣書店（頁117-8）。

21 見Rimmon-Kenan, S. (1983). *Narrative fiction: Contemporary poetics*. London, UK: Routledge (p. 18).

22 引自劉俐譯（1990）。《電影美學》。台北市：遠流。（原書：Betton, G. [1983]. *Esthetique du cinema*. Paris: Presses universitaires de France.），頁21。

23 張偉男譯 (1988)。《現代電影風貌──電影與眞實》。台北市：志文。（原書：Armes, R. [1974]. *Film and reality: An historical survey*. Harmondsworth, UK: Penguin），頁252。

24 同註21；另見Chatman, S. (1978). *Story and discourse: Narrative structure in fiction and*

時」（anachronism）一詞代稱，包含兩種基本類型，一為回敘，指「回到先於被敘事時間之前的某個時間」，另一為預敘，指「跳到了事件的前頭卻仍然發生在故事序列之中」。[25]電影敘事最為擅長此類手法，有時以「順時間敘述」出現，但中間插入「閃回」（指先出畫面但聲音還是現時）或「閃前」（指先出舊時某場面聲音但畫面則是現時）等打亂時間順序的手法，[26]此乃因電影的時間效應可由畫面、場面、音樂、對話等分別造成，較之小說敘事更為多樣、複雜、錯綜。

Rimmon-Kenan則稱此差距為「假時間性」（pseudo-temporality），認為這是敘事體極為重要的語言工具，只有透過兩者之差距方能建立故事與文本間的關聯性。[27]Wellek之早期巨著亦曾說明文學常被形容為「時間藝術」，乃因敘事或故事皆出自時間演變，或可謂之「故事即時間」。[28]而小說此一最具敘事內涵的文體也是「嚴守著時間」軸線發展劇情，如著名之《戰爭與和平》即完全從一個人的出生、成長以至老死發展陳述其性格更迭，藉此描繪整個社會的演變及家族的演進或衰敗。

相關文獻對「敘事文本」與「時間」討論最為著稱者首推法國社會學家P. Ricoeur之三卷巨著*Time and Narrative*。[29]在第一卷中，Ricoeur分由奧古斯丁的《懺悔錄》及亞里斯多德的《詩學》討論時間起源及其與敘事的關係，如回溯《懺悔錄》十一書之名言，「上帝創造天地之前做些什麼？」進而提出「對上帝來說，只有不變的永恆，沒有時間」，乃因時間存於人們心中，是人類感知後的產物：過去事物的現在叫做「記憶」，現在事物的現在是「直覺感覺」或「注意」，將來事物的現在則稱做「期望」，而真正的「現在」只發生在極為短暫的「瞬間」（point-like

---

film. Ithaca, NY: Cornell University Press.

25 同註2，頁92-93。

26 此二名詞均出自姚曉濛（1993）。《電影美學》。台北市：五南（頁129）。

27 同註21。

28 王夢鷗等譯（1992）。《文學論》。台北市：志文（再版）。（原書：Wellek, R. [1948]. *Theory of literature*. New York, NY: Harcourt, Brace & World.），第十六章。

29 Ricoeur, P. (1984). *Time and Narrative* (vols. 1-3). Chicago, IL: University of Chicago Press.

instant），難以測量。

　　既然如此，我們如何度量或感知不存在的時間呢？如果我們不知時間為何，又如何能說「很長的時間」，或以比較短的時間來量度比較長的時間？Ricoeur認為，我們其實是透過「摹仿」（mimesis）或「表演」來掌握時間。此處Ricoeur借用亞里斯多德《詩學》的情節概念討論敘事（摹仿）與時間的關係，強調詩人的職責不只是描述已經發生的情事，也根據可然或必然原則描述可能發生的事情；情節既如上述在於摹仿行動，其內容就須單一且完整。換言之，情節須結合不同事件細節並轉化為行動，此一過程且應嚴密，使得挪動或刪減任何細節都會造成整體鬆裂或脫節。再者，行動在整體敘事架構中的地位也須清晰，乃因不同行動的組合即發展出不同時間結構而非反之。[30]

　　由此Ricoeur展開其最為著名之理論假設，試圖連結人們經驗中的時間觀與敘事活動，強調「時間與敘事的關係乃屬『健全之循環』：時間透過敘事之表達而顯現人性；反之，敘事透過時間經驗的描述產生整體意義」。[31]Ricoeur認為，情節的結局並非因果推論的結果，終結之意乃在表示整體意義已臻完整無須再予增添任何其他描述；敘事中的時間觀乃由主角行動構成，不同之行動者產生不同時間流動。

　　Ricoeur接著提出「摹仿$_1$」（mimesis$_1$）、「摹仿$_2$」（mimesis$_2$）、「摹仿$_3$」（mimesis$_3$），分別代表實際生活經驗世界的結構（「摹仿$_1$」）、作者建構的文本情節（「摹仿$_2$」）、讀者接收文本之情節結構（「摹仿$_3$」），就此建立了其連結真實世界、文本、讀者三者的時間理論架構（可比較本章〔圖7.1〕之新聞報導不同時間點），完成奧古斯丁及亞里斯多德等先賢未竟之功：「我們透過〔文本提供的〕時間結構連結了〔生活世界所〕預設的時間命運，〔從而〕獲得〔感知的〕後設時間」。[32]

---

30 此節討論曾受惠於國科會「新聞報導與時間論述」專題研究助理余炘倫等同學之意見，特此致謝。
31 同註29，引自頁3, 52。
32 同上註，頁54（添加語句出自本書）。

　　依Ricoeur之見，以上三者又以「摹仿2」最為關鍵，乃因其居於真實世界的「預設結構」（preconfiguration）與接收者的「再設結構」（refiguration）之間，以其文本結構（configuration）將行動之來龍去脈以符號鋪陳因而建立了各角色間的互動意義，有時甚至重建時間次序，有時則再造因果關係；此種「居間」（mediating）工作就可謂是敘事者（如新聞工作者）的符號文本任務所在。

三、時間與新聞敘事

　　至於新聞敘事體，Altheide曾發現新聞人員為便於報導往往以說故事方式將社會事件自發生背景脫離出來（此稱「去情境化」decontexualization），再以自己所認定與感知的內容將此事件與其他社會意義連結，因而產生新的情境意義，或稱「再情境化」（recontextualization）。[33]這種說法與上述Ricoeur提出之文本「居間」功能接近，凸顯了新聞媒體之傳統中介敘事角色與功能。[34]

　　Vincent 等人則曾以敘事理論為基礎分析電視新聞報導飛機失事時的特殊說故事結構：[35]第一天慘劇甫發生，新聞報導多以低調方式描述失事現場，旨在介紹受難者之悲慘命運。第二天試圖建構故事神秘情節，提出各種可能但不確定的肇事原因，揭示失事悲劇的背景與面向，因而提供了新聞故事的「延續性」。最後，第三部分的新聞內容在於建立「重回正常生活」情節，透過訪問官方機構或其他目擊者歸納事件發生始末，隨後提出建議解決方案，完成重建社會大眾信心的任務。

　　作者們認為，電視新聞記者經常使用這類敘事手法與故事建構策略來創建對事件的「真實、立即」戲劇化描述，時間的重構在新聞報導文本中

---

[33] Altheide, D. L. (1974). *Creating reality: How TV news distorts events*. Beverly Hills, CA: Sage，並可參見Altheide, D. L., & Snow, R. P. (1979). *Media logic*. Beverly Hills, CA: Sage (p. 90).

[34] 本節部分文獻改寫自註16，臧國仁，1999，第三章。

[35] Vincent, R., Crow, B. K., Davis, D. K. (1989). When technology fails: The drama of airline crashes in network TV news. *Journalism Monographs*, No. 117.

因而扮演重要功能。Schokkenbroek同意此一說法，認為新聞敘事的特色即在以時間次序手法連結一個以上的事件並使其產生前後關係。[36]

黃新生則強調新聞敘事之內涵包括了對時空要素的控制，[37]如以快動作影片表達「追趕」或「幽默」之意、以慢動作表示「柔和」與「親切」，而以正常動作提供「客觀」報導的背景，藉此改變事件的原始時間結構，因而也重建了事件發生的原委。Bell有關新聞語言的論述研究亦曾指出，[38]不但軟式新聞（soft news）可能包含上述時間結構，即連突發新聞（spot news）亦可能以與傳統個人敘事節奏不同的時間次序寫作，如一般慣稱的「倒寶塔寫作」（inverted pyramid）就是最佳例證。但是Bell認為記者撰寫新聞時喜以自己認定的角度界定「故事時間」或在報導中採用多種情節時間，忽略了讀者的閱讀習慣，因而容易造成新聞「時差」或時距。

Tuchman 曾以「時間」為例討論新聞組織常規，[39]認為傳統新聞價值受到時間觀念影響甚鉅，如截稿的設限、新聞「快」報的發布、對「突發」新聞的重視、廣播與電視新聞的鐘點播報以及為配合消息來源上班時間所發展的獨特新聞工作節奏（如為了應付週日放假而預先撰寫存稿），在在都顯示時間概念在新聞行業中有其特殊意義，影響例行新聞的蒐集與寫作工作。Schlesinger 甚至因此指稱新聞事業反映了一種「馬錶文化」（stop-watch culture），係依社會組織的運作時間習性行動。[40]

傳播社會學者Schudson亦曾對新聞敘事的時間觀念有過深刻描繪，[41]強烈批評新聞行業對「即時性」過分鍾情，可稱做是一種「媒介部落的落伍儀式」（an anachronistic ritual of the media tribe）：「新聞工作者心中

---

36 同註9。

37 黃新生（1990）。《媒介批評》。台北市：五南；參見註23張偉男有關電影手法的介紹（頁246）。

38 Bell, A. (1991). *The language of news media*. London, UK: Blackwell (p. 153).

39 Tuchman, G. (1978). *Making news*. New York, NY: the Free Press.

40 Schlesinger, P. (1977). Newsmen and their time-machine. *The British Journal of Sociology*, 28, 336-350.

41 Schudson, M. (August 1986). *What time means in a news story*. Gannett Center for Media Studies Occasional Paper No. 4；引句出自pp. 3-8；添加語句出自本文作者。

極為倚賴對現在的戀情（fetishism）……，時間是〔新聞〕故事攀附的支架」。他進而提出「時間節奏」（rhythm of time）概念，包含兩個重要意涵：其一，新聞性實際上建立在對「結果」的預期，如選舉新聞與投票結果有關、電視新聞中有關運動比賽之即時報導常僅有勝負紀錄、火災或重大刑案之新聞常以「警方正進一步調查原因」為結語。這種「結果感」促使新聞工作者特別重視結果對比，如在選舉新聞報導不斷推測賽馬式的輸贏、每日列出股價的上升或下降、揣測兒童已遭綁架或已被尋獲、在社會新聞中大量報導兇手被警方緝獲或已逃之夭夭等皆屬之。

另一種新聞節奏表現在新聞媒體所提供的「文化曆」上：如在情人節前就有男女公開接吻的活動報導、元宵節來臨也就是花燈上市專題出現之時；過年初二提醒大眾要回娘家、元旦清晨要赴總統府前升旗致敬。雖然這類報導部分源於其他社會機構之建構，但新聞媒體藉由定期、定量處理方式告知社會大眾某種社會活動，使得與時間相關的事件成為例行性新聞報導內容，因而也促成了社會大眾依時行事的重要社會文化儀式，新聞時間與社會真實間的關聯性從而建立。

Bell延續上述Schudson對即時新聞報導的批評，[42]認為倒寶塔式的新聞寫作受到新聞價值及傳播科技對「真實時間」的要求甚深，以致新聞組織愈來愈不重視事件究係如何發生或為何發生，僅是一味地追求時效或「何時發生」，其目的皆在縮短新聞報導與實際社會事件的時間間距，導致新聞報導對社會事件之「評估」功能逐漸淡化，使其敘事特色消失殆盡。

四、小結

以上針對時間與新聞提供了基本文獻整理。延續上節所述，本章認為各相關領域過去多集中在解釋何謂時間但猶少觸及「新聞敘事（報導文本）時間」概念，導致號稱最重視「時效性」之新聞實務與研究者迄今均無法說明不同新聞敘事形式如何／為何呈現不同時間內涵，或是新聞報導究竟如何建構讀者之新聞時間認知。

---

42 同註6。

　　以下試提出研究新聞時間之途徑，並以老人新聞報導為例，說明時間與新聞報導間之可能敘事理論關係。

參　新聞與時間的研究途徑——以老人新聞報導為例

　　何謂「老人」？過去文獻多以生理狀態之變化（如身體系統衰退、重聽、老花、行動遲緩、皺紋、頭髮色澤與體態）加以定義，但此說尚屬分歧而無定論，[43]本文建議以一般泛稱之「年過65歲且從職場上退休者」為研究對象，主因有下列幾項：

　　第一，如研究者歸納發現，老人傳播研究過去雖少討論其特有接收行為，但老人經過社會化過程而累積多年生活經驗後，其再現事件之能力與情感似均顯較兒童複雜，也較能與敘事文本互動。換言之，「基於具有多年看戲經驗的老人〔才〕能夠看見〔新聞〕符號形式後的情感意義，深刻體驗其最真實且只有自己才懂的部分」。[44]

　　兒童則不然：其社會經驗較少且說故事能力尚未發展完整，極有可能誤將文本訊息內容視同真實生活（如傳播理論之涵化效用），[45]反而忽略敘事符號中最重要的象徵與想像意義。以老人作為新聞敘事時間的討論對象，其目的就在視其為具有「敘事知識的讀者專家」，可透過觀看或閱讀新聞報導之較佳接收能力瞭解真實事件、敘事者（新聞記者與編輯）、作品（新聞報導文本）、讀者（閱聽眾）等變項間的互動及與時間的關聯性（雖然我們猶難推論「較懂得觀看電視劇之老人也較懂新聞」）。

---

43 蔡琰、臧國仁（2003）。〈老人觀眾與電視劇：從老人之定義到人格心理學對閱聽人研究的啟示〉。《中華傳播會刊》，第3期，頁197-235；蔡琰、臧國仁（2002）。〈電視劇與老人研究（傳播研究之另一取向？）：從老人觀賞電視劇論榮格心理學對閱聽眾研究之啟示〉。「傳播學術新發展：傳承與展望」研討會，台北市：政大傳播學院。

44 同上註，蔡琰、臧國仁（2002），頁25；添加語句出自本書。

45 「涵化效果」（cultivation effects）基本上指稱愈常觀看電視（或大眾媒體）內容者愈易相信電視（或大眾媒體）所述為真，尤以青少年為然，乃因其智力發展尚未周全，易受媒體影響；而兒童更是如此。

　　第二，老人族群既是「敘事知識的讀者專家」，其「歷史敘事」[46]認知結構理應特別豐富，「時間感知黏度」（指對社會事件之親身經歷感知程度）或「厚度」（指對社會事件之時間感知複雜程度）均有不同，[47]對測試新聞報導的「此時此地」（here and now）及「彼時彼地」（there and then）差異應別有貢獻。

　　所謂「此時此地」乃團體心理諮商領域重要概念，由I. D. Yalom首先提出，[48]意指團體治療的焦點應是「成員在團體中此時此地的實際經驗，包括對其他成員、領導者、和整個團體的強烈感受。團體成員在團體外的真實生活和過去所發生的事件，都有機會帶到團體內來，使得團體名符其實地成為社會的縮影，這些事件會促成事件關係人的自我揭露和情緒傾洩，也能夠催化成員之間的回饋和社交技巧，整個團體會因此而活絡起來，成員們也呈現出密集的互動」。[49]

　　換言之，「此時此地」團體治療方法的焦點在於「團體進行的歷程本身所有的經驗與領悟」（底線出自本書），目的在於協助當事人瞭解其問題並非存於過去，而是一直存在並存在於「此時此刻」[50]，乃因其過於沉溺在過去經驗或未來想像反而不能活在「現在」。團體諮商治療之特色就在於透過團體成員互動以協助當事人建立自我支持的系統，增強解決自我問題的能力：「只有現在的情境可以影響到現在的事件……，要處理現在的問題，就該從現在來著手，而非去追溯過去」。[51]

　　運用「此時此刻」概念，新聞內容或可推知並非如前節文獻所示皆係

---

[46] 出自Carr, D. (1986). *Time, narrative, and history.* Bloomington, IN: University of Indiana Press.

[47] 「時間黏度」或「時間厚度」均為研究助理李國榮等人延伸童元方譯（1996）之創見，見註11。

[48] 陳登義譯（2001）。《人體互動團體心理治療：住院病人模式》。台北：桂冠。（原書Yalom, I. D. [1983]. *Impatient group psychotherapy.* New York, NY: Basic Books.）

[49] 引自張景然、謝秋嬋（2002）。〈團體諮商歷程中的此時此地〉。《世新學報》，第12期，頁149-186（頁152）。

[50] 由於本章無意討論空間，「此時此地」相關概念以下均將改以「此時此刻」替代。

[51] 鄭麗芬（1994）。〈團體中的「此時此地」：其理論基礎與應用〉。《輔導季刊》，第30期，頁51-59。

有關「現在」的時間報導，反是對過去或未來事件（即「此時此刻」）之現時引述。[52]Schudson曾稱此類英文新聞撰述方式爲「假設式語態報導」（subjunctive reporting），[53]係以「現在式」文法撰寫標題或圖說以讓讀者產生「此時此刻正在發生」的假象，但卻又在內文改以過去式文法撰述，讓讀者感受到新聞所述皆是已發生的歷史，且其「可被考證、可被證實爲真或假、但絕非臆測、亦非意見，它們真的發生了，且正在發生」（底線出自原作者）。

　　由時間發展流程觀之，新聞報導實可謂是「此時此刻」事件的集合體，目的在於讓「此時此刻」的讀者瞭解事件始末，以便在「此時此刻」有所學習或警惕。而老人之「此時此刻」經驗及回憶則又常成爲新聞報導之敘事背景，因而形成與其他新聞不同的報導形式（見〔圖7.2〕及本文所附案例）。換言之，由於老人族群的年齡（時間）背景，相關新聞報導內容可能傾向放置較多「此時此刻」之回溯，形成此類特殊時間敘事型態。

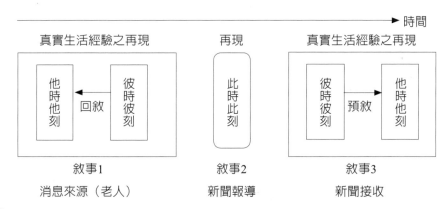

圖7.2：以「此時此刻」模式試擬新聞敘事的老人時間觀*
*新聞敘事的時間內容是以「此時此刻」爲基準（敘事2），針對消息來源在「彼時彼刻」
　發生的事件進行撰述（敘事1），以便讓讀者在「他時他刻」產生某種想像（敘事3）。

---

52 參見Scannell, P. (1995). Media-language-world. In Bell, A., & Garrett, P. (Eds.). *Approaches to media discourse*. Oxford, UK: Blackwell就新聞語言與時間關係之現象學描述。

53 同註41，此段引句出自p. 10。

2004年10月17日，《中國時報》「台北焦點版」同天同版刊出兩則新聞分以「老人」（以下稱〔例一〕）及「青少年」（以下稱〔例二〕）為撰寫對象（並搭配新聞照片各一，本章未附新聞），無論在「新聞時間」之鋪陳或是「新聞調性」之展現均具對照性，亦都戲劇性地反映了本章所欲表達之時間「回敘」及「預敘」效果，呈現了老人新聞可能特有之「此時此刻」、「彼時彼刻」、「他時他刻」敘事型態。[54]

〔例一〕內容討論該週起舉辦的系列「重陽敬老」活動。記者首二段先以軟性筆觸描繪舞會現場氣氛：「當優美悦耳的旋律響起時，市府中庭內二百多位長者翩翩起舞，……一首接一首，長者陶醉在浪漫『舞池』……。主辦單位邀請歌星與樂隊現場演奏，懷舊旋律回盪在中庭，令人宛如跌入五〇年代時光隧道中」（底線均出自本書）。此則新聞敘事節奏緩慢、浪漫，與〔例二〕調性大異其趣（見下說明）。

〔例一〕之第三段續以老者為主角，時間筆觸來回穿梭於過去、現在之間，正是前段有關「此時此刻」、「彼時彼刻」、「他時他刻」理論之最佳例證：「舞者當中年紀最大的是九十二歲（此時此刻）的陳潘桂，由女兒陳淑麗陪同前往。她表示，媽媽年輕時（他時他刻）可是『舞』林高手，什麼舞都難不倒她，平常（彼時彼刻）她是靠爬山、健行保養身體。不過，最近（彼時彼刻）因身體微恙，昨日（彼時彼刻）並未下場，僅在一旁欣賞」。在此短短不及百字說明中，記者使用之時間詞彙居然穿越數十年光陰，敘事之時間作用可謂大矣。

緊接上句，記者如此報導：「滿頭銀髮、身材高挑的王伯伯自豪地說，年輕時（他時他刻）他也『泡』過舞廳，他的舞藝還吸引不少年輕姑娘的目光。為參加這場（此時此刻）舞會，他事前（彼時彼刻）格外精心打扮，一身筆挺的西裝，帥氣煥發」。正如過去文獻所述，寫作文本時間（如上述兩段新聞報導文字）受限於文字表達特性多只能單向進行，但是故事時間（如此處兩位老人之舞藝經驗談）則可呈現多面向結構而無懼於

---

54 《中國時報》（93/10/17），標題：〈重陽敬老 銀領風華 舞一舞〉，記者喬慧玲／台北報導；《中國時報》（93/10/17），標題：〈腳踩直排輪 心懷萬丈志 青少年日 小鐵人衝啊！〉，記者張瀛之／台北報導。

文字之限。[55]

　　同天同版另則對照新聞係由不同記者撰寫（見〔例二〕），主標題為「青少年日，小鐵人衝啊」，副標（眉標）「腳踩直排輪，心懷萬丈志」，內容報導「台北市二〇〇四年青少年日」系列活動。首句記者即以「衝啊！」說明「成群穿著直排輪的小鐵人們一齊衝向起跑點」而為青少年日揭開序幕。次段臚列各項活動內容，提及許多小朋友在觀賞節目後皆立下志願，期盼「以後（他時他刻）要比他們〔表演者；此時此刻〕更厲害！」。此段報導展現眾多與時間相關之新聞詞彙（如上述「揭開序幕」、「以後」等），顯與前引老人「銀領風華」所述氣氛截然不同。

　　隨後兩段則為活動承辦人「青少年育樂中心執行長」之發言，說明報名情形及接續活動，記者並以「相關訊息都可至青少年育樂中心網站（www.y17.com.tw）查詢」結尾，而老人新聞則無網站資訊，似也凸顯兩則新聞之不同時間意涵。

　　整體觀之，此則新聞之時間詞彙皆與「現在」與「未來」有關，吻合新聞主題「小鐵人」代表之年輕活力，且其「時距」甚「短」（亦即「時間黏度」較淺），多為如「往年」、「即日起」、「昨日」、「活動一開始」、「現場」、「二年前」、「今年」、「將於」、「持續到下午九時」等時間詞彙，足可展現活動流程之緊密與動感。

　　總之，本文稍前有關由老人新聞著手分析時間敘事之議，乃因老人新聞或有其特殊寫作形式（genre，或譯「寫作文體」），[56]起因可能來自老人與時間的連結意義：一方面新聞記者（敘事者）欲藉此追憶老人們之漫長一生（如〔例一〕），用以顯現時間由過去至現在之客觀流動（或A理論；見前節文獻討論）；另一方面老人作為新聞報導的對象（或消息來源），其對生活體驗之來回穿梭追憶（或再現）亦常成為新聞主要內容（見〔例一〕第三段），反映了時間的主觀論（或B理論）。新聞敘事者介於觀察此類真實生活（摹仿$_1$或敘事$_1$）與預設讀者文本接收經驗（摹仿$_3$或

55　見前引註21以及註24之Chatman, 1978。

56　參見蔡琰（2000b）。《電視劇：戲劇傳播的敘事理論》。台北市：三民（第四章）；
　　蔡琰（1997）。〈電視時裝劇類型與情節公式〉。《傳播研究集刊》，第一集。

敘事₃）間，如何透過敘事形式（摹仿₂或敘事₂）以及透過何種敘事形式呈現（再現）眞實經驗，應當就是發展新聞敘事時間理論之重點所在。

肆 理論提議：老人新聞與時間敘事的可能連結

本章藉由追溯過去文獻對「時間」概念之描繪試圖呈現新聞報導與時間敘事的關聯，假設新聞與其他敘事文體皆以「說故事」方式轉述或再現社會眞實，透過情節鋪陳、因果邏輯、詞彙使用等論述手法，在新聞文本中建立了社會事件各元素間的時間互動關係。時間既是新聞報導的場景，也是再現眞實的工具，更是連結文本與認知的橋樑。

此處我們強調新聞媒體所描繪之眞實乃新聞組織與消息來源共同建構而來，亦即：「新聞乃社會眞實（reality）之建構，而非社會眞實之客觀反映……，其報導內容因而未必等同於原始（初）社會眞實，也與『眞相』（facts）有異」。[57]而新聞敘事者透過其獨有之敘事時間認知與觀點，決定其作品（新聞報導）所呈現的「美感對象……及相映變化的語言策略」。[58]

由此，我們或可將「時間敘事」續分為以下諸項：

一、一般時間敘事：指敘事者或作者感知自然時間之變化及社會事件發生後以語言符號表達故事的行為，如詩人感受四季變化而以文字留下詠頌記錄。Howard曾言：[59]「故事就是我們的居所（habitations），我們依故事而生，並且活在故事形成的世界中。故事連結世界，故事以外我們無法瞭解別的世界。故事講述生命，將我們聚集亦將我們分散。我們生活在偉大的文化故事中，我們透過故事存在」。

二、老人之時間敘事：指老人感知自然時間之變化及社會事件之發生後以

---

57 引自同註16，頁321-322。

58 葉維廉（1991）。〈「比較文學叢書」總序〉。鄭樹森主編，《現象學與文學批評》。台北：東大（再版，頁1-17）。引句出自頁12。

59 Howard, G. S. (1991). Culture tales-A narrative approach to thinking, cross-culture psychology, and psychotherapy. *American Psychologist, 46*(3), 187-197（引句出自p. 192，底線出自本書）。

語言符號表達故事的行為，特別強調老人的「說故事」能力，即以不同形式呈現人們樂於知道的一系列事件。[60]此處我們倚賴過去有關老人敘事之討論，[61]假設老人之時間敘事當較其他年齡族群為優，乃因其先前生活知識與經驗較豐，其「人格特質」、「心靈內容」、「資訊儲存容量」亦皆有所不同，「能夠被〔傳播〕訊息勾引出來的自覺意識（意義／反應或思考／情感）理當愈多，參與〔傳播〕訊息意義製作的機會也就愈大」，前述「時間感知黏度」及「時間感知厚度」均較其他年齡族群為優，說故事的能力因而也就不同。

三、**新聞報導之時間敘事**：指新聞報導中所傳達的故事情節常與特殊社會時間形式有關，如情人節前廣為報導男女情訂終身相互贈禮的事件，或是根據不同社會事件撰述不同時間形式的新聞報導，如前節所引之災難新聞為達成即時性而以純淨新聞方式報導，政策性質議題則因涉及故事之「前因後果」背景而以特寫形式詳加描述。依據Roeh，[62]新聞與一般敘事形式同樣運用說故事的規則與符碼（文本），並也早已發展出特殊類型結構（如新聞導言、軀幹），有時以「第三者」角度發言，另時則以「我」貫穿全文。總之，視新聞報導為敘事形式應無疑義，[63]亦與其他敘事形式同樣享有建構社會真實並將社會制度正當化之功能。[64]

四、**老人新聞報導之時間敘事**：有關老人報導傳遞的時間概念，如前節所引〔例一〕描述之某些老人組隊報名大展舞藝，藉此懷舊卻又同時展現活力。此處或可延續前節討論大膽假設老人新聞敘事有其特殊時間

---

60 同註2，張方譯。

61 同註43，引句出自頁219，此處之訊息在原文均指「電視劇訊息」。

62 Roeh, I. (1989). Journalism as storytelling, coverage as narrative. *The American Behavioral Scientist, 33* (2), 162-168.

63 蔡琰、臧國仁（1999）。〈新聞敘事結構：再現故事的理論分析〉。《新聞學研究》，第58集，頁1-28。

64 戴育賢（1995）。〈大眾媒體與真實建構——一次現象社會學的探討〉。臧國仁（編），《中文傳播研究論述：「一九九三中文傳播研究暨教學研討會」論文彙編》，頁257-284。台北市：政大傳播學院。（本文係有關電視新聞如何建構並維持、延續初二「回娘家」正當性之分析，頗具啓發性）。

詞彙，涉及了眾多「時間性指標」，[65]如對「彼時彼刻」或「他時他刻」等時間詞彙均常引用。

整體而言，有關新聞敘事文本如何鋪陳時間之討論過去尚少，但文學理論及敘事理論針對文本之時間表現及其意涵之闡述則早已展開。[66]本文認為，新聞敘事因係時間與空間之組合體，未來或可就其涉及之時間後設結構續加探析，畢竟「新聞如同歷史，負有將散布四處之事件建構成有意義整體〔之功能〕」。[67]當然，新聞敘事之文本特色在於透過消息來源建構行動角色（如小說中之主配角）從而展現時間次序，而老人作為主要行動角色時，其表現如何建構時間次序亦當是新聞敘事文本時間之重要關鍵。

伍 結論與檢討

本文作者過去曾經提出「新聞美學」之議，建議實務工作者與研究者共同關心如何「將純淨新聞寫得像詩一樣的美」或「仿用村上春樹的言情小說寫作語言」。[68]由本文所引案例或可延伸揣測，老人新聞之時間敘事方式是否較易呈現新聞之「美」呢？如〔例一〕使用了特定詞彙以引發閱讀美感：「優美悅耳的旋律響起」、「陶醉在浪漫舞池」、「懷舊旋律回蕩」、「跌入時光隧道」等，此種詞彙所醞釀之寫作氣氛顯然無法適用於〔例二〕的青少年對象。反之，〔例二〕則因撰述主角為青少年，其新聞節奏著重現時與未來且強調速度感與現代感（如增列網站訊息），是否也屬新聞美感之另一面表現（活力與動感）？

我們初步認為，老人新聞論述培育的氣氛及其引發的敘事情感風格涉及了從個人到社會的多面向議題：其一，記者面對老人議題而將老人作為報導主角時，下筆前可能具備某種採寫策略及意識，使其在關注題材、

---

65 出自林錚譯（2004）。《史家與時間》。台北：麥田。（原書LeDuc, J. [1999]. *Les historiens et le temps: Conceptions, problematiques, ecritures*. Paris: Editions du Seuil.）

66 參見Onega, S. & Garcia Landa, J. A. (1996). *Narratology*. New York, NY: Longman.

67 同註1，Bird & Dardenne（1988，引句出自p. 336）。

68 臧國仁、蔡琰（2001）。〈新聞美學——試論美學對新聞研究與實務的啟示〉。《新聞學研究》，第66期，頁29-60。

提問被訪對象（老人）、撰寫報導時均渾然不覺地使用著特定態度及方法（寫作文體），如喜將老人懷舊經驗寫入新聞，目的在讓讀者也隨此類新聞而「陶醉」於「風華」（老人不最喜凡事提及「想當年」？）其二，記者或與一般大眾同樣習以刻板印象假設了老人之緩慢生理狀況，一旦其「動作靈活地S形繞道溜直排輪」（見〔例一〕末段）也就成為值得報導之新聞素材，雖然其行動「仍令一旁民眾捏把冷汗」；老人新聞之敘事特質因而似也反映了其限制面向。

　　換言之，新聞工作者是否在如此寫作文體內既限制了創意（如老人必須緩慢浪漫才符合「美」的條件？）並也同時誤解了社會真實（老人新聞都與追憶有關而青少年都與未來有關）？再以上述老人新聞為例，其報導內容似乎暗示了老人之新聞價值乃在此類唱歌、跳舞、戀愛、溜直排輪等非生活常態，長期而言反易產生對老人之逾常想像（或刻板印象）。

　　van Dijck近作曾經指出個人記憶是媒介的產物，[69]一般人透過各式媒介始得建構並整理個人認知；新聞內容無疑經常影響讀者選擇記憶。而若個人缺乏對老人的真實形貌有所認知且新聞媒體再現的老人又具特定形象，讀者透過媒介再現所得究竟是反映真實的時序或是與真實有異的時序？新聞報導之時間敘事究竟讓讀者感到入迷或是加深閱讀時的迷惑？

　　綜合上述討論，有關時間之文獻固已龐雜，但在新聞時間（尤其是新聞敘事時間）之討論卻猶待開展及深究，原因在於新聞敘事時間涉及之面向與一般時間理論或有差異。[70]即以本文稍前所示可知，一般新聞工作者撰寫報導所選擇之「現在」位置（見〔圖7.2〕）及其報導所涉及之前後時間流程與過去文獻之時間觀均有不同。新聞工作者受限於「客觀報導」原則，常須在社會事件中挑選適當位置鋪陳「此時此刻」（現在）、「彼時彼刻（過去）、「他時他刻」（未來），因而其文本之時間流程與真實事件之對應關係顯然極為特殊，一方面真實事件有其客觀形式且不斷發生新的變化，另一方面新聞敘事須在新舊事件中來回報導，涉及之時間面向極

[69] van Dijck, J. (2004). Mediated memories: Personal cultural memory as object of cultural analysis. *Journal of Media and Culture Studies, 18*(2), 261-278.
[70] 同註6，Bell, 1995。

為複雜。新聞敘事既非純然客觀事件之轉述（A理論），亦非主觀時間論（B理論，涉及當事人之主觀感知）所能含括，兩者或係兼而有之。如何據此特殊時間敘事型態發展新的新聞理論，猶待進一步深思，而記者以其敘事者之角色如何報導老人（另一敘事者）之生活（時間）經驗，亦應是未來可再斟酌之處。

　　總之，時間浩瀚，有關時間之文獻也極為龐大難以掌握。本章所述僅在嘗試打開一扇門窗窺視有關新聞敘事時間的浩瀚之海；這一步才剛「開始」，「未來」路程猶待努力。

作業

1. 請依平日閱讀或觀賞不同媒體之新聞報導經驗為例討論「老人新聞」之時間論述特色（如時間詞彙、變化等）。
2. 比較不同媒體之老人新聞媒體時間論述特色，並另找其他年輕人族群之相關報導對照。

延伸問題與討論

1. 如本章所述之老人新聞論述特色乃特例或普遍可見，為何？

2. 與本章所述不同之老人活動是否仍有新聞價值？如本書第一章所述之《青春啦啦隊》紀錄片為何亦可成為新聞？其因何在？

3. 如〈坪林包種茶節 辣嬤團超吸睛〉[71]、〈阿嬤穿馬甲，大跳保庇舞〉[72]等新聞標題對老人而言可能有何特別時間敘事意涵？撰文記者究竟意在褒揚或貶抑老人？有何特殊時間詞彙值得討論？與本章所述有何異同？

---

[71] 見《中國時報》（2011/05/29），記者殷偵維新北市報導。
[72] 出自《聯合報》（2011/05/29），記者楊竣傑北市綜合新聞。

第八章

老人新聞之「窗口」論述*

* 本章初稿曾刊載於《新聞學研究》，第105期（2010年10月號）研究誌要，頁
205-246，原標題爲：〈新聞敍事之時空「窗口」論述——以老人新聞爲例〉，內
容業經再次調整。

本章提要

....

　　當記者採訪老人暢談其生命故事時，其經歷的事蹟理當遠較記者所能採訪者為廣／多，記者此時勢必只能提供少數閱讀「窗口」以供讀者「窺視」故事的背後世界，「窗口」此一概念似有助於釐清新聞寫作敘事策略過去較少關注的面向。

　　本研究採敘事分析途徑尋求解答。除如上章所述在兩個樣本新聞中找到大量時空詞彙外，亦觀察到六個與時空論述相關之「窗口」屬性，結論因而應有助於說明新聞工作者如何構連新聞故事與論述之核心意義。

學習重點

....

1. 前言：研究背景
2. 理論背景：窗口概念與新聞敘事
3. 研究步驟：探討老人新聞之窗口論述方式
4. 研究發現：老人新聞敘事之窗口時空模式
5. 結論與檢討
6. 作業、延伸問題與討論

壹　前言：研究背景

　　「歷史學」與「新聞學」基本上代表了兩個探索知識的不同研究範疇，過去皆曾各自分從不同理論觀點深究如何揭露事實真相，[1]論者並曾指稱「新聞如同歷史，負有將散布四處之事件建構成有意義整體〔之功能〕」。[2]即便兩者都涉及了如何論述「真相」之困境，也俱屬有關「記述與撰寫真實發生事件」的領域，彼此卻意外地鮮少連結。

　　若依Fisher[3]並參考陳墇津[4]、Kenyon[5]等人對論述與故事意義的本體論所述，H. White[6]稍早提出之「歷史敘事觀」實已暗指了新聞記者與歷史學者同樣具有「敘事者」身分且其所撰新聞亦當與歷史敘事有同樣功能，即需針對一系列同時間發生之原始事件（occurrences，或稱「事故」）篩選，隨後透過符號語言等論述途徑再現社會真實（相）。

　　此處所指「敘事」一詞源自敘事典範（narrative paradigm），[7]早期係以文學與修辭學取向為重並受結構主義影響甚深，矢志以能達成科學嚴謹

1　歷史領域如：李紀祥（2001）。《時間、歷史、敘事：史學傳統與歷史理論再思》。台北：麥田；新聞領域如：臧國仁（1999）。《新聞媒體與消息來源──媒介框架與真實建構之論述》。台北市：三民。

2　引自Bird, S. E., & Dardenne, R. W. (1997). Myth, chronicle, and story: Exploring the narrative qualities of news. In Berkowitz, D. A. (Ed.). *Social meanings of news: A text-reader* (pp. 333-350). Thousand Oaks, CA: Sage (p. 336；添加語句出自本書)。

3　見Fisher, W. R. (1987). *Human communication as narration*. Columbia, SC: University of South Carolina Press；另可參見：Cragan, J. F., & Shields, D. C. (1995). *Symbolic theories in applied communication research: Bormann, Burke and Fisher*. Cresskill, NJ: Hampton Press.

4　陳墇津（1990）。《言說的理論》。台北市：遠流。

5　Kenyon, G. M. (2002). Guided autobiography: In search of ordinary wisdom. In Rowles, G. D., & Schoenberg, N. E. (Eds.), *Qualitative gerontology: A contemporary perspective* (2nd Ed.) (pp. 37-50). New York, NY: Springer.

6　陳永國、張萬娟譯（2003）。《後現代歷史敘事學》。北京市：中國社會科學出版社。（原書：White, H. [1973]. *Metahistory: The historical imagination in 19th-century Europe*. Baltimore, MA: John Hopkins University Press.）

7　Bal, M. (2004). *Narrative theory: Critical concepts in literary and cultural studies*. London, UK: Routledge.

與技術精準之研究水準。1980年代前後，論者深受詮釋學派影響轉而重視語言、符號、文化情境對「故事」與「論述」的影響，繼而開展並成為多元且內涵豐富之學術範疇，建立了專注於探究文本深層意涵之後現代研究傳統，[8]語彙漸豐之餘且還加入了語言之隱喻作用。[9]如「窗口」一詞即由後現代敘事學者由電子計算機（電腦）領域引進，藉此證明其（敘事學）與自然、社會科學同樣具有揭示新視角以推進知識的力量。[10]

簡單來說，窗口（一般譯為「視窗」，此處從原譯者）原為操作系統之意，指「它使用戶能夠同時運行幾個程式，決定屏幕上顯示哪個（些）程序，規定它們出現時視框的大小」，其意在於說明無論計算機（電腦）運作多麼繁複，使用者「同一時間裡只能忙於一個處理程序——也許能看到更多的程序運行；但是決定系統的總體狀態並且使計算機運行的因素恰恰是若干不同處理程序的同時操作——無論看到與否」。[11]

由此，本文認為窗口概念或有助於處裡敘事策略過去較少關注的面向，即話語（即論述）如何把握幾個同時進行的真實歷程。舉例來說，面對生命不同階段，新聞報導老人故事時總得順次遞進或是前後重點依序撰述。但無論如何，要將記者觀察到的眾多生活經驗轉寫成新聞故事的有限窗口，一向是新聞專業訓練極為重要且困難之處。

本文擬以老人新聞為例，探索窗口概念如何協助新聞敘事反映真實，乃著眼於相關研究業已說明老人新聞報導有其特殊敘事形式，如喜將

8　Josselson, R. (2007). Narrative research and the challenge of accumulating knowledge. In Bamberg, M. (Ed.), *Narrative—State of the art* (pp. 7-15). Amsterdam, the Netherlands: John Benjamins.

9　Kenyon, G. M., & Randall, W. L. (2001). Narrative gerontology: An overview. In Kenyon, G. M., Clark, P., & de Vries, B. (Eds.), *Narrative gerontology: Theory, research, and practice* (pp. 2-18). New York, NY: Springer.

10　馬海良譯（2002）。《新敘事學》。北京市：北京大學出版社（原書：Herman, D. (Ed.). [1999]. *Narratologies: New perspectives on narrative analysis*. Columbus, OH: The Ohio State University Press.），〈窗口〉一文出自該書第三章M. L. Ryan, Cyberage narratology: Computers, metaphor, and narrative（〈電腦時代的敘事學：計算機、隱喻和敘事〉）。

11　同上註，頁73。

老人之生命經驗寫入以讓讀者能隨其故事述說而「陶醉」於其早年「風華」。[12]而當新聞與一般敘事形式同樣運用說故事的規則與符碼（文本）並發展出特殊類型結構（如新聞導言、軀幹）之刻，有關窗口概念之探索當能協助明瞭新聞報導如何透過有限撰述方式再現社會真實。

貳　理論背景：窗口概念與新聞敘事

一、窗口與敘事

嚴格來說，敘事理論使用窗口概念並非如前述始自電子計算機時代，而是來自美國小說家亨利詹姆斯（1843-1916）之現代小說《一個貴夫人的畫像》：「小說之房不只有一個窗口，而是有千百萬──許多可能的窗口；每個窗口……都有一雙眼睛，至少是一幅小型雙筒望眼鏡，一次又一次作為視察的工具讓使用者得到一個不同於他人的印象。……站在『小說之房』窗口旁的『觀察者』就是敘事者。敘事者的首要活動……是觀照……故事世界」。[13]

如Ryan所稱，[14]窗口一詞在一般文本中常有「跳」著看的「橫向窗口」或前後鑲嵌銜接的「嵌入窗口」等類型，另有「單窗口敘事」係指敘事圍繞著單一中心人物，如大部分第一人稱敘事屬之；移動次數最少的「多窗口敘事」，如19世紀托爾斯泰、杜斯妥也夫斯基、巴爾札克等眾多保持連續感全景式小說；「小窗口」敘事則類同於電影蒙太奇，將人物生活分割為許多聚焦於不同時地的自我封閉的描寫。另有同時打開若干視窗的敘事，如報紙版面將情節的平行線索放在不同欄目或框裡。最後尚有可配置視窗的敘事，如電子文本讓使用者決定出現於螢幕的窗口數量和大小；超

---

12 臧國仁、蔡琰（2005a）。〈新聞報導與時間敘事──以老人新聞為例〉，《新聞學研究》，第83期，頁1-38或參見上章。

13 引自同註10，頁73。

14 同註10，頁76-77。

文本小說亦同。

總之，窗口不斷地將讀者帶至新的「此時此刻」，[15]藉此喚起第二條故事線索使之成為故事主線或外圍敘述，也使故事行進或停留在特定時空指涉點。而講述故事總需將窗口移動於情節線，如講「人物甲」之事件後撥回時鐘再講同時發生的「人物乙」故事。當然，一則故事也可能開設許多窗口，先講人物甲與乙在「A場景」後始講甲與丙在「B場景」（或丙與丁在「C場景」）。此時我們發現「敘事窗口」概念似有兩處疑點：[16]

首先，該文獻指出窗口類型除上述外猶包括「移動窗口」（指焦點置於人物並隨人物之時空移動）與「靜態窗口」（指窗口固定於特定場面，記錄此恆定空間內的人物往來）。但依Zettle，[17]此兩者轉換時空情境時不僅交代情節或人物，更須處理故事時空在文本的安置狀態；亦即窗口除如前述作為窺視故事的場景，更須功能性地顯示每個窗口間的轉換與聯繫。若從文學以至歷史研究引用的敘事術語觀之，窗口是否亦可在新聞論述間觀察到？新聞論述如何透過窗口處理時空、人物以及社會事件？

其次，窗口除了展示人物、事件情節外，移動窗口及靜態窗口必也涉及時間與空間概念。若觀察與理解新聞文本亦可透過窗口再現時空，則「窗口結構」及「窗口管理」應是窗口概念之兩個互補研究領域，彼此猶如故事（story，指「說什麼」）與論述（discourse，指「如何說」）的關係：前者（窗口結構）決定呈現新聞故事時需要多少窗口，窗口管理則顯示敘事話語如何駕馭過渡性質的窗口，使故事場景得從一個時空轉移到另個時空。那麼，新聞論述有結構嗎？如何在一個或多個「窗口」間接續與轉換？

回顧新聞敘事領域，[18]文本撰述與時間再現似乎的確可以「窗口」概念類比。例如，當記者採訪老人談其生命故事時，老人經歷過的真實

---

15 見上章。

16 同註10。

17 見廖祥雄譯（1994）。《映像藝術》（中譯二版）。台北市：志文。（原書Zettl, H. [1973]. *Sight, sound, motion: Media aesthetics*. Belmont, CA: Wadsworth.）

18 同註12或上章，參見臧國仁、蔡琰（2005b）。〈與老人對談——有關『人生故事』的一些方法學觀察〉，《傳播研究簡訊》，第42期，頁17-22。

故事應當遠比記者所能問出者衆，而這些由記者訪問所得的故事又較實際寫入報導者多，此乃因記者爲了適應新聞寫作的特殊文類結構常需順著時序發展而將不同事件重新編排撰寫；在敘事學領域稱此爲「再述」（restorying）。[19]

因而新聞記者講／再述故事時需從衆多採訪所得決定寫什麼或如何寫。無論素材有哪些，記者都只能依報導篇幅或時間所限提供少數閱讀窗口以讓讀者「窺視」新聞敘事背後的眞實世界，而其規劃與處理新聞文本之關鍵似就在於任一文本之情節分枝數量。某些新聞故事主要講述對象出現在整個段落，此時單一情節透過單一窗口結構（如前述「單窗口敘事」）之表述即能滿足故事再現。另些新聞故事則需兩個窗口，如分開表述不同新聞故事主人翁在不同時空發生的不同而相關事件（如前述「多窗口敘事」）。因此，敘事的窗口數量、主要人物的多少及敘事所捕捉的生活片段寬廣程度皆成正比。

二、新聞話語的「事實王國」[20]

從新聞敘事跨入衆說紛紜的話語（論述）研究，最值得關注的是歷史敘事者H. White發展之「以歷史爲話語」說法。他詳加研究19世紀歷史後認爲，不同史學家均需運用不同「情節編排」方式（如傳奇、悲劇、喜劇、諷刺文等）以撰述歷史，致使歷史想像的各種深層結構必然有著某些形式基礎。[21]

---

[19] Kenyon, G. M., Ruth, Jan-Eric, & Mader, W. (1999). Elements of a narrative gerontology. In Bengtson, V. L., & Schaie, K. W. (Eds.), *Handbook of theories of aging* (pp. 40-58). New York: Springer；並參見註5。

[20] 本章將「話語」、「論述」、「言說」三詞交換使用乃因其均譯自discourse，與「敘事」間之關係可參見蔡琰、臧國仁（1999）。〈新聞敘事結構：再現故事的理論分析〉，《新聞學研究》，第58期，頁1-28。

[21] 同註10。此處White所言均出自該書第七章，L. Dolezel, Fictional and historical narrative: Meeting the postmodernist challenge（〈虛構敘事與歷史敘事：迎接後現代主義的挑戰〉），頁178-180。

　　從後現代主義視角觀之，歷史紀撰因而就是透過各種有趣故事所編織的「網」，[22]結網過程中迭被各種敘事模式與隱（比）喻置換支配；若要超越這種符號表意現象，則需對文字符號創出的世界觀有所理解。

　　如Dolezel曾謂，人的語言「行為力量很弱，能給我們的人類事物帶來一些變化，但是並不能創造一個存在於並獨立地進行於語言和其他一切再現形式之外的實在世界。人類的語言只能創造和產生『可然世界』（possible worlds）」。[23]換言之，語言或符號的「可然世界」係由人類建構，乃約定成俗，是我們能夠談論、想像、假設、相信或期望之事。

　　而正如新聞報導應是對社會真實事件的「再現」，歷史也總是被「現在」再現，而對現在來說過去已成他者只能等待被後人詮釋；但過去不再發生，其內涵皆後人之敘述而已。[24]因此，後現代敘事學者認為「話語」（如寫作、再現、符號）與「實在」（realities）間實有不可逾越的鴻溝，任何符號或再現都不能讓我們看到真實或「鉤住真實」。[25]

　　針對紀實（如歷史或新聞報導）敘事與虛構寫作相似的現象，White曾如此解釋：重構歷史並非重新創造實際的過去，而是重新創造「可然的過去」。根據後現代歷史敘事，虛構世界與歷史世界必然都不完整，若要建構完整的可然世界即需撰寫篇幅無限的文本，此當非任何人力所及。

　　Kenyon & Randall曾謂，[26]「事實」與故事之外在社會及結構層面有關，而「可然」則涉及了生命的變化與新意，因而再述內容可隨時變更，表達出講述者在不同時空所選擇之不同主題與內容。換言之，講述者會因講述對象不同、講述時空間不同而變化故事情節，顯現各種「如果……我

---

22 類似人類學家Geertz所稱的「意義之網」（web of significance），見Geertz, C. (1973). *The interpretation of culture*. New York, NY: The Basic Books.

23 同註21（頁184）。「可然世界」（possible worlds）一詞借自語言哲學和形式語意學，基本上有「可信的」之意，同義字包括achievable, attainable, doable, feasible, practicable, realizable, viable, workable。

24 林錚譯（2004）。《史家與時間》。台北：麥田。（原書：LeDuc, J. [1999]. *Les historiens et le temps: Conceptions, problematiques, ecritures*. Paris, FR: Editions du Seuil.）

25 同註21，頁183。

26 同註9。

就……」的情感異動。

依此，新聞敘事論述間是否出現「事實」和「可然」兩個敘事世界？前者指文本的實際世界，人物和事件均需確實發生、詳實記載；後者則由人物的精神活動創造，即知識、願望、義務、預想、目標和計畫等可顯示人物具有轉變成確實事件潛力的語義世界。另一方面，假設、夢想、幻覺與嵌入虛構情景也當構成新聞文本的可然世界。

而又若觀察窗口在新聞文本之出現狀態，是否亦可發現記者亦常透過前述「窗口結構」與「窗口管理」建構新聞文本「事實王國」與「可然眞實」？這些從理論觀察新聞寫作的疑點，似可充分建立（老人）新聞論述研究的起點。

三、窗口之時間與空間論述

仍依前述，「窗口內容的演化必須符合時間的方向性。窗口的移動就是敘事從一條情節線索移向另一條情節線索的過程，其形式標記是撥回敘事時鐘，跳到另一時間和地點」。[27]是這樣嗎？新聞文本論述若從敘事窗口及其移動方向觀察，可有「形式標記」？

根據法國哲學家H. Bergson，[28]一般所稱的「時間」（time）原屬「量」的時間、抽象的時間、數學的時間、空間化了的時間，而眞實時間（temporality）則是「質」的時間，與實際事物（actual entity）或實際生命連結。

如我們思考時就當發現，前一瞬間的意識與後一瞬間並不分離，而是「前後通貫、密密綿綿、前延入後、後融納前之一體」，且新起經驗與先前經驗難以分隔，由此始有經驗之記憶與累積。Bergson認爲，「綿延」

---

27 同註10，頁78。

28 吳士棟譯（1989）。《時間與自由意志》。北京：商務（原書：Bergson, H. [1950]. *Time and free will: An essay on the immediate data of consciousness*. London, UK: G. Allen & Company）。此段及下段文字出自：韋漢傑（2005, 03）。〈柏格森的創造進化論〉，香港人文哲學會網頁《人文》，第135期。http://www.voy.com/154766/2/326. html）。上網時間：2011/5/31。

（duration）之特性乃在其連續性（continuity），並非如數學時間般地由一條空間線段之各點組成，點與點間分離或非連續。

然而一個人經歷的結構時間並不限於一種，因為時間結構由人建構，建構之因與目的皆不相同。如中秋節之烤肉活動或花季到來經媒介報導後人們因而感受節慶並出遊享樂，皆可說是日常生活被新聞媒體所結構的時間觀掌握。何種論述建構了哪種時間觀呢？人們究竟從哪些線索認識新聞再現的時間觀呢？

歷史學者Jean LeDuc曾經質問「過去到底是什麼？」，認為過去不會「再次」發生，所有的一切都是後人的敘（論）述，可見對歷史性事件的再現應與從哪個時間點截斷、切入有關鍵作用。[29]

而在話語創造的可然世界或論述再現的新聞故事裡，新聞表述的時間觀究竟為何？時間與窗口的關係如何？實則時間與「時間感」兩者不同，時間的哲學問題並非本章關切所在，時間論述形式如何探究變化（即「時間感」）才是重點所在。

此外，空間與時間同樣俱為故事無可分割的內在結構，屬於故事的存在條件。[30]然而空間並非純指地方、場所或環境，其作用亦非僅在提供人物動作或事件發生的背景，乃因其有可能掌握或引導故事的發生並左右事件的類型與強度。如有些事情只在特定類型的空間（如「考場」）發生，而其特色也影響事件（如「大學學測」）的論述內容。

甚者，空間可以鮮活且有個性，提供記憶與關心，有其特殊功能且影響了人們對經驗世界的體驗。依Lyndon & Moore之見，[31]空間與環境關係著人們的行為，且人們的認知直接用以辨識身體之所在，藉以「投射自我，瞭解自我和別人的關係」；顯然空間直接關係著人、環境、生活內涵

---

29 同註24。

30 蔡琰（2000）。《電視劇：戲劇傳播的敘事理論》。台北：三民；亦可參見Chatman, S. (1978). *Story and discourse: Narrative structure in fiction and film.* Ithaca, NY: Cornell University Press.

31 郭英劍譯（2000）。《透視空間奧秘》。台北市：創興。（原書：Lyndon, D., & Moore, C. W. [1994]. *Chambers for a memory palace.* Cambridge, MA: The MIT Press.），引句出自頁xi-xii。

間之互動。

空間在虛構敘事中一向是可資操弄與控制的元素，因為它提供著環境的氛圍，積極激發或充分陪襯人物之動作。對空間氛圍的一些描述（如「天堂之美」、「煉獄之恐怖」、「鬼屋之驚悚」）更左右著觀眾或讀者的心理，造成情緒張力。

總之，空間在歷史撰述中也常用作事件背景，但其影響性可能稍次於時間元素，其特色也不常被記述。至於新聞論述之空間敘事地位過去鮮少成為研究重點，而窗口概念如何結合上述時間與空間概念因而值得觀察。

以上已從三方面概述了本章所欲討論之理論背景。首先，本章認為新聞報導反映之真實世界皆是透過文本話語之敘事世界，乃屬使用文字符號透過文學方法及新聞手段創造的論述，包含新聞記述之事實王國和歷史敘事藉著斷點[32]所透露之「可然世界」。其次，敘事學借用電子計算機之術語「窗口」隱喻了敘事作者（如新聞記者）如何提供文本視框以操弄所有出現在讀者眼前的視域，此一概念乃是敘事者（記者）在諸多同時進行之真實事件的最終選擇，顯示著「應當如是的故事」。[33]

延續經典敘事學及後現代歷史敘事學理論，下節將討論建構文本的敘事窗口類型以及敘事時空論述形式如何成為文本轉折的標記。

---

[32] 「斷點」出自同註21（頁188-191），其所引之相關「斷點」文字有：也許、或許、有可能、不可能、按想、根據歷史、幾乎可以肯定、不妨這樣猜想、很可能、我們可能會想、知道得不是很清楚、純屬推測。簡單地說，這些用字代表了斷點與歷史事件間可進行各種可信推測，也暗示了被推測的事實並未被視為肯定事實，但確有一定的可然性。

[33] Kenyon, G. M. (1996). The meaning/value of personal storytelling. In Birren, J. E., Kenyon, G. M., & Ruth J. E. (Eds.), *Aging and biography: Explorations in adult development* (pp. 21-38). New York, NY: Springer (p. 26)，係作者引述法國存在主義大師J. P. Sartre之言。

參 研究步驟：探討老人新聞之窗口論述方式

一、目的與研究問題

延續前節所述，窗口概念與文本時間／空間之轉移似緊密相關，本研究因而關切後現代歷史敘事理論提出之窗口概念是否適用於目前所見之新聞敘事。透過檢閱老人新聞報導如何藉著時空點截斷並切入故事，當能觀察到窗口結構與新聞時空論述間的關聯。

如上節所述，新聞敘事或可謂是最接近歷史敘事的記實文本，若再依前述Fisher, Cragan & Shields之敘事典範與H. White歷史敘事觀點綜合觀之，本文實應關心老人新聞再現真實世界時如何同時出現「事實」與「可然」兩個敘事世界？依此，本文擬觀察：

(一) 老人新聞是否使用窗口時空話語（論述）？亦即後現代歷史敘事理論提出之窗口概念是否顯現於有關老人之記實敘事？

(二) 若前項問題答案為肯定，透過窗口之老人新聞如何出現歷史敘事常見之「事實敘述」及「可然世界」兩種話語？

(三) 報導老人新聞之窗口時空話語（論述）模式如何？

二、老人新聞樣本

以上研究問題似均適合使用敘事分析，其所牽涉之分析項目、項目操作方式及定義、觀察方式、登錄程序、分析結果說明如下。

研究樣本（〔樣本一〕與〔樣本二〕）屬立意抽樣且刻意選擇兩則報紙老人新聞，其標題即已註明為關切時空用語，如「八十大壽」、「茶室憶風華」。〔樣本一〕為單一國際版新聞，講述英國女王之生日壽宴；〔樣本二〕則屬社會版新聞報導，講述國內老兵平日生活。兩則新聞在主角人物（女王vs.老兵）、報導事件（皇族生日vs.百姓平日生活）、故事發生地域（國外vs.國內）、新聞版面（國際版vs.社會版）等面向均有明確對比，乃基於研究目刻意選用，旨在針對新聞故事類型、版面、新聞人物、

事件重要性等內在變異略做控制，以便研究焦點得以集中於跨題材、跨時空、跨故事類型之敘事話語（論述）分析。

三、樣本分析途徑：類目與操作定義

根據前節定義，窗口可比喻為「文本操作系統」，顯示使用者能夠同時運用之敘事程式。而一個窗口即一個敘事單位，其顯示範圍是在特定時間內敘述某物或聚焦於某地時文本世界一次所能置入的內容。窗口移動與時空斷離有關，常透過移動的「橫向窗口」或靜態的「嵌入窗口」兩種方式處理：前者指一個窗口一旦關閉，敘事可以轉向情節中任何其他節點但無法預見下個窗口的內容；「嵌入窗口」則使讀者知道當前窗口關閉後敘事將返回到哪個場景和哪段時間。

針對研究問題一「老人新聞是否使用窗口概念」，本文將從下述項目之操作觀察，且三個項目均需符合始能認定老人新聞的確使用窗口概念：

 ㈠ 老人新聞出現「敘事單位」，且在特定時間內「跟蹤」某物或聚焦某地。

 ㈡ 老人新聞出現「同時運行之數個程式」：即一則新聞中「敘事單位」出現數量不只一個。

 ㈢ 老人新聞出現「空間和時間斷離」：指敘事單位與另一敘事單位間斷離，不論其是通過「橫向窗口」抑或「嵌入窗口」。

針對研究問題二「老人新聞如何出現歷史敘事之『事實敘述』及『可然世界』兩種話語？」，前節文獻所引之White曾經認為歷史話語分為「對已經確立為事實的敘述」與「一系列將事實清單轉換為故事的那些詩歌和修辭成分」等層面，[34]另依前節文獻，[35]「事實王國」是文本實際世界之人物和事件，需確實記載；「可然世界」則由人物的精神活動創造，即知識、願望、義務、預想、目標和計畫等，均顯示人物具有實際化或具有轉變成確實事件潛力的語義世界。

---

[34] 同註21。

[35] 同註10。

本文實際分析樣本時將依上述，將新聞樣本內文依語義歸納爲：

㈠「事實世界」：指記者語義中對人、事、物、時空場景之確實記錄。

㈡「可然世界」：指記者語義中之詩歌、修辭、象徵、想像、推測，或故事人物之精神活動，如知識、願望、義務、預想、目標和計畫。

㈢記者或故事人物的假設、夢想、幻覺與嵌入虛構情景仍歸類於新聞文本之「可然世界」。

研究問題三「老人新聞之『窗口』時間／空間模式爲何？」則延續研究問題一與二而來，亦即若前二者成立，則透過窗口的移動或分析時空場景和情節線索當可觀察老人新聞之「窗口結構」（故事）、「窗口管理」（話語／論述）兩個語言互動部分。具體分析方法包括觀察與記錄窗口管理形式如：[36]

㈠表示時間、空間移動的語句，如「與此同時」、「在離城堡不遠的一處小村舍」、「大約於此同時，在另一個星球上」、「我來告訴你這個叫花子是怎麼來到這種地方的」等；

㈡表示時間的語句，如「昨日」、「傍晚」、「許多年以前在世紀之交……」；

㈢作爲嵌入敘事的言內過渡標記，如「大家全神貫注於聽海員開始講『我生於……』」；

㈣版面標記（章節或段落之分隔）；

㈤如劇場裡舞台背景的變化；但窗口移動可能沒有標記，每隔幾個句子敘事就切換到不同人物在各種地點同時所做的事情，但不分段落。

最後，時間、空間論述不僅有直接詞彙（如昨日、三小時、現在、未來、房間、酒吧、亞馬遜河等），也有非直接時間詞彙如靜止、緩慢、累積、淘汰、當下、回溯、重組、加值，或商圈、上樓、四鄰、幾步路之外這些需要藉助對照以明瞭之詞彙。

---

36 此處操作方式與註10所示略有更動，旨在符合研究分類、歸納需要。

肆 研究發現：老人新聞敘事之窗口時空模式

本文依前述類目與定義進行分析，仔細觀察並歸納兩則新聞樣本（見〔樣本一〕與〔樣本二〕）對研究問題持肯定答案，即新聞敘事之窗口單位以及其數量、屬性、新聞故事與論述糾葛方式等均清晰可辨。此外，新聞故事在時空論述下透過「窗口管理」似可窺視新聞寫作脈絡，兩者（故事與時空論述）常需相輔相成始得完成敘事者（記者）有意溝通之主題意涵。分析結果可依研究問題之次序分述如下：

一、 老人新聞是否使用「窗口」概念

依新聞段落之時間、空間變化的確可以清楚辨識不同敘事窗口單位，即一個窗口就是一個敘事單位，其顯示範圍是敘事記錄在特定時間內跟蹤某物或聚焦某地之文本世界時一次所能「置入」的內容。

〔表8.1〕顯示，以〔樣本一〕〈英女王〉新聞為例，可觀察到時空論述在段落間出現的樣態、喚起故事內容之功能、接續前後段之方式。

如新聞首段與第二段之時間分為21日與19日；空間為「白金漢宮」和「王宮內四處」。兩者雖均在白金漢宮，但其作為單一地點（如第一段）之指稱與容許貴賓四處遊走參觀的空間（如第二段）乃屬不同觀念與遊移方式，因而可說此兩段新聞的時間／空間彼此斷裂。

由此接續觀察此二段落的內容故事亦可發現其分別載有不同事實敘述與「一次被置入的內容」，分別為「英女王……邀約九十九位同年紀民眾共進午宴」（第一段）及「受邀者之裝扮及其意外之感」（第二段），因而得以判斷此新聞之首兩段顯示出兩個窗口，分別標示為「窗口#1」與「窗口#2」（見〔表8.1〕表格右欄）。

此外，新聞第二段的寫作顯示了「橫向窗口」作用，指「一個窗口一旦關閉，敘事可以轉向情節中任何其他節點但無法預見下個窗口的內容」，亦即此段在時間／空間斷離於「窗口#1」後，隨即論述了不同於前段的「景觀」（指「受邀者裝扮及其意外之感」）。

表8.1：從時間空間斷離與否觀察新聞「窗口」數量及屬性
（以〔樣本一〕為例）

新聞段落	分析過程	研究發現
新聞第一段： 廿一日是英國女王伊莉莎白二世八十歲大壽，而她今年慶祝生日的節目也比往年多了一項：邀請九十九位跟她同年同月同日生的英國民眾，一起到白金漢宮共進午餐。	時間：現在廿一日 空間：白金漢宮 事實敘述： 1.女王及眾人同年同月生。 2.新增節目為共進午餐。	**窗口#1** 敘事單位一，時間為廿一日；空間聚焦於王宮，敘述一件事實。 置入內容／故事：英女王邀約99位同年紀民眾午宴。 人物：女王、民眾。 窗口管理／論述方式：未發現。
新聞第二段： 午宴提前在十九日舉辦，而這些即將滿八十歲的貴賓都穿上自家最好的一套西裝或洋裝，斑斑銀髮也梳理或燙整的中規中矩，有的手中還捧著鮮花。他們在宏偉壯觀的王宮內四處看著，萬沒料到自己也有親臨參觀的一天。	時間：過去十九日 空間：王宮內四處 事實敘述： 1.午宴提前。 2.貴賓穿著打扮及參觀情形。	**窗口#2** 敘事單位二，時間：十九日發生的事情；空間擴大至王宮四處，時空斷離於前窗口。 置入內容／故事：受邀者裝扮及其意外之感，不同於窗口#1。 人物：貴賓們（同前民眾） 窗口管理／論述方式： 1.版面／段落分隔於第一段。 2.時空移動，故事時間／空間斷離於窗口#1。 窗口屬性：橫向窗口。
新聞第三段： 這七十位女賓及廿九位男賓有些是搭計程車來到白金漢宮，有些是坐轎車，其中一位蘇格蘭來賓的座車還是勞斯萊斯，顯然生活過得不錯。	時間：缺（實為回溯十九日，但早於午宴之時間） 空間：白金漢宮 事實敘述： 1.來賓穿越物理空間方式。	**窗口#2-1** 置入內容／故事：貴賓們交通方式及其生活 人物：同前貴賓們 窗口管理／論述方式： 1.版面／段落之分隔； 2.時空移動：未斷離於前； 3.顯示不同人物在不同空間同時進行之移動方式； 屬性：嵌入窗口。

　　不同於此，第三段展示著「嵌入窗口」屬性，其事實敘述為來賓前來白金漢宮之交通工具。若依前述「時間／空間之論述是否在窗口間彼此斷離」而言，此段文字完全缺乏時間論述，只能從文脈估算時間背景略同於前段卻又早於前段之午宴時間，空間則如前段仍一致為「白金漢宮」。其功能乃在補述前一段落並講述貴賓們前來參加午宴之交通方式及其生活（如：「一位蘇格蘭來賓的座車還是勞斯萊斯，顯然生活過得不錯」）。由此可知，第三段的時間、空間、人物、故事論述均未斷離於前一段落亦未出現全新內容，因而可推斷新聞寫作此時運用了「嵌入窗口」，其內容應編號為「窗口#2-1」。

　　綜合觀之，「窗口#1」、「窗口#2」、「窗口#2-1」三段文字分別描述了新聞主題（英國女王大壽午宴）與人物（女王、來賓）之故事，並分以「時空跳離」（如第一與第二段）或「綿延連續」（如第二與第三段）方式展示新聞故事話語內容，包括將「大壽新增了午宴」與「一批貴賓抵達」的內涵兜轉起來。

　　至於以「窗口」為敘事單位且在特定時間內跟蹤新聞主題之例可見〔樣本一〕之「窗口#3」（見「一模一樣的雙胞胎」段落），與「女王與民眾命運不同」）話語有關（〔表8.1〕未討論）。為了完成故事情節，新聞內容運用了三個時空相同的連續段落，也就是追加三個「嵌入窗口」為論述方式，以不同人物（歐黎芮太太（窗口#3-1；窗口#3-2）與普爾老先生（窗口#3-3））補足「女王與民眾命運不同」之故事主題。

　　總之，分析兩則各有八段長度的新聞樣本後發現，新聞論述的確可用窗口概念解釋（見〔樣本一〕與〔樣本二〕）。總的來說，兩件新聞樣本分別各自出現四個窗口，管理窗口方式除以段落分隔外，更明顯地運用了「橫向窗口」或「嵌入窗口」來移動故事。因而老人故事之新聞報導可謂係透過時空話語而在窗口間切換與主題相關的故事，每次置入之「可被窺見內容」均清晰可見，展示了「人物未改變但在窗口中做了（劇場式）時空背景的變化」。

二、窗口之「事實敘述」及「可然世界」話語（論述）

　　研究問題二，關切老人新聞是否透過「窗口」而出現「事實敘述」及「可然世界」兩種話語？新聞本為紀實論述，特長在於其事實報導內容，因而本文選用之兩則樣本新聞每段文字均有事實記載實不足為奇。但我們也發現，撰稿記者（敘事者）的語意臆想、推論以及故事人物之精神活動仍不時出現，顯示新聞確如歷史敘事兼有「事實敘述」及「可然世界」兩種話語（見〔表8.2〕）。

表8.2：新聞敘事之「事實敘述」及「可然世界」話語

新聞段落	分析過程	研究發現
〔樣本一〕新聞第二段： 午宴提前在十九日舉辦，而這些即將滿八十歲的貴賓都穿上自家最好的一套西裝或洋裝，斑斑銀髮也梳理或燙整的中規中矩，有的手中還捧著鮮花。他們在宏偉壯觀的王宮內四處看著，萬沒料到自己也有親臨參觀的一天。	時間：過去十九日 空間：白金漢宮四處 事實敘述： 1.午宴提前。 2.貴賓穿著打扮參觀情形。	窗口#2 可然世界： 「自家最好的一套」、「萬沒料到」屬（記者）推想。
〔樣本二〕新聞第一段： 周末假日，台南市中正路商圈依舊熙來攘往，全是年輕人的天下，商家的流行音樂，播得忒響，簡直是震耳欲聾。但一折進巷子裡，就安靜許多，頗有隔世之感。	時間：現在／週末假日 空間：台南、中正路、商圈、巷子 事實敘述： 熱鬧商圈與靜巷有差異。	窗口#1 敘事單位──置入之內容／故事：兩個地點的對比 人物：年輕人 可然世界： 全是、簡直是、頗有隔世之感屬記者感想以及隱喻、修辭。

　　以〔樣本一〕〈英女王〉新聞為例，記者所述來賓們「萬沒料到」（此當為記者臆想、推論，見第二段）、「倍感殊榮」（臆想、推論，見第七段）或女王「『感覺』這些來賓都是她『一模一樣的雙胞胎』」（記載人物的精神活動以及隱喻，見第四段）顯非「事實」記述而係記者根據

事實所記載之可然話語。[37]

又如〔樣本二〕〈斑駁店招〉內文包括「頗有隔世之感」（第一段）亦屬記者的修辭、幻覺或想像；「根本沒有人會去注意」（第四段）更係記者推測；「……充滿了南洋的風情，而且滿載了大眾對安居樂業的想像」（第五段）、「雜音突然放大了起來」（第八段）則既是修辭也是記者的想像，這些範例足以顯示新聞話語內容除了前述「事實王國」外確有「可然世界」存在。

實際上，「可然世界」占據了新聞敘事中不小篇幅。如〔樣本一〕〈英女王〉僅有首段及末段屬純淨新聞寫法，其他各段皆屬歷史敘事之「解釋」。〔樣本二〕〈斑駁店招〉除中間一段（第七段，窗口#3-1）純屬新聞事實敘述外，其他各段均曾廣泛運用了感覺、推想、想像、譬喻以及非確定其可靠性的描述（如「幾乎都」），也常透過修辭（如聯想、明喻、隱喻（分別如「南洋的風情」、「像……本壘板」、「已是風燭殘年」等）而將消失中的茶室與老兵連結成為故事。

三、老人新聞之窗口時空模式

研究問題三涉及了新聞寫作之時空論述如何存有任何特色或模式，首先注意到文內出現大量時間與空間詞彙且皆與新聞故事主題有關。[38]經分析兩則樣本新聞後除了觀察到時空論述外，也可辨識六個時間論述模式（見下說明），依序分述如下：㈠新聞敘事大量運用時間與空間話語；與㈡新聞論述之窗口屬性及時空特色。

---

37 參見蔡琰、臧國仁（2010）。〈論新聞讀者之「想像」：初探「記實報導可能引發的線索〉。《中華傳播學刊》，第17期，頁235-268。

38 參見：臧國仁、鍾蔚文（1999）。〈時間概念與新聞報導——初探新聞文本如何使用時間語彙〉。《新聞學研究》，第61期，頁137-178；另參見同註12。

(一) 新聞敘事大量運用時間與空間話語

〔樣本一〕之〈英女王〉新聞述及女王生日時舉辦的百人壽宴，係以「來賓」而非女王爲其敘事主題，而「時間」相關詞彙也幾在每個窗口（八個段落）持續出現。以「窗口#1」爲例，時間詞彙多達11個，如：「廿一日是英國女王伊莉莎白二世八十歲大壽，而她今年慶祝生日的節目也比往年多了一項：邀請九十九位跟她同年同月同日生的英國民眾，一起到白金漢宮共進午餐」（見〔附件一〕）。

其他各窗口出現的時間詞彙則有：今年、往年、提前、即將、二〇年代、三〇年代、年輕時、一直、日子、這天、同一天、一生、一輩子、此時、已〔退休〕、當時、稍早、之後、先由等，廣泛且時距長遠。

同理，〔樣本二〕之時間詞彙仍然豐富，如週末、假日、第二度、隔世、駐顏、陳舊、後、先、殘年、五六十年前、剛、全盛時期、二十年、以往、現在、過去、早就、高齡、年長、打發時間、數十年等皆是。

除時間外空間詞彙也使用頻繁並具特色。如以〔樣本二〕爲例，空間詞彙充滿於四個窗口，在「窗口#1」首段即可觀察到七個，如：「周末假日，台南市中正路商圈依舊熙來攘往，全是年輕人的天下，商家的流行音樂，播得忒響，簡直是震耳欲聾。但一折進巷子裡，就安靜許多，頗有隔世之感」。其他各段尚有：里、室、樓上、裡面、外面、菲律賓、美國、殖民地、亞洲、國家、南洋、府城、上海、四鄰、小巷、大街。

至於〔樣本二〕之新聞敘事特色則與空間移動有關，如在「窗口#1」中（見第一段至第四段），時間固定於「現在」（週末假日），但空間卻在連續四個段落中一再承接上段而不停移轉，直至聚焦於「茶室」主題方止。第三段進而描述茶室二樓置有一張特別訂製的桌子（「五角形的桌子」）見證著五、六十年的老兵友誼，顯示了該新聞的主要人文核心價值，也是撰文記者所欲表述的故事重心所在。

我們發現，〔樣本二〕〈斑駁店招〉新聞之窗口管理方式中除最基本的段落區分外，大量空間詞彙係以「嵌入窗口」方式來打動讀者心靈，一些地名一再出現並持續運用所在空間之疊詞，好像用著一波又一波的浪潮將敘事話語（空間或地方）推向報導主題（茶室），不但顯示了音樂與節

拍似的律動，更像極電影攝影機之搖動和推進（如pan搖鏡、zoom推入／拉出鏡）運用，逐步引領讀者聚焦於「見證」五、六十年友誼的核心物件：桌子。

〔樣本二〕首段之空間詞彙計有：台南市、中正路、商圈、巷子；第二段使用中正路、巷子、保安里、家、茶室、樓上、樓梯；第三段則有上樓（隱含樓梯、樓上）；第四段使用茶室、（茶室）裡、外。這種空間論述方式得以將每個「嵌入窗口」置入之內容統一起來，從而凸顯敘事主題乃是「這個〔有長期友誼的〕地方」。

除了上述「窗口#1」的空間詞彙外，〔樣本二〕也使用了流動性的間接空間詞彙以顯示時間移動，如熙來攘往、一折進巷子、踏著……樓梯上去、轉身走出小巷融入大街、人來人往等，時間與空間彼此陪襯運行並相互論述以推移故事，十分有趣。

(二) 新聞時間論述之窗口屬性及時空特色

在以同一時間、空間為敘事單位來觀察新聞論述時，新聞敘事之窗口正如電腦螢屏般地得以一次顯示一個「單一窗口」，亦可同時顯示「併置窗口」（或時間同或空間不同，或反之）、「延續窗口」、「疊置窗口」（時／空相關、部分相連、逐漸推移）等，相當出乎意料。具體而言，兩則樣本使用的時間模式可資辨識者有六，提供了觀察新聞敘事如何推移故事時間的線索。

首先，「有單一」而斷離於其他窗口的時間模式，如〈英女王〉新聞之「窗口#1」、「窗口#2」，顯示了如前述兩個敘事單位各自出現不同且斷離的時間。

其次，新聞窗口顯示「綿延／連續」的時間處理，如〔樣本二〕之「窗口#1」至「窗口#1-2」三段新聞，時間以後段接著前段方式綿延發展、前後延續，亦即「窗口#1」之時間在先而後面跟著「窗口#2」。

第三，〔樣本一〕之「窗口#2」（「午宴提前在十九日舉辦」）是「窗口#1」（廿一日是英國女王……大壽）的「回溯或倒敘」，亦即後個窗口之時間較前面窗口之故事早先發生。

接著，也有窗口時間「相同」卻以不同空間／地點／人物接續替換來

論述故事的第四種方式。如〔樣本一〕〈英女王〉「窗口#3」之連續四個新聞段落（段落四至段落七）時間一致，卻由三條不同人物和空間情節線（女王、歐黎芮太太、普爾先生）來反顧過去。〔樣本二〕〈斑駁店招〉之「窗口#3」到「窗口#3-1」間五、六十年之時間過渡，記者同樣在同一時間跨度裡系統地呈現平行情節。

第五，在〔樣本一〕〈英女王〉，「窗口#2」與「窗口#4」時間一致（均為十九日舉辦之午宴），可說是在這兩個橫向窗口間「套裝」了兩個嵌入窗口。而在〔樣本二〕〈斑駁店招〉，第一個窗口與最後一個窗口也屬相同時間和空間，亦仍可謂是「套裝」其他窗口之例。

第六：「反覆」。在〔樣本二〕〈斑駁店招〉之「窗口#3」段落（第六段）中，第一個時間點是五、六十年前的茶室「全盛時期」（見此段第一行），第二個時間點是後來的「二十年」（第二行），第三個時間點「以往」（第三行，指回復到五、六十年前），第四個時間點拉到了「現在」（第三至四行），第五個時間點是「五、六十年過去」整段時間，顯示窗口之時間模式可在段落中反覆來往且前後進行，不同於前述綿延或切斷的時間形式。

總之，〈斑駁店招〉與〈英女王〉兩則新聞在時間空間論述上有連續亦有斷離，有倒敘也有套裝，有疊置更有推移。但〈斑駁店招〉新聞以空間將段落與窗口首尾相連，如第一、二段以「巷子」連接而過渡到新地點，第二、三段則以「樓梯」相連而過渡到茶室之內的核心主題（指桌子，即友誼的聚焦處），然後又陸續退出來，透過一個個窗口和段落從茶室裡面到外面剝落的店招，然後在五、六十年間變化與沒落的中正商圈中打轉，最後隨著主角老兵卞志清的腳步從茶室到小巷又到大街／商圈。我們因而發現，〔樣本二〕之新聞空間論述手法恰似電影的「推鏡」，一層層逐漸推進（zoom in）到焦點又一層層逐漸拉出（zoom out）到寬廣空間。

相較之下，〈英女王〉之窗口時空較為明確，段落切割清楚。〈斑駁店招〉時空處理綿延連續，相互滲透，其空間背景樣式多變所拼出的「新聞景觀」有別於前者，可以說是論述的特色所致。

伍 結論與檢討

後現代歷史敘事學之「窗口」概念不僅講述敘事者如何在「小說之房」（見本章第貳節理論背景）向外觀照並描述真實世界，也是閱讀文本時得以藉其所述景致以理解世界的視框。簡單來說，敘事者（如記者）觀察到的真實生活雖屬彼此關聯，「再述」真實事件時卻總是順次遞進依序報導（如新聞撰寫必須依時描述事件的發展），其內容不必然依循原述結構行進而必有臆想與修辭成分。

本章透過分析兩件老人新聞樣本發現，新聞前後段落在時空鋪陳間有所「斷離」，亦即時空前後不相連貫（如〔樣本一〕之「橫向窗口」所示），另種情形則是前後段落間之時空「相同或部分斷離」（如時間延續、空間斷離，或空間延續、時間斷離，見〔樣本一〕「嵌入窗口」所示）。至於橫向窗口以及嵌入窗口彼此在時間／空間安排上如何交錯、延續、併置或前後呼應，似均展示著新聞故事的獨特論述方式，但新聞寫作是否理當跟隨故事主題而不必然跟隨一致論述模式則無定論。綜合述之，不論是通過橫向窗口或嵌入窗口，老人新聞之時間及空間詞彙在個案中均極豐富且種類繁多。

本章討論了新聞敘事的有趣論述層面，認為「窗口」概念應可協助新聞傳播者思考與論述的相關問題。如在新聞寫作層面，記者轉（再）述其採訪所得之新聞故事時，一次的確僅能處理一個「程式」，也就是以時空為故事內在條件而將人物及其行為／動作或語言放在一個「敘事單位」說明。在此過程中，記者（敘事者）必須決定哪些敘事單位先寫或後寫。在新聞寫作常規上，此一先寫之窗口常稱「導言」，係將後發生的事情「倒敘」，此乃受限於「窗口」規模，使得眾多故事只能一一陳述而難以一次講述完畢。

此外，記者亦需決定每個敘事單位一次要放在哪個時空或要「置入」哪些內容。而在新聞敘事中記者究竟需要運用多大數量的故事，又需要多深（或複雜）的窗口結構，顯然均是重要寫作問題。而敘事單位之多寡問題或再述故事內容時應如何組織並何時運用橫向窗口或嵌入窗口，限於本文屬初探性質而暫無答案。記者依時間次序再現故事時，或交互相錯以顯

示同一時間發生的故事或彼此嵌入且層層套疊，均屬有待繼續研究的新聞時間處理選擇與論述策略問題。

另一方面，運用窗口隱喻的確讓我們發現，在任何時候實際運行者都較屏幕所能顯示者為多。即使讀者可能忽略記者的論述策略，但透過本章所示之窗口分析方式，其（記者）文字選用、時空安排、鋪陳順序以及如何在一個敘事單位裡融入相關故事內容，皆可一一透視。但因篇幅所限，本文未能論及文字譬喻與意境之問題，顯示新聞敘事與論述在記述真實故事方面仍未窮竟，未來猶有可續予探究之相關研究題目。

實際上，老人新聞透過觀察「窗口」（敘事單位）之管理方法可同時分析故事與論述，且可討論新聞故事如何以時空交錯之論述方法顯示主題、人物與事件。而故事與論述在窗口管理上相互輝映，從語用過渡到語意的過程與情形雖在本文之分析中清晰顯示，卻仍應有更多變化與組合方式。

本章係以兩則老人新聞為研究對象，未來仍可由此討論其他類型新聞。然而本章理論部分介紹之歷史敘事觀念、研究方法部分展示的研究過程、運用窗口隱喻所分析的段落接續與轉折方式以及研究發現新聞論述時空處理模式均僅屬初探研究。又因相關文獻有限，本研究無法確認分析結果所得是否乃因兩則面向極端不同之新聞所致。

作業

1. 依本章所示，試仿研究問題取任何與老人有關之新聞報導練習窗口論述之分析途徑，觀察老人新聞文本的窗口管理策略。

2. 以不同媒體（如廣播、電視）之老人新聞報導為例，分析其時間與空間詞彙特色。

延伸問題與討論

1. 與上章相較，窗口概念展示之時間詞彙有何特色？此為必然或為偶然？

2. 老人新聞展現之窗口論述方式，是否與其他年齡有異（如採上章之〈腳踩直排輪 心懷萬丈志 青少年日 小鐵人衝啊！〉新聞分析其時空論述，是否得出不同（或相同）窗口管理方式）？

3. 不同寫作者（敘事者、記者）之窗口管理寫作方式是否相同（或不同）？

附件一：樣本一新聞之分析詳表

2006.04.21　中國時報 同年同月同日生 英女王八十大壽 與民同樂 黃建育／綜合20日外電報導	分析過程： 1.左列欄位顯示新聞，框出時間詞彙、將空間畫底線、可然世界粗斜體註記。 2.右列欄位顯示相關三個研究問題的分析結果。
（第一段）廿一日是英國女王伊莉莎白二世八十歲大壽，而她今年慶祝生日的節目也比往年多了一項：邀請九十九位跟她同年同月同日生的英國民眾，一起到白金漢宮共進午餐。 （時間：現在廿一日） （空間：白金漢宮） （第二段）午宴提前在十九日舉辦，而這些即將滿八十歲的貴賓都穿上*自家最好的*一套西裝或洋裝，斑斑銀髮也梳理或燙整的中規中矩，有的手中還捧著鮮花。他們在宏偉壯觀的王宮內四處看著，***萬沒料到***自己也有親臨參觀的一天。	窗口#1（敘事單位一） 置入內容／故事：英女王邀約九十九位民眾午宴 人物：女王、民眾 事實敘述：1.女王及眾人同年同月同生；2.午餐是新節目。 窗口管理／論述方式：表示時間之詞彙如廿一日、八十歲大壽、今年、生日、同年同月同日、一起、午等。 窗口#2 置入內容／故事：受邀者裝扮及其意外感。 人物：貴賓們（同前民眾） 事實敘述：穿著打扮情形

（時間：過去十九日） （空間：白金漢宮四處）	可然世界：「自家最好」、「萬沒料到」屬（記者的）推想。 窗口管理／論述方式：1.版面／段落之分隔；2.時空移動，故事時間空間斷離於窗口一；3.表示時間詞彙如午、提前、十九日、將、八十歲。 屬性：橫向窗口
（第三段）這七十位女賓及廿九位男賓有些是搭計程車來到白金漢宮，有些是坐轎車，其中一位蘇格蘭來賓的座車還是勞斯萊斯，**顯然**生活過得不錯。 （時間：過去十九日、早於並穿插於上段） （空間：白金漢宮）	窗口#2-1 置入內容／故事：貴賓們交通方式及其生活 人物：同前貴賓們 事實敘述：穿越物理空間方式 可然世界：「顯然」屬（記者的）推想 窗口管理／論述方式：1.版面／段落之分隔；2.時空移動：時間回溯並早於窗口#2；空間同前段窗口；3.顯示不同人物在不同空間同時進行之移動方式，屬於舞台背景式。 屬性：嵌入窗口
（第四段）雖然女王對外表示，她**感覺**這些來賓**都是**她「**一模一樣的雙胞胎**」，但跟女王相比，大多數來賓都只是普羅大眾，在他們生長的一九二〇及三〇年代也吃過苦日子。這也顯示雖然大家都在一九二六年四月二十六日這一天出生，但他們的命運卻跟女主人很不同。 （時間：缺，（研究者推測應為）過去十九日、過去二〇、三〇年代） （空間：缺，或王宮）	窗口#3 置入內容／故事：英女王與民眾命運不同 人物：女王、民眾 事實敘述：命運不同 可然世界：女王的「感覺……雙胞胎」 窗口管理：1.版面／段落之分隔；2.時空：時間不明確，空間不明確；3.時間詞彙如生長、一九二〇及三〇年代、日子、……這一天出生；4.顯示不同人物在不同空間同時進行之移動方式，屬舞台背景式窗口管理。 屬性：橫向窗口

（第五段）來賓歐黎芮老太太是由她的一個女兒陪同 前 來。她表示，這天是她一生中最美好一天。歐黎芮說，女王模樣雍容華貴，但外型跟電視上看來有所不同，且個子有點嬌小。 （時間：同上，缺） （空間：同上，缺）	窗口#3-1 置入內容／故事：來賓歐黎芮的情形、想法 人物：來賓歐黎芮、其女 事實敘述：女兒陪同前來 可然世界：一生中最美好一天 窗口管理／論述方式：1.版面／段落之分隔；2.時空同於前段窗口；3.時間詞彙如這天、一生、一天。 屬性：嵌入窗口
（第六段）年輕時，歐黎芮一直在一家乳酪工廠上班。她說：「受邀來此，我感覺戰戰兢兢，但也覺得意義重大。我很早就知道自己跟女王同一天生日，但今天還是情緒很激動。我的一生跟女王的大不相同。我一輩子都在辛苦打工。」 （時間：同上，缺） （空間：同上，缺）	窗口#3-2 置入內容／故事：來賓歐黎芮的情形、想法 人物：來賓歐黎芮 事實敘述：一輩子在乳酪廠打工 可然世界：感覺戰戰兢兢，但也覺得意義重大 窗口管理／論述方式：1.版面／段落之分隔；2.時空同於前段窗口；3.時間詞彙如年輕時、一直、很早、同一天、生日、今天、一生、一輩子。 屬性：嵌入窗口
（第七段）此時，已退休的汽車工人普爾老先生在一旁插嘴說，雖然受邀請讓他*倍感殊榮*，但他不認為跟女王同一天生日就表示自己有福氣。他表示，自己生長在三〇年代，當時窮人很多，大家都是苦哈哈。 （時間：同上，缺） （空間：同上，缺）	窗口#3-3 置入內容／故事：來賓普爾的情形、想法 人物：普爾 事實敘述：生長時期苦哈哈 可然世界：精神活動「倍感殊榮」、大家都是 窗口管理／論述方式：1.版面／段落之分隔；2.時空同於前段窗口；3.時間詞彙如此時、已退休、同一天、生日、生長、三〇年代、當時。 屬性：嵌入窗口

（第八段）午宴在白金漢宮大交際廳以國宴等級舉辦，十個人坐一圓桌。這九十九位來賓產生方式是先由民眾在稍早時提出申請，之後再經挑選。每位來賓可由一人陪同，通常是配偶、兒子或女兒。 （時間：缺，應不同於以上，回到19日） （空間：王宮大交際廳）	窗口#4 置入內容／故事：缺 人物：來賓們 事實敘述：午宴及來賓產生方式 窗口管理／論述方式：1.版面／段落之分隔；2.時空回到前面第二段窗口二；3.時間詞彙如午、稍早時、之後。 屬性：橫向窗口（斷離於前段卻嵌入窗口二）

附件二：樣本二新聞之分析詳表

1.1.01　中國時報 斑駁店招迎舊客 陋巷茶室憶風華 詹伯望・黃文博	分析過程：1.左列欄位顯示新聞各段，框出時間詞彙，並將空間及可然世界註記。2.右列欄位顯示相關於研究問題的分析結果。
（第一段）周末假日，台南市中正路商圈依舊熙來攘往，全是年輕人的天下，商家的流行音樂，播得砭響，簡直是震耳欲聾。但一折進巷子裡，就安靜許多，頗有隔世之感。 （時間：現在／週末假日） （空間：台南、中正路、商圈、巷子）	窗口#1（敘事單位一） 置入內容／故事：兩個地點對比 人物：年輕人 事實敘述：熱鬧商圈與靜巷有差異 可然世界：全是、簡直是、頗有屬記者感想 窗口管理：表示空間移動之語句「一折進巷子」
（第二段）第二度走進中正路二一七巷保安里里長蔡宗明的家裡，駐顏有術的里長太太王金英熱情招呼。菲律濱茶室就在樓上，踏著陳舊的木頭樓梯上去，還有搖晃的感覺。 （時間：現在／第二度） （空間：中正路、巷子、蔡家、菲律濱茶室、樓上）	窗口#1-1 置入內容／故事：里長家樓上是茶室 人物：里長夫婦 事實敘述：1.里長夫妻熱情；2.茶室老舊 可然世界：「搖晃」是事實還是感覺 窗口管理／論述方式：1.版面／段落之分隔；2.時空上故事時間延續，空間多處移動並跟蹤中正路、巷子；3.表示時間的語句：「第二度」；4.表示空間移動的語句「走進」、「踏著……上去」 屬性：嵌入窗口

（第三段）上樓|後|，|最先|入眼的是一張五角形的桌子，好像一塊放大的棒球本壘板。王金英說，這張桌子是特別訂製的，專供老兵玩「十三支」，因為那得五個人玩。她還說，還有長方形的兩人桌，可供對打。 （時間：現在） （空間：茶室樓上）	窗口#1-2 置入內容／故事：老兵的牌桌 人物：里長夫人王金英 事實敘述：1.特製的牌桌；2.專供老兵打牌 可然世界：「好像」本壘板是明喻。 窗口管理／論述方式：1.版面／段落之分隔；2.時空上時間延續，空間聚焦在樓上 屬性：嵌入窗口
（第四段）從外觀來看，這家茶室和裡面相聚的一樣，都已是風|燭||殘年|，一塊木製店招掛在外面，破損不堪，「菲律濱」三個大字剝落得幾乎難以辨識，人來人往，根本沒人會去注意。 （時間：現在） （空間：茶室裡面、外面）	窗口#1-3 置入內容／故事：茶室老舊 人物：往來所有經過的人 事實敘述：1.外觀和招牌老舊；2.剝落得無人會注意該招牌 可然世界：「根本」應屬推論 窗口管理／論述方式：1.版面／段落之分隔；2.時空上時間同前，空間繼續聚焦茶室；3.時間詞彙風燭殘年 屬性：嵌入窗口
（第五段）|五、六十年前|，|剛|從美國脫離殖民地統治的菲律賓，可是亞洲最富庶的國家；這個名字，不僅充滿了南洋的風情，而且|滿載|了大眾對安居樂業的想像。 （時間：過去） （空間：菲律賓）	窗口#2 置入內容／故事：當年的菲律賓 時間／地點：五、六十年前／菲律賓 人物：缺 事實敘述：菲律賓的富庶。 可然世界：充滿風情屬修辭、滿載想像屬推論 窗口管理／論述方式：1.版面／段落之分隔；2.時空上時間斷離於窗口一；空間斷離於窗口一；3.時間詞彙五、六十年前、剛從 屬性：橫向窗口
（第六段）府城茶室的全盛|時||期|，多達五十多家，|幾乎都|集中在中正商圈；但|廿年|就逐漸沒落，業者都轉業了，|以往|有小妹招呼，|現在|則是「清茶室」。	窗口#3 置入內容／故事：當年和現在的景況 人物：卞志清。 事實敘述：1.眾茶室沒落；2.僅剩一家；3.老友年長健康

五、六十年過去，茶室的四鄰早就另建大樓，只剩它孤伶伶的。高齡八十七，原籍上海的卞志清，是這些老友中最年長的，身體乾瘦但很健康。 （時間：過去、現在） （空間：中正路、商圈、茶室四鄰）	可然世界：「幾乎都……」 窗口管理／論述方式：1.版面／段落之分隔；2.時空上時間移動，跨五、六十年，空間跳動於府城、茶室四周、茶室；3.時間詞彙眾多，如時期、二十年、以往、現在、五六十年、過去、高齡八十七、年長；4.空間詞彙：府城、中正路、商圈、四鄰、原籍上海 屬性：橫向窗口 （時間地點不同於前段、卻又分別延續並嵌入窗口一、窗口二）
（第七段）他曾到中正路以油雞聞名的的「羊城小食」打工，閒來就到附近幾步路以外的「菲律濱茶室」打發時間。這一打發，就是數十年。 （時間：過去、現在） （空間：中正路、茶室）	窗口#3-1 置入內容／故事：卞志清數十年均在菲律賓茶室打發時間 人物：卞志清 事實敘述：整段 窗口管理／論述方式：1.版面／段落之分隔；2.時空：時間同前跨五、六十年，空間同前；3.時間詞彙：曾、閒來、打發時間、數十年；空間詞彙：附近幾步路以外 屬性：嵌入窗口
（第八段）「阿英，再見」卞志清戴上鴨舌帽，和王金英揮手道別，轉身走出小巷，融入大街上那由紅男綠女組合的人潮，背景的年輕人雜音突然放大了起來，卞老瘦小的身影顯得格外孤獨。 （時間：現在） （空間：小巷、大街）	窗口#4 置入內容／故事：老人融入潮流 人物：卞志清、王金英、年輕人 事實敘述：卞志清離去 可然世界：「雜音突然放大」之想像 窗口管理／論述方式：1.版面／段落之分隔；2.時空：時間為現在，空間為小巷、大街；時間較上段縮短，空間較上段延長 屬性：橫向窗口 （時間、地點斷離於前段）

第九章

老人接收新聞訊息之
情感與記憶*

* 本章同名初稿曾刊載於《中華傳播學刊》，第13期（2008年7月號），頁3-36，內
容業經再次調整。

本章提要

延續前兩章有關新聞報導內容之不同個案研究，本章旨在討論老人觀眾接收新聞訊息之「情感」與「記憶」特色。透過深度訪談 20 位台灣都會區老人後發現，老人既不認為新聞報導內容符合其所認知的老人生活真相，也不認為媒介提供了適合老人接收訊息之內容。訪談結果顯示，傳播媒介若重視老齡閱聽眾市場，未來宜多提供「家庭」與「健康」主題。其次，老人之新聞興趣多出自情感（如關心其他老人），而其讀完新聞後也屢對其個人生命史及個人知識庫產生豐厚記憶與聯想。

學習重點

1. 前言：研究背景
2. 理論背景：簡述老人傳播與老人情感／記憶
3. 研究步驟：老人觀眾接收新聞訊息的情感與記憶特質
4. 研究發現及討論：老人如何接收新聞訊息
5. 結論與檢討：老人與新聞訊息之情感／記憶互動
6. 作業、延伸問題與討論

壹　前言：研究背景

　　知名作家龍應台曾在一篇報紙副刊文章提及，陪伴其父觀看國劇《四郎探母》時注意到現場觀眾深受該劇感動乃因「認出了自己不可言喻的處境，認出了處境中的殘酷和荒謬」。[1]龍氏認為，現場部分貌似外省老兵觀眾頗有與該劇主角楊家四郎「有家歸不得、有母不能伺」之同樣惆悵且情難自已。而西方先哲亞里斯多德早也觀察到希臘悲劇作家總將作品寫得跟人生一樣時悲時喜，並以能感動觀眾為最高指導原則。然而除了《四郎探母》與希臘悲劇等虛構戲劇故事外，新聞這類「紀實故事」實也常讓人感動而「情難自已」，此點顯與一般認知之新聞客觀報導特色有所不同。

　　如2005年立委大選正酣之際，一位老兵因目睹電視新聞不斷播出「國父是誰」的爭論而自戕於國父銅像前。[2]又如總統女婿趙建銘涉及台開弊案時，81歲老翁耿欲良收看電視新聞後也上吊自殺；[3]這些案例似都暗示了年長者接收新聞報導資訊時遠較年輕人投入過多情感。

　　新聞事件所再現的故事本應追求並展現事實而非情緒性資訊（參見本書第三章），但如上述所引，為何其內容仍讓老年閱聽人觀看或閱讀後對社會失望、對生存沮喪。由此我們有意探索新聞報導內容如何與老人情感互動，藉此查察此兩者（新聞與老人）是否相去過遠以致老人難以承受接收新聞之苦。

1　《蘋果日報》（2004/11/12），〈如果你為四郎哭泣〉，E7，部分內容如下：「……有一天台北演出『四郎探母』，我特別帶了八十五歲的父親去聽。……悲劇的高潮就在四郎深夜潛回宋營探望老母的片刻。卡在『漢賊不兩立』的政治鬥爭之間，在愛情和親情無法兩全之間，在個人處境和國家利益嚴重衝突之間，已是中年的四郎跪在地上對母親痛哭失聲：『千拜萬拜，贖不過兒的罪來』。……斜出去前一兩排一位白髮〔髮〕老人也在拭淚……。少小離家老大失鄉的老兵們，從四郎的命運裡認出了自己不可言喻的處境，認出了處境中的殘酷和荒謬」。

2　http://www.libertytimes.com.tw/2004/new/nov/13/today-so8.htm（上網時間：2011/6/2），取自《自由時報》（2004/11/13）標題：「76歲榮民 忠烈祠前列頸」，孟慶慈報導。

3　出自《中國時報》（2006/06/01），標題：「被趙建銘氣死？八旬翁上吊」，簡東源花蓮報導。

　　本章旨在探討老人觀眾接收新聞訊息的特質，並以情感與記憶扮演之角色爲核心題旨，企圖思辨情感、記憶與老人接收訊息間之關係，以及新聞訊息如何與老人生活及認知產生關係。

　　傳統上，閱聽人研究長久以來僅常講求傳播訊息如何對一般大眾產生效果而忽略「個人」接收訊息時之情感回應，相關文獻近年來持續呼籲研究者調整方向改從個別閱聽人之訊息接收傾向進行探析。如Lang, Bradley, Chung, & Lee即曾回溯媒介效果相關研究，發現傳播研究學術核心刊物如*Journal of Communication, Communication Research, Human Communication Research, Journal of Broadcasting and Electronic Media*刊載之閱聽人心理接收文獻多有不足，因而嘆稱理解個人處理訊息的過程當是任何完整傳播理論之核心所在，但訊息流程的問題在理解和測量媒介訊息時卻總被忽略。[4]

　　近年來，一些中文相關文獻[5]業已提供有關老人生活及媒介使用情形的初步報告，但若結合此兩者（老人與媒介效果）觀之則仍可發現，無論虛構敘事（如電影或電視劇）或眞實敘事文本（如新聞報導），老人族群皆有著出人意表的情感反應與傳播行爲值得深究。

　　如傳播理論之涵化理論（cultivation theory）早已指出閱聽人長期接收媒介訊息後易受其「潛移默化」影響，尤以青少年與幼童爲然，乃因其猶處學習世事之初步階段，想像力特豐，有時甚至將漫畫卡通中的「忍者龜」行事方式（如脫殼行義）附加於眞實動物烏龜身上難以區辨兩者之異。但多數老人早已完成學校教育而長期接受社會渲染，高度社會化的結果易於引發其自我防衛系統而拒絕接受創新事物，從而產生與涵化理論所

4　Lang, A., Bradley, S., Chung, D. Y., & Lee, S. (2003). Where the mind meets the message: Reflections on ten years of measuring psychological responses to media. *Journal of Broadcasting & Electronic Media, 47*(4), 650-655 (p. 650).

5　如：黃芳田譯（2000）。《可以這樣老去》。台北市：遠流。（原書：Pipher, M. (2000). *Another Country: Navigating the emotional terrain of our elders*. New York, NY: Peguin；彭駕騂（1999）。《老人學》。台北市：揚智；蔡琰、臧國仁（2003）。〈老人觀眾與電視劇：從老人之定義到人格心理學對閱聽人研究的啓示〉，《中華傳播學刊》，第3期，頁197-235。

示之不同情感波動。

　　著名文藝評論家Gombrich即曾解釋觀眾如何選擇觀看對象，其觀點有助於思辨何以老人觀眾爲何遠較年輕人更易將新聞或戲劇故事融入自我意識並產生情緒互動。[6]他指出：「〔老年〕觀看者心裡有一個定向的選擇原則。這種心理定向的選擇原則構成了影響我們知覺的態度和期待，使得我們去看或去聽一種事物而不看、不聽其他的事物」。依此觀之，觀眾定向選擇理應來自其知覺中的記憶與思想，既是接收與解讀的「預成圖示」也是態度、期待與情感投射的基礎。[7]

　　我們延續此說認爲，老人的「預成圖示」應較青少年「固化」，而我們稍前觀察的老人個案也確常「情緒性」地固定選擇觀看特定電視節目或人物，一旦新聞內容出現與其政治信仰不同之事件與人物，則立即轉台拒絕收視。

　　本章因而有意探討老人觀眾之收視特質與老人傳播現象，藉此觀察老人接收媒介訊息的心理過程，尤以老人的情感與記憶爲核心議題。

貳　理論背景：簡述老人傳播與老人情感／記憶

　　以下分從五個角度討論老人傳播的心理議題，首先介紹老人的定義與特質，接著試析情感與記憶議題，反思老人情感、記憶與新聞訊息的接收問題，最後則從理論面向檢討老人情感與記憶如何藉著新聞訊息而與社會互動。

6　盧曉華等譯（1988）。《藝術與幻覺》。北京市：工人出版。（原書：Gombrich, E. H. [1960]. *Art and illusion: A study in the psychology of pictorial representation*. New York, NY: Pantheon Books.），引句出自頁171-172。

7　另參見：李長俊譯（1985）。《藝術與視覺心理學》。台北市：雄獅。（原著：Arnheim, A. [1967]. *Art and visual perception—A psychology of the creative eye*. Berkeley, CA: University of California Press.）

一、老人與媒介訊息

老人一向以弱勢、無援、疾病、需要照顧等身分成爲相關研究討論重點，產出系列有關醫療與社會層面的著作，[8]其他關注焦點則對老人健康、老化及其傳播議題多有著墨。[9]

近年文獻曾相繼提出對相關老人研究之質疑，如挑戰其研究資料多取自安養院以致分析結果常僅能顯現居住老人（inhabitants）之無助與衰弱。相較於此，健康居家老人之智力與自理生活能力皆不輸年輕人，統整情境能力尤較年輕人表現智慧，顯示研究者們未來應多以不同視角與思維重新關注老人議題。[10]

「老人」究竟何指？一般而言，不同文獻曾因不同研究重點而有不同老人年齡定義，如有些文獻以55歲退休之齡爲旨，另有文獻分以60歲有社會扶助、65歲公務員規定退休、70歲之福利法保障而定義老人。[11]爲討論方便，尤以本章內容並不涉及探討老人之健康、經濟、社會等面向，「老人」暫指「65歲以上且身心健康能自理生活者」。

Nussbaum, Pecchioni, Baringer, & Kundrat等曾經提出人生中高齡時期之特殊傳播形式乃在專注於親子互動，[12]尤其是祖孫間之溝通方式，而黃

8　見張宏哲、林哲立譯（1999）。《人類行爲與社會環境》。台北市：雙葉書廊。（原書：Ashford, J. B., LeCroy, C. W., & K. L. Lortie [1997]. *Human behavior in the social environment: A multidimensional perspective.* Pacific Grove, CA: Brooks/Cole Pub. Co.）

9　呂麗蓉譯（1995）。《不老的身心》。台北市：遠流。（原書：Chopra, D. [1993]. *Ageless body, timeless mind.* New York, NY: Crown.）；同註5，蔡琰、臧國仁（2003）。

10　李錄後、陳秀娟譯（1995）。《生命之泉》。台北市：月旦。（原書：Friedan, B. [1993]. *The fountain of age.* New York, NY: Simon & Schuster.）；李淑珺譯（2007）。《熟年大腦的無限潛能》。台北市：張老師文化。（原書：Cohen, G. D. [2005]. *The mature mind: The positive power of the aging brain.* New York, NY: Basic Books.）

11　徐立忠（1989）。《老人問題與對策》。台北市：桂冠。

12　Nussbaum, J. F., Pecchioni, L. L., Baringer, D. K., & Kundrat, A. L. (2002). Lifespan communication. In Gudykunst, W. B. (Ed.), *Communication Yearbook 26*. Mahwah, NJ: Lawrence Erlbaum Associates.

仲珊、曾垂孝則從接收訊息層面指出老齡閱聽人「閱歷較豐富，思想較成熟，但感官的敏感度較低，容易疲勞，短期的記憶力較差，對大量新訊息的處理所需的時間較長。因此，有層次、有條理、合邏輯、按部就班的訊息較容易被老年人接受、記憶」。[13]

黃仲珊、曾垂孝此言雖然說明了老人之生理、心理條件使其面對傳播訊息時有著不同於年輕人之特質，但猶不知他們（老人）是否感受得到台灣電視節目喜用其所不熟悉的節奏，如以快速跳動的剪接與多視窗方式再現「現代生活」。另一方面，台灣也有平面新聞媒體（如《蘋果日報》）大量使用漫畫式線條、色彩與格框，誇張地描繪暴力或色情新聞事件；這些訊息再現模式皆可造成老人們接收訊息時面臨不同於年輕閱聽眾之情境或甚至困境（擾），但相關研究尚少。

Thompson, Aidinejad & Ponte對老人情緒與記憶之研究發現，[14]一般成人無論是23歲或77歲皆能記憶、詮釋、評估自己的情緒過程，但是後者之接收影像敏感程度明顯不如年輕之輩。作者們強調，一般電視訊息若只用鏡頭表述演員情緒而無口白或文字說明，老人易於忽略鏡頭裡的情緒資訊，顯示其接收此類資訊時對文字或口白的倚賴。

傳播研究過去多忽略訊息對老齡閱聽人之心理影響，一般文獻也鮮以電子媒介連續影像為訊息分析對象；但對老人而言，電視訊息理應有不同於文字符號的特質。如上項Thompson, et al.研究顯示，老人對「電子連續影像的論述方法」之認識遠較年輕人為弱，增加口白與文字說明或能提示記憶與詮釋電視訊息。[15]但除此而外，過去研究似未強調電視對老人或相較於其他年齡成人而言究竟是個如何不同的「機器」。

即便如此缺少研究文獻支持，我們應仍能體會科技使用的先天及先前知識差異經常影響老人對媒體的觀感，進而導致其接收新聞媒體社會資訊

---

13 黃仲珊、曾垂孝（1993）。《口頭傳播：演講的理論與方法》。台北市：遠流（引句出自頁58-59）。

14 Thompson, L., Aidinejad, M. R., & Ponte, J. (2001). Aging and the effect of facial and prosodic cues on emotional intensity ratings and memory reconstructions. *Journal of Nonverbal Behavior, 25*(2), 101-126.

15 同上註。

的方式有異於年輕人，並也常因這些差異而從社會退縮。

其次，一般人常依過去社會經驗形塑現有生活意識，使得不同世代的閱聽人易因先前經驗不同而在現實生活產生知識差異（如「知溝」理論所示），如1950年代出生者即可能因早年社會經驗缺少電腦知識而在網路使用技巧上難與1975年出生者抗衡。而到了2025年，1950年代出生者（屆時已成老人矣）對「合成基因電腦生物人」[16]的知識與接收程度恐又要遠遠落後於2000年出生的「年輕人」。這些現象不免使得每個時（世）代的老人總被歸類為社會弱勢，其接收大眾傳播媒體之各式訊息也常「心有餘而力不足」。

如社會行動論者Goffman所指，[17]眾人慣於依過去經歷之習性而各行其是。如果此說有理，我們究應如何基於涵化理論或新近發展的閱聽人心理模式理解這些童年時期尚未享用照片、青少年時期尚未享用電影而直至成年時期才開始享用電視的老年閱聽人？依前引Thompson, et al.發現所示，在短時間內快速且大量處理的電視即時新聞很可能對老人觀眾之訊息接收習性造成困擾，尤以這些老人在其年輕時多以「眼見為信（真）」方式處理訊息。現有大眾媒介（包括新聞節目）展現的特殊聲光畫面效果易使老人「誤會」社會，進而對現實社會產生疏離感並影響實際生活，甚至導致其如本文前引報刊新聞而輕率走上絕路。[18]

---

[16] E. Ostry曾經提出「後人類（posthuman）時代」之說，認為屆時神經醫藥學和基因工程之發達將使人類壽命延長，生物科技甚至能將機器與生物基因植入人體，改變人的身體形式和心靈，透過藥物改變頭腦化學成分以改變人類行為。見：Ostry, E. (2004). "Is he still human? Are you?": Young adult science fiction in the posthuman age. *The Lion and the Unicorn*, 28(2): 222-247.

[17] Goffman, E. (1959). *The presentation of self in everyday life*. Garden City, NY: Doubleday.

[18] 兩位作者熟識一位80歲李太太，因觀看2004年立委選舉新聞導致憂鬱症發作，嚴重時全身發抖害怕街上「亂象」不敢出門。另位82歲住北市內江街之葉先生則因身體不適旅行無法返回大陸家鄉，又對新聞報導反映的社會現象感到沮喪，每天只以觀看《大陸尋奇》重播節目聊慰思念之情。

二、老人情感議題

在思考老人情感議題時，一般大眾心理學經常交換使用幾個相關名詞如sensation, feeling, emotion, mood, affect（此處暫以英文原文討論各相關概念）。[19]一般而言，實證研究過去對emotion及affect較常接觸，藝術領域喜談feeling及mood，[20]而神經醫學可能對sensation最感興趣。另據知覺心理學者Jung（容格）之言，[21]sensation是將身體所受刺激傳達於知覺的心理功能，不僅涉及外部刺激也與內部刺激及內在器官之變化有關。

再者，feeling是人們對自身情緒狀態的主觀感受，即在特定情況發生時之自身此刻情緒狀態與體驗。[22]Jung另將feeling認作是自成一類的獨立心理功能，[23]主要發生在自我與某一特定內容間的互動過程，是在接納或拒斥（如喜歡或反感）意義時給予之特定價值。mood則是主觀過程，與先前的意識內容有因果關係，蘊含某種評價；一旦情感強度增大，affect就產生了。

依姚蘭之意，[24]emotion與affect同義但與feeling不同：feeling具運用自由意志的功能但無身體的神經刺激，而emotion是最普通、籠統之用詞，包

---

[19] 如：洪光遠、鄭慧玲譯（1995）。《人格心理學》，台北市：桂冠。（原著：Pervin, L. A. [1975]. *Personality: Theory, assessment, and research* (2nd Ed.). New York, NY: Wiley.）；徐瑞珠譯（1992）。《情緒管理的探索》。鄭伯壎主編。台北市：桂冠。（原書：Hochschild, A. R. [1983]. *The managed heart-Commercialization of human feeling*. Berkeley, CA: The University of California Press.）；盧隱（1987）。《情緒心理學》。台北市：五洲。

[20] Detenber, B. H., & Reeves, B. (1996). A bio-informational theory of emotion: Motion and image size effects on viewers. *Journal of Communication, 46*(3), 66-84；郭小平／翟燦譯（1992）。《藝術心理學新論》。台北市：商務。（原書：Arnheim, R. [1986]. *New essays on the psychology of art*. Berkeley, CA: The University of California Press.）

[21] 吳康、丁傳林、趙善華譯（1999）。《心理類型》上、下冊。台北市：桂冠。（原書：Jung, C. G. [1971]. *Psychological types*. Princeton, NJ: Princeton University Press.）

[22] 姚蘭（1992）。《了解自己的感受》。台北市：桂冠圖書。

[23] 同註21。

[24] 同註22。

含感覺狀態、生理狀態甚至構成感官經驗的體內化學變化。affect則屬心理分析學專門術語用來形容對個體最具支配力量的情緒狀態，特別是辨認他人感覺時產生之相關情緒。

此外，Strongman曾從情緒心理學專業角度花費極多篇章介紹多位方家對上述情緒、感覺、情感諸概念的信念、歷史、理論及研究成果，[25]顯示情緒議題實具多面向特質。

為討論方便，本文選用姚蘭包含感覺狀態、生理狀態甚至構成感官經驗的體內化學變化之「情感」（emotion）一詞（以下譯名皆同），用以代表任何敘事文本（如新聞）引發之感官刺激，無論正反向皆屬人類情緒。[26]

具體而言，「情感」一詞在探討老人與新聞訊息之互動情境中代表個別老人從最弱的感官刺激到最強的情緒心理反應，包括從 (1) 初級感覺（sensation）到 (2) 覺察到情感初始狀態，係較強於前述初級感覺的心理感覺（feeling），到 (3) 特定被喚起的正、負向情緒（emotion），最後到 (4) 對個體最具支配力量的情緒狀態（affect）的連續心理情緒與感覺。

實際上，老人情感議題極為複雜，但現有傳播理論多隨理性主義以「資訊處理」（information processing）解釋，忽略了人類世界實由理性與感性兩種經驗共同組成；[27]相較於資訊處理理論，情感互動研究明顯過於貧瘠，有待投入。

三、老人記憶議題

如前所述，老人們根據過去社會經驗而模塑現有生活意識乃無可避免，而記憶力有別於觀察力、洞識力、分析力等，是老人接收新知以便隨時與「現在」社會互動的關鍵所在；若要理解老年人對媒介訊息的反應

---

25 游恆山譯（1993）。《情緒心理學——情緒理論的透視》。台北市：五南。（原書：Strongman, K. T. [1987]. *The psychology of emotion* (3rd Ed.). Chichester, NY: Wiley.）

26 同註22。

27 Bruner, J. (1986). *Actual minds, possible worlds*. Cambridge, MA: Harvard University Press (Chap. 2).

即應討論其記憶，因爲記憶與情感正是Jung所稱人類意識最重要的兩個部分。[28]

　　本文前曾論及，老人的「記憶」與「情感」是他們認同楊四郎、害怕政治亂象而不敢出門，或甚至傷害自己生命之前對媒介資訊的共同前提反應；沒有記憶便無法認識並思維。而若缺乏情感，這些老人也就不至於對媒體所報導的社會現象感到害怕或甚至傷害自己。

　　楊治良、郭力平、王沛、陳寧認爲，[29]從簡單的行爲與感知到複雜的思維、學習與反應，大部分心理功能都有賴記憶協調。他們指出，記憶之必要性僅次於知覺；缺少了記憶，其他官能便大部分失去了效用。基本上，人腦對過去經驗的保留與恢復過程就是記憶，乃大腦重要功能之一。本文定義其爲：「個體對其經驗的識記、保存及再認或回憶，經驗則包括個體已有之背景、歷練及知識」。

　　一般心理學文獻公認「記憶」是過去經驗在人腦中的反映，於1950年代出現的資訊處理論更將記憶看作是對輸入訊息的解碼、提取、儲存過程。從文獻觀之，人的「經驗」與其「記憶」不同，或如Squir & Kandel所述：[30]「實驗顯示人們有可能記憶出一個從未發生的事情。在學習或經驗事件時，如果特定的思想被啓發，便會『混淆了』受試者（觀眾）腦海中有關該概念的記憶，新概念的產生有可能是來自經驗，也可能由自己聯想產生。實驗的結論說明我們有時很難去區分什麼是自己想像的、什麼是真正發生的」。

　　合併來看，記憶可能左右老人的情緒與行爲，包括態度、分析、判斷。老人對過去發生的事情經常不復記得或記憶有誤，此點可能導因於記憶是個「重新建構的歷程，而不是重演過去發生的事情。一個回憶出來的經驗可說是主觀上的正確，其與過去差不多，但不是複製過去」。[31]由此

---

28 同註21。

29 楊治良、郭力平、王沛、陳寧編著（2001）。《記憶心理學》。台北市：五南（頁6-7）。

30 洪蘭譯（2001）。《透視記憶》。台北市：遠流。（原書 Squir, L. R., & Kandel, E. R. [1999]. *Memory: From mind to molecules*. New York, NY: Scientific American Library.），頁161-2。

31 同上註，頁151。

推論，老人觀看新聞故事之過程可能時時滲入原有記憶和思維，選擇性地接收、辨識、判斷、邏輯推理，進而讓其從新的資訊建構新的、獨特的故事。

至於老人記憶如何促成其使用媒介或與媒介訊息互動，傳播研究者過去亦少提及。雖然Crigler曾將「記憶」當成理解傳播訊息的重要心理變項而專闢章節討論，[32]Bourdon仍然指出：「西方世界已經擁有電視五十多年，但無論對個人或對集體而言，我們不清楚電視對記憶的影響，……媒介研究很少對這些問題顯示興趣」。[33]

然而電視節目之連續影像訊息與文字訊息或非對立符號系統反而常指涉同一議題：一旦出現「非對位剪接」（如聲音錯置到相鄰影像景框），對老齡觀眾而言是否另需不同記憶與思維運算才能解讀，或記憶是否另需負責意識中的知覺功能，迄今均無具體研究結論。

Hobson曾經指出，[34]電視節目吸引觀眾的效果多來自不曾停歇的連續刺激而非任一節目的單一或靜態展示，使得老人觀眾必須同時運用記憶中之物質現實對照社會現實才能容許心智對觀賞對象產生認知與情感反應，或產生媒介訊息所想要的傳遞效果。由此觀之，瞭解老人如何觀看新聞資訊以及觀看新聞時如何使用記憶，似仍應是老人傳播基本研究議題之一。

四、情感、記憶與老人接收新聞訊息之關係

依上節所述，讀者接收新聞時之知覺能力並不完全倚賴認知心理學之「資訊處理過程」所能解釋（含接收、輸入、處理、輸出、儲存等元素），[35]老人們對新聞訊息的接收亦應不同於學生閱讀教科書或情人們閱讀

---

[32] Crigler, A. N. (1996). *The psychology of political communication*. Ann Arbor, MI: The University of Michigan Press.

[33] Bourdon, J. (2003). Some sense of time: Remembering television. *History and Memory, 15*(2), 5.

[34] Hobson, M. (1982). *The object of art—The theory of illusion In Eighteenth-Century France*. Cambridge, MA: Cambridge University Press (p. 142).

[35] Gagne, E. D. (1985). *The cognitive psychology of school learning*. Boston, MA: Little,

情書，而是同時建立在理性及感性能力的基礎。

換言之，老人們之意識表層心理活動除理性思維能力（區別、比較、選擇之運作）外，也常使用其庫存之情緒／感覺、記憶／認同、歡喜／嗜好等材料，[36]亦即老人個人意識之記憶與情感均是其面對新聞訊息的最重要認知單元，此也是Hobson建議應將記憶與情感同時視為理解老年閱聽人心理過程基礎對象之因。[37]

以上論點受惠於D. Zillmann多篇文獻：其原先鑽研觀賞悲劇人物的情感反應[38]與觀看虛構戲劇故事的情感，[39]隨後將電視新聞視為「非虛構劇場」藉以探討新聞敘事的戲劇效果與觀眾情感反應。[40]

Zillman & Knobloch繼而指出，[41]戲劇觀眾是因戲劇文本而對劇中人物之幸運或不幸遭遇產生喜悅或悲傷情緒。但新聞敘事有異於戲劇的傳播效果，一方面觀眾係因事件、人物及故事而產生特定情感，另方面這種情感反應卻常使觀眾將新聞人物的幸運或不幸遭遇主觀地歸類為好壞事件。換言之，他們認為觀看戲劇並感受戲劇人物的幸或不幸是因戲劇故事人物之下場所致，而觀看新聞故事並感受新聞人物的幸或不幸結局卻出自閱聽眾個人對新聞人物的觀感。

從Zillmann的系列研究可知，主觀情感與個人記憶的交互作用顯然發

Brown & Company.

36 同註21。

37 同註34（pp. 151-2）。

38 Zillmann, D. (1977). Affective responses to the emotions of a protagonist. *Journal of Experimental Social Psychology, 13*, 155-165.

39 Zillmann, D. (1994). Mechanisms of emotional involvement with drama. *Poetics, 23*, 33-51.

40 Zillmann, D., & Gan, G. (1996). Effects of threatening images in news programs on the perception of risk to others and self. *Medienpsychologies, 8*(4), 317-318; Zillmann, D., Tylor, K., & Lewis, K. (1998). News as nonfictional theater: How dispositions toward the public cast of characters affect reactions. *Journal of Broadcasting and Electronic Media, 42*(2), 153-169.

41 Zillmann, D., & Knobloch, S. (2001). Emotional reactions to narratives about the fortunes of personae in the news theater. *Poetics, 29*, 189-206.

生在觀看新聞的心理過程：一旦閱聽眾喜歡的新聞人物（無論是陳水扁總統或馬英九總統）發生了不幸遭遇，觀眾即易將與其喜愛對象相關之司法新聞俱都歸類為「壞」消息，反將其不喜對象遭到起訴歸類為「好」消息；[42]顯然個人認知與前期記憶左右了他（們）面對新聞事件之情感反應。

因而老人記憶沉澱下來的內容可能並非傳統傳播理論指稱之「資訊」而是情感，亦非洪蘭所稱的「*選擇性的接收、辨識、判斷、邏輯推理*」，[43]而是形成前述Gombrich所指老人觀看之「定向選擇」基礎。亦即心理定向選擇原則影響了老人對新聞訊息的態度和期待，有意地選擇去看或去聽某事物而不看也不聽其他事物。[44]

五、小結：老人傳播與媒介訊息之互動議題

一般而言，日常生活資訊（如新聞報導）總是新穎、新奇、新近（專業人員習稱此為「新聞性」），卻非老人習以為常之訊息內容。老人與媒體所報導的資訊或故事是否真的在情感層面／記憶層面具有心理或社會互動顯然猶待證實。本文因而提出尚待驗證的「老人觀看模式」（見〔圖9.1〕）用以解釋老人與媒介訊息間的互動關係。簡言之，我們認為老人與媒介訊息互動最強的部分是媒介轉介之情感，而情感與記憶相關。

如〔圖9.1〕所示，我們所處社會文化習俗與新近發生的事件都需透過「大眾媒介」（見圖中央，如電視、報紙等）再現而轉介成為個人接收之資訊與故事內容。然而此些媒介一次只能再現部分社會真實內容（圖右上），包括社會文化、各民族集體記憶、社會事件之個案及歷史等。也因其僅能轉介周邊世界之部分真實，大眾媒介與社會／世界間應該只有部分甚或模糊對應關係（中間以虛線表示）。

而當個人與外在真實世界透過媒介符號體系互動，個人與所處之社會文化、集體記憶隨即相互影響。媒介不但以敘事形式將社會文化或歷史

---

42 同註41，頁189-190。

43 同註30。

44 同註6，頁171-172。

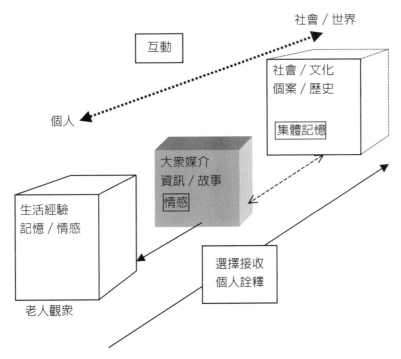

圖9.1：老人觀看大眾媒介訊息之可能模式
來源：本書作者

個案轉介給閱聽眾，閱聽眾個人的意識內容同樣也有機會透過媒介再現形式回饋社會，最終共同形成文化或歷史，進而構成社會與文化集體記憶與個人互動的理論。

　　然而本文討論焦點仍在老人。延伸〔圖9.1〕所示，我們認爲老人亦會運用意識以掌握媒介敘事中之「情感」成分而非僅有「資訊」（情感成分或更強於資訊吸收，如前述對新聞主角的喜惡大過對事件的知曉）。對老人而言，我們認爲：

　　㈠前述閱聽眾與社會文化或集體記憶之「互動論」值得懷疑。首先，僅有少數老人仍屬社會領導階層而可左右媒體或決定歷史並開拓新的文化。除去這些獨特老人，一般老者總是媒體鮮少關注或再現的族群，媒體有時甚至以刻板形式轉介老人（如老人總是弱勢者或孤單獨居者）；相對於這些被媒體接觸的老人而言，其餘接觸媒體的老人或則全盤接收媒介

訊息或則躲避訊息。

在這種情況下，如〔圖9.1〕所示之社會／世界透過大眾媒介與老人「互動」之理論或不全然存在（亦以虛線表示），而是發生上述之媒介單向影響老人或老人偏頗地選擇接收或是詮釋社會訊息。

（二）老人固可從媒介接收情感多於資訊，但也可能基於生活經驗與記憶而影響了參與媒介的情感。本文前述之龍應台父親、因觀賞《四郎探母》而落淚的老兵以及其他喜看老照片、聽老歌的老人們，其傳播行為似不適用傳統偏向資訊角色之傳播理論解釋，乃因情感有特殊傳播作用，其所扮演之角色理應重新定位。

（三）老人固因年齡較長而屬長時間媒介使用者，但其媒介使用行為未必改變個人原有意識，反有可能增強原有信念。如本文前述之自戕老兵或是躲在家裡不敢上街的老人，均曾在經驗了媒介再現的社會真實後導致記憶中的特定情感（如恐懼）持續增強，最後具體影響實際生活行為；顯然傳統傳播理論所鼓吹之媒介傳遞資訊傳統角色已在老人傳播實際行動中有所變調。

整體觀之，由前述老人特質、情感、記憶與老人接收新聞的現象推論，老人以其情感與記憶參與媒介互動，行為方式應不同於一般社會大眾。

參 研究步驟

一、研究問題及相關定義

本文關心老人的情感與記憶在新聞訊息接收之角色以及新聞訊息如何與老人生活及認知產生互動關係，旨在探討老人觀眾接收新聞訊息的特質，藉此說明新聞與老人之情感與記憶問題。本文假設了有待驗證的「老人觀看模式」（見〔圖9.1〕）以解釋老人與媒介訊息間的傳播行為。我們認為，老人與媒介訊息互動最強的部分是媒體內容承載之情感，而情感與記憶相關。本文具體研究問題包括：

㈠ 新聞訊息與老人間的互動及相互表述情形如何？

㈡ 老人們的情感與記憶與其接收新聞訊息是否相關？

㈢ 情感與記憶在老人接收傳播訊息的角色為何？

如前所述，「老人」泛指「65歲以上且身心健康尚能自理生活者」，「互動」指老人接收新聞以及與新聞再現之老人生活產生之關聯。「相互表述」指新聞如何刊載老人而老人如何看待新聞，「情感」一詞綜合表述觀看訊息者（即「老人」）的情緒、情感、感情與感覺，此處採模糊而籠統用詞乃著眼於在未使用科學測量儀器時仍能觀察老人個人感覺狀態、生理狀態、心理狀態。「記憶」則指過去經驗在人腦反映及儲存的資訊，包括個人長期記憶及恢復新資訊的短期記憶能力。

二、研究方法

針對研究問題，本文訪問了居家及安養院老人共20位研究對象。這些老人們與研究者、訪員彼此俱不相識，計男士8位，女士12位，分別居住在台北、桃園、台南等都會地區。

受訪對象之年齡從65歲到75歲有11人（55%），76歲至85歲有9人（45%）。9位慣用台語，11位慣用國語。國小、高中、大專教育程度者分別為5人（26.3%）、6人（31.6%）、8人（42.1%）。退休前從事軍公教者7人（35%），無業3人（15%），其餘工作者10人（50%）。仍與家人同居者17人（85%），配偶健在者8人（40%），自認健康或經濟狀況不好者分別為2人及3人。

整體來說，受訪者背景多樣，約可代表一般老齡大眾。但因本研究並非傳統實證研究，樣本代表性實非重要考量，以下說明也將避免呈現量化研究之討論方式，重點僅在反映前述文獻提出之研究推測並回應研究問題。

有鑑於前引Thompson, et al.曾經指出老人接收電視訊息影像之敏感程度或不如年輕之輩，[45]本研究選取相對簡單的平面報紙新聞為研究材料，試

---

45 同註14。

圖減低影響老人情緒與記憶的外在因素。為回答研究目的（即老人的情感與記憶之訊息接收角色，以及新聞訊息如何與老人生活及認知產生互動關係），本文選用了八則類型不同的報紙新聞，委請受訪老人挑選其一閱讀並請訪員記錄閱後反應。

這八則新聞刻意避開過於刺激以致可能影響個人特定記憶或強烈情緒反應的暴力、政治鬥爭、色情、人倫慘劇或天然災禍等事件，僅依一般分類如政治、財經、社會、國際、健康、娛樂、體育、趣味等類目隨機抽選「近日」網路《聯合報》、《中國時報》、《經濟日報》等常見之一般新聞，經電腦及印表機規格化處理後，版面、格式、字體形式、字體大小均為一致。[46]

依新聞內容呈現較多資訊素材（如硬性新聞／數字）或較多故事素材（如軟性新聞／趣味）簡略分類後，研究者隨即挑選各四則嚴肅、溫馨程度不一但長度相當（約500-800字）者（超過800字者則略為刪除部分段落）作為測試老人與新聞訊息如何互動之素材。

八則新聞每次出現在不同受訪者之排列順序均經規律性變動，擺在最上面之新聞經閱讀後隨即移至最下面，因此每篇新聞都有機會置放在最上面供受訪者選擇。這些研究程序之操作目的僅在避免非必要外在因素影響研究結果，使老人挑選新聞之因素大致上既非基於新聞之聳動、突發、重要、圖片，亦非受到新聞長度、版面樣式、色彩、新聞擺設位置及編排次序之影響。

總之，研究者希望藉此觀察一般性質的新聞與老人情感因素、記憶內容是否有關，訪查問卷內容包括老人媒體使用、新聞訊息之選擇與解讀、對一般新聞內容的情感及記憶反應三部分，其中記憶及情感等問題取開放式答案，容許老人透過經驗講述個人意見，符合「生命故事」（life stories）研究方法之內涵。[47]

由於本文並非驗證性研究且個案為數不多，以下所錄百分比與人數僅

---

46 因八則新聞內容眾多，此處省略。

47 臧國仁、蔡琰（2005b）。〈與老人對談——有關「人生故事」的一些方法學觀察〉。《傳播研究簡訊》，第42期（5月15日），頁17-22。

供參考之用，研究者無意藉其（數字）展現任何推論。

肆　研究發現及討論：老人如何接收新聞訊息

一、新聞訊息與老人生活

　　就研究問題一（新聞訊息與老人間之互動及相互表述情形如何？）而言，在受訪20位老人中，四分之三自認喜看新聞且多數訂閱報紙。受訪老人也多數不接觸收音機、雜誌、小說、現場表演、電影，比例介於60%到85%之間。每天觀看電視新聞的總時間數以一小時或少於一小時爲多，觀看電視劇的時間略多於看新聞的時間。

　　受訪老人約半數自認不會受到新聞影響（11人，55%），有13人（72%）不同意新聞報導之老人形象符合自己實際生活眞相，而不同意新聞所報導老人狀況爲眞者多認爲大眾媒介上出現的老人家「有特殊典型」或多「經過修飾，比較體面」，且新聞常播報少數可憐老人的負面消息，其實自己周遭老人並不如此。

　　受訪老人們多表示喜歡看與自己有關的節目或老歌、老電影，但目前電視、收音機、報紙、雜誌並無適合老人的內容。問及何類媒介內容最適合老人家們，約有三分之二分別提及「家庭」與「健康」二者。

二、老人情感與記憶因素如何左右新聞題材的選擇

　　至於研究問題二（老人們的情感與記憶和理解新聞敘事、接收新聞訊息是否有關），以不同提問方式似易影響老人的回答內容。如當訪員調查老人一般新聞近用情況時，超過一半受訪老人自認不會受到新聞影響；但若具體問及接收新聞訊息之情感（如「是否受新聞內容而感動或跟著新聞故事傷心或落淚」）時，20位老人中有15人認爲自己的確如此，有12人另提及會因看電視新聞而生氣，10人則表示曾因新聞感到開心。

　　在調查新聞與記憶方面，四分之三受訪老人會因新聞訊息而使自己想

到「過去」，包括回憶自己的家庭、童年、政局、社會治安。老人們多認為今天的社會與記憶中的社會不同（85％）：過去既是「戰爭／兩蔣／日據」時代，也是「窮苦／童年／勤奮」的年代（均節錄自老人所述）。

研究者使用（如前述）八則一般報紙新聞測試老人的情感與記憶與其接收新聞訊息是否有關時發現，20位受訪老人有3人完全拒看研究者準備的新聞，理由是「不想看新聞」、「篇幅太長不願意讀」、「當中有幾篇已經讀過了」。其餘17人中之13人（76％）選讀了一則，四人選讀了二到四則。

整體而言，受訪者對「與自身相關」的老人題材最感興趣，如八篇樣本新聞中之〈全人新樂園，老人關懷老人〉被17人中的8人選讀。其次，〈神奇鼠，百癌不侵〉是一篇與健康相關的題材，〈活動墊片當關節，阿嬤好彎腿〉亦與老人、健康相關，分被選讀4次、3次。政治新聞僅被兩人閱讀，經濟、體育新聞各被選一次，沒有任何人選看〈奇機，削甘蔗皮……〉或者〈此頭最『火』！北京『板寸頭』航天員、大導演都愛〉等。

17位受訪老者選讀八篇軟、硬各半的樣本新聞之因多出於情感上的「關心」（12人，70.6％）或「有趣」，而基於理性選讀硬性新聞時則因認為其屬「重要」、「需要」（僅各1人）。至於不選擇某些新聞之因多為（認知／記憶層面之）「看不懂」、「不知道〔新聞人名〕」、「標題不清楚」，或記憶層面之「沒印象」、「沒關聯」，較多時候仍是基於情感上的「沒興趣」。

另外，為何有些新聞不被青睞，有兩個回答可提供部分原因（不同字體與底線均出自本章）：如編號019的老人表示：「不選〈此頭最『火』！北京『板寸頭』……〉因對大陸的政治很失望，不選〈政院通過132政務官，財產強制信託〉則因政府很討厭」。編號018老人表示：「選擇〈全人新樂園，老人關懷老人〉是因該新聞關心老人家，附近有類似機構（指老人服務中心），並聯想到老人安養中心」。受訪者回應中頻繁出現情感字彙如「很失望」、「很討厭」、「關心」以及記憶詞彙「聯想」，值得未來研究特別注意。

從上述受訪者回應來看，選讀一般新聞顯然仍與情感、記憶／聯想因素有關，使得某些新聞較被老人接受，而情感因素似又較認知／記憶因素

更易左右老人之新聞選擇。

三、老人情感與記憶在接收新聞時之不同角色

　　至於情感與記憶在老人接收新聞訊息時扮演何種角色（研究問題三）？在情感方面，我們調查了老人們之新聞閱讀習慣，包括平時對新聞訊息的情感反應。分析時發現，那些自認為平時不因看新聞而傷心掉淚的4位老人（暫稱為「理性老人」）卻對選看新聞最有興趣，一人平均閱讀2則新聞。而報告自己對新聞內容常感開心、快樂的10位老人（暫稱「快樂老人」）共選看7則新聞，代表一人平均看了0.7則新聞；其（快樂老人組）閱讀量僅是理性老人的三分之一。

　　其次，自承平日接觸新聞時即常感生氣的老者從樣本中總共選讀了11條各種不同類型新聞（平均約為每人一篇），與不曾因看新聞而生氣之老人平均閱讀則數相近。有趣的是，報告自己閱讀新聞未曾因其訊息內容生氣之老者，在研究過程中全數只選讀最切身相關的老人、健康題材。

　　以上兩點發現似乎指出：⑴自認「理性」（對新聞傳布之情感免疫）的長者對新聞資訊較能接受，而閱讀新聞數量較多者對新聞的情緒渲染性較能免疫；⑵對新聞能夠感到開心、快樂的老人或因平時根本不怎麼看新聞或只選看與他有關且開心的新聞（是否因不看新聞而感快樂呢？）。但以上推論尚難證實，僅反映了閱讀新聞之情感反應與新聞類型之選擇或有關聯，猶待進一步調查。

　　至於記憶在新聞詮釋與接收所扮演的角色似有兩種，包括引起主觀判斷、反應與多量聯想。如17號老者看過八則樣本新聞的標題後卻一條皆未閱讀，2號訪員如此記錄：「不選擇〔閱讀〕的原因：〈神奇鼠〉看過了，重要資訊都記得；〈阿嬤好彎腿〉看過；知道甘蔗能防攝護腺癌，但沒興趣看什麼機器發明；〈版寸頭〉一看就知道是北京的老玩意兒，〔是給〕無聊的老頑固看的」，足以顯示記憶與情感確是「定向選擇」（固定選擇自己想要的資訊）的重要因素。[48]

---

48 本節添加語詞均出自本書作者。

　　新聞與老人的記憶、主觀認知及聯想關係則如以下個案所示：14號老者在看過〈老人關懷老人〉後，訪員記錄：「〔其〕批判對象從老人照顧不周到陳水扁標榜外匯存底成長（外匯本就會成長，不是政績），不去弄清弊案，不去關懷弱勢，到健保漏洞……衛生署……假藥氾濫等等等等」。

　　另外，記憶引發的聯想很多，如16號老人選讀〈神奇鼠〉後「先發表其看法，……接著訴諸其自身，……復又聯想……。講到養父母記憶的線拉得更長了，從身生父母的故事、自己被領養的事到養母因憂鬱而早逝，後母如何偏私，自己如何寬容對待後母，便又延伸出一番人與人相處的道德」。訪員報告：「每個問卷問題她都會從新聞延伸到她的人際相處經驗。……就新聞部分而言，她的回答……議題熟悉度很高」。

　　另如18號老人之訪員記錄：「〔其〕聯想實在是迅速而又豐富，……她的聯想有些切題，有些離題，譬如聽到什麼字眼就馬上聯想某事，卻未必真聽進去新聞的具體內容是什麼」。

　　13號老人讀完經濟新聞後則從新聞內容先想起王永慶經營的某個地方有個撞球台，接著憶起自身經驗、外勞、健康、兒女、爭產家變、親情失落等「記憶中最深的傷痕」，最後甚至向訪員總結其一生為「少年失怙、中年失意、老年喪偶、晚年失親」。我們認為，老人恐將他記憶中的事件主線歸結到情感。

　　有關記憶在接收新聞之角色，我們也發現14位老者中有6位對新聞內容的記憶量「不及格」，在閱畢新聞後無法再述新聞裡究竟講了些什麼。但也有3位被評為記憶能力滿分，另5位老人記憶量約落在70%至90%之間。

　　排除遺漏值和不排除絕對值（100分）時，全部受訪老人對一則報紙新聞的記憶量被訪員評為平均約達70%，顯示這些健康而能自理生活的老人記憶相當不錯。但若同時排除遺漏值和絕對值，平均來說老人對一則新聞的記憶能力約為能夠記得內容的60%。但無論記憶高低或聯想多寡，本研究並未驗證記憶在解讀或接收新聞的因果作用。

伍　結論與檢討：老人與新聞訊息之情感／記憶互動

本研究源自觀察到幾位老人的媒介接收與反應情形，從而探索新聞內容與老人情感間的互動關係。基於觀察所得與閱讀相關文獻，研究者們預設了老人與新聞訊息互動的基本模式（見〔圖9.1〕），旨在探討老人透過媒介（新聞）與社會如何互動以及情感、記憶與新聞閱讀間有何關係。

作者們設計了問卷並請兩位訪員透過面對面深訪蒐集資料以回答三個研究問題。本研究首先肯定先前預設，即個人與社會之互動論不能完全用以解釋老齡閱聽眾與社會間的訊息交換關係，如老人們並不認為新聞轉介的老人生活符合其所認知的一般老人實際生活，媒介也不盡然提供老人所需資訊，新聞訊息和受訪老人生活間並無明確互動或相互影響現象。在社會持續轉變過程中，老人們仍然多數喜愛自己熟悉的事物。但現存社會與其記憶中的社會有顯著差異，而這個差異未曾因其與社會間之互動而得彌平。

其次，本研究肯定了老人情感因素較理性記憶更能左右老人對新聞類型／內容的選擇，呼應Gombrich所論之「心理定向」選擇原則，[49]即來自情感與記憶的心理因素影響老人選擇訊息之類型與內容，使其（老人）總是習於固定去看或聽某些特定事物。

本研究發現，自承平日對新聞內容不會感到氣憤的老人與其他老人在選取新聞題材上顯有差異，如僅選擇有關健康或與老人相關之題材。但因本研究並未進一步提出相關研究問題或設計研究方法，其因果關係難以認定，也無法瞭解究竟是因不生氣才這樣選擇新聞抑或是因這樣選擇新聞才對新聞訊息不生氣。另者，我們也未能解釋為何受訪老者對新聞感到傷心或開心，卻未在選擇新聞時出現跨類型、題材、內容的差異。

研究者們曾於前節推論，老人觀看新聞敘事過程中滲入大腦的記憶與思維有可能讓其從新的資訊建構新的、獨特的故事，但在受訪老人族群中我們發現能否記憶新聞尚不重要，但新聞訊息的確引發大量「聯想」，而這些出自記憶和聯想方面的「故事」多存在老人們之個人生命史與個人知

---

49 同註6，頁171-172。

識庫，「文化／世界」（見〔圖9.1〕右上方框內）等較為抽象之思維或議題則未被觀察到；或許這是因為訪問對象皆屬一般平民百姓所致。

其次，雖有少數老人能夠充分評述新聞內容，在追問後仍將現在所讀新聞事件與其個人意識型態或經驗與記憶混合（雜）。然而本研究難以分辨老人所述新聞評論、社會記憶、個人經驗或聯想到的他人「故事」究竟屬新、舊或獨特訊息。基本上，這個議題無法經過現有研究方法辯證，尚待未來研究補強。

前節亦曾質疑老人閱聽眾未如傳播理論所述多在追求新聞報導之「正確資訊」，本研究發現，受訪老人的確出於「關心」其他老人與尋求新聞提供的「趣味」等因素而選取閱讀有關「老人」的新聞，較少閱讀政治、經濟、國際等新聞類目，且愈喜歡就愈能記得相關細節。

我們認為，本研究之結果雖顯示了老人選擇性地接收平面媒體轉介的社會故事，媒介使用行為也未必改變老人原有個人意識或增加新的社會知識，但媒介訊息除讓老人認識到現有社會不同於以前社會外，對老人原有信念、自恃究竟有何影響或影響層面之深度若何則未能獲得解答，值得繼續鑽研。

最後，由於受訪老人多表示喜看與自己有關的資訊但現有媒介缺少適合訊息，本研究建議傳播媒介應重視老齡閱聽眾市場並多提供家庭與健康主題。不過，此二主題雖適合目前老人需求，十年後則又可能因新的老人族群興起而被替換（如網路），此乃因屆時之老人年輕時較多接觸電腦等新科技而對此類訊息較感興趣，以致「老人相關資訊」究應包含哪些內涵仍屬變動概念，值得繼續推敲。

作業

1. 依本章所述，觀察家中老人如何閱讀新聞、如何在閱讀過程中產生情感作用、如何聯想、如何與其舊時生活有所連結。

2. 與年輕人相較，家中老人閱讀新聞（或觀看電視新聞）之方式有何不同？其抒發情感之方式是否特別（如是否邊看邊發表議論）？哪些訊息特易引起老人抒發情感或發表議論？

3. 與年輕人相較，老人對最近新聞之記憶本領是否高強抑或不足？其觀看電視新聞時如不看字幕是否接收如常？

延伸問題與討論

1. 老人接收訊息時為何較年輕人更易投入情感？

2. 老人接收訊息時是否僅對某些親近親友（如配偶而非小輩）分享情感？為何？（舉例來說，老人觀看連續劇時若流淚是否避開眾人）

3. 不同類型之大眾媒介訊息是否對老人有不同情感作用？（例如，連續劇更易引起情感作用，而新聞則否）

4. 男女性別、知識程度、年齡、居住處所、健康情形等人口變項是否造成接收訊息之不同情感抒發〔如女性老人、教育程度較低、年長（如逾八十歲〕、居住於非都會區、身體狀況較弱老人是否更易出現情感反應）？

5. 「定向選擇」是否對大部分老人皆是常態？亦即一般老人僅願接收其所習慣之新聞訊息、電視劇、日常生活資訊而無意接近不熟悉之訊息（如國際新聞、國外藝人活動等）？

第十章

爺爺奶奶部落格
——老人與新科技傳播*

* 本章初稿曾經刊載於《中華傳播學刊》，第18期（2010年12月），頁235-263，原標題爲：〈爺爺奶奶的部落格——從老人敘事檢視組織再生現象與互動理論〉，內容業經再次調整。

本章提要

....

　　本章旨在探討老人部落格的敘事表現，尤其關心老人如何在此虛擬傳播情境展示生命故事、如何透過各種類型的故事組織其傳播行為。分析 30 個樣本後發現，爺爺奶奶部落格之類目內容多樣，充滿了老人們述及既往舊事之「記憶裝置」，但更多內容則是這些銀髮世代成員熱愛「現在」日常生活的記錄，反映了他們透過新科技（部落格）書寫生命的企圖心。

學習重點

....

1. 前言：研究背景
2. 文獻探討：老人生命故事與部落格書寫
3. 研究方法與步驟：以老人部落格為例
4. 分析與研究發現：老人部落格之自我意識與形象
5. 結論與檢討
6. 作業、延伸問題與討論

壹 前言：研究背景

隨著社會進步，老人相關議題正漸從醫藥健康、社會福利、特殊建築需求以及各式商務延伸到傳播現象，如大眾傳播媒體近年即已展現對老人議題的重視，《中國時報》甚曾一度每週開闢「熟齡」專版報導老人訊息。相對而言，銀髮族使用新傳播科技產品之經驗與態度迄今仍未廣受關切與重視。

蔡琰、臧國仁稍早曾經指出，[1]年齡實非老人成為「科技邊緣人」之絕對因素，健康情況、經濟能力、教育程度等皆可能影響其面對科技世界或電腦新媒介時如何扮演適當角色。如身心健康熟齡老者之電腦科技使用能力雖略顯遲緩，但對他們而言新科技尚非無以取代的傳播或溝通工具；換言之，即便多數老人並未熟諳新媒介因而無以享受其便利性，其生活滿意程度並未減少。

研究者們發現，在年輕人多已各自擁有部落格的時代，老人並非完全「置身事外」，透過「樂齡網」此一以銀髮族為主的分齡入口網站隨手即可找到百餘個部落格，[2]足可證明新傳播科技並非年輕人獨享之溝通媒介。正如樂齡網館主所稱，「樂齡」原是新加坡對長者的敬稱，最能表現新一代銀髮族的不服老精神。

「樂齡網」平台素以提供老人「專屬交流園地」為旨，盼能讓其「找到生活的感動、生命的美、退休生活的新方向以及所需商品」。樂齡網館主也在網站中指稱：「大部分的銀髮族事實上是充滿活力與旺盛企圖心的，他們缺乏的是生活資訊及方便他們生活的商品……。希望看到愈來愈多的銀髮族能勇於發表自己的看法，因為那是經歷過一生焠煉的精華」。該平台除了商務目的外，更透過網路鼓勵更多人「來參與建構一個敬老、親老、友老的社會」。[3]

---

1 蔡琰、臧國仁（2008b）。〈熟年世代網際網路之使用與老人自我形象與社會角色建構〉。《新聞學研究》，第97期，頁1-43。

2 樂齡網址：http://www.ez66.com.tw/（上網時間：2011/6/4）。

3 詳見樂齡網「館長的話」http://tw.myblog.yahoo.com/happyage-ez66/article?mid=49&sc=1#293（上網時間：2011/6/4），此網址為

　　相關文獻指出，人們一旦到達退休年齡，「內心的發展推力並非傾向休息、隱退或降低活動程度；相反地，這個年紀最普遍的內在推力是剛萌發的自我解放」。[4]是這樣嗎？老人是否也能透過部落格顯示其活力與企圖、敘述生命內容？而這些使用部落格的老人們陳述著哪些故事？

　　蔡琰、臧國仁曾依Geyer & van der Zouwen所述指出，[5]社會模控學研究者發現「變形」（morphogenesis, or problems of change）理論適用於研究愈趨複雜的社會科學問題，而個人或團體之「自生」（autopoiesis）概念亦屬熱門研究議題。上述樂齡網的產生及形構恰可反映了健康且有能力上網老人們的具體「變形」與「自生」現象，並也符合Cohen對退休階段者的觀察，[6]即這個階段的解放心態實與青春期相似，人們「都常嘗試新角色〔以〕獲得新的自主感，也都有重大的自我認同改變」。

　　本章之旨即在檢視這些猶有能力「變形、自生」的老人們透過新科技媒介傳播著什麼訊息、老人部落格之敘事狀態是否展現特殊形貌。本章亦將援引敘事理論觀察「爺爺奶奶部落格」是否充滿生命故事或啟示了生活的感動，是否如文獻所言顯示了科技時代健康老人的新角色與新認同。

貳　文獻探討：老人生命故事與部落格書寫

　　眾所周知，傳播乃敘事行為，人們透過彼此的故事在各種傳播媒介中交換社群認同與存有的價值。系統變形與自生理論之主要內涵即傳播互動，[7]適用於解釋任何自我組織與自我再製（self-reproducing）系統之傳

　　樂齡網早期入口網站，業務擴大後已移往http://www.ez66.com.tw/T7002ShowAboutUs?y_SketchName=Sketch1-2_Hi178。

4　李淑珺譯（2007）。《熟年大腦的無限潛能》。台北市：張老師文化（原書：Cohen, G. D. (2005). *The mature mind: The positive power of the aging brain*. New York, NY: Basic Books.），頁87。

5　同註1；Geyer, F., & J. van der Zouwen (Eds.) (2001). *Sociocybernetics: Complexity, autopoiesis, and observations of social systems*. Westport, CT: Greenwood (p. vii).

6　同註4，頁87（添加語句出自本書）。

7　同註5，Geyer & van der Zouwen, 2001。

播行動。以使用部落格為例，老人或常藉由這種新傳播形式與他人互動並與其他社會系統來往，此時傳播互動牽動了溝通雙方如何透過敘事（故事與敘述形式）相互交流，形成了雙方成員在共有組織內、外之「共生」、「共變」重要基礎。據此，若能觀察老人部落格之內容，當能更為深入地瞭解那些跟著時代脈動前進的台灣老人之言行思維及其生命內涵。

　　本章將透過分析老人部落格以辨識老人之新時代傳播行為。以下依次討論老人與部落格、老人自述與生命故事、老人之部落格敘事行動特色等三個議題，隨之規劃研究問題、研究方法及報告研究發現。

一、老人與部落格

　　近年來，與部落格傳播現象相關之研究日益增多，如蘇蘅與張寶芳、華婉伶均曾討論政治人物在部落格的言談情境與溝通特質，[8]而張寶芳、劉吉軒、蘇蘅則曾依「情緒字彙」觀察政治人物如何書寫其部落格。[9]

　　另如施力群指出，[10]部落格書寫（又稱「網誌」）特性首在傳播與互動，撰寫者（尤指版主）常先揣測讀者是否以及如何觀看與回覆再進而調整寫作內容，使得部落格成為動態的「自我建構」場地。其次，施力群亦認為部落格是持續互動的循環過程，如版主書寫完畢後即可回頭觀看自己所寫，並透過回應、留言板等樣式瞭解讀者評語及其曾使用何種角度觀看（閱讀），從而形成特殊的「觀看」與「被觀看」循環過程。第三，部落格書寫同時擁有電腦文本與網路兩種特性，透過上述讀者與作者間之互動而共同建構了此種數位書寫之獨特意涵。

8　蘇蘅、張寶芳（2008）。〈總統部落格的言談情境與傳播〉。2008年中華傳播學會年會，台北：淡江大學，7月4-5日；華婉伶（2008）。〈建構「想像」的共同體：部落格串連與網路社群的想像〉。2008年中華傳播學會年會，新北市淡水區：淡江大學，7月4-5日。

9　張寶芳、劉吉軒、蘇蘅（2008）。〈政治部落格的情緒世界〉。2008年中華傳播學會年會論文，新北市淡水區：淡江大學，7月4-5日。

10　施力群（2004）。〈想像的觀望：論網誌（Blog）中的自我觀看〉。政治大學新聞研究所碩士論文。

　　因而部落格獨缺一般大眾媒體常見之「守門」（gatekeeping）功能，亦即任何訊息生產者（含版主或讀者）即消費者，而訊息接收者（如讀者）也就是下一波書寫的消息來源，[11]兩者（訊息生產者與接收者）不再截然二分，無須任何專業守門人（如記者、編輯）「代言」，雙方不僅書寫網誌或放置照片，並也編撰故事、描述經驗甚至針對時事提出評論。

　　又據陳憶寧，[12]部落格乃屬「集體創作」空間，「擁有強大的社群意識，特徵為網路同儕的閱讀與評價與從其他部落格或網路資源中相互參考引用」，廣受歡迎之因乃在於其能形成「我意識」（"me-ness"）。換言之，基於人類習（擅）於書寫日記的天性，部落格具有強大形塑自我意識的潛力，更能頻繁更新並依寫作時間排列貼文甚至進而提供文件搜尋與連結功能，允許作者（版主）完成長篇敘事以盡情抒發個人所思所想。

　　此外，施力群更認為部落格包含「自我記錄」、「自我表演」與「自我技術」等特色。[13]「自我記錄」指其可依作者（版主）之記憶書寫以表達或展現個人價值與生活故事。但因其多倚賴作者記憶，內容常屬「偏頗」且只記錄可資記得之部分，如「這個現在的『我』回顧過往的『我』，讓個體的主我得以顯現；一旦個體回憶自身的經驗，『主我』便能在經驗中出現」。

　　「自我表演」則指寫作者（版主）常為了「想像的觀眾」而撰寫或展演，加上自己可能成為自我觀看的對象（指撰寫後隨即瀏覽所寫內容），進而在被看與觀看間不斷重新建構自我，使得這種對「他人（讀者）的想像」成為自我意識建立的重要憑藉。另者，「自我技術」指自我理解的技術，包括筆記、信件等寫作方式都是個體自我鍛鍊的例證，其書寫主題與書寫對象在記錄與撰寫回憶過程中不斷被揭露與解構。由此觀之，部落格寫作既是自我展現卻也是公共表演舞台，既能滿足日記這個傳統媒介的基本需求，卻又可透過公開揭露來達到彰顯社交與互動的樂趣。

---

11 陳憶寧（2008）。〈「我」即是生產者：健康部落客寫些什麼以及為什麼寫〉。2008年中華傳播學會年會，新北市淡水區：淡江大學，7月4-5日；同上註。
12 同上註，頁3-4。
13 同註10，本段引自頁14。

　　因而據此推斷，老人亦當有興趣使用部落格藉以表現其自我書寫、自我建構、面對他者、向外發聲等需求。如蔡琰、臧國仁曾調查老人使用電腦與網際網路情形，[14]在32位平均年齡77歲的受訪老者中發現高達75%對電腦及網際網路新聞有收看興趣（即便超過半數者對電腦與網路並無使用經驗），對網路提供之搜尋功能亦多持正面看法，有意願使用者超過半數。

　　此外，從老人特色[15]及老人心理、人格、情緒三方面來看，[16]其皆曾經驗一般自我意識且在步入老年後持續發展，偶有出現「人格異常」現象。但對健康且人格健全的老人而言，面對老年現實之時猶可調適自我意識來面對新方向，以努力「開拓新的人際關係，尋求新的社會資源，以充實生活的內涵，以滿足嶄新生活的新需求」。

　　目前坊間開設的老人電腦班常將「個人部落格」之設立歸屬為課程最高階，置於電子郵件教學之後。本書作者曾經參與觀察一間公立銀髮電腦班，[17]發現學習使用電腦的退休人士皆對資料搜尋與電子郵件表達高度興趣，認真參與；有鑑於部落格學習門檻降低，未來亦當吸引更多老人。

　　另如樂齡網入口網站早已廣列一百餘位老人部落格之大量文章、遊記、日誌、照片，顯示有能力使用部落格的老人生活多采多姿，不同於一般老人癖寡衰病或退縮於社會之形象。而大部分老人部落格乃「自我記錄」或生活自述，不同於傳統傳播媒介內容（如新聞報導）多屬「再現他者」之敘事形式，初步瀏覽後之印象的確符合前述文獻所指之諸多自我展現特色。

---

14 同註1；參見上章。

15 徐學庸譯注（2008）。《論老年》。台北市：聯經。（原書：Cicero, Marcus Tullius. [2007]. *Cato Maior De Senectute*. Middlesex, UK: The Echo Library.）

16 彭駕騂（1999）。《老人學》。台北市：揚智（本段引句出自頁156）。

17 台北市立圖書館文山分館曾為銀髮族舉辦之2008暑期電腦班，課程規劃即包括學習建立與使用部落格，但因銀髮族學員學習進度緩慢，課程未至部落格建立部分即告期滿結束。

二、老人自述與生命故事（life stories）[18]

「生命故事」原係老人學（或老人心理學，psychogerontology）於20世紀1990年代中期始漸發展之研究途徑，內涵與社會科學質化研究方法之「口述歷史」、「民俗誌學」或「深度訪談」接近，卻另有獨特之處，乃因「口述歷史牽涉到訪談的歷史學家與受訪對象之間的聯合行動，因此它不是自傳」，[19]隱指口述歷史與自傳式訪談（autobiographic interview）有異，前者遠較關心史料之真實與正確，而後者則接近日常生活之經驗自述。[20]

但老人之生命故事終究不具因果推論價值，無法反映實證論者追求之普世通則。在此情況下，其述說故事的研究功能何在？尤以老人故事多屬個人建構，係其就生活經歷而表述之脈絡關係且與聆聽者「共同建構」，是否仍可以其缺乏信度與效度而不屑一顧？

舉例而言，每個人對死亡大限都有程度不同的恐懼感，而許多老人也都有過瀕臨死亡的經驗（如戰爭或生病）。即使這些面對死亡的掙扎或只是個人感想，是否也能就死亡心理提供建設性的理論價值？個人感想豈無理論意涵？

Kenyon曾多次強調，[21]故事的講述與再述（restorying）是個人與社會建立完整互聯關係的重要途徑；透過故事，我們才有辦法找到人生意義，瞭解凡事皆有可能。尤其許多原本隱而未見的思想智慧非得藉由故事講述而不能傳世，而與他人對談幾是取得這些資料的唯一途徑。換言之，老人研究者深信「智慧」深藏於每個人（尤其是老人）的語言與思想（或稱

---

18 本文使用「人生故事」或「生命故事」之原文均為life stories（或寫為lifestories），其意皆同。

19 引自翁秀琪（2000）。〈多元典範衝擊下傳播研究方法的省思：從口述歷史在傳播研究中的應用談起〉。《新聞學研究》，第63期，頁9-33。

20 Fivush, R., & Haden, C. A. (2003) (Eds.). *Autobiographical memory and the construction of a narrative self: Developmental and cultural perspectives*. Mahwah, NJ: Erlbaum.

21 Kenyon, G. M. (2002). Guided autobiography: In search of ordinary wisdom. In Rowles, G. D., & Schoenberg, N. E. (Eds.). *Qualitative Gerontology: A Contemporary Perspective* (2nd Ed.)(pp. 37-50). New York, NY: Springer.

「常民智慧」ordinary wisdom）；聽老人敘述故事因而常可謂之「問道於智者」。

又如Randall & McKim所示[22]，以生活故事瞭解人生意義顯更充分反映了「美學」意涵，因為人生固如故事情節，而故事情節實也如人生。愈多聽故事，我們就愈能體會人生之詩性美（the poetic aging），進而瞭解生命意義。

或如Randall & Kenyon所言，[23]人生有涯但故事無涯，乃因故事有多重版本特性而可無限延伸與重述。敘事分析之重點就常在討論「為何故事非得如此安排與講述」。事實上，敘事歷程原屬說者與聽者間的相互共構活動，前者（說者）總需將故事講得「好像是真的」，而後者則需相信故事的確「是真的」。兩者（指聽者與說者）必須學習共享、合作、互動，因而部落格的老人故事講述與講述後的詮釋與延伸，亦應屬於敘事典範追求的核心傳播意涵。[24]

三、老人之部落格敘事行為特色

如陳肇男所示[25]，「活動理論」（Activity Theory）鼓勵高齡社會人士持續保有中年時期的態度與各種活動，一旦不得不放棄中年時期的活動時（如自工作職場退休）則得以俱樂部或社團活動取代；同樣地，若逢親人驟逝亦可透過結交朋友來取代原有生活形式。簡單地說，活動理論假設失去的東西可以某些替代物彌補，暗示了老人生活無論遭逢何種變局，均可

---

[22] Randall, W. L., & McKim, A. E. (2008). *Reading our lives: The poetics of growing old.* Oxford, UK: Oxford University Press; Randall, W. L., & McKim, A. E. (2004). Toward a poetics of aging: The links between literature and life. *Narrative Inquire, 14*(2), 235-260.

[23] Randall, W. L., & Kenyon, G. M. (2001). *Ordinary wisdom: Biographical aging and the journey of life.* Westport, CT: Praeger.

[24] 本節內容部分改寫自：臧國仁、蔡琰（2005b）。〈與老人對談——有關「人生故事」的一些方法學觀察〉。《傳播研究簡訊》，第42期（5月15日），頁17-22。

[25] 陳肇男（2000）。〈台灣老人之年齡增長與生活滿意〉。《人口學刊》，第21期，頁37-59。

調適。

另一方面，唐昇志、陳龍川、潘子欣等曾依Pang & Hung所稱指出，[26] 活動理論乃有力、有用的研究架構，具有跨領域的理論基礎，其假設實與建構主義、情境學習、分散認知、案例思考、社會認知等一致，而其操作架構則已被應用在人機互動，藉以描述人類活動之周遭環境、與他人間的互動關係、其所隱含的社會文化因素等，[27]因而亦可用以解釋老人與新科技的互動情境。

本研究奠基於敘事理論，並從組織如何透過敘事互動的角度討論了老人運用新科技書寫（部落格）生命故事的現象。如德國社會學家 N. Luhmann 之社會溝通與行動說法即對本文頗有啟示，[28]乃因其認為「社會系統是一個不斷從溝通中生產出溝通的自我再製系統」。在Luhmann理論中，溝通不是個體行動的結果，而是訊息、告知、理解三者綜合選擇的結果。

一般而言，老人族群並非新聞媒介青睞的報導對象，其媒介形象十分兩極。某些老者固偶以優異藝術天分、文學或專業能力受到注目，或因傑出社會貢獻並擔任領導人而登上媒體版面或電視螢光幕，但其他老人亦可能因非比尋常地貧困、可憐、犯罪，或因擁有特異功能、體能、獨特行為甚至因選擇「非適齡」再婚對象而為媒體「寵兒」。[29]

然而，部落格展現之老人形象或老人自述理當與上述傳統新聞媒介

---

26 唐昇志、陳龍川、潘子欣（2003）。〈以活動理論為架構分析網路主題式學習活動〉。http://210.240.187.63/teaching/2003summer/onlinetest/ICCAI2003/pdf/C9_4.pdf。上網時間：2011/6/4；Pang, M. N., & Hung, W. L. (2001). Activity theory as a framework for analyzing CBT and e-learning environments. *Educational Technology, 4*, 36-42.

27 Kuutti, K. (1996). Activity theory as a potential framework for human computer interaction research. In Nardi, B. A. (Ed.), *Context and consciousness: Activity theory and human-computer interaction* (pp. 17-44). Cambridge, MA: The MIT Press.

28 魯顯貴譯（1998）。《盧曼社會系統理論導引》。台北市：巨流。（原書： Kneer, G., & Nassehi, A. [1993]. *Niklas Luhmanns theorie sozialer systeme: eine Einfuhrung.* Muchuen, Germany: Wilhelm Fink Verlag GmbH & Co.）。本段引句出自頁102。

29 同註1，文獻回顧部分。

運用文字或圖像符號傳播與再現的老人形象或生活不同。就媒介特性而言，使用部落格書寫內容之老人應係主動地構連社會他者，透過網誌敘事完成前述之「我意識」，實踐其「自我記錄」、「自我表演」、「自我技術」，其部落格內容亦應展現某種不同於以往傳統新聞媒介報導的「老人形象」，包括特殊「生命故事」記錄在內。

　　本章因而認為，老人使用部落格之敘事現象以及老人自述生命故事應有一些理論基礎和前提性假定，可試以下述四圖顯示其理論脈絡與研究架構：

　　首先，我們預設：㈠在真實社會情境存有「媒介」這個獨立而獨特的實體系統（S）。如本文專指之「部落格」（S1，見〔圖10.1〕）媒介不但存有紀實圖文敘事（如自述、日記、遊記），也兼存有非紀實（虛構）敘事如詩歌創作等。

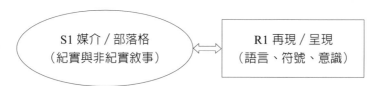

圖10.1：部落格敘事以象徵符號再現自我意識
來源：本書作者

　　然而不論紀實與否，部落格寫作都屬媒介再現之符號形式，其述說之故事不脫符號結構的語言制約，必然也將顯示寫作者之意識內容（如R1，仍見〔圖10.1〕）。亦即在部落格寫作情境中之「自述」將成為其再現自己的重要基礎，部落格之諸多故事因而反映了前述之老人自我與我意識。換言之，老人的自我意識可透過部落格這種新媒介所展示為「生命故事」，呈現有關其與周遭各種事件與情感相關之紀錄。

　　其次，我們假定：㈡老人族群乃獨特且由具備相當年紀的人們所自然組成的實體系統，擁有前述一般開放系統皆有之「變形」與「自生」能力，能夠藉著改變及創新而適應外在環境並繼續生存。

　　我們特將這些能夠使用網路並透過網誌從事敘事的老人定義為「老人部落客」（S2，見〔圖10.2〕），他們具備一般健康老人之真實生活情

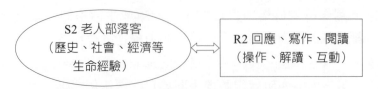

圖10.2：老人部落客透過敘事書寫從事傳播互動
來源：本書作者

境，受到教育、經濟、法律、歷史、文化等社會層面影響而有能力進入電腦網路虛擬世界，並有其特定生命經驗可資講述。

簡單來說，老人部落客（S2）對媒介現象（尤其前述之「部落格媒介」S1）有使用、寫作及閱讀能力，能夠操作、解讀、詮釋部落格之傳播情境與意義（見〔圖10.2〕R2方框所示，）。此外，老人部落客也能回應他人部落格，並在自己的部落格以敘事方式與他人互動而持續從事傳播互動行為。

依一般系統理論（general systems theory），系統可大可小，凡可區分或定義出不同功能作用卻一起運作的部分就產生系統。如〔圖10.1〕與〔圖10.2〕所述之兩個系統（S1部落格與S2老人部落客）各由許多不同性質的次系統組成一起運作的組織，[30]兩者形式、樣貌與組成分子均易分辨，如部落格（S1）由使用者、電腦軟硬體、網路、視聽符號組成，而部落客（S2）係由個人、思維、符號使用能力、生命歷史、傳播行動等組成；兩者共通處眾，如列於〔圖10.1〕與〔圖10.2〕右邊方框內之R1與R2。

一般系統如何連結、相關？通常是以目的為導向、以適應外界環境變動為能力、以傳播（互動）為原則並以物質（資訊）交換為環境，否則系統連結（coupling）的關係不能存續。電腦雖是封閉系統，然而部落格（S1, S2）卻因可隨時學習、改變而為開放系統，兩者均具上述適應、溝通、互動等能力。

再者，此二系統透過「說故事」（敘事）行為而連結。系統一旦連結，新系統（S3）仍具原有之目標導向、能力、原則、環境等特色，然其

---

30 蔡琰（1995）。〈生態系統與控制理論在傳播研究之應用〉。《新聞學研究》，第51期，頁163-186。

圖10.3：老人與部落格系統透過敘事與組織化連結出生命故事
來源：本書作者

產生之新系統乃屬新組織，連結過程可解釋爲「組織化」（organizing，見下解釋），而新系統的存續有賴其與環境之其他組織（系統）交換物質或資訊。

　　(三)再依Weick（2005）之「組織化」概念，[31]組織（實體機構）與環境持續且積極地以符號交換方式「創建意義」（enactment），應是部落格媒介（S1）與老人部落客（S2）所連結而成之新組織（S3）的存續關鍵（見〔圖10.3〕）。此時老人使用部落格的敘事行爲即可視爲傳播現象兩個獨立系統間之「符號交換」，是具體連結系統的組織化「工具」，構連起具備意義的「老人部落格」生命故事（R3），也建構了透過傳播互動而成的老人社會眞實。

　　Brown亦曾解釋「溝通」與「組織化」之關聯，[32]強調組織（指實體機構）並非單純地行動者而已，而是不斷地進行對內與對外之敘事／述說行動，其說因而以敘事概念補強了上述Weick「組織化」理論。另一方面，Czarniawska認爲「組織化即敘事化」，[33]亦即每個組織化的過程均可產生不同敘事，顯示組織之敘事行動既是組織化的工具也是組織化的結果。

　　由此，我們似可合理推論，任何部落客從事之符號互動行爲皆可視作

[31] Weick, K. (2005). Organizing and failures of imagination. *Public Management: An International Public Management Journal, 8*(3), 425-438.

[32] Brown, R. H. (1977). *A poetic for sociology*. Chicago, IL: The University of Chicago Press.

[33] Czarniawska, B. (2002). Narrative, interviews, and organizations. In Gubrium, J. F., & Holstein, J. A. (Eds.). *Handbook of interview research: Context and method*. Thousand Oaks, CA: Sage (pp. 733-750).

部落格「敘事與組織化」的具體行動，亦即敘事行動或某故事講述的溝通行為乃係串連部落格與老人（S1、S2）的工具，並也牽動了由此兩個系統所產出之新系統：老人部落格（S3，見〔圖10.3〕）。老人部落格如一般部落格兼具更橫跨語言、符號所再現之各種述說（R1）與閱讀、寫作（R2）等回應，而以本文核心關切之旨（老人在部落格的敘事）乃為生命故事，指老人延續長時間生命後所再現之具智慧與人生歷程，可定義「為老人所自述或自傳式回顧前程並砥礪未來之敘事」（R3，生命故事，仍見〔圖10.3〕）。

　　㈣就以上假定而言，組織化過程的確經常透過語言與符號達成。如Pacanowsky & O'Donnell-Trujillo指出，[34]若要觀察組織真實就需解析組織敘事的符號、語言、譬喻或故事所轉述的溝通內容。

　　敘事理論常涉及敘事者、故事／文本／作品等敘事成品至接收者（閱聽眾）間一連串傳播行為與符號互動，則在敘事與組織化框架下，老人部落客之書寫是否符合以上推論，經常透過紀實與非紀實符號而「再現／自述」著老年生命故事？

　　本研究因而擬將老人部落格之傳播行為理解為「系統成員間的符號互動」，而系統組織內部之意義建構則為「透過語言或符號或其他溝通方式所創建的生命故事」，並由「敘事」角度續論之。我們認為，老人部落客透過敘事而在部落格與讀者進行溝通行動，協商出溝通雙方共同接受的「集體同意」，包括有關老人部落客族群之特別形象以及老人部落客之生命經驗或智慧。本文之理論架構可以〔圖10.4〕之整合性結構關係觀之。

　　藉由〔圖10.4〕所示之結構關係，老人部落格之敘事／組織化行為即可視為其將個人（S2）生命經驗與部落格網路媒介（S1）兩者之結合，亦即老人運用部落格媒介再現自我時也在部落格媒介世界裡與他人互動，而老人之部落格敘事理應出現連結再現／自述（R1）與閱讀／回應（R2）的生命故事（R3）。

---

[34] Pacanowsky, M. E., & O'Donnell-Trujillo, N. (1983). Organizational communication as cultural performance. *Communication Monographs, 50*, 126-147.

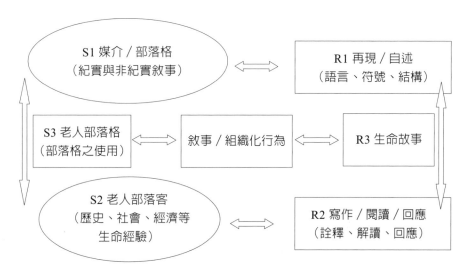

圖10.4：老人部落格敘事組織化行為與生命故事之整合性結構關係
來源：本書作者

　　由此，本章擬探索老人與部落格的組織化（敘事）行為並觀察其所含括之老人生命故事模式，相關研究問題包括：

　　㈠ 老人部落格之一般說故事敘事行為如何？
　　㈡ 老人部落格顯示的老人「我意識」或自我形象面貌爲何？
　　㈢ 老人部落格是否如推測出現生命故事？其生命故事樣貌如何？

參　研究方法與步驟：以老人部落格為例

一、定義

　　多數時候人們依國際慣例而將60歲或65歲歸入老年人口統計標準。台灣人口統計老年數據多以65歲爲準，不過此僅是「時序年齡」而非辨識老人的絕對指標。

　　張鍾汝、范明林即認爲，[35]若要判斷進入老年階段與否另應舉列三項標準：「生理年齡」、「心理年齡」與「社會年齡」。「生理年齡」指在一定時序年齡後的身體機能結構及其功能的發展水平與衰老程度，如視覺、聽覺、皮膚、體適能在40歲之後逐漸出現功能下降以及衰老徵侯。「心理年齡」指知覺、記憶、智能以及大腦的衰老程度：有的人因爲生理或病理因素提早發生心理衰退，也有人75歲以後始才衰退，更有人在高齡時期記憶衰退卻猶具推理、分析、洞見等心理能力並廣受他人欽佩。

　　「社會年齡」則指個體扮演的社會角色年限。隨著時序年齡增大，個體扮演的社會角色起了較大變化，如從傳統的父母親「升格」爲祖父母。但從社會角色及自我形象而言，老人總要等到自己認爲老了才能列入老人之林，本章因此擬參照樂齡網所含括之老人部落格，只要符合屆齡退休或已擔任祖父母階級者都定義爲「老人」。

　　敘事[36]在此扮演了重要溝通行動角色，而研究者的工作就在閱讀老人如何說故事以及說了什麼故事。本章視故事爲研究基本資料，續以其他量化及質化方法整理這些資料。「生命故事」方法的重點在於從老人所述故事探尋其人生經驗，由此重建與老人有關的社會與心理理論內涵，即使這些故事可能僅是一些看似「理所當然」的談話內容。[37]

　　「生命故事」方法的自傳式敘事過程涉及了老人的經驗抒發，尤其透過其話語說故事以回顧前程並砥礪未來。故事內容雖屬個人篤信之事實，但其「是否」或「如何」爲眞則非任何人所能追究與置喙。因而研究重點不在查證故事之可信度面向（因其並非史料），反在瞭解生命故事對當事人（說故事者）及聽衆（包括研究者）之共同意義，與一般量化研究方法之知識論顯有不同。本章因而將生命故事定義爲「*老人所自述人生經驗或自傳式回顧前程並砥礪未來之敘事*」。

　　我們以爲，媒體形式各有特色、優點、長處以及侷限與不足，而其

---

35 張鍾汝、范明林（1997）。《老年社會心理》。台北市：水牛，頁11-13。

36 「敘事」一詞在本章專指老人在其部落格所說之故事。

37 Atkinson, R. (2002). The life story interview. In Gubrium, J. F., & Holstein, J. A. (Eds.). *Handbook of interview research: Context & method* (pp. 121-140). Thousand Oaks, CA: Sage.

內容則分別涉及再現、符號、指涉、結構、接收、詮釋等語言及認知問題。在老人傳播議題中，我們不擬討論人際或媒介傳播之「眞實」、「眞相」、「美」、「善」等形而上或倫理道德等問題，僅以老人在部落格再現的敘事及其自我爲研究目標。

二、步驟

本研究具體步驟包括抽樣、分析類目的設立，如依Yahoo!奇摩提供之相簿分類類目、文章分類類目以及統計資料，繼而根據文章主題歸納生命故事內容，再依老人自命之版名抽取並分析老人之「我意識」（老人自我形象）。

有關樣本母群，本研究係以2008年7月底之Google爲搜索引擎，鍵入關鍵字「老人、部落格、blog」，共得747,000筆資料。除內文及標題含有「老人、部落格、blog」的新聞外，大多只是內文提及「老人」詞彙的部落格，不乏轉貼的新聞、聖誕老人、電視老人或是青少年網友說自己是「老人」（如就讀高中或大學時屆畢業），均非本次研究對象；總體而言，此組關鍵字搜尋結果僅能獲得不到十筆符合樣本條件的部落格。

次以「爺爺奶奶、部落格、blog」爲關鍵字搜尋，共得72,800筆資料，樣本數雖多卻仍鬆散；另以「孫子孫女、部落格、blog」所獲結果與前述「爺爺奶奶、部落格、blog」結果相近；再以「退休、部落格、blog」爲關鍵字搜尋，共得432,000筆資料，瀏覽後獲得不少符合條件者，包括前述「樂齡網」之11頁老人部落格。加上稍前分以「老人」、「爺爺奶奶」、「孫子孫女」等關鍵字尋得之部落格，排除重複者後共得100個並列爲分析母體，隨即以亂數表爲基礎，隨機抽出30件樣本以爲分析對象。[38]

從網路搜尋中找到的這100個老人部落格對本研究而言極具代表性，樣本之間差異不至於影響研究目的，因此基於人力及便利，選擇使用每個部

---

[38] 黃振家等譯（2002）。《大眾媒體研究導論》。台北市：湯姆生。（原書：Wimmer, R. D. & Dominick, J. R. [2000]. *Mass media research: An introduction* (6th edition). Belmont, CA: Wadsworth.）

落格都有相等被抽中機會的簡單隨機抽樣而未閱讀全數老人部落格。另基於生命故事具有的獨特性質，將從老人所述個人故事探尋其人生經驗，觀察故事中回顧前程與砥礪未來之話語。

研究樣本數量多寡原是社會科學量化研究維持推論準確的重要步驟，直接影響了研究效度；樣本數愈大，平均誤差愈小。為了報告老人部落格敘事行為，本研究以編號1到100的母群編號依亂數表末兩碼隨機抽取30個部落格為樣本，但無特定變項使用到任何統計方法，僅以一般量化研究單一變項所需最高30個樣本為觀察對象（見〔附件一〕）。分析及報告觀察老人敘事行為時則依「Yahoo！奇摩」提供之部落格分類報告各類目出現的敘事行為，其提供的類目包括：「相簿分類」、「文章分類」、「統計資料」、「留言版回應」四項。

肆 分析與研究發現：老人部落格之自我意識與形象[39]

一、爺爺奶奶的敘事工具

回應研究問題一「老人部落格之一般說故事敘事行為」時發現，老人部落格樣本建立較早日期是2005年4月17日，部落客是資深媒體人亮軒（馬國光）教授。接著在2006、2007、2008年間各出現13、11、5個老人部落格，顯示仍以2006、2007兩年為老人部落格出現高峰期，約有80%的老人部落格建置於此時。

依Yahoo！奇摩提供之部落格「相簿分類」、「文章分類」、「統計資料」、「留言版回應」四項類別可觀察到老人們使用部落格差異性頗大。就使用相簿功能而言，某位喜歡上傳相片的老人（名為「李常生的文學世界」）[40]在2006年11月11日至2008年7月30日之1年8個月期間總共提供151

---

[39] 部分部落格自2008年本研究結束後即未更新，此處討論內容係研究進行當時所得。

[40] 本節置於引號（「」）內之文字除以斜體標示外，均為樣本部落格之原有文章分類類目名稱。

個相本（相片數量達29,543張），均為其近年走遍台灣、大陸、歐美各地的影像紀錄，相片總數較其他所有老人上傳總數之27,987張相片猶多。

　　從「相簿分類」所列名稱來看，老人部落格照片以景點旅遊最多，家庭聚會、兒孫生活居次，再來是花草植物、同學會，充分反映了老人生活之多種樣貌。就「文章分類」數量而言，除4位未曾分類外，其餘老人部落格之分類數量從2個到20個不等，10個以上的有8位（30.8%），多數文章分類不到10個。又就「文章發表」數量而言，除3位老人無統計資料外，16位老人（59.3%）文章數量少於100篇，5位老人（18.5%）各有200篇左右，3位老人（11.1%）分別撰寫500篇左右，另有署名Sunshine（編號9）在其20類文章中共寫作與轉貼了5,200篇，包括「生活中的智慧」類別1,506篇、「教育」類712篇，「生命的無奈」572篇，其「產量」堪稱驚人。

　　某些部落格看起來屬「共同經營」[41]，另一些則有人代筆（編號12）。而最具代表性的老人部落格敘事可見於下述兩個個案：如「金鳳姨」（編號7）之自述：

　　　　看我已經70歲還可以玩電腦，你／妳當然也可以啦！心動不如馬上行動，趕快起而行吧！不要再猶豫了，你一定會說不識字或只讀國小而已吧。不要找藉口，我小時候住清水、梧棲港的鄉下，每天有做不完的工作，也沒什麼時間唸書。小學沒畢業就要賺錢幫忙家用，別人用兩手電寫很快，我左眼瞎了，右眼青光眼又白內障，視覺不好靠感覺，用一指神功和記憶寫文章，真的很辛苦啊！我殘而不廢，何況你／妳是個健全的幸運兒呢？加油！加油！

部落客「阿文」（編號4）則在自我介紹中稱：「電腦時代不是我的時代，我是個電腦文盲，但對網路的巨大能力充滿敬畏和好奇。我中年才開始學寫作，非班科出身，投稿十之八九被退，如今部落格可以讓我自由發表而且讀者無限可能，真是不可思議。我將在此記錄我的一些習作、想法

---

41 編號3, 18, 19。

和讀書心得。能夠跟上時代已是滿足」，其言足可反映眾多老人力求「跟上」新科技時代之心聲。

二、老人「我意識」與自我形象

從老人部落格之命名或能略窺版主之自我定位，如：「享受退休自由歲月的貴婦」、「良能雖拙但盡」、「柯姊姊退休後學做的部落格」、「兩朵花的百歲退休生活」、「阿潘的退休生活」等[42]，俱都顯示了這幾位老人係將部落格視為退休後的寄情所在。

又如「鄭哥」、「蟀哥」、「阿笨」、「阿文」、「這是小柯柯我的部落格」[43]等命名又能凸顯老人部落客仿效年輕心情的自我。尤當「哥」字輩之自我認同對照「阿嬤的摩登屋」、「熊奶奶的部落格」、「阿嬤的部落格」、「環保阿嬤金鳳姨」等「祖母」級女士[44]，足以反映男女老人部落客們之不同自我定位，讀來令人莞爾。

此外，「福星花園」、「亮軒筆記」、「洪彩鑾的天空」、「李常生的文學世界」等老人部落格版主多以真實姓名「示人」[45]，其調性正式且嚴肅，類目多含「報紙刊載文章分享」、「城市歷史與理論」、「評論」等，文章內容較少觸及私下或家庭的「我意識」。

相較於此，以「柯姊姊」、「貴婦」、「吳媽媽」、「蠢才老爹」、「柯老爹」、「電腦老人」、「阿文」、「湖南騾子」或「Sophia」、「Sunshine」等化名的部落格[46]則可觀察到老人之「我」意識，文章分類類目充斥「my daily living」、「詩詞散文創作——聽我細訴」、「我的回憶錄」、「如是我聞」、「如是我思」、「主耶穌寫給我的一封信」、「基督教與我——來自上帝的啟示」、「我的家」、「連結我的相本」等。

尤其值得觀察之「我世界」文章，則係選用譬喻而將「我」字替換，

---

42 編號分別是1, 2, 5, 18, 27。
43 編號3, 15, 30, 4, 25。
44 編號23, 20, 12, 7。
45 編號22, 26, 8, 13。
46 詳見編號5, 1, 6，11, 21, 10, 4, 16，以及編號9, 17。

如「野人獻曝」、「書生之見」、「芝麻官從軍記」、「戚戚焉摘集」、「個人認為……」、「園丁心情」、「飽肚漢心情」、「阿嬤的心情」、「棗子的天空」、「痴人說夢」等，或可略窺老人如何稱謂與看待自己。

　　即便爺爺奶奶們的部落格充斥了「我世界」，他們絕非自我封閉的生命系統，其所擁有之「他世界」異常豐富，包括了個人創作、學習、旅遊、文章分享等，具體回應了外在世界的老年生活。相關文章類目有「參考資料」、「媒體報導」、「讀書偶得──開卷有益」、「報紙刊載文章分享」、「文章轉貼」、「新聞轉貼」、「網路相簿連結」、「好文章分享」、「抄錄網友」、「成語故事」、「歷史故事」等。

三、老人部落客的生命故事

　　在回應研究問題三時，本研究發現老人「我意識」與其生命故事彼此糾結，也與其部落格之閱讀、回應契合。有趣的是，老人再現之「過去」生命故事數量遠不及「現在」生活之記述，如「兒時記趣」或「退休生活」常只是眾多書寫主題之一，內容提及兒時、求學期、戀愛、婚姻、工作人生回顧，屬於對過去人事物的思維記憶和情感。

　　總體而言，從文章類目即可瞭解老人即便關心過去，其自傳式經驗與回顧舊事之相關文章多僅見於「往事憶述」與「古早味」的欄目。版主的家人、知識、經驗、旅遊、感思則屬老人部落格敘事內容之大宗，凡記錄「現在」生命經驗愈多者其講述「過去」故事之數量相對愈少。

　　另從部落格文章類目觀之，老人部落格的「現在」成長紀錄計有「學習心得」、「教學日誌」、「易學筆記」、「天涯海角讀書會」、「佛學」、「教育」等，旅遊腳步更遍及世界各地，記述了國內外各地「山光水色」、「紐西蘭的故鄉」、「風景名勝」、「旅遊與景觀介紹」、「神州故土」、「寶島遊蹤」、「休閒旅遊」、「島內趴趴走」、「（某某年）走春」、「（某某地）之旅／之遊」等。與未來相關之敘事另可見於部落客自撰之新詩、散文、小說，如「新詩創作」、「散文寫作」、「薇薇小說」。

　　至於老人們的「過去」則與下列諸事有關，涉及此些高齡族群者之

獨有生命經驗與智慧，如：母親、父親、出生地、姓名來源／族譜、故鄉／家人、戀愛／婚姻、童年／讀書或舊時生活、懷念（弟弟）或懷舊照片。[47]其中「遊遍歷史的中國，地理的中國」（編號28）之兒時回憶就頗具特色：

> 忽地想起小時候，每於中秋夜晚，左右鄰居小孩在空地圍成一圈，中間鋪張草蓆，挑幾個人跪趴席上，其餘小孩手拿一支點燃的清香，在趴著的小孩四周上頭約一尺高，來回左右畫弧，口中有節奏的念著咒語：「水雞ㄚ神　水雞ㄚ鬼　請恁8月15來甲白米飯　配雞腿」（台語發音；水雞：青蛙也）。一般來說，約莫十幾二十分鐘，趴著的小孩就會起乩，剛開始屁股會上下浮動，像似起跑點上的百米選手，蓄足衝力，一躍而起，再蹲下，接續以青蛙跳姿勢向前跳（會朝有水方向跳），其他小孩圍著跑，一來防他們受傷，二來避開被他們撞到，若被撞到，下回輪到他被「關」，這個習俗我們家鄉叫「關水雞ㄚ神（也有關掃帚神、關牛神的）[48]。

四、小結

本節摘述了部分老人再現、自述的「過去」生命故事以及老人閱讀、回應網友的「現在」生命故事，前者讓我們透過老人之書寫得以看見消失的景觀，後者則可感受到其砥礪未來之意。

如上節所述，老人敘事組織化的結果應能顯露老人的「生命故事」，亦即分析樣本似應出現前節定義之老人自述人生經驗或自傳式回顧前程並

---

[47] 母親（編號18, 26, 27）、父親（編號2, 7, 14, 21, 27）、出生地（編號11, 20, 27）、姓名來源／族譜（編號4, 15, 20）、故鄉／家人（編號2, 5, 11, 27）、戀愛／婚姻（編號2, 7, 8, 11, 17, 18, 22）、童年／讀書或舊時生活（編號4, 7, 11, 12, 13, 14, 16, 20, 25, 26, 29）、懷念（弟弟）或懷舊照片（編號14, 21）。

[48] 除括號""改為「」，分號、冒號之半型改為全型外，其他均出自原文，未予更動。

砥礪未來等敘事。但我們發現，爺爺奶奶部落格之內容多屬現在的人生經驗或過去生活的片段，而非如預期地每位老人都完整的再現「生命故事」追憶。

伍 結論與檢討

本章整理「部落格」、「敘事」、「組織化」、「生命故事」等相關文獻後認為，老人有可能像年輕人一樣透過新傳播科技（部落格）組織自我經驗，並以敘事形式建構生命故事。在分析了30個老人部落格敘事行為後得知，本研究樣本數量雖然有限，但這些「跟得上時代腳步」的老人不但充分利用新傳播科技來表現「我意識」（或「自我記錄」），也常利用部落格與他人互動且「自我表演」，因而如〔圖10.4〕所示部分反映了老人部落格之敘事行為兼有再現／自述（R1）與閱讀／回應（R2）亦有生命故事（R3），十足展現了老人部落格（S3）之內容特色。

一、老人部落格特色

本章發現老人之部落格敘事的確述及既往舊事，無論是兒時記憶、父母、求學、成長經驗都是他們將部落格視為「記憶裝置」之明證，[49] 藉此盡情抒發各種生活故事。但更多時候，部落格內容卻是這些銀髮族熟齡世代熱愛「現在」生活的「主動操控」，以家庭、親人為主並也涉及學習、成長，顯示這些老齡科技達人不但經常上網，更常旅遊、吃美食、玩Wii、使用MSN[50]。除轉貼、連結、使用Youtube外，某些老人部落客甚至將許多照片組合成一大張，或以個人照片為部落格背景面版[51]，足以說明其「自我技術」之熟練程度（雖然此一技術可能在旁人協助之下完成）。

---

49 同註11，陳憶寧（2008）。

50 如編號5，最新貼文為2011/06/02；編號18最新貼文為2011/03/26（上網時間：2011/6/5）。

51 如編號2, 7，前者部落格止於2009/11/07，後者至2011/05/30仍未間斷（上網時間：2011/6/5）。

有興趣觀察老人生命故事的讀者尤可選閱「蠢才老爹」（編號11，見〔附件一〕網址）「過往舊事」為代表，藉此凸顯老年時期如何可將過去故事扣連現在心境從而彰顯生命，一方面回應了文獻與理論前曾述及之生命故事與敘事的組織化結構關係（如〔圖10.4〕），另方面亦可說明生命故事之再現、自述、寫作、回應皆屬老人敘事之特色，顯示敘事組織化行為實為從「我」（意指「行動者」如部落客）、「行動」、「意義」、到「價值」間不斷互動之溝通過程。

以上所述各引文也回應著本章在第壹節「前言：研究背景」之質疑，即老人如何能透過新傳播科技（如部落格）顯示活力與企圖，或其如何敘述生命值得記述的故事以示自我解放。研究分析發現，使用部落格的熟齡族常在「時序年齡」進入新階段時猶不斷自我期許：「阿嬤愛碎碎唸年輕人嫌囉唆，放在部落格上，就不會被嫌棄！人生七十才開始，也要贏在起跑點上，加油囉！」[52]

二、部落格中「老人意識」

至於部落格老人之「我意識」或自我形象除上述外，另有一些對生命的回味可資轉述。如編號2：「我是一位平凡的退休教師，屬於茫茫人海中的一粒泡沫。但即使只是一粒泡沫，也會發出綻裂聲響，坦然走進歷史」。[53]另一些老人對自己部落格的描述亦可顯示其心情：「〔這裡是〕一個退休老人所親自寫下的人生際遇、閱歷與感觸，這裡只有小故事、小人物、小趣事的內容，粗里粗氣，土頭土腦的文字供你分享，歡迎光臨指教！」[54]

而老人對生命感嘆或對未來有所砥礪者可見於編號4：「生命是累積。時間流過，偶然駐足，驀然發現，不論是書籤、隨筆或詩句都已累積不少。這些微不足道的東西都刻畫著生命的軌跡，是我們自己生命的真

---

52 編號12，部落格已於2009/08/07停筆（上網時間：2011/6/5）。

53 停筆於2009年11月（上網時間：2011/6/5）。

54 編號11，迄2011/05/28仍勤寫不輟（上網時間：2011/6/5；添加語句出自本書）。

貌」。[55]或如「人生中黑白分明之間有一系列的中間色，不要太在乎！孤獨、寂寞、痛苦、失敗是人生不可缺少的調味品，坦然面對自己的平凡。感悟了日子就會過得更自在和快樂了」[56]，以及「盼大家能像陽光一樣，給人溫暖與光亮」。

總之，老人部落格充滿照片、符號、趣味、知識、心情、日記、創作以及舊時故事，讀來有趣，細觀之下猶可發現許多部落格主人並非「爺爺奶奶」之輩，曾經上傳「孫輩」照片或文字的部落格總數僅有6個。[57]從老人們的「我意識」可知，這些退休老人實際上僅是「老哥」、「老姐」或「老媽」、「老爹」，稱呼他們「爺爺奶奶」恐將他們看得太老了。

此一「誤解」或「偏見」因而也暗示了一般人（含本書作者）對社會中老年族群實應有更多認識。本研究從特定族群管窺老年所示人生雖不能代表多數老人，卻至少觀察了一部分健康老人的傳播行為與其生命故事。本研究發現，有些老人部落客之文章簡短，僅以照片搭配幾段文字或純以照片代替文字，似都顯示他們使用部落格媒介能力尚有不足，或因書寫輸入方式尚不熟稔，猶有進步空間。

三、重省「老」之意義及未來研究

即便目前擁有部落格的退休人士不多，但5或10年後此類部落格數量或將可觀，甚至連臉書（Facebook）、「推特」（Twitter）或「噗浪」（Plurk）亦可能形成常態，乃因這些中年人士目前業已較多新傳播科技使用經驗，其傳播行為值得持續觀察。

至於後續研究或其他老人傳播相關議題仍應鑽研，畢竟從退休到生命終站仍有一大段距離，研究者似可繼續探析是否年紀愈大、生命熱忱愈低、愈為接近人生終站，則愈有不同生命感慨或不同傳播模式。本章未及討論老人們如何為著自己以及其他年輕人撰寫生命故事篇章，有待更深入

---

[55] 編號4的「阿文」最新貼文為2011/06/04（上網時間：2011/6/5）。

[56] 引句出自編號5，下句出自編號9。

[57] 編號6, 7, 12, 15, 22, 24。

地探索與解讀。

回應前述研究理論架構（〔圖10.4〕），所謂「組織」（名詞）代表了以符號敘事所組成之系統，而「組織化」（動詞）則是聯繫兩個系統的必要及重要經歷，乃透過符號與其他系統或組織傳播互動的敘事基本過程。從系統變形與再生理論可解釋老人進入高齡與退休之時仍可透過新科技媒介從事敘事組織化行為，構連起老人使用部落格講述生命故事並與其周遭社會透過符號交換而產生互動，完成個人生命講述之意義。日後相關研究仍可觀察老人新媒介使用情形與老人之敘事行為與內容，持續探索新傳播科技和傳播方式（部落格、臉書）如何為老年族群提供與外界連結的機會與開拓人生境界。

最後，從研讀老人之「我意識」可知，使用部落格的老人們只因其「社會年齡」受限而退休卻非「老」了，在旅遊、創作、學習、成長、分享之餘，他們偶而在部落格上撰述一、兩篇自傳與回顧。即便本研究嘗試給予「生命故事」一些操作性定義，但是透過研究我們也認識到老人部落格給我們的啟示：生命就是現在，完整的「生命故事」必須講述「現在」，直到最後一個「現在」。

總之，老年生命中每個充分滿足的「現在」累積了老人部落客有意義的生命故事；年齡，顯然不是老人部落客的主要或獨有議題。[58]

---

58 本文考量網際網路之研究倫理及智慧財產權，盡量避免大量引述各部落客原文，讀者可依〔附件一〕所載逕往各部落格瀏覽參閱。

作業

1. 依〔附件一〕之老人部落格任擇一、二參閱並試討論其特色。
2. 與年輕人部落格相較，這些老人部落格有何不同類目，兩者（年輕人vs.老人）所述生命故事有何異同？
3. 老人部落客之「自我形象」（或自述）是否與「他世界」聯繫密切？是否與年輕人一樣經常「轉貼」、「抒發心得」、「分享」？是否經常「憂國憂時」？

延伸問題與討論

1. 本研究各圖所示是否有可延伸或修改之處？
2. 臉書（或推特）等更為新穎之傳播科技出現後，老人接受程度若何？其對老人之作用與部落格相較有何優劣？
3. 本研究發現，「部落格內容卻是這些銀髮族熟齡世代熱愛『現在』生活的『主動操控』」（見第伍節第一部分第三、四行），其意義為何？還可如何延伸？

附件一：本研究依亂數表抽出之樣本編號及網址

1. 貴婦　　http://tw.myblog.yahoo.com/jw!nSP4_oeCGVoEPYVspO8-/
2. 良能離　http://tw.myblog.yahoo.com/ywu6233/
3. 酆哥　　http://tw.myblog.yahoo.com/fonger-fonger/
4. 阿文　　http://tw.myblog.yahoo.com/arvinchentw/
5. 柯姐　　http://tw.myblog.yahoo.com/brendako12/
6. 吳媽媽　http://blog.yam.com/chiuhua
7. 金鳳姨　http://tw.myblog.yahoo.com/g30917/
8. 洪彩鸞　http://tw.myblog.yahoo.com/hung3266440/
9. sunshine　http://tw.myblog.yahoo.com/jw!Ra18H0aCGB0rzRb0XB_x/
10. 電腦老人　http://tw.myblog.yahoo.com/ac220927/
11. 蠢材老爹　http://tw.myblog.yahoo.com/cheng-yen/
12. 阿嬤嘮叨　http://tw.myblog.yahoo.com/jw!bKK1AZyLHRbYn.tXx9.qxQ--/
13. 李常生　http://tw.myblog.yahoo.com/amyeddie43415444-amyeddie38013044/
14. 七十開始　http://tw.myblog.yahoo.com/jw!_79gzLeTRUV9KfkNMZav/
15. 柯姐　　http://tw.myblog.yahoo.com/brendako12/
16. 蟀哥　　http://tw.myblog.yahoo.com/jw!1BsmkCeaAxvMGwca5z0-
17. 湖南騾子　http://tw.myblog.yahoo.com/jw!och_XF6YHx94y63MrgEezdiUHw--/
18. sophia　http://tw.myblog.yahoo.com/0103-0103/
19. 兩朵花　http://tw.myblog.yahoo.com/jw!VVPGD5WaGB9FRBSH8xYN
20. 孝善不等　http://tw.myblog.yahoo.com/jw!M_e3ZfmfCRsuJruGWb7Q
21. 熊奶奶　http://tw.myblog.yahoo.com/jw!.CMPon.TSUTBNyJpdUiJfA--
22. 柯老爹　http://tw.myblog.yahoo.com/keibun-88
23. 蘇福欣　http://tw.myblog.yahoo.com/su-0342
24. 摩登屋　http://tw.myblog.yahoo.com/jw!O6Q7goOQGRsAG_gHtLvhIA--
25. 319趴走　http://tw.myblog.yahoo.com/jw!dejrLaWeERyWDuXsqh1izg--

26.小柯柯　　http://tw.myblog.yahoo.com/green_70321/
27.亮軒　　　http://blog.roodo.com/kkma/
28.阿潘　　　http://tw.myblog.yahoo.com/jw!goVD3QCFFgeZO0VznQ--
29.遊史地　　http://tw.myblog.yahoo.com/jw!ezF.mOOBGAK1EEIbDMaun
　　　　　　vhYig--
30.棗子　　　http://tw.myblog.yahoo.com/chu1599/

Part 3

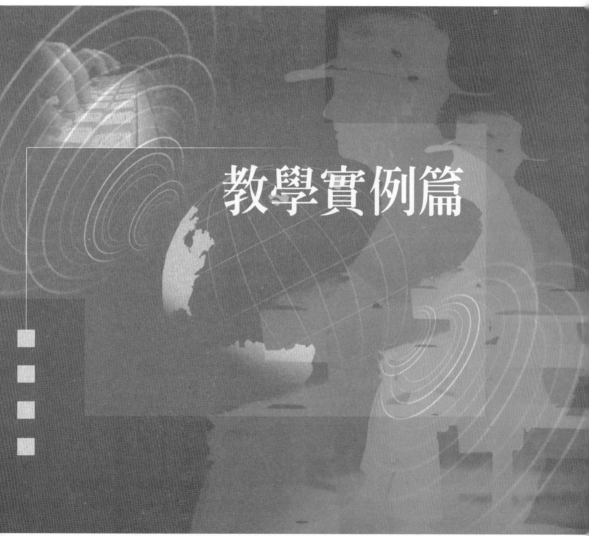

教學實例篇

Part 3

第十一章

與長者合演歷史
——「表演學」課程之觀察
與人文學習*

* 本章改寫自本書第一作者於美國德州聖安東尼市「第三十五屆美國高等教育老
人學會」（the 35th Annual Meeting of the Association for Gerontology in Higher
Education, Feb. 25-March 1, 2009）發表之英文論文"Give them history: A learning
experience in a Taiwanese acting course."作者特別感激蔡櫻茹導演及其領導之「喜
臨門」老人劇團參與課程期末公演。本章圖片均由該課修課同學周武翰拍攝、提
供，專此敬謝。

本章提要

　　〔附件一〕中來自 2007 年 12 月（96 學年上學期）「表演課」的部分同學意見回饋，顯示了該課修課同學經過一學期的學習後，咸有感於長者們在生命後期仍活躍於人生與舞台的「驚豔」。

　　這堂課原是政治大學傳播學院開設給大三學生的選修課，共有 15 位同學加入，課程特邀國內名劇場導演蔡櫻茹帶領之「喜臨門」老人劇團 12 人參與演出並觀察學習結果。

　　本文檢討該課之教學策略、課堂活動內容與學習情境並提出觀察所得，重點尤在討論老人與學生之互動層面，文末並擬議大學生與老人課堂共學的發展性以及未來老人參與舞台演出對觀眾的可能影響。

學習重點

1. 前言：本課授課動機
2. 「表演學」課程之實驗背景
3. 課程介紹與研究程序
4. 觀察結果與討論
5. 結論與反省

-- 「跟75歲以上的爺爺奶奶們一起上課和表演，讓我們創造了歷
　　史」、「雖然他們不再年輕，但是他們更能詮釋角色」、「當
　　我看見90歲的『黑貓奶奶』在舞台上唱京劇，我驚得呆了！我
　　好奇自己90歲會有怎樣的生活？我會像她一樣對表演有熱情
　　嗎？」

壹　前言：本課授課動機

　　「水到渠成」，俗諺如是說。本書作者們從2000年前後即已透過多
次國科會專題研究機會探討了老人的身心靈特色、刻板印象、傳播現象、
敘事內涵、使用新科技與傳統媒介等重要議題（參見本書〈附錄一〉之回
顧），研究結果並已在國立政治大學校級申請開設名為「老人（生命）與
傳播」之通識課程，旨在讓同學們透過博雅教育學習面對自己之現在以及
未來之生命歷程，以期能近距離地接觸並透過課堂講授理解老人傳播行為
之不同面向。

　　本課「表演學」為選修課程，業已開授多年，本次（96學年上學期）
邀請「喜臨門老人劇團」參與期末（2007年12月20日）演出，藉此提供年
輕大學生第一手觀察與老人族群之互動經驗。

　　本章目的有三：

一、報告並檢討出乎課程設計原意的教學成果；

二、記錄可能對未來教學設計與執行實驗的創新教學方法；

三、討論未來可能相關的老人傳播研究。

貳　「表演學」課程之實驗背景

　　關切老人生活的種種面向是我們不可也不應迴避的議題，乃因這個議
題牽涉了我們自觀之身也涉及整體社會幸福。台灣老齡人口已逾兩百萬，
占社會總人口十分之一以上，預計10年後其人數即將超越兒童。而依老齡
與兒童人口增加比例觀之，15年後（即2025年）台灣人口約有五分之一超

過65歲。[1]

　　政府社會福利相關部門近些年來業已提出多項老人健康、經濟、保險方案，如教育部即已訂定每年8月最後一個週日為「祖父母節」鼓勵祖孫多互動，增加家庭世代情感凝聚。[2]此外，一些非營利組織也針對老人設置了休閒性學習課程〔如「弘道老人福利基金會」舉辦之不老騎士團、「華山基金會」（由創世基金會成立）、「台灣傳神居家照顧協會」推出之樂齡車隊鐵馬行等〕，非學位社區大學更早已提供眾多課程協助老人們持續追求成長與延續生命意義的機會。[3]

　　然而一般四年制大學或政府組織猶少設置有關老人傳播及社會互動的課程或研究機會，[4]忽略了老人仍有與他人實踐傳播互動的需要，似也說明了現有台灣各大學科系尚未觸及老人所需的人文、藝術、哲學、傳播等精神層面。

　　作者們多年從事老人傳播研究後逐漸意識到老人不應只是被照顧、管理或輔導的對象，亦有可被觀察、認識的傳播互動行為特色。經討論後，第一作者興起讓老人到傳播學院來上「表演課」的念頭，希冀藉由雙向互觀以能進一步瞭解老人們如何透過傳播行為實踐社會互動，而大學生又能如何透過實際接觸老人而認識一般課程所常忽略的老人生命與傳播特色。[5]

　　如前章所述，兩位作者於2006年首次申請開設「老人（生命）與傳播」通識課後（分於96與98學年下學期開設），與高齡長者如何維繫良好互動方式與溝通管道一直是持續思考的研究議題。該課不斷強調，大學生除要學習跟「現在」之自身溝通外，也要嘗試瞭解生命意義試圖與「未來」的老齡自己互動，乃因認識老人身心靈特色並體驗如何與社會他人互

1　行政院主計處165號國情統計通報。http://www.dgbas.gov.tw/public/Data/78291743271.pdf

2　見教育部社會司網站：http://www.edu.tw/news.aspx?news_sn=3829（上網時間：2011/8/6）。

3　參見本書第四章討論。

4　國內大學如中正大學已於2003年成立「高齡者教育研究所」，2007年設置「高齡教育研究中心」，但仍乏老人傳播課程與老人傳播研究議題。

5　2011年暑假，第一作者另又帶領劇場學生演戲給老人們觀賞，見本書〔附錄三〕。

動實是認識自己未來生命歷程的重要途徑。尤其年輕人唯有透過認識老人方得相互或透過大眾媒介體會適宜的生活態度，不再以謬誤觀念「想像」老人所需，亦不以錯置行為對待高齡社會。

因而繼「老人（生命）與傳播」之申請經審核通過後（2005年），作者們興起設計另一門可供觀察老人傳播課程之念頭，基於兩人近來研究興趣與授課背景，有關「老人敘事」或「戲劇表演」皆屬可能發展之嘗試。正巧長期在「果陀劇場」擔任劇場教育的蔡櫻茹導演應邀於2006年9月至「老人傳播研究群」演講「老人說故事」，[6]因而邀其次年帶領老人劇團加入表演課程並與學生一起推出期末表演，以供進一步觀察年輕人如何與老人互動溝通並在舞台共同表演。

一般而言，表演學課程內容包括對表演歷史、風格、流派的認識，透過肢體訓練、想像、遊戲、故事講述並揣摩、詮釋戲劇人物之內在情感流動亦屬重要實踐活動。每學期期末公演則曾納入如希臘時代Sophocles悲劇（497/6 BC-406/5 BC）、英國莎士比亞喜劇（William Shakespeare, 1564-1616）、美國近代名劇作家田納西威廉心理寫實劇（Tennessee Williams, 1911-1983），以及中國歷史故事與即興遊戲後新創劇目。

由大學生與老人共演則是過去從未嘗試的課程內容，極富挑戰性，任課教師必須重新考量提供何種表演訓練，也需著重培育學生們基礎表演能力使其無懼於公開演出。俟課程大綱（見〔附件二〕）擬妥並與蔡櫻茹導演討論後隨即確定了每週教學活動，並將一學期的課程作為觀察老人與年輕學子透過表演故事來實踐人際傳播和社會互動的實驗。

課程開始後，教師、同學們透過彼此認識理解參與本課演出的老人實屬果陀劇團下的「喜臨門劇團」演員，共有12位加入。果陀成立於1988年，[7]而「喜臨門劇團」成立於2003年，平時除排演年度演出外也在學校裡給小學生講他們的真實生命故事，藉此讓幼齡學童聞知爺爺奶奶祖輩的人

---

6 會議記錄參見http://www3.nccu.edu.tw/~kjt1026/gerontology/disscussion_records/20060916.pdf。

7 有關果陀劇場之研究，可參見楊任淑（2004）。〈果陀劇場歌舞劇之研究〉。成功大學中文所碩士論文。

生歷練與過去生活模式。

　　由長者在都會小學講述生命故事是稍早台灣社會很新且受歡迎之「活化歷史」實驗，乃因都會社會小家庭較多，孩童很少得有機會與祖輩相處。此一計畫受到紐約市立教育局歷史學家Susan Perlstein成立於1979年之「老人分享藝術」（Elders Share the Arts）社區藝術組織啟發甚多，努力結合老人與兒童一起上課從事人文藝術創作（如舞蹈、寫作、戲劇、視覺藝術和講故事）進而發展世代傳承與社會文化，也讓歷史經驗活躍於學童的生命學習。[8]

參　課程介紹與研究程序

　　「喜臨門劇團」長者們過去曾多次與蔡櫻茹導演合作推出舞台劇，首次來到課程之時間約為2007年9月中旬開學不久，藉此與修課同學相互認識並預作準備。這些已有舞台演出經驗的老人學員先被歸類為「第一組」，可依其原有課程設定跟隨蔡櫻茹導演執行說故事與表演之練習，並在期末加入表演課同學。尚無舞台劇表演經驗的本課修課大學生則歸為「第二組」，在傳播學院表演教室接受歷時一學期的表演課程訓練。

　　兩組基礎訓練不同，如老人們之學習目標是講述生命故事並公演戲劇，大學生則重在發展五感，透過記憶與情感訓練即興反應，最終則要能與老人劇團成員同樣有公開講述故事與演戲的本領。

　　本課為一學期三學分（即一週上課三小時，共十八週），選課前即已公告課程大綱，述明學期特色為有長者搭配一起上課學習並演出。選課生共15人，除一人外均就讀傳播學院並均為大三學生，包括三位外籍生來自馬來西亞、另各有一位分別來自韓國與日本。本課過去很少有外籍生選修，但無論來自何方，選課生似對能與老者相處並共同演出皆有期待。

　　在全學期18週課程中，兩組各依進度學習，共同上課時間共約18小時，包括上課、排演、整排、技術排練、彩排及演出各一節，多集中在學

8　相關報導見：《中國時報》（2011/04/02），標題：〈《百老匯燴慧》爺奶孩子同台歷史活了起來〉，記者汪宜儒台北報導。

期最後一個月。

　　以下討論集中在 (1) 年齡差異40歲以上的年輕與老齡學生們的互動行為； (2) 表演課老少學生互動結果； (3) 表演故事時之不同傳播內涵特色。

肆　觀察結果與討論

一、初次相見

　　課程開始後的首次師生（含大學生與老人）見面先行自我介紹，此時立即出現戲劇性高潮。如前所述，老人演員們之年齡介於62到90歲間，共四男八女，退休前之身分曾為公務人員、商人、軍人、老師、家管等，皆有多年舞台演出經驗，而其人格特質充分反映在其選藝名，如取自藝人陶晶瑩「陶子」的諧音卻用鮮嫩美豔之意的「桃子」為名。又如「竹葉青」代表自己永遠綠色長青，而「宮雪花」（前香港著名脫星）則強調自己「性感」如香港藝人，另有俏麗時髦的「黑貓」小姐。男士們則各依特色稱呼自己為「好爺爺」、「豬哥亮」、「飛鼠」以及古代四大美女之一的「西施」等。

　　第一組老人分以出人意料的藝名或外號並以預期之外的姿態表情「自報家門」，大學生立即驚呼並回以熱烈掌聲，活力四射的老人們完全地搶去風采進而吸引了年輕同學的注意。

　　其後輪到學生群自我介紹，卻不約而同地以害羞、靦腆與尷尬方式用了家裡所起的小名或乳名，這些不為同學們日常所知的暱稱也馬上引起大家哄堂大笑；整個過程歡欣、有趣，笑聲掌聲和驚呼聲不絕，幾為第一作者教書20年僅見。

　　沒有藝名的大學生們在老人自我介紹後為何改變了一般慣用方式而放棄學名改以小名自稱？他們是否「現買現賣」，學習老人所設榜樣而也想要有點特色，抑或認識這群「爺爺奶奶」後認為改用乳名或可顯示親近？這點當天並未深究，未來或可以此為題關切類似這種老少互動時的心理轉變與傳播行為。

接下來的課堂活動為分組即興表演，老少任意混搭五組並經現場討論五分鐘後隨即演出一段表演節目。大學生們不落人後，立刻衝向屬意長者快速分組，排出場序時紛紛搶先，直可謂迫不及待。開始演出後，他們（年輕人）也隨即拿出手機或相機記錄他組表演，以行動展示了他們對這些即興節目的喜愛。雖然這些造成課堂轟動的表演實也不過是一些帶有肢體韻律的兒歌或中外民謠罷了，每組演出時全力以赴，內容也都生動有趣，其精彩超乎預期（參見〔圖11.1〕）。

各組表演以歌謠為主其來有自：要在極短時間排演即興節目，大家所能倚賴的仍是各自早期記憶即已留存的曲調，如長者們很難臨時改唱年輕人喜愛的嘻哈（hip hop music）樂曲或饒舌音樂（rap music），而年輕人也難馬上學會老歌、崑曲或京劇等。

互動過程中尤其不易決定由誰負責曲目，畢竟大多數老人與同學們來自各方，首次見面就要透過表演而展現眾人協調後的結果實有困難。有一組因有三位馬來西亞外籍生而貢獻了該國民謠，無法加入演唱的台灣老人坐在中間舉臂跟隨樂律搖擺身體，年輕人則繞著老者舞動；此曲演出似是老人鼓勵與禮讓的結果，讓對台灣歌謠不盡熟悉的多數年輕同學一展所

圖11.1：「表演學」課程照片一
照片中這組「二老（圖中男女）四小」演出「小小羊兒要回家」，可以看出大家對「羊」的模擬與隨著歌聲律動著的肢體。

長。從這一次互動觀之，「年齡」未來或也可以成爲研究變項，進而理解
在這種短時間的互動過程裡其（年齡）如何影響傳播內容與形式。

　　但說實在地，年輕大學生自我介紹後如何透過三言兩語的共識很快地
「找到」屬意的老人組員，迄今仍誠屬謎。他們是否倚賴某些老人具有的
特殊「爺爺奶奶」外觀而樂意與其同組，抑或主觀上聽完某位老人自我介
紹後覺得其特別有趣而易於親近，實難判定。

　　總之，對年輕人而言，在極短時間內選定並樂於接近某些「爺爺奶
奶」當屬有趣研究題材，而這些「爺爺奶奶」的何種特質吸引了年輕人亦
屬尚待發展的研究議題[9]。最後，當老年人有「兒時記憶」（童話故事和兒
歌）可與年輕人分享時，年輕人又有哪些才藝得與年長者互動？老人們的
「兒時記憶」是否與年輕人一致抑或部分相關、如何相關？

二、第一次整體排練

　　整學期中老人與大學生各依課程大綱進度練習表演，再見面時已是六
週後接近期中考週。兩組成員練習講故事的進度不同，顯示了不同年齡層
次之學習歷程與結果迥異。

　　如年輕同學（第二組）依課程大綱發展進度準備妥當「即興」表演
時，第一組老人演員們卻提出了結構完整的舞台劇，準備展演他們自己如
何走出「中日戰爭」（1937-1945）存活至今而仍在台灣這塊土地共同生活
的故事。

　　此時應第一組導演的要求，學生們同意改變初衷加入業已發展就緒的
舞台劇並飾演長者們生命故事各角色的年輕時期。又因同學們盼能保留即
興表演的樂趣，折衷後大家決定由第一組老人們演出40分鐘有固定台詞的

---

9 相關文獻過去的確曾經提出老人之「刻板印象」類型，如屬於正面之「黃金老人」、
「完美祖父母」、「類似西部電影明星約翰韋恩的保守老人」等，以及負面之「嚴重
生理障礙」、「經常面露沮喪」、「潑辣小氣」、「寂寞」老人等，參見Hummert,
M. L., Garstka, T. A., Shaner, J. L., & Strahm, S. (1994). Stereotypes of the elderly
held by young, middle-aged, and elderly adults. *Journal of Gerontology: Psychological
Science, 49*, 240-249.

劇碼，學生們則在中場休息後演出三段各為十餘分鐘的即興表演，總計亦
為約40分鐘長度。

　　但大家隨即發現老人演員們記台詞、走位並依故事序列上下場出現困
難。排戲時往往只能排演一幕一場甚至只排單人戲碼，乃因老人們無法跟
上另位演員的台詞也常混淆場次，換場時如何上下、何時進出舞台更是造
成困擾之環節。

　　此時部分年輕同學主動出任了老人演員的排演助理，幫忙提詞、指引
舞台區位並協助老人攜帶道具上場，顯然他們也注意到了老人演員的學習
狀況，自然而然地肩負起帶領老人們適時上下場並在舞台上移動位置的任
務。

　　為了讓老人演員們減輕體力負荷，蔡櫻茹導演也視劇情需要安排了有
滾動輪子的椅子，讓他們得以坐在椅子上移動，而大學生們則負責帶領老
人們的走位地點、速度和節奏；如此一來，老少合作竟完全做到戲劇場面
需要的速度、情感、節奏與視覺張力（見〔圖11.2〕）。

　　表演課原規劃每週上課三小時，期末試演時每次上課皆須演出整齣情
節。然而年長者們受限於體力，排戲時一次三小時無法完成排練，使得課

圖11.2：「表演學」課程照片二
導演依劇情需要讓坐在椅子上的老人演員適時地被大學生移動到舞台定點，如此圖所示
由大學生飾演的護士正照顧並移動一對因戰亂分離又在台灣重逢的姊妹。

程進度與規劃面臨挑戰，顯然課程進度與上課時間安排皆需依不同年齡而有不同設計。

三、人際互動與歷史的傳播

如上節所述，老人們演出的主題是「憶舊」（如何走過戰爭歲月）。有趣的是，有些老人在中日戰爭期間是以「中華民國軍人」身分征戰大江南北，另一些當年卻是被徵召遠赴中國戰區或東南亞打仗的台籍日軍，此刻大家放下對立，一起在舞台上當起了演員。這個真實的對立與融合造成本次戲劇演出的骨幹，老人們的腳本講述了眾人歷經大時代戰爭的遭遇，以及戰後在台灣如何融成了「一家親」。

我們自小或耳聞或閱讀歷史故事，其描述如中日戰爭常發自單一視角，但任何戰爭總有敵人，這些故事裡的「他者」（Others）[10]常就指對立方的壞人，學生同樣不免皆曾從家庭或學校裡聽見中日戰爭的事跡。但在這個學期的表演班上，他們從親身活過戰爭的老人們口中重新再聽一次不同視角的生命故事，深深地被歷史過程中的親情與人性所觸動。

尤如前述，本課有五名外籍生，包括三位來自馬來西亞以及兩位分屬日與韓籍，其餘十位則各有來自中國、台灣不同出生地的祖輩。中日戰爭期間許多台籍軍士曾隨日軍入侵中國、韓國、東南亞地區攫取資源，今日卻在同間教室與舞台聚集了當年互戰的軍士和後裔，不論祖輩背景或出生地，只用單一語言重述戰時人生，故事的聲音聽起來格外像是傷痛後的療癒與對立後的包容（見〔圖11.3〕）。

舞台上的故事難免虛構，卻是基於真情、真性的歷史情節整理，這一齣由老人演來的新創戲劇完全地吸引了看戲的年輕學子。他們對不同族群的認知態度有可能在課程結束後有所改變，意識型態或也修正，此乃因老

---

10 有關敘事與「他者」之討論，參見McAdams, D. P., Josselson, R., & Lieblich, A. (Eds.)(2006). *Identity and story: Creating self in narrative*. Washington, D.C.: American Psychology Association.

圖11.3：「表演學」課程照片三

暱稱「飛鼠」的長者男主角在舞台排練時講述戰爭經驗。出生在中國大陸的他飾演一位被日軍徵召到菲律賓打仗的台籍戰士，戰後回到故鄉台灣專程前往日人開設的風月茶室尋找戰爭期間因求生而淪落風塵的妻子。舞台左側幾位正待上場的大學生演員專心又沉靜地聆聽老人講述的歷史故事情節。

人的口述歷史有其真實感，而經由認識的老人所講述的第一手故事亦可能感動力特別強大，至於老人所述是否都是歷史真實則另待確認。[11]

四、死亡議題與兩組學習結果的差異

最後三週的互動學習歷程有幾項議題值得討論。首先，年輕學子似因這門課出現了老人而有了特殊互動情境，顯示年輕人對老齡的確有著刻板印象，但他們對年齡的敏感度與生死議題的認識則相對淺薄，有待改進。

如前所述，表演課旨在透過肢體遊戲訓練五感，讓學生從記憶、想

---

11 敘事所述是否為真一向是學界研究的重要議題。一般而言，敘事僅有「似真性」（facticity），「指文學創作所展現之真實」，寫得或說得像是真的而無從查證也無法確認。見臧國仁、蔡琰（2009）〈傳媒寫作與敘事理論──以相關授課內容為例〉。「政大傳播學院媒介寫作教學小組」編，《傳媒類型寫作》（頁3-28）。台北市：五南（尤其頁18）。

像、聯想裡發掘人生題材，培育其臨場反應與說故事能力，並在期末推出即興表演。由第二組年輕學生提供的第一次即興三齣短劇全數出現「老年與死亡」主題，但不知此種相關認知對12位老人演員／觀眾有何衝擊。

　　裝死、演死並非戲劇的新題材，孩子們從小玩耍也常挑選與死相關的遊戲。表演課從未干涉或禁止演出特定題材或內容，任課教師只從表演與舞台技術角度輔助學生表現得切合原先所想。然而三場長度約爲十分鐘的短戲一齣齣演完後台下老人觀眾卻相對靜默。從教學與研究角度觀之，如何處理相關情境確實值得檢討，而年輕人爲何有此刻板印象則亦是下章有關「老人（生命）與傳播」課程所當持續努力的方向。

　　第一次彩排後，源自前述老人演員／觀眾看戲後顯現的特殊氣氛，年輕人次週完全改變了表演基調，如一齣即興短劇演出了具有南洋風情的愛情喜劇，另一齣涉及親情倫理，第三齣則是歌舞式友情鬧劇。既是即興，人物、情節大綱或台詞的臨席改變對大學生而言都非難事，僅需關注舞台燈光和音效等幕後操作是否也能分秒不差地搭配，因而正式演出時即以這三齣劇爲主題且不再變動情節線。

　　最後三週的兩次彩排與正式演出可整理如〔表11.1〕：

表11.1：老少兩組表演學演出結果差異

	第一組（老人組）	第二組（大學生組）
故事主題	生命、重逢	死亡、分離
故事時空	過去、他處	現在、這裡
情節	複雜	簡單
人物	兒童、年輕男女、老人	年輕男女
戲劇風格	感傷劇	鬧劇
表演風格	寫實主義	遊戲
語言	正式	後現代、非邏輯
節奏	慢	快
舞台指示	導演引領	演員安排
台詞	記憶、背誦	即興
肢體運動	少	多
引發情緒	強	淺

來源：本書作者

若略去前文已述之老人課堂學習狀況，上表所示多為老人與大學生在表演學課堂所能觀察到的演出差異。如在表演主題、時空背景、情節與人物等故事發展必要層面上，老年人的生命經驗大大豐富了講述內容且使題材有更多去蕪存菁的空間。而在戲劇與表演的風格層面，老人們的選擇顯示了其對生命的反芻，戲劇表演的豐富人文內涵遠非年輕學子所能及。另一方面，在大學生的即興演出裡，其肢體動作（包括一組歌舞劇）、話語結構和講述速度等都與老人們正經且嚴肅演戲的態度、方法、結果截然不同。

此些差異不難理解：蔡櫻茹導演整理劇本後老人們不斷練習，再經努力背誦台詞演練人生精華，此皆認真與辛苦投入的結果。蔡櫻茹成功帶領了舞台演出，讓年輕人得以回顧歷史並認識戰爭對生命的影響，甚至被其演出感動的熱淚滿眶，頻頻回以熱切掌聲。與年輕人的演出相較，老人們少用外在肢體運動，卻以親身經驗引發觀眾強烈的內在情緒，此點值得年輕學子學習。

伍 結論與反省

在經驗了與老人同班上課後，幾個教學優點與課程管理特色值得後續觀察。首先，老人同儕的出現顯已激勵了年輕大學生較強學習動機，也成為年輕學子的學習榜樣，不僅激發「有為者亦若是」的觀摩與仿效，同學們也學習到老人對生命的熱忱，改善了對老年生命的印象與態度。

其次，從期末學習回饋意見得知（見〔附件一〕），同學對老人的刻板印象大有改變。若非眼見老人們具有如此生活能量，年輕學子無從得知老齡生命景況，也難以預期自己的老化前景。

第三，就學習表演而言，本次實驗課程觀察到老齡演員之感性演出對年輕演員而言實有深遠影響。一般而言，演戲時要能及時培養情緒並掉下眼淚並非易事，但此次與老人共同「飆戲」，老人們出自內心的真誠感動實來自其生活經驗而非表演技巧。這種發自內在的感時情懷即時渲染了年輕演員的表演情緒，因而也擴大了他們的情感經驗。

第四，此次老少共演實也提供了年輕學子一堂最好的歷史教學課程。

傳統上，戲劇表演一向是最佳教育途徑，能快速且有效地幫助學生學習情緒知識，共感人生是非與哲理。此次由老人們親述戰時經驗，學子們除了聽聞背景、職業不同的老人講故事外，來自韓國、日本、台灣、馬來西亞的年輕人亦從老人演出的故事中體會苦難可以克服、離別可以團圓、對立可以轉圜、分裂可以融合。不論一門歷史課的主題內容為何，讓老人們與課似可提供書本知識以外的近代史生命歷程，補足教科書所述之不足。

　　老人演員們除了帶來大量趣味與知識而值得推廣、繼續外，在課程規劃和管理方面則有幾點值得繼續觀察，首應注意之處即在於其與年輕人的學習速度頗有差異（見〔圖11.4〕）。如老人記憶力雖與年輕人有別，但其對情境與情緒知識之處理能力則超越年輕學生；背誦一句台詞、記憶一個動作或走位對老人而言皆有困難，但同理年輕學生對任何眼神以及對情境的情緒反應常難以會意而遲遲無法表演或演來總是不對味，顯然老少一同上課時尤需特別琢磨教學內容和進度。

　　總之，將不同年齡層學員同置一堂實是極有意義且有挑戰的教學工作，如何讓老少學生們分別發揮學習所長未必有準確答案。若以此課而言，篇幅較長、需要背誦、需要高體能的項目不適合老齡學員；而意涵深

圖11.4：「表演學」課程照片四
排練時老少演員所需差異頗大，如年輕人可輕易且快速地記誦台詞與舞台指示，但其排練速度仍受老人演員影響，以致課程時間和排演管理皆需事先仔細規劃。

刻、情感細緻的戲則也無法由初學表演的年輕人擔綱。

　　但整體而言，老齡學生在課室裡帶來的勤學態度對年輕人而言格外有對比作用：他們總是早到而從不缺席，認真學習專心聆聽，尊重教師與同學的意見；自我要求嚴格卻不帶來負面情緒，還常準備一些健康零食或水果與年輕同學分享。他們的出現讓課堂更像「家裡」，溫馨又有紀律，學習歷程令人難忘（本次展演之海報與節目單見〔附件三〕、〔附件四〕）。

附件一：961「表演課」部分同學之期末心得（摘錄）[12]

同學甲：

　　這次的期末公演精彩閉幕，但也留下不少問題，包括好的不好的例子都值得檢討。以下依照「演出評估與討論」講義之討論重點提出一些自己體會到的問題。

　　情緒：……以前一直以為有演員便能帶動氣氛，然而發現觀眾的存在對演員的確重要，他們給的不是力量而是生命。……演出後很嗨，嗨到忘記收場，對幕後工作人員不好意思，顯然演員在演出後也要轉換情緒。……

　　演出的反省：這次演出最困難的地方是自己要編劇本……。雖然老師要求的是即興表演，但即興前必須很清楚地知道劇本在講什麼，觀眾只看一齣戲順不順，因此若沒抓住重點整個戲都會垮掉。……舉例來說，我在演某角色時突然笑場，台上台下歡樂起來，演員也開始即興演戲，比彩排拖了久一點戲，不知道觀眾有沒有注意到。……角色設定外還有一個問題是表現：老菸槍要怎麼演，大男人？怎麼讓觀眾知道我是什麼人，想像力需要再加強。

　　對本課之改進建議：……其實這堂課下來與老人互動到的只有兩次彩排與一兩次上課而已。如果要加更多戲，可以一開始有劇本，因為自己很喜歡老師給我們的功課，希望與劇本結合而上課，……若能與劇本結合，相信可以更有趣！

同學乙：

　　這次期末公演我玩得很盡興，很開心能有這樣的機會跟這樣的人們一起在舞台上享受彼此的即興與瘋狂。更難得的是能和一群大朋友分享他們的生命，對我來說這種經驗真的很令人難忘。

　　……這學期我們跟一群大朋友有了一場很棒的演出經驗，我覺得這非

---

12 本節內容摘自上課同學填寫之教學意見（節錄），均採匿名方式，僅調整部分錯別或漏字。

常難得且珍貴，對老人劇團的來訪我絕對歡迎。這麼好的生命故事，沒有一個好的舞台可供他們分享真的太可惜了，既然我們擁有這樣的資源，為什麼不一起分享呢？

……老人家因為動作跟反應都稍稍慢了些，一場45分鐘戲可能要花上兩、三小時彩排，加上這次的劇本學生比重較輕，或許下次合作時可另安排彩排時間，讓原本上課時間還是按照期初計畫走。這樣老人劇團方面也可以……挑選他們方便的時間來彩排或走排。甚至，如果可以，也希望加重同學表演比重，讓我們有更多機會跟老人家對戲，分享我們雖短但也同樣精彩的故事，甚至邀請他們來飾演我們的未來。

能夠跟這樣一群有豐富人生經驗的人對戲，我學到最多的是我們不能試圖欺騙觀眾，沒有〔溶〕在故事裡的表演絕對不會精采，他們都在分享自己的真實人生，所以有足夠的說服力來感動觀眾。或許未來我們還有機會演戲，那些劇本可能不是我們真實人生會遭遇的。但若沒有想像跟專注，我們就無法進入角色，這樣就不可能演得好，更別說感動觀眾了。

同學丙：

很多年前葛蘭曾有一篇訪談說：「國劇的奧妙就在於走七步，而那個七步要走一輩子」。……上了一學期的表演學，心中一直思量著一件事：「對我而言，我的七步是什麼？」過了半年，我仍然沒有答案，但我曉得，經過這半年下來的學習與體驗，我離我的七步靠近了一些。因為表演需要靠時間沉澱與經驗累積才能不斷精進。哪怕只是一點點，但我曉得這半年來我有得到東西。

從說自己的故事開始，每個人說故事的表演都有不同；接著加入想像幫助控制自己的表演，扮演一顆發芽的綠豆其實不比人物簡單；然後創造情境，學習專注將自己融入一個只存在心中的環境；從一個人表演到兩、三個人一起表演，接著是五、六個人共演一齣劇；人物的揣摹，穿越時空與性別的隔閡，只要我全心相信我是他，那麼沒有人會說我不像。

在這次即興創作期末演出的準備中，尤其是劇本的創作，大家集思廣益，但總覺得少了點什麼，真的是點子到用時方恨少。而且愈是鑽牛角尖愈發現大家的視野都很窄、很像，缺乏多元性與不同角度的角色理解與詮

釋。

　　是不是我們這個時代的青年缺乏宏觀的視野？就算我們常可以接受到外來文化，但總無法跳脫出同種生活模式，即便是出國去玩也都在很小的世界裡；所有台灣人怎麼玩，我們就跟著怎麼玩。我們這群大學生無論是戲裡戲外，缺乏一種內在力量，而且對於外面的視野也不夠廣。

　　……參與這個課程其實不僅學習到表演方法，還讓我重新思考、審視自己的內在。我的情緒感染力不足，是不是因為我的敏感力不夠尖銳？我的肢體動作不到位，是不是因為我還沒有全心相信角色？我和同組的演員對戲時不流暢，是不是因為我不夠專注聽他在說什麼？

　　換言之，我認為表演是個注意力極高的意境，不僅要注意外在變化，也要專心聆聽內心的聲音，而我在這學期第一次聽見了許多我從未注意的內心聲音。

同學丁：

　　表演對我而言一直既熟悉又陌生，熟悉的是從小到大總會有許許多多表演機會，不論是扮演用功的好學生、聽話的好孩子或正常人，在各個時期的舞台上我們不也一直扮演著某個和自己有所衝突的角色？而陌生的是，表演的真正本質是什麼？如何才能讓表演吸引觀眾的目光？表演和生活又有什麼互動？

　　在上表演課前，我期待能夠學會喜怒哀樂的呈現、生動的演技與專業的劇場工作。但上了一學期後發現老師注重的並非外在的演技，內在的情感更勝於劇本上的台詞。於是每堂課都十分即興，有天花亂墜的故事接龍，還有模仿周遭人物的即興演出，最後從即興的演出中擬個大結構，再創出獨一無二的劇本來。

　　……這次上課我們也創造了歷史，和一群老當益壯的大朋友們一起演出。這些年紀幾乎都超過75歲的老先生老奶奶們雖然行動不如我們敏捷，但舉手頭足間透露的情感卻比我們這些未經世事的年輕晚輩濃厚了許多。

　　如看到年近90歲的黑貓奶奶唱著京劇時內心十分激動，設想自己90歲時是什麼樣情景，比起黑貓奶奶對表演的熱情，自己能像她一樣嗎？經歷過許多風霜的老爺爺老奶奶們也讓我想起了家中奶奶，如果奶奶也能從表

演中獲得樂趣,甚至站在舞台上和年輕人一起演戲,一定是個再好不過的經驗了。

但這次也有可惜的地方。雖然和老人們一起排戲,卻沒有真正一起生活、交流生活點滴。可能因為時間不多,距離也遠,聯絡不便,沒能真正和他們有密切的互動。

同學戊:

我想在這份回憶錄中最想要檢討跟反省的部分還是自己吧!其實在這堂課的心情變化很大,可以說是信心慢慢瓦解後又慢慢重建。經過了這堂課,認識了自己更多,也找到了很多快樂跟自信心,我想要在這一開始先謝謝蔡琰老師。

從一開始,對表演這件事抱著很大興趣和好玩心態。來到課堂唱了一首「灌籃高手」後進入了這堂課,慢慢地接觸了很多演員訓練,很多很多都是以前覺得很有興趣卻一直沒有接觸過的,如把全身感覺打開閉眼朝同伴走去、在地上翻滾找到自己的平衡、打開自己的肢體、說一個半真半假的故事、討論說故事方法、討論如何相信自己在一個故事中等,……讓我對「學習表演」有了更多興趣,但也慢慢地開始讓感到有點焦慮……。

在經歷了與老人劇團的見面、帶來一首自己喜歡的音樂、帶來一個氣味後,接下來又進入了「模仿」課題。此時自己還沒有辦法掌握表演,感到有點不知所措,所以有了一種有意無意就是想要閃避掉這個課題的想法,也開始在思考到底要不要繼續上這堂課……。帶著這樣逃避的心態,我離開了兩個禮拜。

……大家對第一齣戲的成果畢竟不滿意,所以開始想著下次該演什麼好。……我永遠也不會忘記這一次的表演經驗,因為演完的那一刻我覺得剛剛發生的事情實在太不可思議了,我們僅憑著對影片的鮮明記憶就把它完完全全地搬演到舞台,走下台後回想剛剛在舞台上發生的一切,感覺是好的。

在這堂課前我並不覺得自己不活潑,但不知道為什麼來到這堂課開始要表演,卻完完全全地綁手綁腳,不僅肢體打不開,就連自己的內在情緒和語言也打不開,於是有了一連串自信心變化。事後想想,當然這樣的

轉變可能來自對空間和團體的信任，相信把自己放到這樣的空間可以有安全感、相信夥伴不管把戲怎麼改自己都跟得上。慢慢地有了這樣的信賴感後，好像就解決了很多事情，但對這個自己我是覺得很熟悉但有時卻也容易迷失，我得到了很寶貴的經驗。

　　再一次地，感謝蔡琰老師，還有所有表演課的人，是你們讓我變成了不一樣的自己。

附件二：961表演學課程大綱
（2007年9月至2008年1月）

課程宗旨

　　學習表演不是只為了參加演出，最主要的還是學習表達自己、認識自己，也認識表演學。

　　有一半的課無關劇本，只從基本的暖身到不同的課題，如有關於探索自己、鍛鍊身體，或有關於挖掘記憶、鼓勵想像。

　　表演是有關於自身與外在環境互動的鍛鍊，本課置表演於再現人物習慣、語言、與行動力。探索不同角色特質與戲劇人物個性都將是本學期需要掌握的重點。

教學方式

　　學生必須參閱相關資料與閱讀劇本，教師則依 (1) 講授、說明； (2) 帶領練習、遊戲； (3) 指導、觀摩表演等過程，帶領同學進入表演的範疇及方法。

成績計算方式

　　公開展演——30%（所表現之語調聲音控制、造型設計、角色情感及個性掌握、動作設計及執行、情緒傳遞與感染等）；課堂參與及各式活動之練習——40%；準時上課——15%；繳交報告——15%。

進度

單元一：介紹表演及認識自己
　　第一週：9/20　　課程介紹、認識同學
　　第二週：9/27　　自己與面具
　　第三週：10/4　　鍛鍊身體
　　第四週：10/11　記憶與情感
單元二：模擬及詮釋角色和人物
　　第五週：10/18　想像。觀察人物，交角色分析文字報告
　　第六週：10/25　環境。繳交詮釋人物的模型，說明人物質感及空間
　　　　　　　　　　運用
　　第七週：11/1　　設計角色／人物之習慣及特色
　　第八週：11/8　　練習人物之語言與行動
單元三：表現人物
　　第 九 週：11/15　演出人物、認識其情感與編排其故事
　　第 十 週：11/22　排演、燈光、音效跟場
　　第十一週：11/29　順排、技排一、服裝道具跟場、宣傳
　　第十二週：12/6　　整排、技排二
　　第十三週：12/13　彩排、攝影
　　第十四週：12/20　學期公演
單元：檢討與深化對表演的認識
　　第十五週：12/27　演出評估與討論
　　第十六週：1/3　　觀摩舞台表演及檢討，準備口頭報告及參與討論
　　第十七週：1/10　觀摩電影、電視表演及檢討，準備口頭報告及參與
　　　　　　　　　　討論
　　第十八週：1/17　學校舉行學期考試，停課
**本學期可能有年長演員加入課程，屆時將調整部分課程內容及教學方式。

中文參考書

詹竹莘（1997）。《表演技術與表演教程》。台北市：書林。

胡茵夢譯（197）。《尊重表演藝術》。台北市：漢光。

涂瑞華譯（1997）。《表演學》。台北市：亞太。

崔小萍（1994）。《表演藝術與方法》。台北市：書林。

郭玉珍譯（1995）。《表演實務》。台北市：亞太。

郭玉珍譯（1995）。《表演藝術入門》。台北市：亞太。

附件三：展演海報

附件四：展演節目單

劇名：呼喚夢飛翔
劇情大綱：總有某個事情，希望與別人分享
在這個舞台上，我們選擇用表演
來說出自己的故事，
歲月帶來的感動，無法抹滅
喜臨門生命劇場，帶著一群年輕人
與你，一同走入過去
演出：楊振宜、許月華、史福春、柯柏洪、沈施選、
林德貞、吳碧蓮、楊積堂、侯春妹、范竹華、暨政大學生

劇名：道具組！關於Orz的四百種玩法
劇情大綱：
四個沒甄選上表演學這堂課的老狗，
只是道具組的能變出什麼把戲？唉？
是誰幫他們推燈光音效的！
你們快點滾下台！
演出：顏士濂、李庭瑜、余易勳、黃暐筑

劇名：呼喚
劇情大綱：「把拔，人家想去迪士尼！」
你也有過這樣的小小夢想嗎？
只是 我們都是這樣長大的？
我們一樣地笑，一樣地哭著，
延續了在舞台上的戲碼。
我這樣喚著你，你聽見了嗎？
生命中是不是總有個缺口，我們 不肯說？
一個名叫萱萱的小女孩，從小就和爸爸有一個約定。
她的媽媽也和爸爸有一個約定，是愛情的盟約。
可是，我們都知道，
生命中總有個秘密，不能承受之輕……
演出：黃麗麗、林宜璇、林宗彥、
金毋賢、謝姍珊、黃子純

劇名：情深深煙濛濛
劇情大綱：
人說，不經一番寒徹骨，焉得梅花撲鼻香
在中國江南，每年到了清明時節，
總會下起綿綿細雨，
而這次，煙雨濛濛的曖昧裡，
愛情，似乎也漸漸發芽……
演出：周武翰、山下晃司、詹雅惠、
王艾如、黃尹姿、盧業冠

果陀劇團編導
蔡櫻茹

表演課教師
蔡瑛

第十二章

「老人（生命）與傳播」
通識課之教學與檢討*

* 本章改寫自作者向教育部顧問室提出之「98學年度第2學期通識教育課程計畫」（2010年7月）結案報告，感謝黃嘉文、楊癸齡、梅衍儂等教學與研究助理在撰寫報告期間的協助。

本章提要

　　本章旨在說明並檢討「老人（生命）與傳播」此一通識課程之內容與教學設計。源於近年來「老人議題」漸受重視卻猶獨忽略「老人傳播現象」的重要性，本章之旨即在追溯本課教學理念、核心議題、教學策略，藉此反思此課未來尚可如何與其他通識課程連結。

　　作者認為，「老人（生命）與傳播」課之教授內容並非僅在傳達或說明「老齡」為何，而是期盼透過修課同學的主動學習（從做中學）而能理解如何面對自己變老、如何與老人溝通、如何與他人講述自己的故事，進而學習如何面對自己、家人、生命、自我。

學習重點

1. 前言：本課授課動機
2. 相關文獻簡述
3. 教學策略與實施方式
4. 執行成效與自我評估
5. 結論與反省

壹　前言：本課授課動機

　　隨著「老齡議題」逐漸受到重視，台灣各大學近年來次第開設相關課程或學程，如明新科技大學早於2001年首經教育部核准創設「老人服務事業管理系」，其後稻江科技暨管理學院於2003年設立「老人福祉系」，而輔仁大學醫學院「老人學程」、成功大學醫學院「老年學研究所碩士班」、台北醫學大學護理學院「老人護理暨管理學系學士班」、暨南大學成人與繼續教育所「終身學習與人力發展碩士在職專班」、國立台東大學「身心整合與運動休閒產業學系學士班」等相繼於2007年成立，充分反映了台灣高等學府對此新興議題之高度關注。[1]

　　這些科系固與「老人醫學」、「老人護理／健康／營養」、「成人教育」、「老人福利／服務」等領域相關，目前卻猶獨缺「老人與傳播」（aging & communication）課程。相較於全台各大學目前已有逾八十個傳播系所（含碩博士班），此一缺憾誠令人惋惜。[2]

　　作者於2005年初有感於進行「老人傳播」研究多年後業已累積相當經驗，[3]特向本校「通識教育中心」主動申請新開課程，通過後續送本校「教務會議」核備，又經三年準備後正式於96學年下學期（2008年2月）首次開授，每週兩小時，共有修課學生45人。

　　依本校教務處之網路資料，此次開課所得學生期末評量成績為92.28分（滿分一百）。而在全數21個題項所得分數最高者為「15.教師鼓勵學生獨立思考」與「17.教師引導學生提問或討論」（數字係題項號碼），均為4.81分（滿分五分），較弱題項則為「4.本科目所選用的教材份量適中」

1　其他大學亦有相關課程，如實踐大學「家庭研究與兒童發展研究所」設有「老人保健組」、亞洲大學「健康產業管理學系」碩士班設有「長期照護組」、朝陽科技大學設有「銀髮產業管理系」，中正大學另有「高齡者教育研究所」，因其為數眾多此處暫不討論。

2　全台傳播系所數目係本書作者推估。

3　迄本書作者向校方提出申請開設本課之際，業已累積逾五年（2000-2005）研究經驗，且每年均獲國科會專題研究計畫補助，分別擔任主持人或共同主持人。

（4.28分）與「5.本科目所選用的教材難易適中」（4.39分），其因多係此乃首次開課，教材份量及難易度皆有改進空間。

另依作者自行製作之紙本教學評量，本課評分為90.4，與前引教務處公告之網路結果接近。而除上述優缺點外，並有多人提及「很多電影沒看完」、「課程規劃可再完整」、「傳播資料多些（少些新聞相關內容）」等猶可調整處。

以上述修課同學意見為基礎，隔年（98學年第二學期）再次開授此課，並向本校「通識教育中心」申請調整授課時數為三小時（實際授課則依該中心規定需為授課兩小時，分組討論兩小時），同時向教育部顧問室申請補助，兩者均倖獲通過。以下簡述本次開課之主題內涵、教學策略、執行步驟以及成效評估等項（評量結果參見〔附件一〕）。

貳 相關文獻簡述

如上節所述，作者早自2000年前後即已浸淫「老人傳播」研究，且長期成立「老人傳播研究群」（http://www3.nccu.edu.tw/~kjt1026/gerontology/）藉以發展相關議題，多年來次第針對「老人情感」[4]、「老人新聞報導」[5]、「老人與科技使用」[6]、「老人敘事」[7]、「老人與閱聽習慣」[8]等主題在學術期刊發表研究報告。

---

[4] 蔡琰、臧國仁（2008）。〈老人接收新聞訊息之情感與記憶〉。《中華傳播學刊》，第13期（7月號），頁3-36（已改寫為本書第九章）。

[5] 臧國仁、蔡琰（2005a）。〈新聞報導與時間敘事——以老人新聞為例〉。《新聞學研究》，第83期（4月號），頁1-38（已改寫並納入本書第七章）。

[6] 蔡琰、臧國仁（2010）。〈爺爺奶奶的部落格——從老人敘事檢視組織再生現象與互動理論〉。《中華傳播學刊》，第18期，頁235-263（已改寫為本書第十章）；蔡琰、臧國仁（2008b）。〈熟年世代網際網路之使用與老人自我形象與社會角色建構〉。《新聞學研究》，第97期，頁1-43。

[7] 臧國仁、蔡琰（2010）。〈新聞敘事之時空「窗口」論述——以老人新聞為例〉。《新聞學研究》，第105期，頁205-246（已改寫並納入本書第八章）。

[8] 蔡琰、臧國仁（2003）。〈老人觀眾與電視劇：從老人之定義到人格心理學對閱聽人研究的啟示〉。《中華傳播學刊》，第3期，頁197-236。

　　依此，本課首次開授時即已採用下列主題爲授課重點，2010年再次開課則仍聚焦於此，僅在內容部分略有深化，以下簡單說明。[9]

主題一、老人研究的歷史與核心概念

　　依Birren[10]所述，老人學（gerontology）一詞在俄國生物學家E. Mechnikov所著*The Nature of Man*書中最早使用，認爲「上了年紀」（ageing）乃因「腸胃有了腐敗物品」（gastrointestinal putrefaction），顯然一般研究者早在上世紀初即因常人對「老人」有「腐敗」、「髒臭」等刻板印象而亦依此界定老齡現象。

　　二次大戰後，這門學問開始有了具體發展，認爲瞭解老齡問題有些像是「鑰與匙」（lock and key）之關係，只要找到正確鑰匙就能分從生物學、心理學或其他學門「開啓大門」，以致延續上述「老年是因腸胃有了腐敗物品」之說，找到控制細菌傳染之「方」就成爲老人研究之重點；直至20世紀中期，此一尋找「鑰匙」之論始漸消失。

　　根據Yates於1996年的統計，20世紀1990年代即已發展23種與老齡有關的「理論面向」（aspects of aging theories）且此數字仍在增加。[11]大致而言，老人研究可分從「生物」、「心理」、「社會」等領域著手，更新發展則從個體如何詮釋生命意義進手（或可稱其爲「老人敘事」）。這四大領域提供了有關「老人現象」的基礎知識，但其他領域的加入當能讓「老人學」更爲豐富。[12]

9　本書各章內容與以下各主題類似，但順序已有調整。

10　Birren, J. E. (2002). Theories of aging: A personal perspective. In Bengtson, Vern L., & Schaie, K. W. (Eds.). *Handbook of theories of aging*. NY: Springer (pp. 459-471).

11　Yates, F. E. (1996). Theories of aging: Biological. In Birren, J. E. (Ed.). *Encyclopedia of gerontology: Age, aging, and the aged* (pp. 545-555). San Diego, CA: Academic Press.

12　以上說法引自Birren, J. E., & Birren, B. A. (1990). The concepts, models, and history. In Birren, J. & Schaie, K. W. (Eds.). *Handbook of the psychology of aging* (3rd Ed.) (pp. 3-20). San Diego, CA: Academic Press. 亦可參閱Birren, J. E. (2002). Theories of aging: A personal perspective. In Bengtson, Vern L., & Schaie, K. W. (Eds.). *Handbook of theories of aging* (pp. 459-471). New York, NY: Springer.

　　而在最新出版之理論專書中，[13]相關討論業已擴及心理、社會、人類、法律、公共事務、公共政策、公共衛生、家庭、人類發展、藥學、生物等領域，撰述者多達67人，分別自認專屬「老人學」、「老人心理學」、「社會老人學」、「詮釋老人學」、「老人學與生命終結照顧」、「生物老人學」、「老人與家庭研究」等次領域，足可反映「老人學」在21世紀第一個十年結束前已有漸成獨立之勢。

　　有趣的是，此書篇章雖多達40且長達816頁，卻猶獨缺「老人傳播」章節，顯示兩者（老人學與老人傳播研究）間仍有間隙。但實際上，傳播研究者早在1990年代中期亦已分從「認知」、「語言」、「社會關係」等面向嘗試解釋老人如何與他人（含家人）互動以及其特色有何。[14]

　　舉例來說，英國學者Coupland & Coupland即曾批評早期老年研究，認為研究者多持人生乃與時俱衰過程之「年齡偏見」（ageism）。[15]兩位作者強烈反對此種「不足典範」，認為「衰退」並非對老齡的公平角度，未來應以「倒U字型」模式重新省視老年人的行為並非「愈來愈弱」，而是回到與早年生活相似的層次與型態，或可稱之為「返老還童」模式，如身軀逐漸縮小，且伴隨了回到小孩喃喃用語的對話方式。在行為上，兩位作者認為老人也逐漸回到以自我為中心，聲音語調也都漸像幼童。[16]

　　以上簡略說明了與「老人研究」相關之理論來源以及「老人傳播」與此連貫之處，而與此一主題有關之課程討論議題包括：

13　Bengtson, V. L., Gans, D., Putney, N. M., Silverstein, M. (Eds.)(2009). *Handbook of theories of aging* (2nd Ed.). New York: Springer.

14　Nussbaum, F., & Coupland, J. (Eds.)(1995). *Handbook of communication and aging research*. Hillsdale, NJ: Erlbaum.

15　Coupland, N. and Coupland, J. (1990). Language and late life. In Giles, H., & Robinson, W. P. (Eds.). *Handbook of social psychology*. Chester, UK: John Wiley & Sons.

16　《中國時報》（2011/04/19）曾報導，比利時經濟學者Bert van Landeghem在英國皇家經濟學社於倫敦召開的年會中指出，「人生像一個U型的微笑曲線，45歲是最不快樂的谷底，然後會重新往上爬升，50歲以後將更快樂，且愈來愈能夠知足常樂」，而倫敦大學生物學教授沃柏特則認為人生的快樂感，從40歲末期開始重新往上攀升，直到85歲才真正達到巔峰。

　　何謂老人？老人研究的主體論爲何？近來有何改變？老人形象爲何？其如何與他人溝通？「老」是否就代表了「難以溝通」？這些現象近年來是否改變？

主題二、老人溝通現象一：老人的語言溝通特徵

　　延續上述有關「年齡偏見」的討論，可繼以「語言」爲例說明老人溝通之特色與潛在問題。首先，老人之語言溝通可能退化（如講話速度變慢或重複講述相同事情而不自知）以致形成人際互動障礙。但此障礙顯非老人獨有，如年輕人在校上課時亦常不敢舉手發言或發言時語調顫抖，因而思索老人語言互動模式應有助於年輕人瞭解老人語言溝通之習性，進而調整雙方互動模式。

　　至於老人溝通的特色，依Nussbaum, J. F. et al.之整理約可分由「認知」、「語言」、「社會認知」、「人際關係」等面向。[17]舉例來說，一般人習以認爲老人講話常具速度較慢、喜歡嘮叨、缺少自控力等特徵，因而慣採「保護式語言」（patronizing speech，或稱「施惠語言」）對話，進而提高音調、放慢速度、重複內容，長久以後易於形成一般大眾對老人產生刻板印象，認爲所有老齡者皆具此些特色，因而影響老人族群之社會地位，實則許多老人講話與其他族群無異。

　　而與此有關之課程討論議題包括：同學們常見之家中老人日常溝通語言特徵爲何？其使用語言與年輕人（上課同學）有何不同？老人講話是否一定「講古」、重複、「唸」舊，其話題與年輕人和朋友交談有何差異？相較於年輕人，老人們有何常見「溝通障礙」？這些障礙是否老齡族群獨有？

---

[17] Nussbaum, J. F., Hummert, M. L., Williams, A., and Harwood, J. (1996). Communication and older adults. In Burleson, B. R. (Ed.) *Communication Yearbook 19* (pp. 1-48). Thousand Oaks, CA: Sage.

主題三、老人溝通現象二：老人的媒介形象

續由上述「人際傳播」層面出發，本次主題改爲關注「老人」社群之媒介形象以及大眾媒介如何「再現」老人。

所謂「再現」（representation）一詞並非大眾媒介專屬，而是所有符號、語言、文字之作用所在，原指「符號媒介轉述客觀眞實事件的中介行爲」，與「表徵」、「建構」、「重構」、「重組」等詞彙意涵相近且常交換使用。一般慣稱再現之產出結果爲「符號眞實」，亦可稱其爲「象徵眞實」或「媒介眞實」。[18]

此處所稱大眾媒介係採較爲寬廣定義，凡報紙、雜誌、電影、廣播、電視、CD、Internet、漫畫、廣告皆屬之，又以「傳布廣泛、大量流行、公共特質」最能定義大眾媒介之所屬共通特性。[19]其原意與「大眾傳播」相近，係相對於「人際傳播」（如面對面談話）之人類溝通方式，所含類目不僅涵蓋前述傳統媒介，隨著網路興起後廣受重視的數位新媒體（如手機、光碟、臉書等）也漸被納入。

而本次議題特別關注大眾媒介如何再現老人形貌，重點並非這些再現後的老人樣貌眞實與否，而是大眾媒介「爲何」如此形塑某一特別時空情境的老人，以及其「如何」形塑或講述這些老人故事。舉例來說，台灣報紙早期頻繁刊登老人自殺、受虐、孤獨生活之社會事件，究因老人族群「眞的」常有此類意外抑或新聞媒介過度渲染（或再現）？而如好萊塢電影常拍攝老少對立電影，究係電影製作人普遍感受此類西方社會生活本質，抑或其乃誇大（或再現）了某些特定地區之老少對立現象？

與此一主題有關之課程討論議題包括：老人在特定大眾媒介（如廣告或電影）出現的頻數及特殊形象爲何？其在不同時間點有何變化？老人媒介形象與社會情境的關聯（如在網路科技發達時代之老人形象）？

---

18 倪炎元（2003）。《再現的政治：台灣報紙媒體對「他者」建構的論述分析》。新北市永和區：韋伯文化國際。

19 臧國仁、蔡琰（2009）。〈傳媒寫作與敘事理論——以相關授課內容爲例〉。「政大傳播學院媒介寫作教學小組」編，《傳媒類型寫作》（頁3-28）。台北市：五南。

主題四、老人溝通現象三：老人與大眾媒介的互動

　　延續前述主題，本次另從互動面向討論老人與大眾媒介，焦點置於老人如何與是否主動接近大眾媒介。舉例來說，若要談「老人近用報紙」，其意就在強調老人能否如其他年齡族群同樣經常接近報紙且被其報導所用；此處之「接近」因而包括了使用、參與、瞭解、信任、情感寄託等面向。

　　近用一詞又有等級之分，如初級近用專指「接近」（如使用頻數或強度，包括每日閱讀報紙的時間長度），而次級或進階近用則涉及了「參與」（如參加報紙等媒介舉辦之活動）、「主動使用」（如投書報紙民意論壇或打電話給call-in節目表達意見）、「知識」或「素養」（知道如何使用）、「信任」與「情感寄託」（如對網路依賴程度）等。

　　然而此處所稱之媒介也不限於一般傳統大眾媒介，舉凡各類較新科技傳播亦皆有關，因而使得本次討論涉及面向廣泛，其與近用概念之相關程度也有強弱之分。舉例來說，早期老人使用電腦常不如年輕人，而近些年來許多服務機構已相繼開設入門課程協助老人接近（近用）電腦，間接也透過網路而習得使用公共服務項目如報稅、購物、拍賣。由於未來的老人（即今日的中年人）使用電腦與網路情形已較前普遍，此類新科技所造成的溝通障礙未來或可減緩。

　　與此一主題有關之課程討論議題包括：老人使用不同媒介的頻率與習慣為何？他們能否接受如《蘋果日報》或「動新聞」等較新報導方式？老人觀看大眾媒介時與年輕人有何情感差異（如看電視劇時是否更為投入或有更多情緒變化）？家中老人是否使用新科技媒介（如智慧型手機）自如？是否畏懼？

主題五、老人溝通現象四：老人與生命現象

　　前引「主題一」之稍早文獻時曾提及老人傳播研究者曾強烈批評傳統老人學研究有視老齡為衰退之傾向，延續了德國哲學家M. Heidegger在其名

著《存在與時間》開宗明義所說：「人生是邁向死亡的歷程」，[20]易使未經世事之年輕人相信人生眞諦就是「等死」，因而產生種種老人負面刻板印象。

此一說法受到1950年代興起之「模控學」（cybernetics；又稱「控制論」）影響甚深，[21]乃因早期研究者篤信任何事物從其創造之刻就需維持系統內的「資訊」與「混亂」間有所平衡與恆常，但終其一生總是朝向衰退、混亂、與終止（即entropy，或譯「能趨疲」）；換言之，創造事物的目的就是趨向滅亡（試想，每件物品從產製完成的那一刻開始是否總會趨向無法使用？）。

眾多研究者在1960年代有了反思，[22]認爲模控學上述觀點僅能解釋一些「封閉系統」（如冷氣機、冰箱）之運作方式，人生卻應屬開放系統，其與環境間的互動不僅透過回饋控制實也透過「前饋」（feedforward）作用監視、選擇並比較環境資訊，藉此控制與維繫系統生態的平衡，屬「自生系統」（autopoiesis），可隨著複雜社會系統之變化而具「再生」與「成長」能力（而非如冷氣機在封閉系統裡僅能維持原先設計）。[23]

研究者因而建議將「模控學」修正爲「社會模控學」（social cybernetics），強調人生與社會並非純科技屬性的世界，而是不斷「自變」、「自導引」、「自設參考」（指人當自知爲何如此行動）等傳播行爲的系統。[24]

---

20 見王慶節、陳嘉映譯（1990）。《存在與時間》。台北市：桂冠。（原著：Heidegger, M. [1962]. *Being and time*. Oxford: Blackwell.）海德格之意實在澄清死亡乃自然生命過程，有生就有死（如中國人所說，「出生入死」），此乃無可避免之宿命，並未「唱衰」生命。

21 見Wiener N. (1948). *Cybernetics: or, Control and communication in the animal and the machine*. Cambridge, MA: MIT Press.

22 Buckley, W. (1968). *Modern systems research for the behavioral scientist: A sourcebook*. Chicago, IL: Aldine.

23 蔡琰（1995）。〈生態系統與控制理論在傳播研究之應用〉。《新聞學研究》，第51期，頁163-185。

24 Geyer, F., & Zouwen, J. van der (Eds.)(2001). *Sociocybernetics: Complexity, autopoiesis, and observations of social systems*. Westport, CT.: Greenwood.

這些學者且從生物學借引相關概念至社會學（尤以德國社會學家N. Luhmann為主），[25]強調社會系統的基本單位是「傳播」，任何人際互動都要透過「傳播鍊」達成，而在傳播活動中人們不但觀察他人行為，也藉由這種觀察轉而反思自己。這種「自我觀察」與「觀察他人」逐漸形成相互連結的網路，其複雜性超越了傳統控制論所能解釋，其理論發展也進而解釋了人與封閉系統差異所在，拓展了模控學的應用範疇。

與此有關之課程討論議題包括：生死話題在家中是否禁忌很少討論？家中老人如何面對生死？是否對死亡有任何忌諱？他們如何談論生死（年輕人是否該與老人討論生死）？愈老的老人是否愈不願意（或願意）接觸此類議題？為何？家中年輕人是否受此影響而無意討論老人（或自己）之生老病死歷程？

主題六、老人溝通現象五：老人與敘事

一般而言，老人們常喜「講故事」藉此回味往事從而肯定自己「活過」。但年輕人何嘗不是，同樣喜與眾人分享故事也常聆聽他人講述喜怒哀樂。

研究講故事的學問即稱「敘事理論」（narrative theories，又稱敘事研究、敘事學、敘事典範，三者常交換使用），源自文學領域，涉及了自敘事者（講故事的人）、敘事作品（故事）至接收者（閱聽眾）間之一連串文本與符號互動。

簡單來說，「敘事學」（narratology）一詞係由保加利亞裔法國文學理論家Tzvetan Todorov於1969年提出，指研究敘事的學問，而敘事乃「透過書寫語言方式再現真實或虛構之一件事或一系列事件」。[26]

敘事學之基本假設包括下述命題：

---

25 魯貴顯譯（1998）。《盧曼社會系統理論導引》，台北市：巨流（原書：Kneer, G., & Nassehi, A. [1994]. *Niklas Luhmanns Theorie sozialer Systeme*. Stuttgart, Germany: UTB.）

26 見註19。

-- 講述故事乃人類基本內涵，人生而能講述故事，自幼就從父母或學校教育裡大量接收故事，從不同故事講述裡建立人生道理與信仰；

-- 故事由「似真性」（facticity）與「可能性」（possibility）兩者構成，任何故事都得「講得」或「演得」像是真的，但何謂「真」則如前述討論「再現」議題時所示，乃不易定義且難以回答的概念；

-- 時間與意義須與人生連結始成故事，且「現在」一詞係指可隨時重組之過去，換言之，故事內涵總與時間連結，並常透過講述者的自我詮釋而產生不同人生意義；

-- 生命故事常涉及四個層面，包括社會結構、社會文化、人際、個人，亦即所有故事都與個人與他人之人際互動有關，也與此人際互動產生之社會文化接合，更反映其時之社會結構（如中國古典小說《水滸傳》即與北宋末年之社會結構有關，乃因當時朝政腐敗，以宋江為首之108條好漢聚集梁山泊打家劫舍，殺富濟貧，故事內容因而穿插了眾多不同人物間之角色描繪與忠義情節表現）；

-- 故事內涵總是相互矛盾、似是而非，一方面顯現講述者之特性，另則因故事難以查證而顯曖昧不明；換言之，故事可以透過不同媒介與文類不斷「再述」進而流傳，如中國民間故事花木蘭與好萊塢所拍電影就不盡一致，很難據以何者為真。[27]

　　至於「老人講述故事」一直是「敘事老人學」（narrative gerontology）的研究範疇，旨在探究老人如何追憶生命故事以探尋人生經驗，由此進一步重建與老人有關的社會與心理內涵，即使這些故事可能僅是一些看似「理所當然」或「老生常談」的日常對話內容。

　　實則任何老齡理論均曾鼓吹故事講述之重要性。無論故事是否包含任何明顯意義，研究者仍然認為其能彰顯人類本質、發展與目的，而好的老年故事更總帶有人生意義與價值，甚至可成為「有效知識」並為年輕者所用。而老人故事不僅可透過口述，亦可以動態影片或靜態照片、表演（如

27 Kenyon, G. M. & Randall, W. L. (2001). Narrative gerontology: An overview. In Kenyon, G. M., Clark, P., & de Vries, B. (Eds.). *Narrative gerontology: Theory, research, and practice.* New York, NY: Springer (pp. 2-18).

老人劇團）、畫作等方式呈現，其理皆然。換言之，人人皆應講述故事，
更應「作為新故事」（be a new story，指成為新的故事來源）。

本次課堂討論議題有：觀察家中老人如何講述家中傳奇（從何而來、
早期定居何處、如何遷來現居住所）？他們講述這些故事時如何表現情感
與情緒？與年輕人相較，其情感表現是否起伏較大？老人如何透過「說故
事」揭露人生（其從何而來、曾為何事、有何感觸）？為何有揭露人生之
企圖？揭露何種人生？

小結：以上即為本學期講授主題，由介紹老人理論（尤其是老人傳播
理論）始而以老人敘事終，其間搭配不同電影放映藉以凸顯各主題之可理
解性。[28]

參　教學策略與實施方式

稍早文獻曾經說明，「程序性知識（*procedural knowledge*）之傳
授」、「師生共同建構教學情境」、「敘事智能（*narrative intelligence*）
之培養」乃作者任教多年所依循之主要教學理念，在不同課程均以此為基
礎進而設計教學策略。[29]

簡單來說，「程序性知識之傳授」指如何「從做中學」的教學方式，
亦即「如何做」知識的學習，尤重在特殊情境中執行策略的能力。例如，
新聞系的教學理應提供學生在實際社會情境練習採訪與寫作，唯有如此方
能讓學生習得超越教科書所述之理論知識，進而在情境中執行其所設定的
應變策略。

而「共同建構教學情境」則指教學過程乃由師生共同建構與認定，與

---

28 本學期共放映五部電影，包括《金池塘》（*On golden pond*，美國電影；搭配「老
　人語言溝通特徵」）、《愛你在心眼難開》（*Something's gotta give*，美國電影；搭
　配「老人媒介形象」）、《Young@Heart》（美國紀錄片，搭配「老人近用」）、
　《送行者》（日本電影，搭配「老人生命溝通」）、《蝴蝶阿嬤》（台灣紀錄片，描
　繪花蓮「拔仔庄劇團」老年成員的生命故事；搭配「老人敘事」）。

29 臧國仁（2009）。〈關於傳播學如何教的一些創新想法與作法——以「傳播理論」課
　為例〉。《課程與教學季刊》，第12卷3期，頁241-264。

傳統老師「教」而學生「學」之上對下方式不同，雙方地位平等且持續透過對話針對社會眞實（如老人傳播現象）交換看法。一般來說，傳統由師教而生學習的歷程過於偏向老師之教學效果，但從上述程序性知識之觀點來看，唯有學習者親身「涉入」方得眞正習得執行知識之應變能力。因而在教室裡的互動關係理應由師生共同建立，彼此平等地視「學習」爲交換知識的過程。

至於「敘事智能」概念則源自前述敘事典範，[30]認爲任何能組合人生經驗並講述的本領即屬之，[31]涉及了講述者從眞實世界裡挑選某些片段經重組後之再現活動。如透過本課各項教學活動後，學習者猶需透過資料蒐集、文獻閱讀、小組討論進而練習將其等所能感知的老人（無論其係家中或一般老人）故事向其他同學（含教學者）分享、講述、說明、闡釋（此亦屬前述「程序性知識」之展現），藉此提升講述故事的本領，形成具有充分互動特色的教室內學習社群。

合併上述教學理念，本課教學策略有下列設計：
一、教師角色在於建立討論氛圍，鼓勵學生加入教學情境並建立其學習主體性，故採隔週授課而次週回應小組報告之穿插方式以取代傳統純講授功能；
二、學生須以「小組」方式隔週延伸教師講述內容並以書面及口頭方式報告以增加其「敘事智能」，藉此與教師及其他修課同學「共同建構」本課獨有教學情境；
三、學生（仍以小組方式）亦須練習反思，針對其有興趣之主題延伸討論並批判，藉此免於受到教學者（指任課教師）自身框架影響，從而建立獨有之後設觀點（指學習者經反省後得以知曉某些事情爲何如此發生之知識觀）；
四、各組報告內容需與台灣老人傳播現象相關，尤其歡迎以任何小組成員

---

30 Fisher, W. R. (1987). *Human communication as narration: Toward a philosophy of reason, value, and action.* Columbia, SC: University of South Carolina Press.

31 姚媛譯（2002）。《通俗文化、媒介和日常生活中的敘事》。南京市：南京大學。（原書： Berger, A. A. [1997]. *Narratives in popular culture, media, and everyday life.* Thousand Oaks, CA: Sage.）

之祖父母輩爲討論對象，以便將本課討論內容與同學自身生命現象連結（此乃本課名爲「老人（生命）與傳播」之因，亦即「老齡」並非外在眞實而是每個個體未來皆將面臨之生命歷程）。

由此教學策略出發，具體課程設計包括：

-- 隔週講授，由任課教師依次提出講述主題，授課前均先公告書面大綱與投影片，藉此全班同學（如「預備報告組」）皆能事先得知講授內容並先行閱讀；

-- 指定閱讀資料，每隔週上課前指定學術論文至少一篇以供瀏覽，其內容多與當週授課主題相近。如主題二涉及了「老人之語言溝通特徵」，該週即以蘇惠君碩士論文爲指定閱讀資料，可供預備報告組討論之用；但本課無考試，同學無須背誦任何理論知識；[32]

-- 小組報告，組別於期初即由任課教師指定，分以「老」、「人」、「與」、「生」、「命」、「傳」、「播」、「通」、「識」、「課」、「程」、「棒」等十二字命名，組員混搭傳院及非傳院學生，每組成員三至五人，組長由教師隨機安排，並抽籤決定小組報告時程；

-- 學期報告，各組需在期末向全班同學報告自選題材（含書面與口頭報告各一），並於期中提出「題綱」（書面內容五至十頁，口頭報告約十分鐘），說明「題目」、「文獻初錄」、「可能進行方式」、「工作分配」、「預期困難與解決辦法」等項。期末正式報告特重「反思」（整體研究的收穫），要求每組提出至少兩個延伸討論問題以與全班同學對話。口頭報告時並發展「相互評分表」，獲全班同學推舉前三名者以加分方式鼓勵。

以上課程進行方式可用〔圖12.1〕說明。由於教師與修課同學之分組報告隔週進行，教學助理之工作（與預備報告組晤談及與報告組檢討）亦爲兩週一次。

---

32 蘇惠君（2004）。〈施惠語言（patronizing speech）在新聞訪談中的運用——再論記者與消息來源之互動〉。國立政治大學新聞研究所碩士論文。

網路助理架設網站、隔週回應「非報告組」之網站討論

上課前	上課中	上課後
1. 教師隔週上課前一天中午前閱讀報告組書面資料並回應	1. 教師隔週上課，隨後放映影片	1. 教師隔週下課後與報告組檢討，課後回應非報告組網站意見
2. 報告組同學上課前閱讀指定資料，先行討論可能進行方向	2. 上課同學隔週輪流報告	2. 預備報告組隔週與教學助理進行第一次晤談，討論分組報告可能發展方向
3. 助理確認相關資料上課前均已上網	3. 教學助理隨堂上課	3. 三位助理隔週上網回應非報告組網站上之回應

圖12.1：「老人（生命）與傳播」課程實際進行方式
出處：本書作者

肆 執行成效與自我評估

在網路成效部分，經統計得知本學期共有相關討論348篇，平均每週19.3篇，含學生上課前之書面報告、非報告組之回應、課程助理之再回應、教師之再再回應等。教師撰寫之上課大綱全學期共計38篇，每週平均2.11篇，包括書面大綱、口頭教材大綱、各週提醒、隔週閱讀資料、相關新聞剪報或資料等，成果堪稱豐碩。

而期末教學評量結果（見〔附件一〕）顯示，修課同學評分為92.4分（滿分一百分），較第一次開課（2008年）之90.4分略高。[33]同意度最高之題項為「四、與其他我修過課的老師比較，本課任課老師很好」、「五、我認為本課相關閱讀資料（含上課大綱）足夠」、「六、本學期中，老師

---

33 教務處網路資料所得之學生評量結果平均分數為93.63分，亦較96學年之92.28為高。各題項所獲分數最高者有：「6. 整體而言教師授課相當認真」、「15. 教師鼓勵學生獨立思考」（均為4.83分，滿分為5），較低者有：「5. 本科目所選用的教材份量適中」（4.38分）、「12. 教師對上課進度掌握合宜」（4.43分）、「16. 教師會依學生需求調整教學方式」（4.57分），與96學期所得結果亦接近（參見本章第一節）。

與同學間的溝通足夠」等，較低者則為「七、本學期作業份量適中」。而與第一次開課相較，本學期上課全勤率為48.7%，較早先之36.7%略有提升。

至於具體意見，多位同學反映「電影欣賞」選片甚佳，期盼下學期（或未來）續開「老人電影欣賞」進階課程。此外，同學們頗能接受本課教學理念（即前述「程序性知識」、「共同建構」、「敘事智能」），如提及「從做中學，和他人腦力激盪的過程學到很多，也刺激自己的思考」（此與「程序性知識有關」）、「討論機會多，有很多分享機會，老師很可愛」（此與「共同建構」有關）、「頻繁跟外院（系）同學討論報告、回應，感情變好」（此與「敘事智能培養」有關）。有趣的是，同學們的具體意見裡也提及了本課特重「啟發性」、「數位學習網」、「事前與助教的討論很有幫助」、「協同教師」（指本書第一作者），足以反映本課整體設計已能獲得修課同學共鳴。

缺點部分，「分組」仍是主要怨懟所在，主因在於本課傳院學生較多（人數約為非傳院學生一倍），兩者學習方式迥異（傳院課程多要求做報告），因而易有分工不均（影片拍攝多倚賴傳院同學）現象。此外，課程內容安排稍多（含指定閱讀資料、書面大綱、口頭報告大綱、回應、再回應等），遠較其他通識課程為重。至於教室設備不當以致影響觀賞電影的方便性，也是未來可再調整處。

這些意見與第一次開課時（2008年）略同，猶待改進。但整體而言，從教學評量中可以觀察到同學們（至少是部分同學）已能從長達一學期的不斷討論、閱讀、回應裡體悟了與過去不同的「老齡觀」、「生命觀」，知道「老」不足畏，只要自己有心，無論多「老」仍皆可快樂地體驗人生。

正如兩位同學在期末報告之心得篇章裡所述，「希望大家修了這堂課都會更懂得和家中長輩相處，或是多付出一點關心給我們常常以為和我們很不契合、很有代溝的長輩們」、「聽了幾位老人的生命故事後，我覺得我會更努力去創造屬於自己的生命故事，也想和他們一樣，老了的時候可以這樣侃侃而談」，顯然本課教師有意傳達的樂觀、正向、惜福之「生命溝通」理念已初步獲得修課同學肯定。

伍 結論與反省

隨著台灣高等教育體制日趨普及，通識教育早已成為各大學重要核心課程內涵，從教育部以次至各大專院校近來均曾試圖扭轉早期「重專業，輕通識」的教育導向，極力推動一些對大學生生命成長與人格發展有影響力之課程，藉此激發其「安身立命、關懷社會、尊重自然的人文精神」（引自東海大學通識教育網頁）。

開設本課亦與上述大學通識教育之推展有關，乃因本課之旨不僅在傳達或說明「老齡」為何，而是希望藉由幾個主題讓修課同學得以初步探索「老與人生」（指上課同學自己）間的關係，特別關心其如何與老人相互溝通、如何聆聽其「講故事」、如何從與其溝通過程裡反思自己（年輕人）的年齡位置，進而知道（反思）未來如何與他人溝通、如何向他人講述（自己）故事、如何面對自己的老齡未來。簡單來說，學習「老齡」就是學習面對自己、家人、生命、自我。

本課符合「通識」課的理由有下列幾點：第一，本課強調以「老年」為本的人文關懷精神，期盼透過課程內容喚起青年學子關心老人（包括家中老人），從而樂於溝通並與其建立積極互動關係，由不同視野伸展進而關懷人類與社群。

第二，本課可視為形塑「公民社會成員基本素養」的努力，乃因「老年（生命）與溝通」早經學者指出應為兩性問題以外之最重要之公民素養發展方向，原因即在於老齡社會業已來臨，大學教育理應提醒現在的年輕人（未來的老人）及早注重與老人（未來的自己）有關之議題與知識（如溝通、歧視、說故事）。

第三，本課特別歡迎來自不同學科同學交換生命經驗，將「老人（生命）與傳播」之關懷層面擴張至各學門（如社會、管理、心理、商學、人文、教育等），藉此完成「交換知識」的通識教育宗旨，契合「鼓勵學生從事不同學科間的交互學習」之通識課基本精神。本課與其他通識課程間的關係可以〔圖12.2〕呈現：

具備基本素養的社會公民

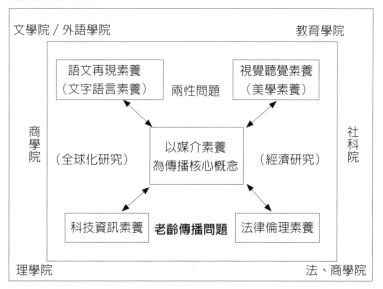

圖12.2：本課與其他通識課程的可能連結
來源：本書作者

　　如〔圖12.2〕所示，本書作者認為「媒介素養」（media literacy）未來不應只是公民素養之一環而已，而應是大學通識教育的主流內涵，尤應成為傳播學門核心課程。換言之，正值大學教育內容由專業教育逐步轉化兼顧「專業／通識」之刻，傳播課程亦應配合而由傳統純專業導向轉向開發更多以「公民素養知識」為本且能涵蓋老齡／生命教育之內容。

　　開設本課當已為此一導向邁出第一步，未來猶可繼續嘗試其他素材，藉以協助學生建立對真實世界的品鑑體驗能力，包括瞭解人的本質、人與社會的關係、社會群體間的互動以及連結倫理（善）與真實（真）的本領。

　　然而令人惋惜之處，則在於現階段一般大學生對通識課程仍普遍陷於「營養學分」刻板印象，重視程度遠不及其修習專業課程。即以本課為例，即便任課教師同樣投入，同學上課專注情形直至期中方有改善，並待完成期末報告在「心得」廣泛敘述收穫始得看出本課之可能影響。以下且引數例以示其成長（底線均為本書作者添加）：

-- 說起來真的會覺得很可怕，這竟然是我人生中第一次，嘗試去認真的瞭解外婆，真正的好好的聽她說說話。我不知道為什麼人有的時候會過得很狹隘，用很習慣卻不正確的冷漠對待這個世界，對待身邊其實很重要的人。感謝知識讓我們得以不渾渾噩噩，感謝生命有貴人能點醒我們不至永遠遺憾。謝謝老師的用心，這學期我收穫很多、很珍貴；

-- 這學期以來，各組使出渾身解數準備報告、報告後的討論、老人相關影片、樂齡網總經理的演講，每一種方式都幫助我對「老人」有了不同以往的認識，我不再認為老人難以溝通，會學著去體諒他們，不是每個老人都白髮蒼蒼、齒牙動搖、行動遲緩，其實就跟其他年齡層一樣，人的性格本來就是有很多種的，有的年輕人雖然年輕但思想很成熟，有的老年人雖然外貌衰老，卻保有比年輕人更純真的赤子之心……；

-- 這一學期的課下來，讓我多了平時對老人的觀察和注意。走在微雨的鬧市，見一攤販身形佝僂，鬢髮飛霜，用閩南語殷切地向我兜售。這些醜胖而辛勤的老者總讓我迷濛地回憶起祖父那輩努力生活，學日語、學中文，在屋裡溫溫潤潤的南方腔話家常。「時間是一條斷掉的項鍊」，我們繁華又荒蕪的一生終又會濃縮成什麼？惘然的往往不是表面的斷裂本身而是時間的不可逆……；

-- 看了這些厲害的老人，我回家後就拿這個當話題，試著和我的外公聊天，也發現我變得比以前積極了，有事沒事就拿事情問他，像是他怎麼和阿嬤認識，還有我也試著要跟阿嬤比手語，就趁機請阿公教我等等的。也驚訝的發現，我叫我姊去跟阿公聊天，她只是冷冷的說：「我不知道要聊什麼」，讓我發現原來我以前是這樣子。現在我很高興這堂課對我的改變，也希望自己能夠影響姊姊和妹妹，讓她們多和阿公阿嬤聊天。

從上述幾個隨手拈來的例子觀之，本課所設定的通識教育目標似已有所達成，而任課教師的教學理念似亦已透過教學策略而能完成，足堪回味

矣。未來猶可思考如何開授進階課程，以更豐富「老人（生命）與傳播」
之內涵。

附件一：通識課程「老人與傳播」課98年上學期期末教學評鑑*

填答時間：2010年6月

請就本學期學習情形給分並提出意見。1表極不同意，100 極同意，50 無意見。

98學年	96學年	
87.8	85.3	一、我認為已經比以前知道「老人與傳播」。
87.9	86.9	二、我修習本課的基本目的已初步達成。
92.7	92.0	三、與其他我修過的課比較，本課很好。
96.4	94.0	四、與其他我修過課的老師比較，本課任課老師很好。
94.2	89.0	五、我認為本課相關閱讀資料（含上課大綱）足夠。
94.3	89.5	六、本學期中，老師與同學間的溝通足夠。
81.9	79.8	七、本學期作業份量適中。
86.4	85.6	八、本學期中，同學間的討論或交換意見對我十分有用。
87.8	89.4	九、我從期末報告收獲良多。
87.4	86.7	十、總體來說，我在本課已盡力。

以下請給本課評個分數，由 0 至 100 分，60 分為及格分數：92.4（96學期：90.4）。

缺課率：
　　一次者12人，二次5人，三次3人，全勤率約為：48.7%（96學期為36.7%）。

本課優點：
　　每次上課都有不同體悟，甚至因此變得成熟些，對生命價值有了不一樣的解釋，成績評估不再重要；多看些電影與實例很好；每次的電影欣賞都很好（多位提及），分享可多些；從做中學，和他人腦力激盪的過程學到很多，也刺激自己的思考；內容充實，主題有趣的一堂課；把傳院學生拆到各組平均分配；有時候，老師書面之豐富令我汗顏（我沒有全部讀過，多位提及）；老師的回應很認真，比同學報告更甚；組別和老師討論時間，上課動腦分享、暢談（多位提及）；風趣幽默、旁徵博引、啟發思考、因材施教；討論機會多，有很多分享機會，老師很可愛；與同學的互動方式；此課「生命力」十足且活潑，老師分享的不僅是自己的生命，也時時更新新知，很享受；充分思考空間，確實達到經由自我思考而產生領悟的效果（聽老師分享趣事，時間永遠不嫌多）；數位學習網；可以重新思考對老人、生命的看法與價值觀；一門很特別的課，臧哥超棒；老師對我們的報告很開放，可以對自己喜歡的主題報告，很棒；是有收穫的通識課，不想缺課；老師很願意與同學們討論報告；頻繁跟外院（系）同學討論報告、回應，感情變好，臧哥是熱血漢子！！（蔡嫂有氣質，我喜歡她）；臧哥超認真，喜歡上課；相較於「教」，老師較像是用「啟發」方式，很棒；內容與當代社會有密切關係，有「走在時代尖端之感」（多位提及本課之創新性）；老師會記大家名字；報告組與老師在報告完的討論很棒；受到臧哥課外「關愛」，算是我的意外收穫；老師很瞭解年輕人，與學生沒有距離；各組報告可以得到很多回應；老師用心準備上課；同學們的心力也比一般通識課高；教學相長，獲益良多；事前與助教的討論很有幫助。

本課缺點及建議：
　　下學期開「老人電影課」！！拜託；如果老師開「老人電影欣賞」，我一定去選的；建議「組內互評表」（多位提及）；開始討論期末主題時，老師和助教應該盡量給同學意見或導正其報告方式；傳院學生偏好「採訪傳院同學」，其結果不一定「最真」；本課傳院色彩濃厚，尤其表現在作業上，以致外系同學不知老師要什麼，若組中有傳院生，通常幾乎得獨立打理，相當艱辛；作為通識課，作業有點多；時間控制可更精確（多位提及），常討論得太熱烈了；希望夫妻檔同台機會可以更多；若能稍微規範同學課外（課前、後）的參與狀況會更好；許多組的報告都有影片，導致他組也需去拍片，對非傳院同學而言有些難度；作業量太多；建議組員人數5-6人，否則負擔很重；對「通識課」而言，有一點吃重；教室陰暗；改為院內或系內選修；組長不由老師指定，或老師先與組長溝通；分組方式可再考量（聽說他組溝通不良或分工不均）；有時候文獻太多，讓我有點懶得看；教室看影片不方便，就算坐到第二排仍要左右移動；希望期末報告分成兩週（多位提及）；老師講授時因時間限制，較少和同學討論（多位提及）；老師可考慮使用moodle；希望多上一些「老人敘事」；夫婦倆太閃了；內容很多，太緊湊了；ppt太長，太單調；老師太愛反駁同學的個人想法與結論啦，哈哈；不同系的同學分在一起，不易約時間；老師的付出超過學生的十倍。

　　*全班人數44人，因填答問卷時已值期末，僅有39人回覆。

參考文獻

一、中文部分

小野、楊力州：〈台灣的老人：從兩部紀錄片《被遺忘的時光》和《青春啦啦隊》談起〉（聯合報聯合副刊，2011年6月8日，D3版）。

文崇一（1991）。〈台灣工業化與家庭關係的轉變〉。喬健主編，《中國家庭及其社會變遷》。香港：香港中文大學。

王尤敏、吳美美（2010）。〈公共圖書館老年讀者閱讀行為研究初探〉。《2010海峽兩岸圖書資訊學學術研討會論文集B輯》。http://ir.lib.ntnu.edu.tw/bitstream/309250000Q/21584/2/metadata_0108003_02_018.pdf（上網時間：2011/7/11）。

王建元（1991）。〈現象學的時間觀念與中國山水詩〉。鄭樹森主編，《現象學與文學批評》（頁171-200）。台北市：東大（再版）。

王夢鷗等譯（1992）。《文學論》。台北市：志文（再版）。（原書：Wellek, R. [1948]. *Theory of literature*. New York, NY: Harcourt, Brace & World.）

王靜枝（2004-6）。〈團體懷舊治療法對失智老人之認知、情感、行為、溝通之成效探討〉。國科會專題研究計畫。

王慶節、陳嘉映譯（1990）。《存在與時間》。台北市：桂冠。（原書：Heidegger, M. [1962]. *Being and time*. Oxford, UK: Blackwell.）

王蕙玲（1994）。《老人的婚姻與家庭》。嘉義市：國立嘉義師範學院。

呂以榮（2006）。〈老、中、青三代對老人刻板印象之調查——以臺南市為例〉。《台灣老人保健學刊》，第2期，頁90-104。

江帆採（2007）。《譚振山故事精選》。瀋陽市：遼寧教育出版社。

江亮演（1988）。《台灣老人生活意識之研究》。台北市：蘭亭。

朱立（1995）。〈傳播研究「中國化」的方向〉。臧國仁主編，《中文傳播研究論述》（頁21-38）。台北市：政治大學傳播學院。

朱光潛（1987）。《近代美學與文學批評》。台北市：金楓。

朱芬郁（2002）。〈新世紀的退休生活規劃〉。《崇右學報》，第8期，頁65-79。

何粤東（2005）。〈敘說研究方法論初探〉。《應用心理研究》，第25期，頁55-72。

李月蓮（1998年8月）。〈長者無權位不貴，傳媒操控不見蹤〉。香港松柏之聲網路專題專文第264期（http://www.thevoice.org.hk/v0264/00002.htm，上網時間：2011/5/6）。

李永平譯（2000）。《輓歌》。台北市：天下遠見。

李金銓（1980）。《大眾傳播理論》。台北市：三民。

李亞南（2002）。〈黃春明《放生》中之老化問題及臨終現象研究〉。南華大學生死研究所碩士論文。

李長俊譯（1985）。《藝術與視覺心理學》。台北市：雄獅。（原書：Arnheim, A. [1967]. *Art and visual perception—A psychology of the creative eye.* Berkeley, CA: University of California Press.）

李森珪（2002）。〈生命盡頭的駐足回首——從社會建構過程探討台灣當代老年之生命意義〉。南華大學生死研究所碩士論文。

李瑞娥（2001）。〈國小社會教科書性別意識型態內容之分析研究〉。《屏東師院學報》，第14期，頁563-602。

李雅雯（2005）。〈老人人格特質、寂寞感與休閒行為及電視收視行為之關聯性研究〉。文化大學新聞研究所碩士論文。

李雅慧（2000）。〈銀髮族的第二個春天——談退休生活之規劃〉。《終身學習》，第24期，頁28-36。

李錄後、陳秀娟譯（2000）。《美好銀髮歲月：生命之泉》。台北市：新自然主義出版。（原書：Friedan, B. [1993]. *The fountain of age.* New York, NY: Simon & Schuster.）

李淑珺譯（2007）。《熟年大腦的無限潛能》。台北市：張老師文化。（原書：Cohen, G. D. [2005]. *The mature mind: The positive power of the aging brain.* New York, NY: Basic Books.）

呂麗蓉譯（1995）。《不老的身心》。台北市：遠流。（原書：Chopra, D. [1993]. *Ageless body, timeless mind.* New York, NY: Crown.）

邱天助（2009）。〈老人閱讀習慣與公共圖書館閱讀需求之調查研究〉。《台灣圖書館管理季刊》，第5卷第3期，頁11-30。

邱天助（2002）。《老年的符號與建構：老人研究的社會文化轉折》。台北市：正中。

邱宜儀（2008）。〈「名人政治」的新聞框架——馬英九不同從政時期新聞報導之比較〉。政治大學新聞研究所碩士論文。

周玉蔻（1990）。《蔣經國與章亞若》。台北市：聯經。

周怜利譯（2008）。《Erikson老年研究報告——人生八大階段》。台北市：張老師文化。（原書：Erikson, E. H., Erikson, J. M., & Kivnick, H. Q. [1997]. *Vital involvement in old age: The experience of old age in our time.* New York, NY: W.W. Norton & Co.）

周建卿（1993）。《老年的人生觀》。台北市：中華日報。

周傳久（2007）。〈由高齡學習看老人電視節目製播之跨國比較研究〉。高雄師範大學成人教育研究所博士論文。

周慶華（2002）。《死亡學》。台北市：五南。

沈孟燕（2009）。〈親情Online：網路媒介與家庭溝通型態之相關研究〉。政治大學新聞研究所碩士論文。

吳信如譯（2006）。《馬土撒拉的密謀——顛覆高齡化社會的迷思》。台北市：商務。（原書：Schirrmacher, F. (2004). *Das Methusalem-Komplott.* München: Heyne Verlag.

吳康、丁傳林、趙善華譯（1999）。《心理類型》上、下冊。台北市：桂冠。（原書：Jung, C. G. [1971]. *Psychological types.* Princeton, NJ: Princeton University Press.）

吳筱玫（2003）。《網路傳播概論》。台北市：智勝。

吳榮鐘（2002）。〈黃春明小說中的老人形象之研究〉。南華大學文學研究所碩士論文。

吳翠珍（2002）。〈媒體教育不是什麼？〉。《人本雜誌》，10月號。

吳翠珍、陳世敏（2007）。《媒體素養教育》。台北市：巨流。

吳建國（1981）。〈家庭傳播形態與子女關心公共事務關聯性之研究〉。政治大學新聞研究所碩士論文。

吳靜吉（2008）。〈許一個活躍的老年——如何享受老人生活（導讀）。周怜利譯，《Erikson老年研究報告——人生八大階段》（頁3-7）。台北市：張老師文化。（原書：Erikson, E. H., Erikson, J. M., & Kivnick, H. Q. [1997]. *Vital involvement in old age: The experience of old age in our time.* New York, NY: W.W. Norton & Co.）

阮新邦（2003）。《溝通行動論》。上海市：上海人民出版社。

林宇玲（2007）。偏遠地區學童的電玩實踐與性別建構——以台北縣烏來地區某國小六年級學童為例。《新聞學研究》，第90期，頁43-99。

林美珍（1997）。〈大學生對老人態度之研究〉。《教育與心理研究》，第16期，頁349-383。

林美珍（2000）。〈走進老年研究的殿堂〉（序文）。周怜利譯，《Erikson老年研究報告》（頁8-12）。台北市：張老師文化。（原書：Erikson, E. H., Erikson, J. M., & Kivnick, H. Q. [1997]. *Vital involvement in old age.* New York, NY: Living Psychology Publishers.）

林東龍、余嬪、陳武宗（2010）。〈休閒規劃與生活適應之間——退休人員之退休生活經驗初探〉。《社區發展》，第132期，頁278-293。

林冠汾（2007）。〈搶占熟齡市場：最有購買力的新興族群引爆10大商機〉。台北市：臉譜。

林珂葳（2008）。〈再生記憶——卡漫符號的世界〉。台南大學美術研究所碩士論文。

林進益（2007）。〈解讀雜誌廣告中的老人迷思〉。中山大學傳播管理研究所碩士論文。

林惠枝（2000）。〈國小教科書性別角色教材分析及國小高年級兒童性別角色刻板印象之研究〉。嘉義大學國民教育研究所碩士論文。

林綺雲、張菀珍等（2010）。《臨終與生死關懷》。台北市：華都文化。

林錚譯（2004）。《史家與時間》。台北：麥田。（原書：LeDuc, J. [1999]. *Les historiens et le temps: Conceptions, problematiques, ecritures.* Paris: Editions du Seuil.）

洪光遠、鄭慧玲譯（1995）。《人格心理學》，台北市：桂冠。（原書：Pervin, L. A. [1975]. *Personality: Theory, assessment, and research* (2nd Ed.). New York, NY: Wiley.）

洪錫井（1994）。〈老人的終身教育〉。嘉義師範學院碩士論文。

洪蘭譯（2001）。《透視記憶》。台北：遠流。（原書：Squir, L. R., & Kandel, E. R. [1999]. *Memory: From mind to molecules.* New York, NY: Scientific American Library.）

施力群（2004）。〈想像的觀望：論網誌（Blog）中的自我觀看〉。政治大學新聞研究所碩士論文。

徐立忠（1989）。《老人問題與對策：老人福利服務之探討與設計》。台北市：桂冠。

徐振興（2005）。〈媒體內容或是廣告？「置入性行銷」之探討〉。《廣告學研

究》，第23期，頁151-155。

徐浩然、章修涯、羅林祿（2007）。《蔣經國的生死戀人章亞若》。台北市：團結。

徐敏容（2008）。〈家庭溝通與介入模式之探討〉。《諮商與輔導》，第265期，頁30-33。

徐瑞珠譯（1992）。《情緒管理的探索》。鄭伯壎主編。台北市：桂冠。（原書：Hochschild, A. R. [1983]. *The managed heart-Commercialization of human feeling*. Berkeley, CA: The University of California Press.）

徐學庸譯注（2008）。《論老年》。台北市：聯經。（原書：Cicero, Marcus Tullius. [2007]. *Cato Maior De Senectute*. Middlesex, UK: The Echo Library.）

翁秀琪（1997）。〈我國婦女運動的媒介真實和「社會真實」〉。翁秀琪、許傳陽、蘇湘琦、楊韶彧、葉瓊瑜等著，《新聞與社會真實建構：大眾媒體、官方消息來源與社會運動的三角關係》（頁1-56）。台北市：三民。

翁秀琪（2000）。〈多元典範衝擊下傳播研究方法的省思：從口述歷史在傳播研究中的應用談起〉。《新聞學研究》，第63期，頁9-33。

孫秋蘭（2008）。〈國小國語文教科書老人形象之內容分析〉。花蓮教育大學國民教育研究所碩士論文。

孫得雄（1991）。〈社會變遷中的中國家庭：以台灣為例〉。喬健主編，《中國家庭及其社會變遷》。香港：香港中文大學。

倪炎元（2003）。《再現的政治：台灣報紙媒體對「他者」建構的論述分析》。新北市永和區：韋伯文化。

姚媛譯（2002）。《通俗文化、媒介和日常生活中的敘事》。南京市：南京大學。（原書：Berger, A. A. [1997]. *Narratives in popular culture, media, and everyday life*. Thousand Oaks, CA: Sage.）

姚巧梅譯（2007）。《晚年的美學》。台北市：天下雜誌。

姚蘭（1992）。《了解自己的感受》。台北市：桂冠圖書。

姚曉濛（1993）。《電影美學》。台北市：五南。

唐士哲（2002）。〈「現場直播」的美學觀：一個有關電視形式的個案探討〉。《中華傳播學刊》，第2期，頁111-144。

凃嘉新（2005）。〈幼兒與安養機構老人代間關係發展歷程之研究〉。台灣師範大學人類發展與家庭學系碩士論文。

高宣揚（2004）。《傅科的生存美學：西方思想的起點與終結》。台北市：五南。

夏春祥（1999）。〈論時間——人文及社會研究過程之探討〉。《思與言》，第37期，頁29-72。

《科學人》（2002年9月）。〈問，時間爲何物？〉時間專輯。台北市：遠流。

郭小平、翟燦譯（1992）。《藝術心理學新論》。台北市：商務。（原書：Arnheim, R. [1986]. *New essays on the psychology of art.* Berkeley, CA: The University of California Press.）

郭力昕（1998）。《書寫攝影：相片的文本與文化》。台北市：遠流。

陸洛、高旭繁（2009）。〈台灣民眾對老人的態度：量表發展與信效度初探〉。《教育與心理研究》，第32卷第1期，頁147-171。

華婉伶（2008）。〈建構「想像」的共同體：部落格串連與網路社群的想像〉。2008年中華傳播學會年會，新北市淡水區：淡江大學（7月4-5日）。

華婉伶、臧國仁（2011）。〈液態新聞：新一代記者與當前媒介境況——以Zygmunt Bauman「液態現代性」概念爲理論基礎〉。《傳播研究與實踐》，第1卷第1期，頁205-238。

梁永安譯（2002）。《銀色的旅程》。台北市：大塊文化。（原書：Manheimer, R. J. [1999]. *A map to the end of time: Wayfarings with friends and philosophers.* New York, NY: W.W. Norton & Company.）

梁漱溟（1963）。《中國文化要義》。台北市：正中。

梁曙娟譯（2003）。《紫牛：讓產品自己說故事》。台北市：商智文化。（原書：Godin, S. [2002]. *Purple cow: Transform your business by being remarkable.* New York, NY: Portfolio.）

彭駕騂（1999）。《老人學》。台北市：揚智。

游恆山譯（1993）。《情緒心理學——情緒理論的透視》。台北市：五南。（原書：Strongman, K. T. [1987]. *The psychology of emotion* (3rd Ed.). Chichester, NY: Wiley.）

游祥洲。〈人間佛教與慈濟志業〉。《慈濟月刊》，1996/5/2，第354期。

黃心瑜（2008）。〈高齡者電視收視分析與節目製作策略建議〉。台灣師範大學社會教育學系在職進修碩士班論文。

黃光玉（2006）。〈說故事打造品牌：一個分析的架構〉。《廣告學研究》，第26期，頁1-26。

黃光國（1991）。《知識與行動：中華文化傳統的社會心理詮釋》。台北市：心理出版社。

黃光國（1999）。〈華人的企業文化與生產力〉。《應用心理研究》，第1期，頁163-185。

黃仲珊、曾垂孝（1993）。《口頭傳播：演講的理論與方法》。台北市：遠流。

黃芮琪：〈「生手」記者如何成為「準專家」記者——以政治大學實驗性刊物《大學報》為例〉。國科會大專學生專題研究結案報告（NSC 98-2815-C-004-001-H）。

黃芳田譯（2000）。《可以這樣老去：航向老年國度、兩代結伴同行》。台北市：遠流。（原書：Pipher, M. [2000]. *Another country: Navigating the emotional terrain of our elders*. New York, NY: Riverhead Books.）

黃俞萲、馮文饒（1994）。〈溝通模式解析〉。《遠離代溝——與老人溝通的技巧》，銀法飛揚系列叢書十一。台北市：教育部。

黃春明（1999）。《放生》。台北市：聯合文學。

黃柏堯、吳怡萱、林奐名、劉倚帆（2005）。〈報紙讀者投書版之多元性分析：以《中國時報》、《聯合報》、《自由時報》為例〉。中華傳播學會年會論文。台北市：台灣大學凝態館會議中心（7月15-16日）。

黃振家等譯（2002）。《大眾媒體研究導論》。台北市：湯姆生。（原書：Wimmer, R. D. & Dominick, J. R. [2000]. *Mass media research: An introduction* (6th Ed.). Belmont, CA: Wadsworth.）

黃新生（1990）。《媒介批評》。台北市：五南。

陳文玲（2000）。《多桑與紅玫瑰：這個叫做劉惠芬的女人是我的媽媽》。台北市：大塊文化。

陳世敏編（1995）。《中國大陸新聞傳播研究：「一九九三中文傳播研究暨教學研討會」論文彙編》。台北市：政治大學傳播學院研究中心。

陳宛非（2004）。〈不同世代媒體消費行為與生活型態之研究——以2005東方消費者行銷資料庫為例〉。世新大學傳播管理學研究所碩士論文。

陳品妤、黃光玉（2009）。〈精品珠寶品牌故事之比較：以Cartier, Chanel, Tiffany為例〉。《廣告學研究》，第31期，頁1-34。

陳明莉（2009）。〈老年、性別與歧視〉。《應用心理研究》，第44期，頁147-188。

陳美如（2009）。〈家庭溝通與親密關係——談婚姻與家庭介入〉。《諮商與輔導》，第284期，頁30-34。

陳俊志（2011）。《台北爸爸／紐約媽媽》。台北市：時報文化。

陳登義譯（2001）。《人體互動團體心理治療：住院病人模式》。台北市：桂冠。
（原書：Yalom, I. D. [1983]. *Impatient group psychotherapy*. New York, NY: Basic Books.）

陳國明（2004）。《中華傳播理論與原則》。台北市：五南。

陳瑞樺譯（1999）。《心的禮物：年老父母照顧的沉思》。新北市三重區：新路
（原書：Goldberg, B., & Kendall, G. [1997]. *Gifts from the heart: Meditations on Caring for Aging Parents*. Chicago, IL: Contemporary Books Inc.）。

陳琇玲譯（2004）。《P & G品牌行銷密碼》。台北市：時報文化。（原書：Dyer, D., Dalzell, F., & Olegario, R. [2004]. *Rising tide: Lessons from 165 years of brand building at Procter & Gamble*. Boston, MA: Harvard Business Press.

陳肇男（2000）。〈台灣老人之年齡增長與生活滿意〉。《人口學刊》，第21期，頁37-59。

陳憶寧（2008）。〈「我」即是生產者：健康部落客寫些什麼以及為什麼寫〉。2008年中華傳播學會年會，新北市淡水區：淡江大學（7月4-5日）。

陳譽馨（1995）。〈老年人生活形態、疏離程度與電視觀賞行為之關聯性研究〉。文化大學新聞研究所碩士論文。

陳韜文（2002）。〈論華人社會傳播研究中全球化與本土化的張力處理〉。《中國傳媒報告》，第2期。

葉光輝、黃宗堅、邱雅沂（2005）。〈現代華人的家庭文化特徵：以台灣北部地區若干家庭的探討為例〉。《本土心理學研究》，第25期，頁141-195。

葉家興譯（2005）。《世代風暴：人口老化即將引爆新經濟危機》。台北市：左岸文化。（原書：Kotlikoff, L. J., & Burns, S. [2004]. *The Coming generational storm*. Boston, MA: The MIT Press.）

葉維廉（1991）。〈「比較文學叢書」總序〉。鄭樹森主編，《現象學與文學批評》（頁1-17）。台北市：東大（再版）。

曾慶豹（1998）。《哈伯瑪斯》。台北市：生智。

馮文饒（1994）。〈家家有本難念的經〉。《遠離代溝——與老人溝通的技巧》，銀法飛揚系列叢書十一。台北市：教育部。

傅佩榮（1993）。《死亡的尊嚴與生命的尊嚴——從臨終精神醫學到現代生死學》。台北市：正中。

張方譯（1997）。《講故事：對敘事虛構作品的理論分析》。新北市板橋區：駱駝。（原書：Cohan, S., & Shires, L. M. [1988]. *Telling stories: A theoretical analysis of narrative fiction*. New York, NY: Routledge.）

張宏哲譯（1999）。《人類行為與社會環境》，台北市：雙葉。（原書：Anderson, R. E., & Carter, I. [1984]. *Human behavior in the social environment: A social system approach*. New York, NY: Aldine.）

張松露（2007）。〈老人網路社群現況與展望〉。《網路社會學通訊》，第67期（12月15日）。

張欣平（2008）。〈老人聽障之流行病學研究——以台北市社區老人為對象〉。陽明大學流行病研究所博士論文。

張偉男譯 (1988)。《現代電影風貌——電影與真實》。台北市：志文。（原書：Armes, R. [1974]. *Film and reality: An historical survey*. Harmondsworth, UK: Penguin）。

張錦華（1994）。《傳播批判理論》。台北市：正中。

張隆順編譯（1985）。《老人心理學》。台北市：桂冠。（原書：Kalish, R. A. [1982]. *Late adulthood: Perspectives on human development*. New York, NY: Thomson Brooks.）

張景然、謝秋嬋（2002）。〈團體諮商歷程中的此時此地〉。《世新學報》，第12期，頁149-186。

張瓊文（1998）。〈新聞用語中再現人際關係的語言策略：以第九屆總統直選報紙用語為例〉。政治大學語言研究所碩士論文。

張慧心（1988）。〈家庭傳播形態與青少年的政治知識與興趣之關聯性研究〉。政治大學新聞研究所碩士論文。

張鐘汝、范明林（1997）。《老年社會心理》。台北市：水牛。

張寶芳、劉吉軒、蘇蘅（2008）。〈政治部落格的情緒世界〉。2008年中華傳播學會年會論文，新北市淡水區：淡江大學（7月4-5日）。

楊中芳（1996）。《如何研究中國人：心理學本土化論文集》。台北市：桂冠。

楊中芳（2001）。《中國人的人際關係、情感與信任：一個人際交往的觀點》。台北市：遠流。

楊任淑（2004）。〈果陀劇場歌舞劇之研究〉。成功大學中文研究所碩士論文。

楊治良、郭力平、王沛、陳寧編著（2001）。《記憶心理學》。台北市：五南。

楊國樞、黃光國編（1991）。《中國人的心理與行為》。台北市：桂冠。

楊國樞、李亦園、文崇一（主編）（1990）。《現代化與中國化論集》。台北市：桂冠。

廖炳惠譯（1991）。〈現象學美學：試界定其範圍〉。鄭樹森編，《現象學與文學批評》（再版，頁29-55）。台北市：東大。（原書：Ingarden, R. [1975]. Phenomenological aesthetics: An attempt at defining its range. *The Journal of Aesthetics and Art Criticism, 33*(3), 257-269.）

廖炳惠（1994）。〈馬克吐溫《哈克歷險記》與多元文化及公共場域：多元文化及公共場域研究的啟示〉。《當代》，第93期，頁48-65。

廖炳惠（2005年1月17-18日）。〈記憶寫作〉上、下。聯合報聯合副刊「時代記憶：別來滄海專輯4」，頁E7。

廖明惠（2006）〈養生住宅老人休閒參與和生活品質關係之研究──以「潤福生活新象」為例〉。台灣師範大學運動與休閒管理研究所在職碩士班碩士論文。

廖祥雄譯（1991）。《映像藝術》。台北市：志文（中譯二版）。（原書：Zettl, H. [1973]. *Sight, sound, motion: Media aesthetics*. Belmont, CA: Wadsworth.）

廖素珊、楊恩祖譯（2003）。《辭格III》。台北市：時報文化。（原書：Genette, G. [1972]. *Figures III*. Paris: Editions du Seuil.）

蔡伸章譯（1985）。《能趨疲：新世界觀──21世紀人類文明的新曙光》。台北市：志文（再版）。（原書：Rifkin, J. [1981]. *Entropy: A new world view*. New York, NY: Bantam Books.）

蔡明昌、顏蒨榕（2005）。〈老人生死教育教學之研究〉。《生死學研究》，第2期，頁129-174。

蔡美麗譯（1991）。〈賀德齡與詩之本質〉。鄭樹森編，《現象學與文學批評》（再版，頁1-28）。台北：東大。（原文：Heidegger, M. [1949]. Hölderlin and the Essence of Poetry. *Existence & Being* (pp. 293-315). Chicago: Henry Regnery.）

蔡琰（1995）。〈生態系統與控制理論在傳播研究之應用〉。《新聞學研究》，第51期，頁163-185。

蔡琰（1997）。「電視時裝劇類型與情節公式」。《傳播研究集刊》，第一集。

蔡琰（1998）。〈鄉土劇性別及族群刻板意識分析〉。台北市：電視文化研究委員會專題研究報告。

蔡琰（2000）。《電視劇：戲劇傳播的敘事理論》。台北市：三民。

蔡琰（2001）。〈電視劇審美心理探析：老人觀眾「涉入」與「距離」的遊戲〉。國科會專題研究（NSC-89AFA0200227）。

蔡琰、臧國仁（1999）。〈新聞敘事結構：再現故事的理論分析〉。《新聞學研

究》，第58集，頁1-28。

蔡琰、臧國仁（1999-2000）。國科會專題研究計畫〈電視新聞論述〉（NSC-89-2412-H-004-034）。

蔡琰、臧國仁（2001-2003）。國科會專題研究計畫〈老人與大眾傳播情境〉（NSC91-2412-H-004-002）。

蔡琰、臧國仁（2002/05）。〈電視劇與老人研究（傳播研究之另一取向？）：從老人觀賞電視劇論榮格心理學對閱聽眾研究之啓示〉。「傳播學術新發展：傳承與展望」研討會，台北市：政大傳播學院。

蔡琰、臧國仁（2003a）。〈老人觀眾與電視劇：從老人之定義到人格心理學對閱聽人研究的啓示〉。《中華傳播學刊》，第3期，頁197-236。

蔡琰、臧國仁（2003b）。〈由災難報導檢討新聞美學的「感性認識」：兼談新聞研究向美學轉向的幾個想法〉。《新聞學研究》，第74期，頁95-120。

蔡琰、臧國仁（2003-2004）。國科會專題研究計畫〈情感作用於電視劇解讀的方式：從老人觀眾詮釋故事意義中尋找「好看」的線索〉（NSC 92-2412-H-004-018）。

蔡琰、臧國仁（2005-2006）。國科會專題研究計畫〈老人情感與記憶在觀看電視中扮演的角色〉（94-2412-H-004-015）。

蔡琰、臧國仁（2007）。〈「創意／創新」與時間概念：敘事理論之觀點〉。《新聞學研究》，第93期，頁1-40。

蔡琰、臧國仁（2008a）。〈老人接收新聞訊息之情感與記憶〉。《中華傳播學刊》，第13期，頁3-36。

蔡琰、臧國仁（2008b）。〈熟年世代網際網路之使用與老人自我形象與社會角色建構〉。《新聞學研究》，第97期，頁1-43。

蔡琰、臧國仁（2010a）。〈爺爺奶奶的部落格──從老人敘事檢視組織再生現象與互動理論〉。《中華傳播學刊》，第18期，頁235-263。

蔡琰、臧國仁（2010b）。〈論新聞讀者之「想像」：初探「記實報導可能引發的線索〉。《中華傳播學刊》，第17期，頁235-268。

蔡麗紅、鄭幸宜、湯士滄、黃月芳（2010）。〈老人歧視〉。《長庚護理》，第21卷第2期，頁165-171。

詹涵雯（2008）。〈桃園縣高齡者學習需求與參與意願之研究〉。中央大學客家政治經濟與政策研究所在職碩士專班碩士論文。

詹慧珍（2009）。〈高齡者參與故事敘說活動歷程之研究〉。中正大學成人及繼續

教育系碩士論文。

趙雅麗（2006）。〈跨符號研究：「結構／行動」交相建構中的傳播巨型理論藍圖〉。《新聞學研究》，第86期，頁1-44。

費孝通（1991）。《鄉土中國》。香港：三聯。

臧國仁主編（1995）。《中文傳播研究論述——1993中文傳播研究暨教學研討會論文彙編》。台北市：政治大學傳播學院研究中心。

臧國仁（1999）。《新聞媒體與消息來源——媒介框架與真實建構之論述》。台北市：三民。

臧國仁（2009）。〈關於傳播學如何教的一些創新想法與作法——以「傳播理論」課為例〉。《課程與教學季刊》，12卷3期，頁241-264。

臧國仁、蔡琰（1999-2000）。國科會專題研究計畫〈報紙新聞之敘事結構及論述方法〉（NSC 89-2412-H-004-011）。

臧國仁、蔡琰（2001）。〈新聞美學——試論美學對新聞研究與實務的啟示〉。《新聞學研究》，第66期，29-60。

臧國仁、蔡琰（2005a）。〈新聞報導與時間敘事——以老人新聞為例〉。《新聞學研究》，第83期，頁1-38。

臧國仁、蔡琰（2005b）。〈與老人對談——有關「人生故事」的一些方法學觀察〉。《傳播研究簡訊》，第42期，頁13-18。

臧國仁、蔡琰（2005-7）。國科會專題研究計畫〈新聞報導與時間敘事（III）——以社會建構論為基礎之理論提案〉（NSC 94-2412-H-004-005; NSC 95-2412-H-004-003）。

臧國仁、蔡琰（2009a）。〈傳媒寫作與敘事理論——以相關授課內容為例〉。「政大傳播學院媒介寫作教學小組」編，《傳媒類型寫作》（頁3-28）。台北市：五南。

臧國仁、蔡琰（2009b）。〈傳播與敘事——以「生命故事」為核心的理論重構提案〉。中華傳播學會年會宣讀論文。新竹市：玄奘大學（7月6-8日）。

臧國仁、蔡琰（2010a）。〈新聞敘事之時空「窗口」論述——以老人新聞為例〉。《新聞學研究》，第105期，頁205-246。

臧國仁、蔡琰（2010b）。〈傳播與敘事——以「生命故事」為核心的理論重構提議〉。國科會專題研究計畫（NSC98-2410-H-004-108）結案報告。

臧國仁、蔡琰（2010c）。〈旅行敘事與生命故事：「傳播敘事學」之進階提案〉。中華傳播學會2010年會，嘉義縣民雄鄉：中正大學（7月3-5日）。

臧國仁、蔡琰（2010d）。〈以「影像家庭生命故事」爲核心之華人傳播敘事觀點芻議──兼向汪琪教授的學術成就致敬〉。政大傳播學院講座教授汪琪榮退專題演講會（5月14日）。

臧國仁、鍾蔚文（1999）。〈時間概念與新聞報導──初探新聞文本如何使用時間語彙〉。《新聞學研究》，第61期，頁137-178。

臧國仁、鍾蔚文（2000）。〈災難事件與媒體報導：相關研究簡述〉。「災難發生時媒體如何發揮最大效用──以集集大地震爲例」研究分析報告之一。《新聞學研究》，第62期，頁143-151。

臧國仁、鍾蔚文、黃懿慧（1997）。〈新聞媒體與公共關係（消息來源）的互動〉。陳韜文等主編，《大眾傳播與市場經濟》（頁141-184）。香港：鑪峰學會。

齊邦媛（2009）。《巨流河》。台北市：天下文化。

滕守堯（1987）。《審美心理描述》。台北市：漢京文化。

魯貴顯譯（1998）。《盧曼社會系統理論導引》。台北市：巨流（原書：Kneer, G., & Nassehi, A. [1993]. *Niklas Luhmanns theorie sozialer systeme: Eine Einführung*. Muchuen, Germany: Wilhelm Fink Verlag GmbH & Co.）

鄭明萱（1997）。《多向文本》。台北市：揚智。

鄭郁欣、林佳誼、蔡貝侖（2008）。《探究新聞倫理》。新北市永和區：韋伯文化。（原書：Sanders, K. [2003]. *Ethics and journalism*. London, UK: Sage.）

鄭麗芬（1994）。〈團體中的「此時此地」：其理論基礎與應用〉。《輔導季刊》，第30期，頁51-59。

稻盛和夫著（2003）。《稻盛和夫的哲學：人爲什麼活著》。台北市：天下雜誌日本館（譯者：呂美女）。

潘英美譯（1999）。《老人與社會》。台北市：五南。（原著Thorson, J. A. [1995]. *Aging in a changing society*. Belmont, CA: Wadsworth.）

錢莉華（1988）。〈家庭傳播形態與青少年傳播行爲關聯性之研究〉。政治大學新聞研究所碩士論文。

劉俐譯（1990）。《電影美學》。台北市：遠流。（原書Betton, G. [1983]. *Esthetique du cinema*. Paris: Presses universitaires de France.）

劉永芷（1987）。〈老人的收視行爲與電視中老人角色之分析研究〉。輔仁大學大眾傳播所碩士論文。

劉幼琍（1994）。《好節目的認定及電視時段的分配研究報告》。台北市：電視研

究文化委員會。

劉明珠（2009）。〈中高齡者使用網際網路與人際互動之研究〉。元智大學社會暨政策科學學系碩士論文。

劉恩綺、曾惟農（2007）。〈老人形象報導趨勢——以中國時報新聞版面與《熟年周報》為例〉。中華傳播學會年會論文。新北市淡水區：淡江大學（7月）。

劉淑玲（2006）。〈「讓我們一起老去」：中年離婚女性的返家之旅〉。南華大學生死學研究所碩士論文。

劉斯奮（2002）。《辛棄疾詞選》（中國歷代詩人選集29）。台北市：遠流。

盧尉安（2008）。〈看電視對老人休閒型態及人際關係互動歷程之影響〉。元智大學資訊社會學研究所碩士論文。

盧曉華等譯（1988）。《藝術與幻覺》。北京：工人出版。（原書：Gombrich, E. H. [1960]. *Art and illusion: A study in the psychology of pictorial representation.* New York, NY: Pantheon Books.）

盧隱（1987）。《情緒心理學》。台北市：五洲。

劉德玲（2006）。〈鍾怡雯散文中的老人形象〉。《國文天地》，第22卷第7期，頁61-67。

賴玉釵（2009）。〈讀者理解與文本結構之交流過程：以閱讀金庸武俠小說之「美感體驗」為例〉。政治大學新聞所博士論文。

戴育賢（1995）。〈大眾媒體與真實建構——一次現象社會學的探討〉。臧國仁編，《中文傳播研究論述：「一九九三中文傳播研究暨教學研討會」論文彙編》（頁257-284）。台北市：政大傳播學院。

謝秀芳、王靜枝、鄭夙芬、張碧容（2005）。〈促進加護病房之病人、家屬、與醫護人員臨終溝通介入措施方案之成效的探討〉。國科會專題研究計畫。

龍應台（2009）。《大江大海一九四九》。台北市：天下雜誌。

鍾思嘉（1988）。《老人生活形態對其生活滿意之影響》。台北市：行政院國科會科資中心。

鍾國文（1988）。〈老人退休調適之研究〉。《中原學報（人文及社會科學系列）》，26卷第4期，頁109-115。

關永中（1997）。《神話與時間》。台北市：台灣書店。

藍莞婷（2007）。〈兒童圖畫書中老人形象之探析〉。屏東教育大學幼兒教育系碩士論文。

蘇惠君（2004）。〈施惠語言（patronizing speech）在新聞訪談中的運用——再論

記者與消息來源之互動〉。政治大學新聞研究所碩士論文。

蘇惠君、臧國仁（2004）。〈新聞訪談之「施惠語言」（patronizing speech）——
記者與消息來源之語言互動〉。《中華傳播學刊》，第6期，頁105-155。

蘇雅婷（2004）。〈以老人為主角之兒童圖畫書探析〉。《南師語教學報》，第2
期，頁221-239。

蘇蘅、張寶芳（2008）。〈總統部落格的言談情境與傳播〉。2008年中華傳播學會
年會，新北市淡水區：淡江大學（7月4-5日）。

羅文輝（2006）。〈置入性行銷對新聞記者之影響〉。《新聞學研究》，第89期，
頁81-125。

二、英文部分

Adam, B. (1990). *Time and social theory*. Cambridge, UK: Polity Press.

Adoni, H., & Mane, S. (1984). Media and the social construction of reality: Toward
an integration of theory and research. *Communication Research, 11*, 323-340.

Altheide, D. L. (1974). *Creating reality: How TV news distorts events*. Beverly Hills,
CA: Sage.

Altheide, D. L., & Snow, R. P. (1979). *Media logic*. Beverly Hills, CA: Sage.

Angus, L. E., & McLeod, J. (Eds.)(2004). *The handbook of narrative and
psychotherapy: Practice, theory, and research*. Thousand Oaks, CA: Sage.

Atkinson, R. (2002). The life story interview. In Gubrium, J. F., & Holstein, J. A.
(Eds.). *Handbook of interview research: Context & method* (pp. 121-140).
Thousand Oaks, CA: Sage.

Baltes, P. B., Reese, H. W., & Lipsitt, L. P. (1980). Life-span developmental
psychology. *Annual Review of Psychology, 31*, 65-110.

Bell, A. (1991). *The language of news media*. London, UK: Blackwell.

Bell, A. (1995). News time. *Time & Society, 4*(3), 305-328.

Bell, J. (1992). In search of discourse on ageing: The elderly on television. *The
Gerontologist, 32*, 305-311.

Bengtson, V. L., & Schaie, K. W. (Eds.)(1999). *Handbook of theories of aging* (1st
Ed.). New York, NY: Springer.

Bengtson, V. L., Gans, D., Putney, N. M., & Silverstein, M. (Eds.)(2009). *Handbook
of theories of aging* (2nd Ed.). New York, NY: Springer.

Bengtson, V. L., Gans, D., Putney, N. M., Silverstein, M. (2009). Theories about age and aging. In Bengtson, V. L., Gans, D., Putney, N. M., & Silverstein, M. (Eds.). *Handbook of theories of aging* (2nd Ed.)(pp. 3-24). New York: Springer.

Berkowitz, D. (Ed.)(1997). *Social meanings of news: A text-reader*. Thousand Oaks, CA: Sage.

Bird, S. E. & Dardenne, R. W. (1997). Myth, chronicle, and story: Exploring the narrative qualities of news. In Berkowitz, D. A. (Ed.). *Social meanings of news: A text-reader: A text-reader* (pp. 333-350). Thousand Oaks: Sage.

Birren, J. E. (1961). A brief history of the psychology of aging. *The Gerontologist, 1* (2), 69-77.

Birren, J. E. (1999). Theories of aging: A personal perspective. In Bengtson, V. L., & Schaie, K. W. (Eds.). *Handbook of theories of aging* (pp. 459-471). New York, NY: Springer.

Birren, J. E. (2002). Theories of aging: A personal perspective. In Bengtson, Vern L. & Schaie, K. W. (Eds.). *Handbook of theories of aging* (pp. 459-471). New York, NY: Springer.

Birren, J. E. (2005). Epilogue. In Sheets, D. J., Bradley, D. B., & Hendricks, J. (Eds.). *Enduring questions in gerontology* (pp. 272-284). New York, NY: Springer.

Birren, J. E., & Birren, B. A. (1990). The concepts, models, and history. In Birren, J., & Schaie, K. W. (Eds.). *Handbook of the psychology of aging* (3rd Ed.) (pp. 3-20). San Diego, CA: Academic Press.

Birren, J. E., & Schaie, K. W. (2001). *Handbook of the psychology of aging* (5th Ed.). San Diego, CA: Academic Press.

Birren, J. E., & Cochran, K. N. (2001). *Telling the stories of life through guided autobiography groups*. Baltimore, MD: Johns Hopkins University Press.

Birren, J. E., & Schroots, J. J. F. (2001). The history of geropsychology. In Birren, J., & K. W. Schaie (Eds.). *Handbook of the psychology of aging* (5th Ed.)(pp. 3-26). San Diego, CA: Academic Press.

Birren, J. E., & Schroots, J. J. F. (2006). Autobiographical memory and the narrative self over the life span. In Birren, J. E., & Schaie, K. W. (Eds.). *Handbook of the psychology of aging* (6th Ed.). Amsterdam, the Netherlands: Elsevier.

Birren, J. E., Kenyon, G. M., Ruth, J.-E., Schroots, J. J. F., & Svensson, T. (Eds.).

(1996). *Aging and biography: Explorations in adult development.* New York, NY: Springer.

Bodily, C. L. (1994). Ageism and the deployments of "Age": A constructionist view. In Sarbin, T. R., & Kitsuse, J. I. (Eds.). *Constructing the Social.* London, UK: Sage.

Bourdon, J. (2003). Some sense of time: Remembering television. *History and Memory, 15*(2), 5.

Brockmeier, J., & Carbaugh, D. (Eds.)(2001). *Narrative and identity: Studies in autobiography, self and culture.* Amsterdam, the Netherlands: John Benjamins.

Brown, R. H. (1977). *A poetic for sociology.* Chicago, IL: The University of Chicago Press.

Bruner, J. (1986). *Actual minds, possible worlds.* Cambridge, MA: Harvard University Press.

Bruner, J. (1990). *Acts of meaning: Four lectures on mind and culture.* Cambridge, MA: Harvard University Press.

Buckley, W. (1968). *Modern systems research for the behavioral scientist: A sourcebook.* Chicago, IL: Aldine.

Carr, D. (1986). *Time, narrative, and history.* Bloomington, IN: University of Indiana Press.

Charness, N., Parks, D. C., & Sabel, B. A. (2001). *Communication, technology and aging: Opportunities and challenges for the future.* New York, NY: Springer.

Chatman, S. (1978). *Story and discourse: Narrative structure in fiction and film.* Ithaca, NY: Cornell University Press.

Chory-Assad, R., & Yanen, A. (2005). Hopelessness and loneliness as predictors of older adults' involvement with favorite television performers. *Journal of Broadcasting & Electronic Media, 49,* 182-201.

Coates, J. (1996). *Women talk.* Oxford, UK: Blackwell.

Coleman, R. (2004). Oral and life histories: Giving voice to the voiceless. In Iorio, S. H. (Ed.). *Qualitative research in journalism: Taking it to the streets* (pp. 89-104). Mahwah, NJ: Lawrence Erlbaum Associates.

Collier, John, Jr., & Collier, Malcolm. (1986). *Visual anthropology: Photography as a research method.* Albuquerque, NM: University of New Mexico Press.

Coupland, N. and Coupland, J. (1990). Language and late life. In Giles, H., & Robinson, W. P. (Eds.). *Handbook of social psychology*. Chester, UK: John Wiley & Sons.

Coupland, N., & Nussbaum, J. F. (Eds.)(1993). *Discourse and lifespan identity*. Newbury Park, CA: Sage.

Coupland, J., Nussbaum, J. F., & Coupland, N. (1991). The reproduction of aging and agism in intergenerational talk. In Coupland, N., Giles, H., & Wiemann, J. M. (Eds). *"Miscommunication" and problematic talk*. Newbury Park, CA: Sage.

Coupland, N., Coupland, J., & Nussbaum, J. (1993). Epilogue. In Coupland, N., & Nussbaum, J. F. (Eds.). *Discourse and lifespan identity*. Newbury Park, CA: Sage.

Coupland, N., Coupland, J., Giles, H., & Henwood, K. (1988). Accommodating the elderly: Invoking and extending a theory. *Language in Society, 17*, 1-41.

Cowdry, E. V. (1939). *Problems of ageing: Biological and medical aspects*. Baltimore, MD: The Williams & Wilkins Company.

Cragan, J. F., & Shields, D. C. (1995). *Symbolic theories in applied communication research: Bormann, Burke and Fisher*. Cresskill, NJ: Hampton Press.

Crigler, A. N. (1996). *The psychology of political communication*. Ann Arbor, MI: The University of Michigan Press.

Croteau, D., & Hoynes, W., (1996). The political diversity of public television: Polysemy, the public sphere, and the conservative culture of PBS. *Journalism Monographs*, No. 157.

Czarniawska, B. (1998). *A narrative approach to organization studies* (Qualitative Research Methods Series No. 43). Thousand Oaks, CA: Sage.

Czarniawska, B. (2002). Narrative, interviews, and organizations. In Gubrium, J. F., & Holstein, J. A. (Eds.). *Handbook of interview research: Context and method* (pp. 733-750). Thousand Oaks, CA: Sage.

Czarniawska, B. & Gagliardi, P. (Eds.)(2003). *Narratives we organize by*. Amsterdam, the Netherlands: John Benjamins.

Dahlgren, P. (1991). Introduction. In Dahlgren, P., & Sparks, C. (Eds.). *Communication and citizenship: Journalism and the public sphere in the new media age*. London, UK: Routledge.

Davis, R. H., Edwards, A. E., Bartel, D. J., & Martin, D. (1976). Assessing television viewing behavior of older adults. *Journal of Broadcasting, 20* (1): 69-75.

Detenber, B. H., & Reeves, B. (1996). A bio-informational theory of emotion: Motion and image size effects on viewers. *Journal of Communication, 46*(3), 66-84.

Dutton, W. H. (2009). The fifth estate emerging through the network of networks. *Prometheus*, 27, 1-15.

Fiese, B. H., & Sameroff, A. J. (1999). The family narrative consortium: A multidimensional approach to narratives. In Fiese, B. H., Sameroff, A. J., Grotevant, H. D., Wamboldt, F. S., Dickstein, S., & Fravel, D. L. (Eds.). The stories that families tell: Narrative coherence, narrative interaction, and relationship beliefs. *Monographs of the Society for Research in Child Development, 64*, 1-36.

Fisher, W. R. (1987). *Human communication as narration: Toward a philosophy of reason, value, and action.* Columbia, SC: University of South Carolina Press.

Fitch, K. L. (2003). Taken-for-granteds in (an) intercultural communication. In Glenn, P., LeBaron, C. D., & Mandelbaum, J. (Eds.). *Studies in language and social interaction: In honour of Robert Hopper.* Mahwah, NJ: LEA.

Fivush, R., & Haden, C. A. (Eds.)(2003). *Autobiographical memory and the construction of a narrative self: Developmental and cultural perspectives.* Mahwah, NJ: Erlbaum.

Freeman, M. (1998). Mythical time, historic time, and the narrative fabric of the self. *Narrative Inquiry, 8*(1), 27-50.

Gagne, E. D. (1985). *The cognitive psychology of school learning.* Boston, MA: Little, Brown & Company.

Garfinkel, H. (1967). *Studies in Ethnomethodology.* Englewood Cliffs, NJ: Prentice-Hall.

Geist-Martin, P., Ray, E. B., & Sharf, B. F. (2003). *Communicating health: Personal, cultural, and political complexitie*s. Belmont, CA : Wadsworth.

Gerbner, G., Gross, L., Signorielli, N., & Morgan, M. (1980). Aging with television: Images on television drama and conceptions of social reality. *Journal of Communication, 30* (1): 37-47.

Geyer, F., & van der Zouwen, J. (1986). *Sociocybernetic paradoxes: Observation, control and evolutional of the self-steering system.* Beverly Hills, CA: Sage.

Geyer, F., & van der Zouwen, J. (Eds.)(2001). *Sociocybernetics: Complexity, autopoiesis, and observations of social systems.* Westport, CT: Greenwood.

Giles, H., & Coupland, N. (1991). Language attitudes: Discursive, contextual and gerontological considerations. In Reynolds, A. G. (Ed.). *Bilingualism, multiculturalism, and second language learning: The McGill conference in honor of Wallace E. Lambert.* Hillsdale, NY: Lawrence Erlbaum & Associates.

Giles, H., Coupland, N., & Coupland, J. (1991). Accommodation theory: Communication, contexts and consequence. In Giles, H., Coupland, N., & Coupland, J. (Eds.). *Contexts of accommodation: Developments in applied sociolinguistics* (pp.1-68). Cambridge, UK: Cambridge University Press.

Glaser, B. G., & Strauss, A. L. (1966). *Awareness of dying.* Chicago, IL: Aldine.

Goffman, E. (1955). On face-work: An analysis of ritual elements of social interaction. *Psychiatry: Journal for the Study of Interpersonal Processes, 18*(3), 213-231.

Goffman, E. (1959). *The presentation of self in everyday life.* Garden City, NY: Doubleday.

Gonzalez, H. (1988). The evolution of communication as a field. *Communication Research, 15*, 302-308.

Grainger, K. (2004). Communication and the institutionalized elderly. In Nussbaum, J. F., & Coupland, J. (Eds.). *Handbook of communication and aging research* (2nd Ed.) (pp. 479-497). Mahwah, NJ: Lawrence Erlbaum Associates.

Hall, S. (1997). *Representation: Cultural representations and signifying practices.* London, UK: Sage.

Hamilton, H. E. (1999). *Language and communication in old age: Multidisciplinary perspectives.* New York, NY: Garland.

Harris, R. J. (1999). *A cognitive psychology of mass communication* (3rd Ed). Mahwah, NJ: Lawrence Erlbaum Associates.

Harwood, J. (2007). *Understanding communication and aging: Developing knowledge and awareness.* Thousand Oaks, CA: Sage.

Heidegger, M. (1962). *Being and time.* Malden, MA: Blackwell.

Hobson, M. (1982). *The object of art–The theory of illusion In Eighteenth-Century*

France. Cambridge, UK: Cambridge University Press.

Holquiist, M. (1990). Introduction. In Holquist, M., & V. Liapunov (Eds.). *Art and answerability: Early philosophical essays by M. M. Bakhtin*. Austin, TX: The University of Texas Press.

Howard, G. S. (1991). Culture tale–A narrative approach to thinking, cross-culture psychology, and psychotherapy. *American Psychologist, 46*(3), 187-197.

Hummert, M. L. & Nussbaum, J. F. (2001). *Aging, communication, and health: Linking research and practice for successful aging*. Mahwah, NJ: Lawrence Erlbaum Associates.

Hummert, M. L., Wiemann, J. M., & Nussbaum, J. F. (1994). *Interpersonal communication in older adulthood: Interdisciplinary theory and research*. Thousand Oaks, CA : Sage

Hummert, M. L., Garstka, T. A., Shaner, J. L., & Strahm, S. (1994). Stereotypes of the elderly held by young, middle-aged, and elderly adults. *Journal of Gerontology: Psychological Science, 49*, 240-249.

Hummert, M. L., Shaner, J. L., Garstka, T. A., & Henry, C. (1998). Communication with older adults: The influence of age stereotypes, context, and communicator age. *Human Communication Research, 25* (1), 124-151.

Jacoby, S. & Ochs, E. (1995). Co-construction. An introduction. *Research on Language and Social Interaction, 28*(3), 171-183.

Jönson, H., & Magnusson, J. A. (2001). A new age of old age?: Gerotranscendence and the re-enchantment of aging. *Journal of Aging Studies*, 15, 317-331.

Jorgenson, J., & Bochner, A. P. (2004). Imagining families through stories and rituals. In Vangelisti, A. (Ed.). *Handbook of family communication* (pp. 513-540). Mahwah, NJ: Lawrence Erlbaum Associates.

Kastenbaum, R. (1997). Lasting words as a channel for intergenerational communication. *Ageing & Society, 17*, 21-39.

Kenyon, G. M. (1996). The meaning/value of personal storytelling. In Birren, J. E., Kenyon, G. M., Ruth, J-E., Schroots, J. J. F., & Svensson, T. (Eds.). *Aging and biography: Explorations in adult development* (pp. 21-38). New York, NY: Springer.

Kenyon, G. M. (2002). Guided autobiography: In search of ordinary wisdom.

In Rowles, G. D., & Schoenberg, N. E. (Eds.). *Qualitative gerontology: A contemporary perspective* (pp. 37-50)(2nd Ed.). New York, NY: Springer.

Kenyon, G. M., & Randall, W. L. (1997). *Restoring our lives: Personal growth through autobiographical reflection*. Westport, CT: Praeger.

Kenyon, G. M. & Randall, W. L. (2001). Narrative gerontology: An overview. In Kenyon, G. M., Clark, P., & de Vries, B. (Eds.). *Narrative gerontology: Theory, research, and practice* (pp. 2-18). New York, NY: Springer.

Kenyon, G. M., Clark, P., & de Vries, B. (Eds.). (2001). *Narrative gerontology: Theory, research, and practice*. New York, NY: Springer.

Kenyon, G. M., Ruth, Jan-Eric, Mader, W. (1999). Elements of a narrative gerontology. In Bengtson, V. L., & Schaie, K. W. (Eds.). *Handbook of theories of aging*. New York, NY: Springer.

Kress, G. (1996). Social processes and linguistic change: Time and history in language. In Cobley, P. (Ed.). *The communication theory reader*. London, UK: Routledge.

Kuutti, K. (1996). Activity theory as a potential framework for human computer interaction research. In Nardi, B. A. (Ed.), *Context and consciousness: Activity theory and human-computer interaction* (pp. 17-44). Cambridge, MA: The MIT Press.

Lapadat, J. C. (2004). Autobiographical memories of early language and literacy development. *Narrative Inquiry*, 14(1), 113-140.

Lang, A., Bradley, S., Chung, D. Y., & Lee, S. (2003). Where the mind meets the message: Reflections on ten years of measuring psychological responses to media. *Journal of Broadcasting & Electronic Media, 47*(4), 650-655.

Langellier, K. M., & Peterson, E. E. (2006). Narrative performance theory: Telling stories doing family. In Braithwaite, D. O., & Baxter, L. A. (Eds.). *Emerging theories in family communication: Multiple perspectives* (pp. 99-114). Thousand Oaks, CA: Sage.

Lieblich, A. & Josselson, R. (Eds.)(1997). *The narrative study of lives*. Thousand Oaks, CA: Sage.

Lien, Shu-Chin（連淑錦）, Zhang, Yan Bing, & Hummert, M. L. (2009). Older adults in prime-time television dramas in Taiwan: Prevalence, portrayal, and communication interaction. *Journal of Cross Cultural Gerontology, 23*, 355-372.

Luhmann, N. (1986). The autopoiesis of social systems. In Geyer, F., & van der Zouwen, J. (Eds.). *Socialcybernetic paradoxes: Observation, control and evolution of self-steering systems* (pp. 172-192). London, UK: Sage.

McAdams, D. P., Josselson, R., & Lieblich, A. (Eds.)(2006). *Identity and story: Creating self in narrative*. Washington, D. C.: American Psychology Association.

McQuail, D., & Windahl, S. (1981). *Communication models*. New York, NY: Longman.

McTaggart, J. M. E. (1927). *The Nature of existence*, vol. II, book V. Cambridge, UK: Cambridge University Press.

Manheimer, R. (1992). Wisdom and method: Philosophical contributions to genrotology. In Cole, T., van Tassel, D., & Kastenbaum, R. (Eds.). *Handbook of the humanities and aging* (pp. 426-440). New York, NY: Springer.

Marriott, S. (1995). TV discourse and 'time-space distanciation': On mediated interaction in modern society. *Time & Society, 4*(3), 329-345.

Methchnikoff, E. (1903). *The nature of man: Studies in optimistic philosophy*. New York, NY: G. P. Putnam.

Morley, D. (1988). *Family television: Cultural power and domestic leisure*. London, UK: Routledge.

Nussbaum, J. F. (1989). *Life-span communication: Normative processes*. Hillsdale, NJ: Lawrence Erlbaum Associates.

Nussbaum, Jon F., & Coupland, J. (Eds.)(1995). *Handbook of communication and aging research* (1st Ed). Mahwah, NJ: Lawrence Erlbaum Associates.

Nussbaum, F., & Coupland, J. (Eds.)(2004). *Handbook of communication and aging research* (2nd Ed.). Mahwah, NJ: Lawrence Erlbaum Associates.

Nussbaum, J. F., Hummert, M. L., Williams, A., and Harwood, J. (1996). Communication and older adults. In Burleson, B. R. (Ed.) *Communication Yearbook 19* (pp. 1-48). Thousand Oaks, CA: Sage.

Nussbaum, J. F., Pecchioni, L. L., Baringer, D. K., & Kundrat, A. L. (2002). Lifespan communication. In Gudykunst, W. B. (Ed.), *Communication Yearbook 26*. Mahwah, NJ: Lawrence Erlbaum Associates.

Nussbaum, J. F., Pecchioni, L. L., Robinson, J. D., & Thompson, T. L. (2000).

Communication and aging (2nd Ed.). Mahwah, NJ: Lawrence Erlbaum Associates.

Onega, S., & Landa, J. A. (1996). *Narratology*. New York, NY: Longman.

Ostry, E. (2004). "Is he still human? Are you?": Young adult science fiction in the posthuman age. *The Lion and the Unicorn, 28*(2): 222-247.

Pacanowsky, M. E., & O'Donnell-Trujillo, N. (1983). Organizational communication as cultural performance. *Communication Monographs*, 50, 126-147.

Palmore, E. B. (1999). *Ageism: Negative and positive*. New York, NY: Springer.

Pang, M. N., & Hung, W. L. (2001). Activity theory as a framework for analyzing CBT and e-learning environments. *Educational Technology, 4*, 36-42.

Pavlik, J. V. (2011). McLuhan media in the 21st century.《傳媒透視》，7月號，頁4-5。

Pecchiani, L. L., Wright, K. B., & Nussbaum, J. F. (2005). *Life-span communication*. Mahwah, NJ: Lawrence Erlbaum Associates.

Pink, S. (2001). *Doing visual ethnography*. London, UK: Sage.

Quasthoff, U. M., & Becker, T. (Eds.)(2005). *Narrative interaction*. Amsterdam, the Netherlands: John Benjamins.

Quetelet, M. A. (1835). *Sur l'homme, et le développement de ses facultiés*. Paris: Bachelier (translated into English and published in Edinburgh in 1842; reprinted under the title, A treatiese on man, in 1968 by Burt Franklin, New York).

Randall, W. (2001). Storied words: Acquiring a narrative perspective on aging, identity and everyday life. In Kenyon, G., Clark, P., & de Vries, B. (Eds.). *Narrative gerontology: Theory, research, and practice*. New York, NY: Springer.

Randall, W. L., & Kenyon, G. M. (2001). *Ordinary wisdom: Biographical aging and the journey of life*. Westport, CT: Greenwood.

Randall, W. L., & McKim, A. E. (2004). Toward a poetics of aging: The links between literature and life. *Narrative Inquiry, 14* (2), 235-260.

Randall, W. L., & McKim, A. E. (2008). *Reading our lives: The poetics of growing old*. Oxford, UK: Oxford University Press.

Ravdal, H. (2002). Introduction to Part II: Telling Stories. In Rowles, G. D., & Schoenberg, N. E. (Eds.). *Qualitative gerontology: A contemporary perspective* (2nd Ed.). New York, NY: Springer.

Real, M. R., Anderson, H., & Harrington, M. H. (1980). Television access for older adults. *Journal of Communication, 30* (1), 81-88.

Reker, G. (1995). Quantitative and qualitative methods. In Kimble, M., McFadden, S., Ellor, J., & Seeber, J. (Eds.). *Aging, spirituality, and religion: A handbook* (pp. 566-588). Minneapolis, MN: Fortress Press.

Ricoeur, P. (1984). *Time and Narrative* (vols. 1-3). Chicago, IL: University of Chicago Press.

Riessman, C. K. (1993). *Narrative analysis* (Qualitative research methods series no. 30). Newbury Park, CA: Sage.

Riessman, C. K. (2002). Analysis of personal narratives. In Gubrium, J. F., & Holstein, J. A. (Eds.). *Handbook of interview research: Context and method* (pp. 695-710). Thousand Oaks, CA: Sage.

Robinson, J. D., Skill, T., & Turner, J. W. (2004). Media usage patterns and portrayals of seniors. In Nussbaum, J. F., & Coupland, J. (Eds.). *Handbook of communication and aging research* (2nd Ed.). Mahwah, NJ: Lawrence Erlbaum Associates.

Roeh, I. (1989). Journalism as storytelling, coverage as narrative. *The American Behavioral Scientist, 33*(2), 162-168.

Rosenau, P. M. (1992). *Post-modernism and the social sciences: Insights, inroads, and intrusions.* Princeton, NJ: Princeton University Press.

Rosenwald, G. C., & Ochberg, R. L. (Eds.).(1992). *Storied lives: The cultural politics of self-understanding.* New Haven, CT: Yale University Press.

Roy, A., & Harwood, J. (1997). Underrepresented, positively portrayed: Older adults in TV commercials. *Journal of Applied Communication Research, 25*, 39-56.

Rubin, D. (Ed.)(1996). *Remembering our past: Studies in autobiographical memory.* New York, NY: Cambridge University Press.

Ruth, J. E. (1994). Det aldrande berattarjaget: Forsok till en narrativ gerontology [aging and personal storytelling: Attempts at a narrative gerontology]. *Gerontologia, 8*, 205-214.

Sarbin, T. (Ed.)(1986). *Narrative psychology: The storied nature of human conduct.* Westport, CT: Praeger.

Scannell, P. (1995). Media-language-world. In Bell, A. & Garrett, P. (Eds.). *Approaches to media discourse.* Oxford, UK: Blackwell.

Schlesinger, P. (1977). Newsmen and their time-machine. *The British Journal of Sociology, 28*, 336-350.

Schokkenbroek, C. (1999). News stories: Structure, time, and evaluation. *Time & Society, 8*(1), 59-98.

Schramm, W. (1954). How communication works. In W. Schramm (Ed.). *The Process and Effects of Mass Communication* (pp. 3-26). Urbana: University of Illinois Press.

Schroots, J. J. E. (1996). The fractal structure of lives: Continuity and discontinuity in autobiography. In Birren, J. E., Kenyon, G. M., Ruth, J.-E., Schroots, J. J. F., & Svensson, T. (Eds.). *Aging and biography: Explorations in adult development* (pp. 117-130). New York, NY: Springer.

Schroots, J. J. F. & Birren, J. E. (2002). They study of lives in progress: Approaches to research on life stories. In Rowles, G. D., & Schoenberg, N. E. (Eds.). *Qualitative gerontology: A contemporary perspective* (pp. 51-67)(2nd Ed.). New York, NY: Springer.

Schudson, M. (August, 1986). *What time means in a news story*. Gannett Center for Media Studies Occasional Paper No. 4.

Segrin, C., & Flora, J. (2005). *Family communication*. Mahwah, NJ: Lawrence Erlbaum Associates.

Shannon, C., & Weaver, W. (1948). *The mathematical theory of communication*. Urbana, IL: University of Illinois Press.

Shoemaker, P. J. (1991). *Gatekeeping*. Newbury Park, CA: Sage.

Siebert, F., Peterson, T., & Schramm, W. L. (1956). *Four theories of the press: The authoritarian, libertarian, social responsibility, and Soviet communist concepts of what the press should be and do*. Urbana, IL: University of Illinois Press.

Speedy, J. (2008). *Narrative inquiry and psychotherapy*. Hampshire, UK: Palgrave Macmillan.

Stuart-Hamilton, I. (2007). The psychology of ageing: An introduction (4th Ed.). London, UK: Jessica Kingsley

Tamir, Lois M. (1979). *Communication and the aging process: Interaction throughout the life cycle*. New York, NY: Pergamon Press.

Thompson, L., Aidinejad, M. R., & Ponte, J. (2001). Aging and the effect of facial and prosodic cues on emotional intensity ratings and memory reconstructions. *Journal of Nonverbal Behavior, 25*(2), 101-126.

Tornstam, L. (2005). *Gerotranscendence: A developmental theory of positive aging.* New York, NY: Springer.

Tsang, Kuo-Jen（臧國仁）& Wang, Georgette（汪琪）(1990a). Indigenizing foreign culture: The case of Taiwan. Paper presented to the International Communication Association annual convention, Dublin, Ireland.

Tsang, Kuo-Jen （臧國仁）& Wang, Georgette（汪琪）(1990b). Communication research in Taiwan: Retrospect and prospect. Invited paper presented to the Seminar on "Communication Research Needs in Asia," organized by the Asian Mass Communication and Information Center (AMIC), Singapore.

Tuchman, G. (1978). *Making news.* New York, NY: the Free Press.

van Dijck, J. (2004). Mediated memories: Personal cultural memory as object of cultural analysis. *Journal of Media and Culture Studies, 18*(2), 261-278.

Vangelisti, A. (Ed.)(2004). *Handbook of family communication.* Mahwah, NJ: Lawrence Erlbaum Associates.

Vincent, R., Crow, B. K., & Davis, D. K. (1989). When technology fails: The drama of airline crashes in network TV news. *Journalism Monographs,* No. 117.

Wallace, J. B. (1994). Life stories. In Gubrium, J. F., & Sankar, A. (Eds.). *Qualitative methods in aging research* (pp. 137-154). Thousand Oaks, CA: Sage.

Weick, K. (2005). Organizing and failures of imagination. *Public Management: An International Public Management Journal, 8*(3), 425-438.

Wengraf, T. (2001). *Qualitative research interview.* London, UK: Sage.

Wenner, L. (1976). Functional analysis of TV viewing for older adults. *Journal of Broadcasting, 20* (1), 76-88.

Wiener N. (1948). *Cybernetics: or, Control and communication in the animal and the machine.* Cambridge, MA: MIT Press.

Williams, A., & Coupland, N. (1998). Epilogue: The socio-political framing of aging and communication research. *Journal of Applied Communication Research, 26,* 139-154.

Williams, A., & Nussbaum, J. F. (2001). *Intergenerational communication across the life span.* Mahwah, NJ: Lawrence Erlbaum Associates.

Williams, A. & Ylanne-McEwen, V. (2000). Elderly lifestyles in the 21st century: "Doris and Sid's excellent adventure." *Journal of Communication, 50.* 4-8.

Wolff, L. O. (1993). Family narrative: How our stories shape us. Paper presented at Speech Communication Association Conference. Miami Beach, FL., Nov. 19-21 (http://www.eric.ed.gov/ERICDocs/data/ericdocs2sql/content_storage_01/0000019b/80/15/63/36.pdf; p. 3).

Zillmann, D. (1977). Affective responses to the emotions of a protagonist. *Journal of Experimental Social Psychology, 13,* 155-165.

Zillmann, D. (1994). Mechanisms of emotional involvement with drama. *Poetics, 23,* 33-51.

Zillmann, D., & Gan, G. (1996). Effects of threatening images in news programs on the perception of risk to others and self. *Medienpsychologies, 8*(4), 317-318.

Zillmann, D., & Knobloch, S. (2001). Emotional reactions to narratives about the fortunes of personae in the news theater. *Poetics, 29,* 189-206.

Zillmann, D., Tylor, K., & Lewis, K. (1998). News as nonfictional theater: How dispositions toward the public cast of characters affect reactions. *Journal of Broadcasting and Electronic Media, 42*(2), 153-169.

附錄一

老人傳播研究
——十年回首話前塵*

---

* 本文同名初稿曾刊登於《中華傳播學刊》專題論文，第19期（2011，6月號），頁25-40，内容業經再次調整。老人研究群網址：http://www3.nccu.edu.tw/~kjt1026/gerontology/

本章提要

　　「老人傳播研究群」是國內迄今唯一專以老人議題為研究對象之傳播研究團隊，成立已有十年以上，但其研究旨趣幾經調整，早期對「新聞美學」曾多所探究，而後討論「情感」、「時間」、「故事」與新聞報導之關聯，延至 2004 年方改以「老人傳播」為旨。近些年來，研究群專注於「傳播」與「敘事」（含「老人敘事」）之交集，次第開發較新研究主題，尤其關注「生命故事」之述說及其與大眾傳播之連結，研究「主體論」、「知識論」、「方法論」因而也漸轉向「敘事典範」，乃國內（以及華人）傳播社區別有特色之研究團隊。

學習重點

1. 源起：與「新聞美學」之邂逅
2. 「老人傳播研究群」：以「生命故事」為核心之新研究傳統
3. 檢討與反思

-- 佳處徑須攜杖去，能消幾緉平生屐？[1]

壹　源起：與「新聞美學」之邂逅

「老人傳播」此一概念對多數人而言迄今仍屬前所未聞，即連某些知名雜誌記者亦常來電專事詢問「『老人傳播』所為何事？」，對其陌生程度可見一斑。

實則本書作者最初進入這個研究領域也屬「誤打誤撞」，名稱也係自創，直至稍晚瀏覽文獻後方知學界確有「老人與傳播」（aging & communication）或「老人傳播」（aging communication）等詞彙，[2]其間曲折迂迴並非一觸即得，如今回想「結緣」過程卻似又有脈絡可尋，值得稍事記述回顧。

約在2000年前後，第一作者甫完成專著，[3]而第二作者亦已結束「新聞框架」之探索[4]正擬另闢蹊徑調整研究興趣。其時正逢台灣「埔里921大地震」（1999年）以及美國「紐約911世貿大樓倒蹋」事件（2001年）相繼發生，兩件自然／人為災難帶來極大震撼，[5]有關「新聞美學」（news aesthetics）之討論隨即展開，[6]試圖理解「為何……閱聽大眾在『傷心、憤

1　辛棄疾詞，語出劉斯奮（2002）。《辛棄疾詞選》（中國歷代詩人選集29）。台北：遠流（頁27）。

2　參見：Harwood, J. (2007). *Understanding communication and aging: Developing knowledge and awareness*. Thousand Oaks, CA: Sage; Nussbaum, J. F. & Coupland, J. (2004). *Handbook of communication and aging research*. Mahwah, NJ: L. Erlbaum; Nussbaum, J. F., Pecchioni, L. L., Robinson, J. D., & Thompson, T. L. (2000). *Communication and aging*. Mahwah, NJ: L. Erlbaum.

3　蔡琰（2000a）。《電視劇：戲劇傳播的敘事理論》。台北市：三民。

4　臧國仁（1999）。《新聞媒體與消息來源——媒介框架與真實建構之論述》。台北市：三民。

5　見：臧國仁、鍾蔚文（2000）。〈災難事件與媒體報導：相關研究簡述〉。「災難發生時媒體如何發揮最大效用——以集集大地震為例」。《新聞學研究》，第62期，頁143-151。

6　臧國仁、蔡琰（2001）。〈新聞美學——試論美學對新聞研究與實務的啟示〉。《新聞學研究》，第66期（1月號），頁29-60；蔡琰、臧國仁（2003b）。〈由災難報導

怒』之餘，仍要追求『更多、更深入』的新聞報導？……為何這一〔椿〕發生於國〔內〕外的重大災難新聞，竟會造成台灣閱聽眾產生如此資訊飢渴與需求？」[7]而此類重大災難新聞除提供警訊與真相外，是否亦有「美」的功能而得淨化人心、尊重生命、共享經驗？[8]

如今檢視當時所撰兩篇「新聞美學」論文，[9]由其所附「參考書目」可知其時並無相關傳播文獻可資參考，只得改從「美學」領域借鑑從頭開始。撰述時之遣辭用句均小心翼翼，不時檢討傳統「新聞真實」概念並旁徵博引相關文獻以示與學術主流論點猶有接軌而未有造次企圖，心虛程度明顯可見。

所幸美學思想淵遠流長，漫遊其間深有所感，藉著撰寫論文而大量閱讀如現象學者M. Heidegger、[10]R. Ingarden、[11]文學理論家M. M. Bakhtin、[12]美學研究者朱光潛、[13]滕守堯、[14]高宣揚[15]等人鉅作，囫圇吞棗之餘頗受啟發，因緣際會地進入了此一富含人文哲理之典範領域，十年後

檢討新聞美學的「感性認識」：兼談新聞研究向美學轉向的幾個想法〉。《新聞學研究》，第74期，頁95-120。

7 同上註，蔡琰、臧國仁，2003b，頁97；添加語句出自本書作者。

8 見：臧國仁、蔡琰（1999-2000）。國科會專題研究計畫〈報紙新聞之敘事結構及論述方法〉（NSC 89-2412-H-004-011）；蔡琰、臧國仁（1999-2000）。國科會專題研究計畫〈電視新聞論述〉（NSC-89-2412-H-004-034）。

9 同註6。

10 蔡美麗譯（1991）。〈賀德齡與詩之本質〉。鄭樹森編，《現象學與文學批評》（再版，頁1-28）。台北：東大。（原文出自：Heidegger, M. [1949]. Hölderlin and the Essence of Poetry. In *Existence & Being* (pp. 293-315). Chicago, IL: Henry Regnery.）

11 廖炳惠譯（1991）。〈現象學美學：試界定其範圍〉。鄭樹森編，《現象學與文學批評》（再版，頁29-55）。台北：東大。（原文出自：Ingarden, R. [1975]. Phenomenological aesthetics: An attempt at defining its range. *The Journal of Aesthetics and Art Criticism, 33*(3), 257-269.）

12 Holquiist, M. (1990). Introduction. In Holquist, M., & Liapunov, V. (Eds.). *Art and Answerability: Early Philosophical Essays by M. M. Bakhtin* (pp. ix-xlix). Austin, TX: The University of Texas Press.

13 朱光潛（1987）。《近代美學與文學批評》。台北市：金楓。

14 滕守堯（1987）。《審美心理描述》。台北市：漢京文化。

15 高宣揚（2004）。《傅科的生存美學：西方思想的起點與終結》。台北市：五南。

甚至協助並指導研究群成員賴玉釵完成博士論文撰寫，[16]此時回想一切恐只能以「機緣」解釋罷！[17]

　　定期聚會隨後取名「新聞美學研究群」，持續針對「審美」、「情感」、「敘事」等概念每週見面討論，亦承繼早年鑽研所得之新聞理論知識進而將研究焦點逐步轉置於「老年長者」與大眾媒體情境之互動，[18]包括新聞媒體如何報導老人訊息，[19]其（老人）又如何接收訊息、[20]投注情緒、[21]放入感情[22]並向他人講述故事（即敘事）。[23]

　　而以「老年長者」爲研究對象實起自兩位作者其時陪伴家人的第一手生活觀察，藉著與其交談、共同觀賞電視、討論新聞，直接並也間接地促成了與前不同之研究發想，從而在這個國內研究者尙少眷顧的領域漫遊細思。實際上，這些發想在第一作者稍早之國科會專題研究結案報告已見端倪：[24]

---

16 賴玉釵（2009）。〈讀者理解與文本結構之交流過程：以閱讀金庸武俠小說之「美感體驗」爲例〉。政大新聞所博士論文。

17 跨入美學領域對第二作者而言純屬意外，但第一作者則因早年攻讀戲劇，對諸如朱光潛之美學概念並不陌生。

18 蔡琰、臧國仁（2001-2003）。國科會專題研究計畫〈老人與大眾傳播情境〉（NSC91-2412-H-004-002）。

19 臧國仁、蔡琰（2010a）。〈新聞敘事之時空「窗口」論述──以老人新聞爲例〉。《新聞學研究》，第105期，頁205-246（已改寫爲本書第八章）；臧國仁、蔡琰（2005a）。〈新聞報導與時間敘事──以老人新聞爲例〉。《新聞學研究》，第83期（4月號），頁1-38（已改寫爲本書第七章）。

20 蔡琰、臧國仁（2008a）。〈老人接收新聞訊息之情感與記憶〉。《中華傳播學刊》第13期（7月號），頁3-36（已改寫爲本書第九章）。

21 蔡琰、臧國仁（2003-2004）。國科會專題研究計畫〈情感作用於電視劇解讀的方式：從老人觀眾詮釋故事意義中尋找「好看」的線索〉（NSC92-2412-H-004-018）。

22 蔡琰、臧國仁（2005-2006）。國科會專題研究計畫〈老人情感與記憶在觀看電視中扮演的角色〉（94-2412-H-004-015）。

23 臧國仁、蔡琰（2009a）。〈傳媒寫作與敘事理論──以相關授課內容爲例〉。「政大傳播學院媒介寫作教學小組」編，《傳媒類型寫作》（頁3-28）。台北：五南。

24 蔡琰（2001）。〈電視劇審美心理探析：老人觀眾「涉入」與「距離」的遊戲〉。國科會專題研究（NSC-89AFA0200227）；引文出自：蔡琰、臧國仁（2003a）。〈老

　　晚間電視黃金時段正在上演古裝劇「花木蘭」，情節接近尾
聲：第一男配角蘇吉利擁著瀕臨死亡的愛人以淚水和衷曲難分難
捨地訣別著。

　　一名小學生眼見這樣的畫面不禁開懷大笑，指著淚眼婆娑的
蘇吉利說：「哈哈，哈哈！好蠢，好蠢！」面對此一劇情，老人
觀眾卻靜坐無言而與劇中主角一齊涕泗縱橫。

　　怎麼了？為什麼？這名小孩看見了什麼？老人又如何受到劇
情影響？

　　兩位作者隨即提出以下質疑：「…為什麼同是戀人哀泣訣別的〔八
點檔連續劇〕『花木蘭』場景，孩童觀看之餘開懷大笑而老人卻為之傷
感？……除了年齡與經驗差異外，還有哪些因素或可解釋觀眾面對情節的
不同接收與反應？老人觀眾的情感現象、心理發展階段是否與一般觀眾
有不同特質，因而影響其對劇情特別留戀，並也特別容易產生外顯情感反
應，如深受劇情感動而涕泗縱橫呢？」。[25]

　　此處所稱之「老人觀眾」實是第一作者年逾八旬老母，其時最大休閒
娛樂就是與尚在小學就讀之外孫女共賞電視連續劇。但老少兩人生命閱歷
不同，從觀賞經驗裡所得之情感（美學）回饋也大異其趣，因而引發了兩
位作者由此出發探究老人特殊傳播收視行為，隨後陸續寫就研究提案與期
刊專文發表。如今老人早已駕鶴仙逝多年，而「小學生」亦已亭亭玉立自
大學畢業，回首前塵格外令人感慨時光飛馳、韶華如駛矣。

　　總之，「新聞美學研究群」前期曾多次探討一般傳播研究猶少接觸
的「情感」（affect）、「情緒」（emotion）、「感性」（feeling）等概
念，[26]透過觀察老人如何觀賞電視劇或閱讀新聞報導進而試圖理解「事件
的實況〔如何〕被投射到觀眾的經驗世界，而新聞符碼所引發的情緒、

人觀眾與電視劇：從老人之定義到人格心理學對閱聽人研究的啟示〉。《中華傳播學
刊》，第3期，頁197-236（頁198）。

[25] 同上註，蔡琰、臧國仁，2003a，頁198-9（參見本書第九章）。

[26] 相關名詞解釋見註20。

歡喜、恐懼、氣憤、憂慮，甚至後續具體社會行動〔又如何與觀眾互動〕」。[27]

由此，兩位作者深切體認了「美學的議題不只侷限於單一符號所產生的意義，還包括符號所象徵的整個文化系統；不只關懷個人情感反應，並也強調心靈意識中各種情緒背後的整個價值系統」。

從與長者之溝通互動過程裡，大眾傳播理論一些猶未論及之人生議題（如老人解讀電視暴力節目情節之能力究與「涵化研究」有何不同）漸被引入，使得研究者對「美學」與「生存（命）」（lifespan）如何連結產生興趣，尤其受惠於高宣揚之「生存美學」卓見，[28]進而漸入「傳播與老人／生命」範疇：[29]「我們除了關心台灣老人如何觀賞電視劇外，更好奇老人認知與人格心理的特質是否協助老人解決個人心理層面的需求？電視劇之觀賞經驗是否可歸類為『終身學習』或是『社會參與』的一部分？當老人年邁體衰，生活圈逐漸狹小而倍感孤獨時，電視劇是否成為其重要社會傳播行為之一？」[30]

貳　「老人傳播研究群」：以「生命故事」為核心之新研究傳統

其後（2004-2005年間）研究群除更名爲「老人傳播」外，亦試圖串連老人研究與「生命傳播」（含新聞報導），所幸也在相關文獻裡發現lifespan概念確已取代早期老齡（aging）研究傳統，[31]因而體認「老年」

---

27 同註6，蔡琰、臧國仁，2003b，頁113（添加語句出自本書作者）。

28 同註15。

29 臧國仁、蔡琰（2005-7）。國科會專題研究計畫〈新聞報導與時間敘事（III）──以社會建構論爲基礎之理論提案〉（NSC 94-2412-H-004-005; NSC 95-2412-H-004-003）。

30 引句出自同註24，蔡琰、臧國仁，2003a，頁224。

31 如：Nussbaum, J. F. (1989). *Life-span communication: Normative processes*. Hillsdale, NJ: L. Erlbaum Associates; Williams, A., & Nussbaum, J. F. (2001). *Intergenerational communication across the life span*. Mahwah, NJ: Lawrence Erlbaum Associates;

（old）此一「階段式」名稱（相較於少年、草莓族）顯應轉換爲「老齡」（指「老」的連續性過程）並以生命歷程爲整體觀察對象。[32]而「老人傳播」研究興趣則在透過觀察、分析進而持續反思大眾傳播媒體如何再現老人、老人在大眾媒介訊息中代表之時間敘事意涵爲何、[33]老人與生命之美學意義如何傳播、老人如何透過接收媒介訊息表達情感。

「情感」與「時間」此時成爲第二階段研究主旨，延伸成爲至今未曾稍歇之「老人敘事」（narrative gerontology）核心研究內容。[34]依荷蘭老人研究者Schroots之見，[35]任何敘事（如老人自述之生命故事）總也涉及「情感」與「時間」兩軸：一方面，故事內容勢必與生命歷程之高低潮有關（情感軸線），每次述說均多由此展開進而講述「當年勇」或是「幸好……」等人生重大成就（或傷痛）。另一方面，這些高低潮也與時間軸線緊密相關，其起伏總是發生在「某年某月」、「當年我」、「那時候」。

以此兩軸建立之「人生分枝模式」因而成爲生命故事（尤其是老人自述）主要分析途徑，研究者可由此探得講述者之生命歷程如何「走過當

Coupland, N., & Nussbaum, J. F. (1993) (Eds.). *Discourse and lifespan identity*. Newbury Park, CA: Sage; Pecchiani, L. L., Wright, K. B., & Nussbaum, J. F. (2005). *Life-span communication*. Mahwah, NJ: L. Erlbaum.

[32] Aging一詞中文譯法並未統一，不同領域（如社會學、社工學、成人教育學、老人學等）曾分有「高齡」、「老化」、「老齡」等用法，本章暫採「老齡」，但本書標題仍沿用「老人傳播」。

[33] 蔡琰、臧國仁（2007）。〈「創意／創新」與時間概念：敘事理論之觀點〉。《新聞學研究》，第93期（10月號），頁1-40。

[34] Kenyon, G. M., Clark, P., & de Vries, B. (Eds.). (2001). *Narrative gerontology: Theory, research, and practice*. New York, NY: Springer; Kenyon, G. M., Ruth, J-E, Mader, W. (1999). Elements of a narrative gerontology. In Bengtson, van L. & Schaie, K. W. (Eds.). *Handbook of theories of aging* (pp. 40-58). NY: Springer .

[35] Schroots, J. J. E. (1996). The fractal structure of lives: Continuity and discontinuity in autobiography. In Birren, J. E., et al. (Eds.). *Aging and biography: Explorations in adult development* (pp. 117-130). New York, NY: Springer; Schroots, J. J. & Birren, J. E. (2002). The study of lives in progress: Approaches to research on life stories. In Rowles, G. D. and Schoenberg, N. E. (Eds.). *Qualitative Gerontology: A Contemporary perspective* (pp. 51-67)(2nd Ed.). New York, NY: Springer.

年」、生命歷程之變化關鍵爲何、其人生如何曲折蜿蜒、主要歷練爲何、「得」與「失」間如何互爲犄角。[36]

　　由此觀之，老人敘事研究之重要性並非一般實證研究慣以探討之定律、原則，而係企圖從<u>每則</u>生命故事裡理解「個性化如何動態」（指故事主角如何顯現其動態個性），[37]並從一連串無秩序與有秩序結構變化裡探究每個人的生命特性（uniqueness），進而發掘故事背後深藏之日常智慧（ordinary wisdom）；[38]建立科學性指標或普遍原則顯非此類研究者所應追求之研究目標。

　　而以「生命故事」（life stories或lifestories）爲「敘事論」核心議題隨即成爲2005-2010年間研究重點，不斷思索「老人」、「生命」、「故事」三個概念間之關聯，並於2006年向本校「通識教育中心」主動申請開設「老人（生命）與傳播」課程，由第二作者任授課教師而第一作者協同，並於2008年2月（96學年下學期）正式推出，兩年後（98學年下學期，2010年）再次開設，主題包括「老人研究的歷史、核心概念、轉變」、「老人的語言溝通特質」、「老人的大衆媒介形象」、「老人與大衆媒介的互動」、「老人與生命現象（生老病死之討論）」、「老人與敘事（情感、情緒、美學欣賞）」等。[39]

　　此課因屬社會人文通識，學生來源遍布各不同學院，經隨機安排後分組進行期中與學期報告各一次。修課同學反映良好，多人表示其對「老人」及「生命價值」等議題在上完課後已有較前不同體認，並也建議籌設進階課程。

　　說來有趣，將「生命故事」納入老人敘事研究實奠基在一篇文長不及十頁之短文，[40]兩位作者其時透過廣泛閱讀進而提出了與前截然不同之論述

---

36 同上註，Schroots, 1996.

37 同上註，頁119。

38 Kenyon, G. M. (2002). Guided autobiography: In search of ordinary wisdom. In Rowles, G. D. & Schoenberg, N. E. (Eds.). *Qualitative Gerontology: A Contemporary perspective* (pp. 37-50)(2nd Ed.). New York, NY: Springer.

39 見本書第十二章。

40 臧國仁、蔡琰（2005b）。「與老人對談——有關「人生故事」的一些方法學觀

建議：「老人敘事之重要性，顯係奠基於對『說故事』（敘事）的看重，尤其是這些故事所累積之生活經驗，以致於即便其係以「個案」形式出現（每位老人所述之故事皆有不同），……但每則故事所蘊存的生命經歷對其他社會機構或個人仍應有理論貢獻，反映了『凡走過（經歷）必值得回味』的人生積極意義」。

　　五年來，兩位作者偕同「老人傳播研究群」成員持續在以生命故事為核心之「敘事傳播」（narrative communication）相關議題中優遊，漸而解除了傳統實證主義之方法論桎梏，不再關心研究資料之信度、效度、客觀性、正確性、因果推論價值等基本條件，反較著重於如何啟動受談者講述故事以期從其所述探尋（與分享）人生經驗，從而重建與其有關的社會、心理理論內涵，即使這些故事可能僅是一些看似「理所當然」（taken for granted）的對話內容。[41]

　　在研究題材上，「敘事傳播論」觀點也啟發了眾多傳統傳播研究或曾「不屑一顧」之題材。[42]如前述「生命故事」雖係老人研究（尤其「老人心理學」，psychogerontology）發掘之特殊取徑，[43]但其應用層面顯對傳播研究者亦有啟示作用，無論新聞、[44]電影、廣告、公共關係教學者均可鼓勵初學者多與家中老人對談以增添趣事與經驗。尤以其研究架構較不嚴謹，實施對象又為家（親）人，作為入門練習堪稱允當。何況一般實證科學研究方法久已被詬病為「脫離實際生活世界」，[45]改以生命故事或易引起初學者興趣，降低對研究方法之恐懼心情。

察」。《傳播研究簡訊》，第42期（5月15日），頁13-18；本段引句出自頁14。

[41] 同上註。

[42] 臧國仁、蔡琰（2010b）。〈傳播與敘事——以「生命故事」為核心的理論重構提議〉。國科會專題研究計畫（NSC98-2410-H-004-108）結案報告。

[43] Birren, J. E., & Schaie, K. W. (2001). *Handbook of the psychology of aging*. San Diego, CA: Academic Press.

[44] 參見Coleman, R. (2004). Oral and life histories: Giving voice to the voiceless. In Iorio, S. H. (Ed.). *Qualitative research in journalism: Taking it to the streets* (pp. 89-104). Mahwah, NJ: LEA.

[45] Wallace, J. B. (1994). Life stories. In Gubrium, J. F., & Sankar, A. (Eds.). *Qualitative methods in aging research* (pp. 137-154). Thousand Oaks, CA: Sage（引句出自頁137）。

　　近兩年來，隨著本體論（「傳播」之核心內容為何）、知識論（「傳播」知識所應涵蓋範疇為何）與方法論（如前述由「客觀論」轉為「敘事論」而不復關心分析資料信度與效度）之不斷調整，一些較前更為有趣之題材業已次第提出並撰專文，如「新聞與想像」、[46]「敘事窗口」、[47]「老人與新科技使用」[48]，亦皆能通過匿名審查而刊出發表。未來則將持續朝向以「生命故事」為核心之敘事傳播邁進，開發更新題材如「旅行敘事」、[49]「飲食敘事」、「影像家庭」，[50]享受更為寬廣、自由卻也貼近日常生活之研究歷程。

　　總之，在過去十年左右的研究歲月裡，兩位作者因社會情境之變遷（如自然／人為災難之發生）而對研究主題逐漸有了與前不同之感觸，從而調整方向邁出步伐，十年後回想這一段生命歷程足堪回味。

　　如前所述，兩位研究者最初有感於新聞報導內容或與「美學」有關，從而接觸了與美學極度關聯之「情感」與「時間」議題並接續涉足「敘事論」。另又從陪伴家中老人的日常生活經驗裡領悟「敘事」（說故事）亦是社會科學重要理論基礎所在且人的本質就是「敘事動物」（homo narrans）生而能說故事，[51]由此逐漸將研究重心導向「敘事典範」（narrative paradigm），並從研究內容、研究群討論、教學方式、論文指導方向皆轉以此為核心而捨棄了從博士階段以來所一貫接受之「實證論」訓練，其間改變實頗重大，幾可謂與生命成長同步（見〔圖13.1〕）。

---

46 蔡琰、臧國仁（2010b）。〈論新聞讀者之「想像」：初探「記實報導可能引發的線索〉。《中華傳播學刊》，第17期，頁235-268。

47 同註19（臧國仁、蔡琰，2010a）或本書第八章。

48 蔡琰、臧國仁（2008b）。〈熟年世代網際網路之使用與老人自我形象與社會角色建構〉。《新聞學研究》，第97期，頁1-43或本書第十章。

49 臧國仁、蔡琰（2010c）。〈旅行敘事與生命故事：「傳播敘事學」之進階提案〉。中華傳播學會2010年會（7月），嘉義：中正大學。

50 臧國仁、蔡琰（2010d）。〈以「影像家庭生命故事」為核心之華人傳播敘事觀點芻議——兼向汪琪教授的學術成就致敬〉。政大傳播學院講座教授汪琪榮退專題演講會（5月14日）或本書〈附錄二〉。

51 Fisher, W. R. (1987). *Human communication as narration: Toward a philosophy of reason, value, and action.* Columbia, SC: University of South Carolina Press.

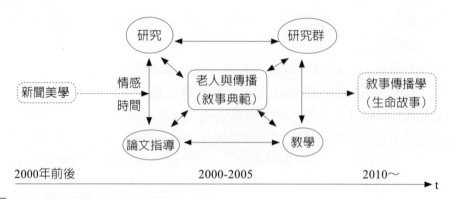

圖13.1：兩位作者過去十年之研究路徑

來源：本書作者

參 檢討與反思

　　過去十年（2001-2011）間兩位作者共同在《新聞學研究》（六篇）與《中華傳播學刊》（四篇）等期刊發表相關論文計十篇，另有兩篇在中國大陸一級傳播學刊刊出。依其關鍵字所示可知，最常出現者包括（數字表次數）：新聞 (9)、敘事 (7)、老人 (5)、生命故事 (5)、觀眾 (3)、自我 (3)、時間 (2)、電視／劇 (2)、論述 (2)、感覺 (2)、窗口 (2)、人格 (1)、美學 (1)、觀看 (1)、情緒 (1)、真實 (1)、再現 (1)、傳播理論 (1)、記憶 (1)、創意 (1)、再述 (1)、新媒介 (1)、社會模控學 (1)、想像 (1) 等，其間彼此結構關係足以顯現作者最為關心之核心議題。

　　簡言之，過去約十年間之相關研究係以「新聞」、「老人」、「敘事」三個關鍵字詞為主，而在「新聞」議題之下又有「讀者」（含觀眾）、「時間」、「再現」等，其因在於延續上個十年有關「新聞框架」之討論。至於「敘事」議題早期多與「論述」有關[52]，近期則與「生命故事」連結。「老人」議題首次出現在2001年，而後持續成為研究焦點所在

---

[52] 蔡琰、臧國仁（1999）。〈新聞敘事結構：再現故事的理論分析〉。《新聞學研究》，第58集，頁1-28。此文係國內首篇有關新聞敘事之學術論文。

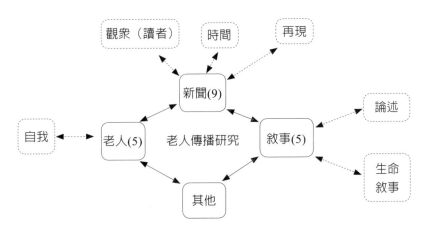

圖13.2：從關鍵字重整之老人傳播研究主要議題
來源：本書作者，數字表示關鍵字出現頻數

（見〔圖13.2〕）。

　　如前所述，兩位作者過去多透過國科會專題研究執行相關計畫，貢獻最大者當屬此十餘年（1999-2011）來每週聚會同享甘苦之研究群成員。經統計，以「大學生」身分進入研究群者共30人，碩士生15人，博士生4人，另有「博士後研究員」一人於2009年加入。而在研究群擔任助理期間由大學部考入碩士班者21人，碩士生升入博士生7人（含三人由大學入碩士後又進入博士班），另有一位成員在研究群期間取得博士學位，顯示定期討論對學生助理之知識觀增長顯有助益，長期浸淫後多能享受讀書樂趣而不以為苦，年年重回研究群而不捨離開（擔任助理時間最長者已逾十年）。

　　「老人傳播研究群」討論所得除定期投稿研討會與期刊外，其首要成果當屬培養了眾多對「老人」議題有興趣之助理同學。大多數成員加入研究群初期均尚屬懵懂青澀，每週與老師及資深助理讀書、討論、交談、辯論，長久後均能獨當一面，如過去六年（2005-2011）計有九位大學部助理們共獲國科會「大專學生參與專題研究計畫」獎勵四次即為一例，[53]

---

53 李威儀、林楚彬（2005-6）；華婉伶、龐力庚、章元莊（2007-8）；黃芮琪、林佳儀（2009-2010）；黃怡瑄、鄭惠文（2011-2）。依國科會規定，大學生專題研究案僅能由一位同學具名申請，但實際執行時則由2-3位同學共同協力合作。

2009-2010案例並獲「優良結案報告」。[54]另如助理華婉伶改寫碩士論文後投稿獲「2010年中華傳播學會年會」僅有之研究生論文獎亦屬佳話,其後並受邀在甫創刊之《傳播研究與實踐》投稿刊出,殊為不易。[55]

這些助理同學們初期多來自政大傳播學院所轄三系(新聞、廣播電視、廣告),進入研究所後則各自發展研究興趣,主修科目分屬「戲劇」、「劇場管理」、「劇本寫作」(台北藝術大學)、「公共行政」(政治大學)、「財務管理」(中山、政治大學)、「傳播管理」(中山大學)、「口語傳播」(世新大學)以及政大傳院原屬之新聞、廣電,不一而足。

總之,兩位作者多年來共同主持「老人傳播研究群」(2006年另有新聞系同僚孫曼蘋教授加入),秉持「敘事論」核心精神並不在意研究步驟嚴謹與否,反較鼓勵眾多助理同學們在討論過程裡大聲講出自己想法並以「共同建構者」身分與老師們一起學習、分享。久之助理們皆能有所領略而漸有「青出於藍」之勢,眾多研究主題(如「旅行敘事」、「新聞訪問與敘事」、「影像家庭生命故事」等)均出於與助理同學之共同發想與討論。

但在經歷多次以老人為研究對象之實際探索中,我們也曾發現以下諸多特質值得提出以供其他研究者參考。其一,許多老人遠較年輕人不熟悉「學術研究」之性質,因而拒訪率較高。[56]其二,即便老人樂意接受訪談,卻常對訪談問題未置一詞或質疑訪談問題之用意,有時甚至直接批評問題之適宜性。但如訪談問題恰屬其樂於述說之議題,則又可能滔滔不絕難以

---

54 黃芮琪:〈「生手」記者如何成為「準專家」記者——以政治大學實驗性刊物《大學報》為例〉(NSC 98-2815-C-004-001-H)。結案報告獲國科會「98年度大專生參與專題研究計畫研究創作獎」

55 該年度學生投稿件數逾百,入選宣讀論文篇數49,僅有華婉伶一人得獎,見:華婉伶、臧國仁(2011)。〈液態新聞:新一代記者與當前媒介境況——以Zygmunt Bauman「液態現代性」概念為理論基礎〉。《傳播研究與實踐》,第1卷第1期,頁205-238。

56 此一說法並無質疑老人用意,其亦可能因兩位作者在大學任職,平常接觸之年輕人多為大學生與研究生,已有基本學術訓練。而許多受訪老人平日並無機會接觸學術研究,拒訪率較高之因可能出自老人對原不熟悉者(如研究者)警覺性較高。

停止甚至拒絕研究者打斷其述說。其三，老人也可能在訪談過程裡自我揭露私事，情感一發不可收拾，使得訪談過程充滿不確定感。[57]改善之道可能在於訪談前先行尋覓可資轉介之「意見領袖」，讓研究者與受訪老人間先行建立「信任感」，如此或能增加訪談之成功率。但老人面對研究訪談之態度的確與年輕人大有不同，一旦接受訪問則常準備經日，正色以對不容插嘴或質疑，其對方法論之可能啓示值得重視。[58]

　　未來我等亦將延續此一脈絡持續開發更多較新議題，努力推動「敘事傳播學」之發展契機並仍以「生命故事」之美感爲其重點，乃因「所有形式的人類傳播皆為故事，……我們所理解的世界皆出自一連串故事，乃透過持續創造過程（continual re-creation）所篩選部分情節而來」。[59]

---

57 許多研究議題（如家庭、情感、寂寞等）均易觸動老人受訪者回憶甚至引發其自我揭露，應審慎以對。

58 參見：邱天助（2004）。《老年符號與建構：老人研究的社會文化轉折》。新北市新店區：正中（第一章），有關老年學的認識論與方法論之討論。

59 同註51，頁xiii。

附錄二

影像家庭生命故事
——華人傳播之敘事觀點*

* 本章初稿曾於政治大學新聞系「講座教授汪琪博士榮退紀念研討會」宣讀（2010
年5月14日），並於2010年「中華傳播學會」（嘉義：中正大學）以panel形式報
告（7月4日，2-2D場），回應人陳百齡教授曾提出多項具體建議，特此敬謝。政
治大學傳播學院「老人傳播研究群」成員之協助對本研究貢獻甚多，且蒙一致同
意使用其所述家庭故事，一併致謝。

本章提要

....

「華人傳播」究應如何研究或研究哪些主題，近來頗受重視卻少有開創性討論。本研究試以「家庭傳播」此一極具華人社會特色之主題為例，蒐集 15 位研究群成員之靜態照片或動態影像分述自己從何而來、家族如何過節、父親與母親家族文化之異、鄰居友人如何成長。本研究發現，影像家庭故事約可涵蓋兩個軸線，其一是由過去到未來的故事情節鋪陳，另一軸則是由自述與他述所構成的家庭（族）影像自我民族誌，難由他人代述而頗具獨特性。

學習重點

....

1. 前言：研究背景——簡述華人傳播研究
2. 理論：有關「家庭傳播」之影像研究
3. 研究方法與資料簡述
4. 分析與研究發現
5. 作業、延伸問題與討論

-- 家庭生活照的功能，多少也有點像好萊塢的通俗喜劇。人們進
入電影院裡取得短暫的感動、歡笑、移情或某種匱乏的補償並
獲得暫時的勇氣，繼續面對並不那麼美好的現實生活。人們也
按照類似的概念，年復一年地拍攝與編選〔家庭〕生活照片，
在相簿裡建造歡樂、幸福、美滿的家庭故事。……家庭攝影，
一如家庭本身，也變成了一種社會機制；……家庭照片的製作
與內容，是被一套社會大眾的倫理、習俗與行為模式所規範出
來的，它也必須遵循這個規範，不容許離經叛道的影像實驗或
藝術創作，更遑論呈現其他的真實。[1]

壹　前言：研究背景——簡述華人傳播研究

有關「華人傳播研究」或傳播研究「在地化」皆非近兩年來始有之嶄
新想法，早在1990年代初Tsang（臧國仁）& Wang（汪琪）[2]即曾撰文探
索「外來媒介文化產品」（如書籍、電影、錄影帶等）如何適應本土情境
（indigenization）。延續當時整個台灣社會科學研究「中國化」的浪潮，[3]
傳播學界也曾舉辦「一九九三中文傳播研究暨教學研討會」，邀集來自中
國大陸、香港、新加坡、馬來西亞、澳洲、台灣等地兩百多位華人傳播研
究與教育者共同首次針對華人傳播研究之未來方向進行多場論辯並曾出版

1　郭力昕（1998）。《書寫攝影：相片的文本與文化》。台北市：遠流（引句出自頁73-4；添加語句出自本書作者）。

2　Tsang, Kuo-Jen & Wang, Georgette. (1990a). Indigenizing foreign culture: The case of Taiwan. Paper presented to the "Indigenization of Foreign Culture in Three Cultural Settings," the International Communication Association annual convention, Dublin, Ireland; Tsang, Kuo-Jen & Wang, Georgette. (1990b). Communication research in Taiwan: Retrospect and prospect. Invited paper presented to the Seminar on "Communication Research Needs in Asia," organized by the Asian Mass Communication and Information Center (AMIC), Singapore.

3　楊國樞、李亦園、文崇一（主編）（1990）。《現代化與中國化論集》。台北市：桂冠；高承恕（1988）。〈社會科學「中國化」之可能性及其意義〉。高承恕編，《理性化與資本主義》（頁223-241）。台北市：聯經。

專書誌念。[4]

　　惜乎十餘年來此一深具意義之學術社區猶未成形，迄今僅有零星研究論文偶現。[5]相較於心理學領域多年來不但已有眾多學者致力於「本土心理學」之研究甚至出版學術期刊（《本土心理學研究》，1993年創刊）、發行專書、[6]成立「華人本土心理研究基金會」，傳播研究本土化之進程落後甚多，未來亟應迎頭趕上。

　　然而若要研究「華人傳播」，其所當涉及的諸多面向卻待釐清，至少在本體論、知識論、方法論、價值／倫理論等層次均應更趨嚴謹。

　　如在「本體論」上，華人傳播究應研究哪些議題？這些議題應否與「華人社區」有關或亦可比較華人與其他地區之傳播現象？其與西方主流傳播研究間的辯證關係為何？需與其有所區隔還是各領風騷？

　　在「知識論」層次，研究者似應探索華人「日常傳播現象」並將其概念化（理論化），此乃因傳播領域過去受美歐研究傳統影響過深，理論內涵多與西方社會崇尚之個人變項有關，所推論之傳播現象也常與自我價值觀接近，忽略了其他（如華人）社會裡常存的互動行為與家庭生活。因而在華人傳播領域首應著手之研究當屬一些常見生活溝通行為如面子、[7]緣分、關係等，乃因此些概念過去業已累積較多基礎，[8]由此延伸當屬較

4　臧國仁主編（1995）。《中文傳播研究論述——1993中文傳播研究暨教學研討會論文彙編》。台北市：政治大學傳播學院研究中心。陳世敏編（1995）。《中國大陸新聞傳播研究：「一九九三中文傳播研究暨教學研討會」論文彙編》。台北市：政治大學傳播學院研究中心。

5　如：陳韜文（2002）。〈論華人社會傳播研究中全球化與本土化的張力處理〉。《中國傳媒報告》，第2期。

6　如：黃光國（1991）。《知識與行動：中華文化傳統的社會心理詮釋》。台北市：心理出版社；楊中芳（1996）。《如何研究中國人：心理學本土化論文集》。台北市：桂冠；楊中芳（2001）。《中國人的人際關係、情感與信任：一個人際交往的觀點》。台北市：遠流；楊國樞、黃光國編（1991）。《中國人的心理與行為》。台北市：桂冠。

7　朱立（1995）。〈傳播研究「中國化」的方向〉。臧國仁主編，《中文傳播研究論述》（頁21-38）。台北市：政治大學傳播學院。

8　見陳國明（2004）。《中華傳播理論與原則》。台北市：五南。

易。[9]

此外，人類學家費孝通亦曾於1940年代以「差序格局」說明傳統中國人的社會關係與群己關係乃是建立在「一根根私人聯繫所構成的網絡」，[10]以個人為中心，社會關係逐漸向外擴展，此類說法放在華人地區之傳媒（新聞）研究當能格外凸顯其與其他文化不同的「人脈」（relationship）。

至於「方法論」層次則當仔細思量傳統社會科學研究方式是否適用華人社群（區）。舉例來說，現代傳播理論多奠基於仿製自然科學的量化方法，習以survey問卷方式或實驗法探詢受訪者的個人認知、態度、行為，因而忽略了傳播行為常是個人與他人（含配偶、家人、同事）共同建構，若假設傳播乃個人行為即易產生研究解釋之謬誤。

英國學者Morley曾改採「家庭」為研究單位（research unit）用以觀察電視觀看行為，[11]其方法論所代表的意涵值得效法。另如單採問卷方式或較不易尋得教學成果，尚須搭配觀察法從旁探視教室內的師生互動方能取得合適與合理的研究結果。[12]近些年來已有不同領域學者以「共同建構」（co-construction）概念解釋人際行為而收穫漸豐，值得參酌。[13]

在「價值／倫理觀」層次，則應思索華人傳播研究的價值何在？其與西方或其他文化社會之傳播研究有何不同概念？差異何在？華人傳播研究如何反映華人社區的核心價值？嚴格來說，華人傳播研究之興起當不僅在彌補西方傳播研究之不足，更應超越西方傳播研究並進而形成典範轉移。

總之，在心理學業已成功邁出「本土化」多年後，傳播學術社區理應

9　如Goffman就曾以專書討論面子對人際互動之影響，見：Goffman, E. (1955). On face-work: An analysis of ritual elements of social interaction. *Psychiatry: Journal for the Study of Interpersonal Processes, 18*(3), 213-231.

10　費孝通（1991）。《鄉土中國》。香港：三聯。

11　Morley, D. (1988). *Family Television: Cultural Power and Domestic Leisure.* London, UK: Routledge.

12　可參見：林宇玲（2007）。〈偏遠地區學童的電玩實踐與性別建構──以台北縣烏來地區某國小六年級學童為例〉。《新聞學研究》，第90期，頁43-99。

13　見Jacoby, S., & Ochs, E. (1995). Co-Construction. An introduction. *Research on Language and Social Interaction, 28*(3), 171-183.

正視如何將研究者投注之心力與華人社區日常生活結合，而非硬性地翻版或複製其他文化所發展的理論模式。此中又以「家庭」最爲華人社區核心價值所在，因而本研究擬以此爲題進行華人傳播研究之基礎研究，當有其在地意義。

貳　理論：有關「家庭傳播」之影像研究

「家庭傳播／溝通」（family communication）一向是較爲冷僻的傳播研究主題，中外皆然，迄今鮮少受到青睞，相關中文書籍（無論譯著或專著）尤少，常散布於非傳播領域而未成氣候。但「家庭傳播／溝通」對華人傳播而言又有其重要地位，乃因其與日常生活關聯甚深，我們受惠於其而常未知。[14] 即如Vangelisti所言，「家庭傳播乃早期社會化經驗機制之所在，大多數人皆在家庭裡觀察並與成員互動後方得理解如何〔與他人〕溝通」。[15]

至於偶見之中文「家庭傳播／溝通」研究文獻多從其他社會科學領域跨入，如陳美如以「心理諮商」角度討論如何增進家庭成員間的親密溝通與聯繫，徐敏容從「溝通介入模式」（family involvement model）探討如何促成家庭和諧，藉以降低因溝通不良而可能造成的家人緊張關係甚至衝突與危機。[16] 傳播領域相關文獻甚少，僅有碩博士或會議論文數篇。[17]

---

[14] 葉光輝、黃宗堅、邱雅沂（2005）。〈現代華人的家庭文化特徵：以台灣北部地區若干家庭的探討爲例〉。《本土心理學研究》，第25期，頁141-195。

[15] Vangelisti, A. (Ed.)(2004). *Handbook of family communication*. Mahwah, NJ: Lawrence Erlbaum Associates (p. xiii). 添加語句出自本書。

[16] 陳美如（2009）。〈家庭溝通與親密關係——談婚姻與家庭介入〉。《諮商與輔導》，第284期，頁30-34；徐敏容（2008）。〈家庭溝通與介入模式之探討〉。《諮商與輔導》，第265期，頁30-33。

[17] 如：吳建國（1981）。〈家庭傳播形態與子女關心公共事務關聯性之研究〉。政治大學新聞研究所碩士論文；張慧心（1988）。〈家庭傳播形態與青少年的政治知識與興趣之關聯性研究〉。政治大學新聞研究所碩士論文；錢莉華（1988）。〈家庭傳播形態與青少年傳播行爲關聯性之研究〉。政治大學新聞研究所碩士論文；沈孟燕（2009）。〈親情Online：網路媒介與家庭溝通型態之相關研究〉。政治大學新聞研

　　國外專書則多討論家庭成員間之互動、角色（如父母與子女關係）、人際網絡、溝通過程（如隱私、衝突、情緒、支持、壓力、決策、權力等），[18]亦常延伸說明家庭故事如何流傳、共同生命記憶如何述說、家庭生命如何延伸、家庭象徵符號或軼事如何創造並維持、典範（或模範）如何儀式化並被長期推崇。[19]

　　Wolff認為家庭故（敘）事之重要性乃在「說服家庭成員其較遠鄰近親更為優秀」、「教導成員找到度過難關之方法」、「協助成員瞭解其身分」，而「家庭事業故事」更能展現多元功能，讓後輩瞭解「傳承」家族價值觀的重要性。[20]如漁夫家庭常不斷流傳先輩海上作業之苦，但也藉由故事述說而讓後輩心生驕傲甚至興起「克紹箕裘」志向。[21]Wolf由此認為家庭故事之功能顯著，常可凝聚共識、延續傳統、協助適應變化、面對衝突。

　　Segrin & Flora定義「家庭故事」為：[22]「口述一些對家庭而言顯著且重要的個人經驗，尤與〔成員間〕的關係創建與維繫相關，也包括〔家庭〕互動的規則，同時反映家庭與其他社會機構之信仰」。他們認為，家庭故事就是「符號意義的製造過程」，主要作用在於「回憶往事、解釋並判斷事件……、確認〔成員間〕的歸屬並聯繫世代」，[23]且正負面事件皆有，內涵常與某些特殊儀式（如生日宴會、婚宴、喪禮等）有關且涉及某些常見主題，如夫妻間的初次相識、子女的出生趣事、家庭如何共同面對

究所碩士論文。

18 見Segrin, C., & Flora, J. (2005). *Family communication*. Mahwah, NJ: Lawrence Erlbaum Associates；另可參見同註15。

19 Jorgenson, J., & Bochner, A. P. (2004). Imagining families through stories and rituals. In Vangelisti, A. (Ed.). *Handbook of family communication* (pp. 513-540). Mahwah, NJ: Lawrence Erlbaum Associates.

20 Wolff, L. O. (1993). Family narrative: How our stories shape us. Paper presented at Speech Communication Association conference. Miami Beach, FL., Nov. 19-21 (http://www.eric.ed.gov/ERICDocs/data/ericdocs2sql/content_storage_01/0000019b/80/15/63/36.pdf; p. 3).

21 同上註，p. 6-7。

22 同註18，p. 65（添加語句出自本書）。

23 同上註，p. 66（添加語句出自本書）。

困境、重大決策之制訂等。

Segrin & Flora亦曾指出家庭故事有「參考」、「評估」、「歸屬」等功能：[24]參考功能係指家庭故事常有跨世代之「剪貼簿」（scrapbook）作用，得讓成員將支離破碎、大小事情之記憶拼湊而成彼此談論話題；評估功能則指不同家庭組成分子也常加油添醋地描繪故事，藉此反映其（講述者）認知與態度並對自己與其他成員之關係定位；至於「歸屬」功能，旨在說明家庭故事有「社會化」作用，讓某些特殊價值觀、禮儀甚至共同身分能藉由故事講述而流傳。

Langellier & Peterson則採較具批判與社會建構主義意味之「敘事表演理論」認為，[25]家庭成員不但彼此講述故事，實則故事成就了家庭，乃因非有賴此類言語交換方得確認家庭成員之位置、角色甚至權力。何況家庭故事少以「有序地」、「連貫地」、「整合地」方式述說，反因時空不同、講述人員不同、敘說方式不同而有斷層、片面、矛盾、衝突甚至不連貫面向；此乃正常現象，且讓哪些家庭故事常被講述、最被講述、如何講述顯得更值得觀察與研究。

由此，Langellier & Peterson由梅洛龐蒂之現象學與傅柯學說入手，認為家庭故事有其物質與言說實際意義。[26]他們認為，家庭並非個體之組合體，而家庭故事亦非僅是故事的聚合。尤因說故事概念有其參與意涵，使得故事講述得以彰顯在說故事者、聽眾、角色間不斷變動的關係系統，從而展現了說故事者與他者間的身體實踐。

以上簡述多以「語言」或「言說」角度觀察家庭故事，但在現今影像傳播備受重視的科技時代，如何透過影像傳遞家庭符號意義與生活價值理當更受重視。如郭力昕曾闢專節說明如何得以相機記錄家庭生活，[27]並曾引述法國社會學者P. Bourdieu之論認為，家庭照片之意義乃是「維繫於某種

---

24 同註18，頁67-8。

25 Langellier, K. M., & Peterson, E. E. (2006). Narrative performance theory: Telling stories doing family. In Braithwaite, D. O. & Baxter, L. A. (Eds.). *Emerging theories in family communication: Multiple perspectives* (pp. 99-114). Thousand Oaks, CA: Sage.

26 同上註，頁101。

27 同註1，頁77。

『家庭功能』，……家庭成員賦予其上的功能……，即是以影像將家庭生活中的一些『重點時刻』（譬如結婚、生子、畢業、生日、遠遊等等）莊嚴化、儀式化、永恆化，以強化家庭成員之間的凝聚與整合力量」。

　　郭氏卻也注意到家庭照片多半賦予了與真實情況不同的「影子」作用：[28]「能否在整本相簿中，找到一張父母打小孩、或丈夫打太太的照片？有沒有一張叛逆不羈、已脫離家庭關係，或犯了罪坐過牢的家庭成員的照片？能看到一張離了婚的配偶的照片嗎？家庭成員死亡後，入殮前的照片呢？可不可能有這樣的生活紀念照」？**郭氏因而質疑家庭相簿「本質上一直就是一種迪士尼樂園式的照片集錦，它呈現是個無菌的、單純歡樂的世界」**，家人總要擺出「一副制約性或強迫性的笑容，……一定是幅父慈子孝兄友弟恭的集體微笑圖」。

　　郭力昕隨後提及了英國倫敦當年曾舉辦的「家庭照片」攝影展，策劃者倫敦藝術大學攝影教授Val Williams透過三百多組作品試圖展現不同且多元之家庭風貌，因而提供了與前不同之思考空間。此處郭氏引述參展之美國攝影家Sally Mann一段話為註腳：「我們用攝影編織著一個關於成長的家庭故事。這是一個非常複雜的故事，但我們常試圖以幾個『宏旨』來概括它：憤怒、愛、死亡、情慾、美麗。我們老是希望攝影在這些偉大的題旨裡道出真實，而且我們的影像故事說得毫無疑懼、毫不汗顏」。

　　郭氏所述顯與Segrin & Floria專文另曾提及之「家庭秘密」概念有異曲同工之效。[29]換言之，即便一般庶民習慣透過家庭照片反映其單純、喜悅、正面之日常生活紀錄，實則每幅影像背後皆可能有隱而未顯之「社會真實」。也正如文字書寫之故事常有不為人知之秘密，每幀家庭照片也如「潘朵拉的盒子」（Pandora box）般地總有家庭（族）間難以啟口之暗喻，需要透過家人間的講述來解脫世代間的「包袱」，因而常具「故事療癒」功能。[30]

28　此段引句均出自同註1，頁73。

29　同註18，Segrin & Floria, 2005: 70。

30　Angus, L. E., & McLeod, J. (Eds.)(2004). *The handbook of narrative and psychotherapy: Practice, theory, and research*. Thousand Oaks, CA: Sage; Speedy, J. (2008). *Narrative inquiry and psychotherapy*. Hampshire, UK: Palgrave Macmillan.

　　小結本節，我們認為家庭生活故事本為中外傳播學者過去均少關注之研究議題，但因家庭幾可謂之「儒家文化傳統」核心所在，[31]歷年累積文獻眾多。唯獨傳播領域探討尚少，由此入手討論「華人傳播」一則或能與其他領域接軌，另則又能直接切入他人經營已久之議題，應可顯示新意。

　　此處或可借用Goffman之「前台」與「後台」（front/back stages or region）概念說明家庭影像故事之複雜內涵（見〔圖14.1〕）。[32]首先，家庭影像／照片顯現之人物影像、事件背景、出現場合多能串連出故事情節，此即其所稱之「前景」，意指可供觀察且理解之表演行為。但在其背後則有尚待述說或發掘之故事內涵，常與拍攝當時所處時代意義與社會習俗有關，此即Jorgenson & Bochner所稱「家庭生活約可視為一段不斷透過故事而持續詮釋的過程」。[33]

　　舉例來說，一般傳統家庭照片如前述多在固定時節拍攝而有其儀式作用，如小孩出生、重要節日（過年）家族聚會、關鍵儀式（如結婚）

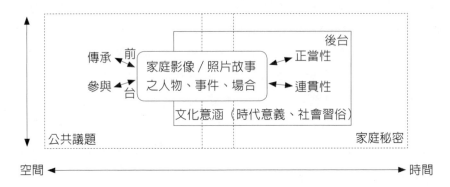

圖14.1：本研究初擬之研究架構
來源：本書作者

---

31 如：梁漱溟（1963）。《中國文化要義》。台北市：正中；文崇一（1991）。〈台灣工業化與家庭關係的轉變〉。喬健主編，《中國家庭及其社會變遷》。香港：香港中文大學；孫得雄（1991）。〈社會變遷中的中國家庭：以台灣為例〉。喬健主編，《中國家庭及其社會變遷》。香港：香港中文大學；黃光國（1999）。〈華人的企業文化與生產力〉。《應用心理研究》，第1期，頁163-185。

32 Goffman, E. (1959). *The presentation of self in everyday life*. New York, NY: Doubleday.

33 同註19，p. 524。

等，因而可依前台概念理解。但拍照之影像主角（或缺席人物）、排序位置（坐姿／站姿，前排／後排）、拍攝場合（家中或照相行）等「後台」行為則非經解說而不可知，有些更為隱匿之符號表徵（如衣著、笑容、表情、裝扮）則賴細心觀察方能串起其間之「連貫性」與「正當性」（justification，指某些情節易受講述者之生活變化而合理其早些行為，如離婚）。[34]

　　尤為有趣者則在於家庭影像故事固有其前台與後台間之複雜關係，家庭秘密仍可能隱藏在時空脈絡難以察覺（見〔圖14.1〕）。舉例來說，已故老蔣總統之家庭照片常如前述總是兒孫滿堂一片祥和，多年後其後台故事方為外人所知，包括其子蔣經國與地下生死戀人章若亞間之短暫但帶有悲劇色彩的愛情故事，以及未婚學生子章孝嚴、章孝慈的一生坎坷經歷。[35]而近來（20011年中）為了誰才擁有《蔣介石日記》合法繼承權，其前妻陳潔如之養女陳瑤光（現年86歲）特別委託律師發表聲明。陳瑤光並透過其子陳忠人透露，從小其太婆（即陳潔如之母）就曾親口對他說「蔣介石就是你的外公！」的家庭秘密。[36]

　　由此觀之，某些名人之家庭影像故事常又可能具有公共性質，乃坊間茶餘飯後熱門話題。另一方面，延續故事行銷概念，[37]某些組織也常在飛黃騰達後興起尋找家庭（族）生命故事念頭，使得此一議題也與企業史產生連結。[38]

---

34 同註19，頁525-6。

35 周玉蔻（1990）。《蔣經國與章亞若》。台北市：聯經；徐浩然、章修涯、羅林祿（2007）。《蔣經國的生死戀人章亞若》。台北市：團結。

36 《中國時報》（2011/06/08）。標題：〈陳潔如外孫爆內幕　陳忠人：太婆說　蔣介石是我外公〉，王銘義所撰。

37 陳品妤、黃光玉（2009）。〈精品珠寶品牌故事之比較：以Cartier, Chanel, Tiffany為例〉。《廣告學研究》，第31期，頁1-34；黃光玉（2006）。〈說故事打造品牌：一個分析的架構〉。《廣告學研究》，第26期，頁1-26；梁曙娟譯（2003）。《紫牛：讓產品自己說故事》。台北市：商智文化。（原書：Godin, S. [2002]. *Purple cow: Transform your business by being remarkable*. New York, NY: Portfolio.）

38 陳琇玲譯（2004）。《P & G品牌行銷密碼》。台北市：時報文化。（原書：Dyer, D., Dalzell, F., & Olegario, R. [2004]. *Rising tide: Lessons from 165 years of brand*

由本節文獻所錄觀之，以敘事觀點為核心的華人傳播研究或能避免重蹈覆轍，拋棄傳統西方傳播理論長期視傳播為效果之弊端，從而發展與本土社會（指家庭）有直接關聯之較新傳播研究傳統。

參 研究方法與資料簡述

為初探「家庭生命故事」如何得以「影像」實施，2010年寒假先委由研究助理春節回家團聚時以靜態相機或動態錄影拍下家中故事。此類寒假作業過去曾實施多次，如2004年委請成員們向家中長者索取一句足可代表其一生之「金玉良言」，[39]結果顯示多與治家格言有關，如腳踏實地、孝順父母、寬以待人、做人厚道、懂得回饋、堅持、毅力、勇氣、吃果子，拜樹頭、做事專一等。

2006年則在過年拜年時向家中長者詢問「您最近身體好嗎？」問候語，藉此瞭解老人們最常涉及之與「身體」、「醫病」、「年齡」相關的敘事語言與幻想主題。[40]2007年寒假作業另由助理們各攜帶《蘋果日報》供家中老人閱讀，藉此觀察並探討「新傳媒」與老人「自我形象」及「社會角色建構」的關係。[41]

2010年寒假前，研究群成員林劭貞博士提議「讓同學們拿起相機拍些家裡的故事，用靜態或動態表現方式皆可」，乃因「現在人和一百多年前已經不一樣，每個人都可用自己的數位相機拍照，也可走入社區或找自己家的老照片來做屬於自己的民族誌」。[42]而以此為題進行「民族誌照片」

---

building at Procter & Gamble. Boston, MA: Harvard Business Press.）

39 Kastenbaum, R. (1997). Lasting words as a channel for intergenerational communication. *Ageing and Society, 17,* 21-39.

40 相關概念取自E. Bormann，見：Cragan, John F., & Shields, Donald C. (1995). *Symbolic theories in applied communication research: Bormann, Burke and Fisher.* Cresskill, NJ: Hampton Press.

41 參見：蔡琰、臧國仁（2008b）。〈熟年世代網際網路之使用與老人自我形象與社會角色建構〉。《新聞學研究》，第97期，頁1-43。

42 取材自研究群2009/10/17會議記錄。

（visual ethnography）之步驟僅要求成員們趁著春節年假回家（尤其是老家）尋找10張左右的老照片來講述家庭（如祖父母）的故事；如是動態影片，則片長約三分鐘左右即可。

當然，此類研究步驟早已見諸相關文獻，如何粵東提及「個人自傳」與「民族誌」間的關聯性時即謂：[43]「個人自傳可披露個人的成長背景、生活經驗，受教育的經過等，使讀者藉此更認識作者。個人自傳的寫作是書寫整個生命脈絡的一種方法，而「自我民族誌」（autoethnography）也是一種值得嘗試的自傳書寫及研究類型」。何氏強調，「自我民族誌」常以第一人稱發聲，不同文本形式如短篇故事、詩、相片短文等皆有。

而Pink則另指出，[44]傳統人類學常見的研究困境引入影像工具後皆能改善，乃因靜態攝影或動態錄影可協助取得較為接近真實的紀錄，該書第二版甚至擴充論及使用「超媒體」（hypermedia）之優點。[45]

2010年2月20日（週六）是庚寅年大年初七，「老人傳播研究群」恢復例會，分由成員們報告過年期間的寒假作業所得。「成員A」首先開場，將其過年期間整理外公生前照片所得串連成一段家族故事。為了讓其述說內容更為貼切，「成員A」特別聲明係以外公「第一人稱」身分講述，但在實際講述過程裡卻又常謂「現在我要跳回到我自己」。其外公於2007年去世，幾年來「成員A」自承始終無法跳脫思念情緒，因而藉由「裡」（自述）、「外」（他述）講述方式在報告之末強調，「我（指其外公）對我的一生感到很滿足，結果圓滿，我很高興精彩過了這一生。雖然捨不得離開兒孫，但我已前往更美好的地方。請大家不必為我掛心，……我們一定會再相聚」。言畢滿臉淚水，但終能釋懷，顯然透過了此段「說故事」歷程達成了敘事療癒之效。

「成員B」則講述過年期間赴外公家拜年的幾張照片。其外公憲兵中校退伍，往年聚會時總喜回顧軍中生涯但「成員B」常覺隔閡難以融入，直至

---

43 何粵東（2005）。〈敘說研究方法論初探〉。《應用心理研究》，第25期，頁55-72（引句出自頁56）。

44 Pink, S. (2001). *Doing visual ethnography*. London, UK: Sage.

45 亦可參見Collier, John, Jr., & Collier, Malcolm. (1986). *Visual anthropology: Photography as a research method*. Albuquerque, NM: University of New Mexico Press.

自己服完軍官役才開始能對外公的軍中故事產生共鳴，其後也曾送了外公一幀受訓照片。此次過年陪母親回娘家，「成員B」注意到客廳原本放置的外公考試晉升證書已被其受訓照片取代，顯然外公對他能任軍官一事甚感驕傲，特別希望「成員B」未來也能跟他一樣「腳踏實地」的生活。

「成員B」表示，「每次回外公家看到那張自己的照片放在牆上，我就感到莫名的榮譽與責任。也許，牆壁上的擺設，也是他（外公）述說生命故事的一種方式……，家庭從此不再是『客觀事實』，而是與自己生命間的串連」，此一家庭故事的講述顯與其「家庭成員」的身分建立（narrative identity）息息相關。[46]

「成員C」則製作了一段賀節短片題為「虎年除夕記實」，描述出任媽媽幫手將祭祀用品提回家的有趣經歷。此時有些像是背誦似的，他在影片中特意將祭品如數家珍地一一說明以彰顯其「好幫手」角色；祭祖時要將橘子五個一堆一一排好，也是其深感自傲的重要傳承祭祖工作。然後爺爺奶奶上樓來帶領大家上香祭祖，一家人團聚共享年夜飯。「成員C」說，「雖然每年大年夜後〔我〕總有洗不完的碗，但一家團聚的感覺總是溫暖的，或許，這就是幸福罷」，一語道盡了家庭團聚的喜樂心情。[47]

「成員D」同樣以動態短片描繪年夜飯團聚的盛況，但此時因身負「攝影」重責，除要顧及錄影機持續拍攝外還不斷吆喝入鏡者講講「吉祥話」。有時他是敘事者（narrator）置身事外地講述此段拍攝歷程的背景，另時卻又成了當事人，在現場與阿嬤一起介紹在場人士，出入場景多次，與前述「成員A」的多重敘事講述身分相近。

「成員E」則以簡單三張靜態照片描述「回不去的老家」。事實上，「老家」離他現在居處不過三分鐘步行距離，但因已改為倉庫而無人居住。即便如此，「老家」陳設未變景色依舊，失去的卻是「成員E」記憶深處的家中「人味兒」。如在他提出的三張老照片裡，「成員E」花費時間描述最多者卻是由一樓通往二樓的「紅色樓梯把手」，因為在那兒他與姊姊

---

46 見：Brockmeier, J. & Carbaugh, D. (Eds.)(2001). *Narrative and identity: Studies in autobiography, self and culture.* Amsterdam, the Netherlands: John Benjamins.

47 添加語句出自本書作者。

年幼時經常上下攀附玩耍或與奶奶對話。照片裡也有奶奶在老家過生日與大夥兒合吃蛋糕的快樂時光，兒時玩偶「大獅子」在照片裡默默地占有一角。「成員E」說，如今斯人遠去，僅留下難以尋回的「記憶空間」。

「成員F」係以平鋪直述方式分別描述父、母親家的全家福照片，並由雙親結識開始依次回顧自身生長歷程。17張照片裡全是人物翻拍，包括祖父母、外祖父母、父母、四位舅舅、伯父母、姑媽、姑姑以及同輩表／堂兄姐等，幾可說是由人物堆砌而成的家族故事，其間並無任何特異之處。唯其述說上述親友時使用「姑媽」與「姑姑」（原皆指父親的姊妹）詞彙卻不小心洩露了「家中私密」，乃因其分別代表了爺爺兩段婚姻產生的不同親屬關係，前者（姑媽）係爸爸的親姊姊，後者則是新（繼）奶奶的女兒，儼然與前述文獻所談之家庭秘密若合符節。

「成員G」趁著過年回中部老家的機會將母親收藏的老相簿挖寶翻拍，有其外曾祖父母與叔公們穿著清朝衣服的老照片，彌足珍貴。「成員G」說，他的名字是祖母所取，相簿裡也有襁褓時期與祖母的合照，如今重閱倍感溫馨。而「成員G」的弟弟首次看到相簿，直呼「原來家裡有這樣的東西，我都不知道」。

「成員G」參加研究群久矣，執行過前述「金玉良言」寒假作業，當時曾引大伯父所言之「務實、踏實」治家格言。此次想起祖父母耳提面命的「晴天當積雨天糧」以及父親嘗言「不做沒把握的事」，俱屬值得紀念的治家格言。

「成員H」也用幾幀靜態照片組合而成家庭故事，藉此述說除夕夜回阿嬤家（父親的母親）看到老舊照片的心情，特別提及阿嬤對其一生的註語「命不好，但很韌」。有張照片是阿嬤幫「成員H」爸爸小時候洗臉的鏡頭，阿嬤所梳髮型正是五、六○年代最流行的「包頭」，因而引起研究群成員好奇與誇讚，也從這些「中介記憶」（mediated memory）裡看到當時氣派人家的模樣。誠如van Dijck所言，[48]人之記憶無法憑空展現，總需透過某些傳播物件（如照片、新聞報導、博物館收藏品）之「記錄」或「轉

---

[48] van Dijck, J. (2004). Mediated memory: Personal cultural as object of cultural analysis. *Journal of Media & Cultural Studies, 18*, 261-277.

介」始能「喚起」，而照片裡的髮型即可謂之引發大家記憶之中介物品。

類似中介記憶人造物品也在「成員I」的家庭故事裡引起重視，主因在於老照片裡居然出現了其外公在民國42年騎乘英製「菲利浦」名牌腳踏車的英姿，其他成員因而呼應曾經看過家裡類似實物（或相片）。顯然這些中介記憶與其時眾人擁有之「共同記憶」有關，反映了文化研究者廖炳惠所稱，[49]「記憶在人類文化和社會儀式裡，是一個相當重要的歷史活動」。而由於科技的發達與現代化的急速變遷，「每一年或五年 …… 就變成一個單位，來重構現代迅速成為過去的時刻，用這樣的方式來回味剛剛才流行過的時尚、音樂和影像」。

「成員J」的故事集分述了父親與母親兩邊的家族成員，以「宛如慈禧太后」的稱謂描述奶奶藉此說明父親家裡的「大家族」嚴肅氣氛，另以「天才北投外婆」反映其心目中好玩、喜打麻將又頗知天命的婆婆，顯然奶奶與婆婆個性與家庭氣氛迥異。

故事結尾「成員J」提及小時候父母離異後「家族對我來說〔就〕是個複雜的概念，按照傳統法令，我該屬於父親那邊的家族，然就情感面來說，我倒是比較願意從母姓，加入那簡單溫馨的小家庭」，足可謂語重心長。

「成員K」也如「成員A」甫經喪親之痛，因而以10張外婆照片追思祖孫之情。除從其窈窕之年而至年近耄耋的個人留影外，多是出遊獨照（當係「成員K」陪伴所攝），其中一張係在「中正紀念堂」更名（2007年12月10日）前夕所拍。照片中之台北天空秋高氣爽，但「自由廣場」（原「大中至正廣場」）卻空蕩無人，儼然「風雨前的寧靜」樣貌。「成員K」此一故事集同樣有敘事療療之效，乃因其自謂唯有藉由精選外婆遺照並述說往事方能走出半年前的失親悲情。

「成員L」的寒假作業自承係「與爸爸回到爺爺奶奶家，由大姑姑所保管的相簿中翻拍而成，從中選出13張，希望呈現出我們家積年累月的畫面」。首先追溯爺爺奶奶出生年月日，繼則是其結婚留影、民國43年全家

---

49 廖炳惠（2005年1月17-18日）。〈記憶寫作〉上、下。《聯合報》聯合副刊「時代記憶：別來滄海專輯4」，頁E7。

福照、民國55年全家福照、民國59年全家福照、民國75年與76年爺爺家過年照、民國77年空軍節全家照、民國81年三代同堂照。

「成員L」介紹這些照片時說，「從照片的物質性來看，從黑白到彩色，感覺到時代的更迭。在不同的空間中，可以看見地點與服裝樣貌的改變與所代表的意義。我試著順著時間排列照片的次序，隱約可以感覺到一種安逸的生活樣貌與背後殘酷的戰爭世界作為對比」。對於刻意選擇一些全家聚會照片，他則如此解釋：「『全家福』的系列照彷彿是一種獨特且有歷史感的照片類型。當然家家有本難唸的經，在那背後難以言說的部分，亦不在此贅述」；其言誠然有趣。

另有「成員M」遠從東台灣北上讀書，過年期間回到老家親詢家族故事，此次驕傲地追溯爺爺那一輩如何千里跋涉遠從西部遷徙開墾，從豢養一牛兩豬逐漸生根落戶，以致今日衍生為百人家族，每年初三聚會聯繫感情，娓娓道來令人感佩。「成員M」發現，家中照片多與婚事或重大節慶有關，當因移民在外，家族間的例行節日互動當是彼此相互照顧的主要來源。

最後，「成員N」在春節年假期間訪問老家附近的老伯老嬸聆聽他們講述自己的人生故事。這些老人家也多搬出家中老舊相簿與「成員N」分享家中成員的成長歷程，其情其景令「成員N」自承聆聽時「心情還蠻波濤洶湧」。

此外，「成員O」的未發表故事取自他10年前拍攝的一幀奶奶背影照片，由此述說與奶奶間的複雜情感。由於「成員O」認為奶奶早年對母親頗不友善，如今只願透過背影來透視祖孫之情。在短短三頁的自述故事裡，「成員O」如此結尾，「正因為妳在我成長過程中的缺席，我才能隔著距離觀看妳悲喜的一生，用一雙無愛也無恨的眼睛看看妳的背影，想想妳曾經有過的純真笑容」，其情可憫。

小結本節所述，共有15位研究群成員或以自述或以他述方式講述家庭故事，透過靜態照片或動態錄影簡述自己從何而來、家族如何過節、父親與母親兩邊的家族文化之異、鄰居友人如何成長。有些故事令人共享歡樂之情，另些則發人省思；有些照片闡述了光榮事蹟，另些則隱伏難以言盡的家庭苦難經歷。

　　整體觀之，這15則故事幾可說是台灣社會的縮影：有些成員背景來自台灣在地大戶，另一些則是外省家族在台落地生根的寫照，更有客家人士胼手胝足、力耕朽壤、勤鑿枯泉之家族史，也有原住民與外省人因婚姻成家而結枝繁茂的故事；我們因故事而結識彼此，也因故事而更理解彼此以及彼此的家庭（族）。

肆　分析與研究發現

　　本研究以2010年寒假作業之15則「影像家庭故事」爲例，嘗試提出華人傳播研究之可能探析途徑。我們的基本立場在於，來自西方實證典範之傳播研究效果傳統囿於其「資訊觀」之內涵早已受到諸多批評，未來或可改以「敘事觀點」重新省視，強調傳播「不僅是資訊之交換或傳遞，更是透過故事理解日常生活之重要管道」，[50]前者（資訊觀）假設傳播者可透過自我觀察而理性地「還原」故事原樣，並以文字符號語言等方式「正確地」轉述，而受播者（如閱聽眾）同樣也能「還原」事件原委，社會眞相經此多次還原過程後即可展現並可學習。「敘事觀點」卻認爲任何文本均屬「再現」或「建構」，而「再現」之意在於「將原事件以符號或文字再製」，「建構」則意味著「個人透過主觀認識方能產生意義」；兩者（資訊觀與敘事觀）之「本體論」、「知識論」、「方法論」、「價值／倫理論」殊有不同。

　　由此，我們以15則家庭故事個案爲例，延續過去以「生命故事」之主張，改以「影像家庭故事」文本試析其所可能展現之華人傳播研究特色。我們認爲，有關「家庭」之故事述說即可謂最具華人特色之日常傳播現象，心理學「本土化」的典範轉移過程亦常如前論及「家庭」如何成爲儒家文化核心所在，因而以此爲華人傳播研究之本體現象當有特殊研究意涵。其次，傳播領域無論中外迄今鮮少針對「家庭傳播」概念化（理論化），但在其他領域相關討論早已開始，如敘事論者早已檢討「說故事

---

50 出自：臧國仁、蔡琰（2009b）。〈傳播與敘事──以「生命故事」爲核心的理論重構提案〉。中華傳播學會年會宣讀論文。新竹：玄奘大學，引句出自頁6。

者」如何在其述說之文本中揭露「自我」、[51]講述過往生命經驗、追溯生命歷程、如何與言說情境互動[52]等。因而以故事／家庭故事作爲「傳播敘事論」之知識論基礎亦早有文獻支持，深具概念化（理論化）潛力。

　　在方法論層次，傳統實證論者多以個人爲其衡量傳播行爲之基本單位，但如前述英國學者Morley改以「家庭」爲研究單位，業已贏得舉世傳播研究者重視，顯示研究方法之調整已在傳播領域略起波瀾。未來如持續以「家庭」爲傳播核心單位，似可如本研究所示由「說故事者」介紹以其爲軸心之家庭故事，以期衍生與傳統實證論不同之傳播研究方法論基礎。

　　至於「價值／倫理觀」原在說明傳播研究對本地社會有何意義、如何反映華人社區的核心意義。若要回應此一挑戰，由此次執行之15則個案觀之，顯然「影像家庭故事」之價值不但在於每位「說故事者」皆可藉由故事展現其所篤信之生命價值，而聆聽故事者亦可透過不同故事理解人生之困境（苦）與突破（樂），因而呼應了敘事研究者嘗謂之「人生即故事，故事即人生」之詩性意涵。[53]

　　回到本章摘錄之15則影像家庭故事，每位說故事者都透過短短10張靜態照片或三分鐘動態錄影展現了其有意陳述之華人家庭故事。有趣的是，許多故事的談論對象多是母親這邊的「阿嬤」（婆婆，見成員A, B, I, J, K），而對父親的母親（奶奶）則常顯生疏（見成員J, O）。究竟此屬台灣地區獨有之傳播現象抑或整個華人社會皆常可見之獨特祖孫互動，由於尚少文獻支持，有待未來繼續探索。

　　其次，「隱藏」與「揭露」常是述說家庭故事時無可避免之兩難，畢竟每個家庭都有其「難唸的經」（見「成員L」之自述）。但講述者如何以蜻蜓點水方式述說家中隱私以讓聽者難以掌握其間微妙差異（見「成員F」所述之「姑媽」與「姑姑」），使得家庭故事之分析常得關注故事主題究竟如何選擇？某些片段爲何挑選而其他片段爲何省略？即便如此，家庭故

51　同註46。

52　Quasthoff, U. M., & Becker, T. (Eds.)(2005). *Narrative interaction*. Amsterdam, the Netherlands: John Benjamins.

53　Randall, W. L. & McKim, A. E. (2004). Toward a poetics of aging: The links between literature and life. *Narrative Inquiry, 14*(2), 234-260.

事裡的「公共性」（指可與眾人分享之公開資訊）仍屬難以觀察之對象，值得推敲。

再者，「時間」與「空間」在家庭故事的講述裡似有特殊地位。如「成員B」對其外公家裡擺設的注意（牆上增加了自己的照片）、「成員E」對其「老家」紅色樓梯的眷戀、「成員F」對老家門牌號碼的強調，似均顯示家庭故事裡的時空情境常是講述者一再重複所在，也是故事情節鋪陳之高潮所在。

同理，家庭故事也是講述者建立自我家族身分的重要管道。如Kenyon所稱，[54]「說故事並非僅是日常行事，而是創造自身（the Self）之過程……；沒有故事就沒有自身」，此類「自我認同」之重要性在本研究15則個案中清晰可見。如「成員C」僅因出任擺設祭品之「好幫手」就覺得家庭團聚乃幸福之所在，而「成員D」也因外公將其軍官照放在客廳就倍感溫馨，因而直覺「家庭不再是『客觀事實』，而是與自己生命間的串連」。顯然唯有透過家庭故事的述說才能確認自己與家庭間的關係所在，也才能感受自己生命與其間的「血脈相連」。

本章所錄15則家庭故事分以口語（口頭說明）、文字（書面報告）、圖像（投影片介紹）交叉使用，使得靜態照片因講而重新有了意涵甚至產生動感，影像家庭故事之效果則格外令人感動，顯示了透過講述（無論是文字或是口述）始能體驗講述者的生命；有了講述，影像裡之角色、物件、背景、情節才能串連起來。

由此觀之，如〔圖14.2〕所示，影像家庭故事的重點約可涵蓋兩個軸線，其一是由過去到未來的故事情節鋪陳，講述者藉此將其「家庭」與「生命故事」透過影像陳述方式展現。另軸則是由自述與他述所構成的家庭（族）影像自我民族誌，其內容與講述者直接相關，無法由任何他人代述，因而具有其獨特性。

---

[54] Kenyon, G. M. (2002). Guided autobiography: In search of ordinary wisdom. In Rowles, G. D., & Schoenberg, N.E. (Eds.). *Qualitative gerontology: A contemporary perspective* (pp. 37-50)(2nd Ed.). New York, NY: Springer (引自 p. 38).

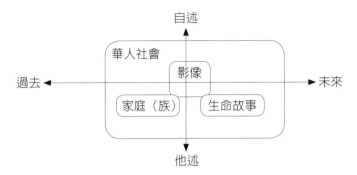

圖14.2：華人傳播敘事觀的基本研究架構
來源：本書作者

　　然而本研究因具初探性質，研究步驟或與傳統實證方法強調之信度、效度不同，僅著重說明不同個案之述說內涵與其啓發性。但如蔡敏玲、余曉雯譯所示，[55]敘說（事）研究本屬質性方法，其評斷標準並非「信度、效度與概化」而是「怎樣才能做出『好的』敘說探究」。因而本研究無意凸顯研究所得可「普遍化」或重複驗證，反在強調華人家庭故事有其重要性值得傳播研究者重視，乃因其述說常能洗滌人心並傳承家庭價值與信念；此乃華人傳播研究極爲重要之所在，值得持續探究。

作業

1. 請以本章所示並找出家裡老照片10張左右，央請家中長者講述其來龍去脈，藉此省思「家庭故事」與自身的關係。

2. 延續上題，將長者講述之家庭故事寫成「網誌」置於部落格或臉書，與網友或臉書朋友討論其有興趣部分。

3. 家族重要節慶時（如過年或婚禮）以手機或相機拍攝流程並與家庭成員分享，藉此認識平常較少往來之家族成員。

---

55 蔡敏玲、余曉雯譯（2003）。《敘說探究：質性研究中的經驗與故事》。台北市：心理（原書：Clandinin, D. J. & Connelly, F. M. [2000]. *Narrative inquiry: Experience and story in qualitative research*. San Francisco, CA: Jossey-Bass），引句出自頁268-269。

延伸問題與討論

1. 何謂「家庭〔族〕秘密」？其為何是「秘密」？是否有任何社會或文化作用否？對一般人揭密後會有什麼後果。如蔣孝嚴與蔣介石間的關係經媒體人士揭發後成為茶餘飯後閒聊素材，而對當事人身分亦有極大衝擊。一般人的「家庭〔族〕秘密」是否也有如此重大「效益」？

2. 家庭溝通是否華人社會獨有型態？其他社會的家庭溝通模式有何特色？〔可觀賞由Robert De Niro, Drew Barrymore, Kate Beckinsale等合演之2009年好萊塢電影*Everybody is fine*（中譯《天倫之旅》）〕。[56]

3. 老人在家庭溝通過程裡扮演何種角色？其所講述之家庭歷史對後輩而言有何功能？另一方面，年輕人在家庭溝通過程裡扮演何種角色？未來又當如何轉述或延續家庭發展史？

---

56 可參見：http://www.imdb.com/title/tt0780511/。

附錄三

「巡演，給老人看」
──課程紀錄及檢討

* 本文改寫自第一作者於2011年6月偕同政大傳院劇場「麥高芬劇團」與國立台灣戲曲學院京劇系部分同學前往四所老人安養院及台中南屯萬和宮前演出的結案報告，內容引用范曉安、林晴宇、莊漢菱、章毓庭、蔡傑夫、黃凱欣、朱家陵、潘宥樽等參演同學之心得（依引用順序排列），特此致謝。潘思源先生、曾馨瑩女士慨予經費贊助本案方能成行，本次演出多蒙各安養院社工與萬和宮執事協助，謹代表所有工作人員敬謝。

本章提要

運用學校規劃的「眞計畫」課程學習機會，政大傳播學院和台灣戲曲學院師生一行23人利用暑假參加了爲老人舉辦的公益巡迴表演。本章報告課程緣起與走演目的，隨即說明節目內容規劃與演出場地及效果。除建議未來猶可如何安排表演給老人觀賞的內容外，也敘述了老人觀眾與演員互動的特色。

學習重點

1. 源起及目的
2. 籌備
3. 演出歷程及效果
4. 總結
5. 檢討及建議
6. 作業、延伸問題與討論

我寫了一首歌。

創作是因為內心震動而有靈感，而這短短的三天行程，讓我的心抖著，不是因為害怕或恐懼，是因為感動，因為愧疚。

所以這趟旅程中，我寫了一首歌。

〈移動魔法空間〉舞台技術范曉安（政大外交系四年級）

壹 源起及目的

自982學期起政治大學傳播學院院長鍾蔚文教授多方鼓勵院內教師參與「眞計畫」（real projects），旨在提供學生於眞實情境裡學習專業並成長人格與技藝。身爲傳院教學實習單位「劇場」的指導老師，作者帶領學生以「劇場實驗課」爲名提案參加「眞計畫」，期盼透過創新實驗劇目〈移動魔法空間〉綜藝戲劇走入公益，爲台灣安養機構的老人們表演，不僅首次到戶外巡迴演出，更與他校（國立台灣戲曲學院）師生共同合作完成。參加此次活動的學生藉此機會學習眞實世界之業主與觀眾的要求與考驗，兼顧精進戲劇表演藝術，除可提升創作競爭力與解決問題的執行能力外，亦能獲得教室學習外之寶貴社會服務歷練。

回顧戲劇發展史，自西方文藝復興建製固定舞台展演戲劇以來，除了吉普賽、馬戲團、台灣電子花車行業與政治競選人外，少有戲劇團體在室外以移動方式演出。若我們將服裝道具、燈光音響裝上貨車，是否仍能向特定觀眾展現深具意義的舞台表演？能否在傳院劇場外透過說故事形式感動觀眾？

99學年度（2011年）「劇場實驗課」因而提案以〈移動魔法空間〉爲題，設計適合於今日社會的表演主題，操作「演出場地」（指戶外或劇場以外）與「觀眾對象」（指老人）兩個變項，試圖瞭解實驗戲劇的故事內容與觀眾反應。學生除全程參與設計並執行演出外，也主動發現、解決所有困難，教師功能則除輔導學生尋求解題方案，亦透過師生討論方式協助議決並帶領團隊執行演出。

貳 籌備

2011年春（992學期）此案獲得傳播學院課程委員會通過支持，並獲潘思源先生、曾馨瑩女士贊助，由作者與國立台灣戲曲學院研發長萬裕民教授帶領之京劇系同學共同組成演出團隊。準備工作包括：

一、組織團隊

政大傳院劇場麥高芬劇團教師、學生共計10人分別擔任領隊、藝術總監、製作、編導、舞台、音效、服裝化妝、道具、表演、文字及影像記錄工作，另由國立台灣戲曲學院京劇學系教師及學生共13人負責容妝與表演節目。

二、時程規劃與工作內容

本案於民國100年2月開始籌備，執行期間為4月到6月底，並於7月整理結案報告，8月底前完成紀錄片剪輯。首先決定節目內容，其後由麥高芬劇團與京劇學系學生們各自排練節目並於6月中執行驗收與共同彩排。籌備期間平均每週安排一次共同排練或製作會議，技術部門則隨時於網路工作平台更新進度與資訊，每週彙整報告並檢討該週執行工作狀況。

此次演出需要結合老人觀眾們熟悉的歌舞、逗趣的相聲及精彩京劇段子，但因場地分在北、中部而難以事前進行場勘及進場彩排，只得特別講求臨場變化的趣味，由「麥高芬」以老歌即興方式串場，重點在能帶動現場與老人的互動並介紹京劇唱段的內容故事。京劇系同學則演出老人觀眾可能熟悉的段子如〈拾玉鐲〉、〈三叉口〉，另有熱鬧的舞獅〈祥獅獻瑞〉及優美歌舞〈天女散花〉。

排練節目外，演出前一週安排兩次共同技術彩排，由執行製作與訪問單位密切聯繫並確定場地大小、設備、觀眾人數、慣用語言與觀眾健康狀況等，演出當日預留一小時為進場裝台及調整時間。

三、演出地點介紹

由於日程安排與經費考量,擇定三天在五個地點演出。依內政部登記有案的社福機構資料初步篩選訪問單位,考量因素包括地理位置、觀眾人數、單位性質、場地大小(如表演空間及演出車輛進出方式)。最後擇定的五個演出單位為: (1)台北兆如安養中心(台北市文山區政大二街129號); (2)南投傑瑞安養中心(南投市嶺興路210-3號); (3)行政院國軍退休輔導委員會彰化榮民之家(彰化縣田中鎮中南路二段421號); (4)台中南屯萬和宮廟埕廣場(台中市南屯區南屯里萬和路1段51號); (5)台中仁愛之家(台中市北屯區軍功路2段490號)。

參 演出歷程及效果

戲劇學習包括編、導、演、製等各項前台工作,另有舞台上看不見卻投注更多人力、物力的後台團隊。本教案如前述操作「表演場地」與「老人觀眾對象」兩個變項。本節即以演出與技術方面的工作與學習歷程報告觀察所得。

一、場地特色

〈移動魔法空間〉原始設計在於改裝一台小貨車,依不同節目內容運用可拼組的大小平片、階梯、平台、布幕、燈光等做出炫麗舞台空間和視覺背景變化。但經訪價與評估後決定放棄原先貨車構想,僅保留製作階梯與積木形大道具以能隨時依演出空間應變表演。

修改初衷倒非經費考量,而是取決於兩個與老人觀眾有關的決定性因素。首先,夏天高溫不適宜老人露天觀看以貨車為主要設計平台之戶外表演,又因老人作息時間固定,較佳展演時間僅有上午10點、下午4點、晚上6點半或7點。而在租用貨車噸數與布景尺寸時發現,並非每個場地適合貨車進出並容許即時組裝舞台,戶外演出之構想只得放棄;這是此次學到的寶貴一課。

我們初步聯絡的老人機構都備有表演廳或活動室，如彰化榮家的表演廳甚至大到可供千人使用，除須自備燈光、音響器材、線路與發電設備外，連舞台裝置布幕最好也能事先備妥。

另如南投傑瑞安養院之長方形活動室約四十坪大小，無舞台規劃，房間可自由區分為工作區、表演區、演員休息區與觀眾區。表演時演員可在觀眾間遊走、互動並表達關懷和親近，休息時就坐在老人群中逐與他們牽手或聊天說笑，老人們則難得地能有機會近距離接觸演員，檢視他們的化妝甚至輕摸服裝。老人們對視著一張張年輕臉龐，似從年輕的瞳孔看見了自己過去的健康身影，許多老人因歡喜而感動得流下了淚並紛紛詢問何時再來，也隨著演員的「安可」曲起舞、講述自身故事並與演員們一起歡笑；這種因與觀眾親近而產生的良好互動是此行最美好的留念。

在彰化榮家演出時本有意複製上述近距離接觸的歡喜和感動，但因部分節目使用鏡框式舞台而未能完全依樣畫葫蘆。加上制式的觀眾席座椅安排，整體而言反應未如預期得好。

第四場演出則在台中市南屯區萬和宮廟前廣場。抵達時，大型租用演出車輛（並非前述小貨車）已經定位，廟方也貼心地搭起遮陽棚子，舞台與觀眾席間卻相隔了六、七十坪大小的水泥空地。這場表演吸引了眾多騎摩托車路過的觀眾駐足，也留住一群兒童從頭看到尾，更有觀眾熱情送上餅乾和西瓜慰勞演員，但偌大表演場地卻使演出者與老人觀眾間的距離難以消弭，十分可惜。

因而當團隊抵達最後一站台中「仁愛之家」表演廳時立即決定放棄鏡框式舞台，改將坐在輪椅的老人觀眾圍成馬蹄形，中間穿插一般觀眾用折疊椅，並另保留了讓演員們可以穿梭的走道。這場表演很成功，老人觀眾們非常喜歡同學的親近感，更滿意的是同學們提供的陪伴與問候。表演最後，每位演／工作人員都在老人觀眾間用手打著拍子遊走唱歌，邀請大家一起拍手、唱歌或舞蹈，好些同學因為老人們流下歡喜的眼淚而情難自已，深覺對老人付出的一點點關懷與愛心竟然獲得如此熱切回應，自此始知戲劇藝術的力量，肯定了自己的存在價值，更感受了對老人們付出關懷與照顧的重要。

我們從對場地的實驗發現，給老人的表演適合使用近距離與等高或俯

視視域，傳統遙遠且高高在上的舞台表演則應揚棄。距離遙遠讓老人們看不清楚、聽不清楚，抬頭仰視也易使不耐久坐的老人疲勞；更重要的是，再精緻好看的演出不如讓老人觀眾們有參與感、親近感、被尊重感甚至擁有擔任共同主角的榮耀感。

演出場地與觀眾席似宜圍成圓形或馬蹄形等開放式表演區，讓老人們在此類「舞台」與演員一起在戲劇表演裡發光發亮。如台中仁愛之家社工邱素月小姐表示：「有關此次的表演讓本家院民大開眼界。第一次如此貼近表演者，讓爺爺奶奶很快可以融入表演的氣氛，不再只是台下觀賞者」。

在技術方面，老人觀眾的視覺焦點多在著有戲服的演員們而非舞台機械器具或效果。可以這麼說，一般觀眾進入劇場看表演時不可能看見後台和舞台工作人員，但是安養機構的健康老人們早在我們抵達時就在場了，從頭到尾觀看一舉一動，「表演」與「觀看表演」之意義與情境似都因此而得重新定義，無論走位、試音、設乾冰機、搬舞台道具等準備開演的活動居然都含括在「表演」流程。

因此，從第三場後只要抵達現場接上電源就開始播放國台語老歌，場布人員不時也隨著音樂工作，著好戲服的演員們則在開演前就跟老人們寒暄、隨意「開講」，連表演舞獅的演員們也穿著「獅腿」跟爺爺們說笑話，上了妝的「天女」則牽著奶奶的手聽他們講古。這種正式開演前的互動似乎多了份親近，讓老人觀眾隨後更能注意正式表演的節目。

儘管對老人而言觀看演員應重於對器材或節目的注意，但老人們絕對能夠辨識節目好壞與演員功夫，亦即品質好的表演仍有其必要，節目的類型倒是不拘。這次混雜了國台語歌舞、相聲、京劇，未來如有歌仔戲、魔術、舞蹈、樂器演奏等也當能為老人觀眾接受。

隨行燈光、音響器具宜自備電源，可設在表演區跟觀眾席的外圍，但要注意牽線安全，線纜不能妨礙老人們的行進路線。安置器材宜與院方先行溝通，更應注意在四周自由行走觀看的老人安全。

透過這次的近距離接觸也發現，服裝化妝的精緻質感與多彩色、高亮度很重要，老人們頻頻稱讚節目精湛時也會對服裝打扮漂亮的演員們歡喜地誇上幾句「揪水」（台語）。

二、故事內容與觀眾反應

基於作者多年的「老人傳播」研究經驗，此次規劃時特別要求節目不能長、不能沉悶、要熱鬧好看、也要讓老人家感受溫暖等方針，但與京劇系的合作過程一度使節目內容之編導及演出陷入苦惱（見下說明）。善於歌舞、戲劇的「麥高芬」劇團要如何結合傳統京劇表演與現代綜藝或溫馨有趣的短劇故事？

簡單來說，京劇早已是自成一格的藝術，怎麼搭配都不易跟現代舞台表演成為統一協調的視聽整體。加上有三處老人平日溝通語言多為台語，演員們因而決定挑戰自己，學習編導演出國語相聲並模仿「鐵獅玉玲瓏」型態而以逗趣台語對白主持、介紹、烘托京劇表演的內容。但是，台語介紹後回到京韻唱段時每讓我想像著如能以歌仔戲或布袋戲形式當更對味兒！可見我們這次為老人演出仍然缺乏經驗，若事先精準規劃訪問單位或及早更換表演形式當能更佳。

這次演出的京劇武戲〈三叉口〉故事簡單、啞劇動作精彩，充分顯示年輕演者的活力，很適合給老人們觀賞。〈天女散花〉服裝化妝精緻美麗，可視作傳統歌舞精華之作；〈拾玉鐲〉也是唱作俱佳、內容有趣的愛情段子。〈祥獅獻瑞〉是最好的表演題材，獅子喜氣洋洋、音樂氣氛熱鬧，卻又動作溫馴靠在老人身上撒嬌，最得老人喜愛。節目最後用老人熟悉的老歌收場，目的在與老人同歡，邀請大夥兒一同演唱，也邀請行動方便的老人家共舞。

總的來說，日後給老人們的表演可以從他們最熟悉的歌唱表演開始、次則進入串場相聲表演、然後節目、最後仍然收在歌唱、合唱、共舞，藉此求得形式上的貫串。

為了因應不同演出地點之觀眾群所慣用語言，五場表演有三場使用台語兩場國語。每場演出更因時間長度限制和場地條件不同需要變更舞台配置以及演出內容，竟然使得場場演出俱屬「獨一無二」，扮演相聲和「鐵獅玉玲瓏」的演員們臨場應變，甚至即興式變更笑話內容和演出方式。總體而言，觀眾反應很好，大致皆能逗得老人喜愛。如社工就曾告訴演員：「你看他們那麼專心的看，就知道他們很喜歡你們的表演！」

　　從小沒能跟爺爺奶奶一起住，對老人總有一份疏離感的執行製作／演員林晴宇同學就曾觀察到（以下添加語句均出自本書作者）：「這一次近距離與好多老人家相處我才發現他們都好可愛。在傑瑞老人安養院時，一位爺爺從口袋掏出好多荔枝要分給我吃，……他雖然駝著背，〔跳舞時〕還是拉著我的手用力的搖擺著，笑得眼睛都瞇起來了；看到他這麼開心，我的心也跟著暖和起來。在彰化榮民之家，一位爺爺除了跟我合照還送了我芭樂和飲料，社工告訴我們他幾乎看不到也聽不到了，但他離開時是笑的。我也發現他衣服口袋塞著我們伴舞時掉落在地上的粉紅色羽毛，像寶貝般的捧在心口，我才意識到我們這一次的表演跟以往有多麼不同」。

　　平生第一次為了老人穿上旗袍與高跟鞋的執行製作莊漢菱同學說：「我發現，雖然我不是真的會跳舞，只是在舞台上面隨意扭來扭去也讓大家很開心。而那些老人家們其實很希望被關懷，希望有個人可以握握他們的手，聽聽他們說話，就算我只能在一旁微笑附和，也能讓他們開心一整天」。

　　後台總管章毓庭則說：「在南投傑瑞〔安養院〕的時候，因為調整過演出的方向，與老人們（觀眾）互動較多，加上場地較小，很容易就和他們打成一片。最後唱老歌時我拿著麥克風去邀阿公阿嬤們一起，他們開心的拍著手，邊笑邊唱〈月亮代表我的心〉，我覺得真的很感動。演出結束後，我們和阿公阿嬤們一起聊天，他們都會說很開心、節目很好看，我很高興可以為他們帶來一點點的溫暖。雖然能做的不多，只能有短短的半個小時，但我想阿公阿嬤們會記得很久的」。

　　飾演任堂惠的蔡傑夫和老人互動後說：「我發現要帶給他們快樂其實很簡單，只要你專心的聆聽並給予他們笑容和回應他們就很開心了，要讓他們開心是這麼的簡單，但這往往是大家〔過去最常〕疏忽的」。

　　新聞三黃凱欣則注意到：「這次巡演車計畫的主角是安養院的老人們，他們不會很重視演出的實際內容，甚至不懂節目內容，在乎的是現場的氣氛還有演員投入的程度；只要演員認真表演，他們便會予以回應。現場氣氛需要全體人員一起投入，所有的工作人員都會到台下與老人們互動，有時候只是簡單的說說話聊聊天，他們〔便〕會很開心與你談心。透過這次巡演計畫，我學到跟以前截然不同的表演型態，知道真正用心交流

的愛與溫暖。我想，這樣的東西一定也感染了所有的演員與觀眾，因為表演結束時每個人都紅著眼眶」。

肆 總結

〈移動魔法空間〉將適合老人觀眾的京劇劇目和綜藝內容透過三天演出五場的「拼命三郎」幹勁不但感動了老人觀眾，更感動了自己。行前的聯絡、規劃、住宿與交通安排，每場演出因時因地制宜、不斷調整空間、器材、演出內容；每一項活動都不同於教室學習，每一場演出都是反思與成長。

幾天下來，同學們累壞了，但演出後每看見老人觀眾的歡喜淚水，他們知道了自身具有的藝術力量，肯定了自己的存在意義，自此也成為有「心」的準社會人，期許未來要以藝術力量關懷社會弱勢。「巡演，給老人看」的工作人員主動地把自己擁有的盡量託付、分散給有需要的人，這是戲劇表演「魔法」所在；而學習有愛心、能夠關懷與幫助他人的社會人，更是本課之最終學習目標。

如文字記錄朱家陵同學所言：「……可能這是我們的最後一場演出，演出結束後大家都捨不得離開。不斷跟爺爺奶奶們合照留念，和他們聊天。很多爺爺奶奶留下了感動的眼淚，而我們的演員和工作人員也都熱淚盈眶；很多的不捨，很多的感動。我們僅僅是將我們會的表演出來，甚至不是那麼專業，卻能感動他們，帶給他們歡樂。其實真正的幸福在於付出，因為我們所能得到的一定遠比我們付出的要多出好多好多」。

此處可再援引藝術總監潘宥樽同學在結案報告所言：「演出這幾天我得到了另一種體會。我們所要帶去的並非是以往擅長的炫麗舞台效果，只要帶著真心與關懷就能使演出圓滿。第一次覺得自己製作的演出能對觀眾造成這麼大的影響，這種感覺很美好，也是在任何正式劇場空間無法辦到的事情。這趟公益巡演回來後滿懷感恩，感謝所有同意我們前往演出的單位，感謝所有爺奶級的觀眾」。

伍 檢討及建議

我們相信，進步的動力永遠來自想像，戲劇更是循環不盡、沒有邊界的社會、心理與文化經驗。如果我們已經學會在學校內的舞台演戲了，[1]還可以再往前學些什麼？如果我們已經學會運用校外單位的經費和場地，練習以極為陌生的科技內容為訊息來編劇，並在校外面對不熟悉的科技人表現戲劇藝術，[2]我們還可多學些什麼？

學生們除了在劇場的正規訓練外，在「真計畫」經驗裡猶能習得如何與校外人士溝通、協調、合作，更習得與出資單位討論內容並與演出場地職業工作者互動，一切都是為了使學生能在「真實情境」中圓滿推出好看的戲。然而，當我們習得戲劇表演藝術及戲劇工作流程、故事訊息設計，我們學會戲劇了嗎、懂得表演的真諦嗎？

這次巡演有機會看見同學們如何學習「做事」，尤其是幾位負責同學經驗了在特定條件與環境限制下練習如何操作演出戲劇的知識。他們為特定老人觀眾規劃演出，從行前到結束的一切，從事先計畫、分工、安排、聯絡、協調，到現場管理演出的藝術品質，再到最後收場、結案，全都是同學們在做。

幸虧有院方提供「真計畫」機會允許同學們在學校舞台演戲給同學觀賞外，還到校外把戲劇藝術與行政、管理全都接觸一遍，實際地管戲、管人、管事、管錢。在這一堂課我身為指導老師卻似「袖手旁觀」，格外能從同學們身上學習到身為教師應有的謙卑。每當同學們握住老人的手為他們歌唱、帶給老人們歡愉與淚光時，我看見小小軀殼中的高貴靈魂。若不是為了能夠放送這種令人悸動的人性光輝，上學是為了什麼？教書是為了什麼？

我個人以為，藝術是為了分享、劇場是為了觀眾、表演是為了掌聲；而好的藝術引領人類心靈提升、好的劇場喚起眾人共鳴、好的表演總是教

---

1 「麥高芬劇團」曾於前一年（2010年上半年）與政大校方合作演出〈麥田花〉。

2 2010年下半年「麥高芬劇團」曾替經濟部工業局等單位在校外演出具職業水平的〈科技美學展之——夢工廠〉。

人難忘。或許以下建議可以爲未來的老人觀衆製作印象更爲深刻的演出，並以此爲結語：

一、開演前準備個小節目，如與老人們一起玩個小玩具或由先到的人送朵紙花什麼的都好。每一次我們抵達現場而當籌演工作還沒開始，老人們就已陸續來到會場等著開演。這個時候我們正各忙各的，若能有人跟他們講講話、變個小魔術玩一玩、逗一逗他們，效果可能不錯；

二、開演中請他們吃點零食的作法很好，創造一種「茶館」看戲的輕鬆愉悅。軟一點、不黏牙、健康、少糖、高纖的簡單包裝都好，老人們非常喜歡這個被關懷的小感覺；

三、這次演完沒有東西讓老人們紀念，而一根根從演員服裝上掉落的小小羽毛竟不約而同地被幾位老人們撿回去留作紀念，可見如能準備點小禮物致贈當能更有紀念價值；

四、具喜感的綜藝型節目可讓老人們無須耗費精神，比較不累，聽不見的可看、看不見的可聽，而看不見、聽不清的仍可跟演員互動；

五、每個節目以不超過五分鐘爲宜：以動作、舞蹈取勝的各式節目以充分顯示「無聲不歌、無動不舞」的京劇精神爲要，節目得要有眞實力，不宜草率；

六、無須劇烈、快速或突然的動作，但需帶給老人觀衆趣味性變化和多樣的聲色刺激，鮮豔色澤、活潑舉止和許多笑容與牽手似乎皆是良方；

七、每個演出場地觀衆健康程度不一，可視情形準備不同但互動性高的節目，包括一起唱老歌（兒歌尤是大家都會唱的曲目）、一起做簡單舞蹈，或一些輪椅上仍然可行的簡單上肢活動；

八、準備國台語雙聲帶演出。

愛看人家扮戲是我們的天性，老人觀衆更是一群最有時間看我們扮演各式戲劇的最好觀衆，期待日後有更多年輕人投入這一塊有社會意義和服務精神的表演活動（參見附件所錄《政大校訊》之報導）。[3]

---

3 另有新聞媒體曾報導此項活動，見《中國時報》（2011/07/28）。標題：政大師生下鄉巡演 台語說京劇，記者葉芷妘、實習記者潘姿羽台北報導；中央社（2011/07/27 20:54:25）。標題：政大劇團巡演 與老人同歡，記者許秩維台北報導。

作業

1. 重要節日之家庭聚會中（如過年、中秋節團聚），準備一些娛親節目與老人同歡，尤以可邀請長輩參與者為佳（如卡拉ok）。

2. 參加社區活動，並仿本章所談為社區老人們準備表演活動，共同歡唱，一起歌舞。

延伸問題與討論

1. 眾多老人撿拾並帶走演員身上的羽毛作為紀念，此舉與年輕人爭相參加偶像演唱會並購買應援產品有何不同？

2. 除了此次推出之歌舞、相聲、京劇外，還有哪些節目最可能吸引老人觀眾？

3. 與觀看電視節目相較，如本章所述之現場表演可能帶給老人觀眾何種不同感受？哪種較佳？

附件一：《政大校訊》報導

移動魔法空間 麥高芬劇團公益巡迴與老人同歡（政大網頁首頁，校訊校園生活・2011-07-01）[4]

本書第一作者（前排右一）與麥高芬劇團、國立台灣戲曲學院京劇系同學開心合影。
照片提供：麥高芬劇團。

〔政大校訊記者簡毓恩報導〕政大傳院劇場所屬「麥高芬劇團」今年暑假首度與國立台灣戲曲學院京劇系合作，舉辦「移動魔法空間」全台公益巡迴演出。這次演出地點皆以安養中心、老人之家為主，團員、新聞一朱家陵說：「好像做了一件對社會有意義的事情，很感動！」

「移動魔法空間」五個場次的表演地點包括台北市文山區「兆如老人安養中心」、南投「傑瑞安養中心」、彰化「榮民之家」、台中南屯「萬和宮」以及台中「仁愛之家」等。

首度走出學校，到全台各地公益巡演，出自麥高芬劇團指導老師、廣電系教授蔡琰的點子，劇場同學們也很支持，不僅在學期間構思表演內容，並接洽國立台灣戲曲學院京劇系，由京劇系學生演出京劇片段，劇場學生則負責主持串場，設計能夠迎合老人們喜好的演出內容。

配合不同觀眾群習慣的語言，劇團設計不同的表演內容。例如萬和宮

---

4 本附件業經《政大校訊》同意引用。

觀眾多講台語，劇團就以類似「鐵獅玉玲瓏」風格表演串場，榮民之家居民使用語言以國語為主，就以相聲主持。

戲曲學院師生演出劇碼包括〈三岔口〉、〈憶十八〉、〈天女散花〉等京劇片段，許多爺爺奶奶看完不禁感動落淚，更有奶奶牽著演員的手，開心地聊著他們當年喜愛的流行歌曲和京劇。

「不需架設舞台，更能親近觀眾，」蔡琰說。讓觀眾在遠遠的舞台下看戲，遠不如直接到他們身邊聊天、唱歌和表演。

朱家陵也說，「能夠把我們所學運用在需要我們關心的人身上，是這次巡演最大的收穫。」京劇系演員劉禮瑜則表示，這次表演最感動是能近距離與老人家們互動，而不僅只是關心自己是否表演得好。「雖然只陪伴他們一個上午或下午，卻能帶給他們快樂，讓我覺得自己還有很多事情要學。」

五南文化廣場

橫跨各領域的專業性、學術性書籍
在這裡必能滿足您的絕佳選擇！

五南全國門市

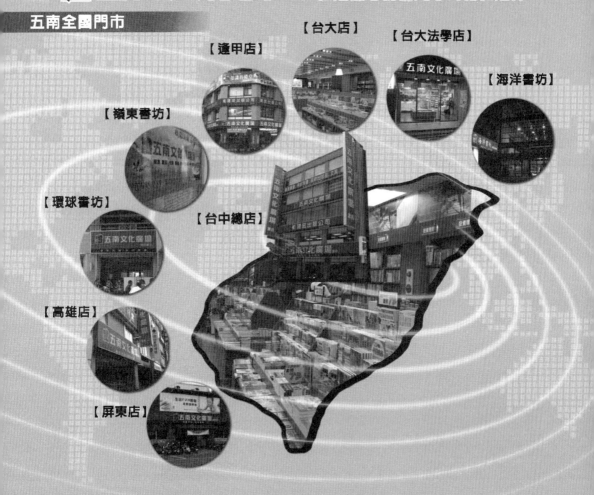

【台大店】
【台大法學店】
【逢甲店】
【海洋書坊】
【嶺東書坊】
【環球書坊】
【台中總店】
【高雄店】
【屏東店】

海 洋 書 坊：202 基 隆 市 北 寧 路 2號	TEL：02-24636590	FAX：02-24636591
台 大 店：100 台北市羅斯福路四段160號	TEL：02-23683380	FAX：02-23683381
台大法學店：100 台北市中正區銅山街1號	TEL：02-33224985	FAX：02-33224983
逢 甲 店：407 台中市河南路二段240號	TEL：04-27055800	FAX：04-27055801
台 中 總 店：400 台 中 市 中 山 路 6號	TEL：04-22260330	FAX：04-22258234
嶺 東 書 坊：408 台中市南屯區嶺東路1號	TEL：04-23853672	FAX：04-23853719
環 球 書 坊：640 雲林縣斗六市嘉東里鎮南路1221號	TEL：05-5348939	FAX：05-5348940
高 雄 店：800 高 雄 市 中 山 一 路 290號	TEL：07-2351960	FAX：07-2351963
屏 東 店：900 屏 東 市 中 山 路 46-2號	TEL：08-7324020	FAX：08-7327357
中信圖書團購部：400 台 中 市 中 山 路 6號	TEL：04-22260339	FAX：04-22258234
政府出版品總經銷：400 台中市綠川東街32號3樓	TEL：04-22210237	FAX：04-22210238

網 路 書 店 http://www.wunanbooks.com.tw

專業法商理工圖書・各類圖書・考試用書・雜誌・文具・禮品・大陸簡體書
政府出版品總經銷・中信圖書館採購編目・教科書代辦業務

國家圖書館出版品預行編目資料

老人傳播：理論、研究與教學實例／蔡琰，
臧國仁著. ──初版. ──臺北市：五南，
2012.01
　　面；　公分
　ISBN 978-957-11-6480-9（平裝）
　1.大眾傳播　2.老人
　541.83　　　　　　　　　　100022432

1ZD7

老人傳播：理論、研究與
教學實例

作　　者 ── 蔡琰　臧國仁（466）

發 行 人 ── 楊榮川

總 編 輯 ── 龐君豪

主　　編 ── 陳念祖

責任編輯 ── 黃淑真　李敏華

封面設計 ── 童安安

出 版 者 ── 五南圖書出版股份有限公司

地　　址：106台北市大安區和平東路二段339號4樓

電　　話：(02)2705-5066　　傳　　真：(02)2706-6100

網　　址：http://www.wunan.com.tw

電子郵件：wunan@wunan.com.tw

劃撥帳號：01068953

戶　　名：五南圖書出版股份有限公司

台中市駐區辦公室/台中市中區中山路6號

電　　話：(04)2223-0891　　傳　　真：(04)2223-3549

高雄市駐區辦公室/高雄市新興區中山一路290號

電　　話：(07)2358-702　　傳　　真：(07)2350-236

法律顧問　元貞聯合法律事務所　張澤平律師

出版日期　2012年1月初版一刷

定　　價　新臺幣550元

※版權所有‧欲利用本書內容，必須徵求本公司同意※

老人傳播
理論、研究與教學實例

　　在此社會趨向高齡化之刻，本書探討如何透過傳播行為而與他者互動、如何持續追求良好生命態度、如何讓人生結局圓滿且豐碩。「老人傳播」的最簡單說法當為「老齡的傳播意涵」，包括老者如何與他人（個人與社會）溝通以及一般人（個人與社會）如何與老者互動，重點在於眾人皆會變老，學習如何與他人溝通互動實就是學習如何與未來的「我」溝通互動。

　　全書共含三篇、十二章，分從理論、研究與教學實例面向討論老人傳播之內涵；另有附錄與參考書目。理論篇（第一至六章）述及「老人與傳播互動」、「老人語言傳播現象」、「媒介再現與老人形象」、「老人與媒介近用」、「敘事理論與老人說故事」、「老人與生命／死溝通」等概念。研究篇（第七至十章）改寫自近些年發表於學術期刊之論文，內容與「時間」、「敘事」、「情感與記憶」、「新科技傳播」相關，亦與前篇各章呼應。教學實例篇（第十一與十二章）則是兩位作者相關課程實際授課內容，或可提供其他教學者參閱。

Aging and communication
Theory, research, and teaching applications

五南文化事業

ISBN　978-957-11-6480-9 [541]
00550

9 789571 164809

五南圖書出版公司